写给儿童的

中华成语故事

陈晓艳 编

彩绘版

读成语 知历史
通古今 长见识

1

时代文艺出版社

　　成语是中国汉语言文化中的一朵奇葩。在浩如烟海的典籍中，成语作为语言的精华、文明的积淀、历史的浓缩、智慧的结晶，成为传承中华文明的重要纽带。大到治国安邦，小到为人处世，中华五千年的历史文化，无不在一个个简短的成语中得到了充分体现。时至今日，仍有大量的成语在被广泛使用，散发着永恒的魅力。

　　同时，学习成语也是小学生语文的必修课。在作文写作中，恰当地运用成语，可以使文章熠熠生辉；在口头表达中，恰当地运用成语，则可以使你的语言更富有感染力。因此，熟练掌握和运用成语，不仅能达到言简意赅的效果，同时也是衡量一个人文字功底、文化素养以及语言表述能力的重要标尺。

　　学习成语，若从生动有趣的故事入手，则能达到寓教于乐、事半功倍之效。阅读成语故事，了解成语的来龙去脉，不仅可以从中感受故事的精彩，还能加深对成语含义和历史文化的理解，增强学习的趣味性。成语背后的故事或险象环生，或快乐活泼；或腥风血雨，或诙谐幽默；或振聋发聩，或润物无

声……成语将古代中国的政治军事、日常生活、文学艺术、文化习俗、道德传统和理想志趣等浓缩成一个个深刻隽永的片段，集中展现了古人的人生智慧和思想光芒。

本书收录了近五百则成语故事，既注重知识性，又兼顾趣味性和实用性；除了讲述故事，更点明了每条成语的出处、释义、近义词、反义词、造句示例等，让小读者既明其义、会使用，又知其源，了解其中所蕴含的丰富文化内涵。同时，本书配有深具历史韵味和艺术感染力的精美插图，使故事生动活泼，引人入胜。

全书所有故事虽系摘选，但皆独立成篇，可以使小读者对成语的由来一目了然；可读性强，使小读者能于兴致盎然中轻松获益。可谓一册在手，中华成语故事全掌握。

现在，就让我们翻开本书，一起走进成语故事的世界，去品味中华语言文化的博大精深和妙趣横生吧！

目录

一鸣惊人

出处《韩非子·喻老》："虽无飞，飞必冲天；虽无鸣，鸣必惊人。"

释义 比喻平时没有突出的表现，一下子做出惊人的成绩。

近义词 一举成名　一炮而红　一步登天

造句 王明平时不露声色，关键时刻却一鸣惊人。

　　淳于髡（kūn），战国时期齐国人，虽滑稽多辩，身材矮小，但屡次出使诸侯，未尝受过屈辱。那时，齐威王荒淫无度，常常通宵饮酒作乐，不理国事。因此，齐国局势混乱，诸侯都来侵伐，国家危在旦夕，但没有人敢于进谏（jiàn）。

　　一天，淳于髡进宫，见臣子们恭立在殿下，便大声地向齐威王禀奏政事。但是，齐威王正与侍者竞猜谜语。夜深人静，齐威王喝得酩（mǐng）酊（dǐng）大醉，和旁边的宫女嬉闹着，一会儿哼曲子，一会儿胡言乱语。淳于髡故意投其所好，请齐威王猜一则谜语："我国有一只大鸟，它栖息在大王的庭院里，三年不飞也不叫，大王猜猜这是一只什么鸟。"

　　齐威王知道淳于髡想用谜语劝谏自己，回答说："这只鸟，要么不飞，要么一飞冲天；不鸣便罢，一鸣惊人！"

　　从此之后，齐威王就开始改变作风，并召见了各县长官七十二人，赏了一人，杀了一人；还整顿兵马，加强国防，

抵抗侵略。诸侯都畏惧起来，纷纷把侵占的土地，归还给
齐国。

一言为重百金轻

出处 北宋·王安石《商鞅》："自古驱民在信诚，一言为重百金轻。今人未可非商鞅，商鞅能令政必行。"

释义 严守诺言比百两黄金还珍重。指信守诺言可贵。

近义词 一言千金　言出必行

反义词 言而无信

造句 战国时期的商鞅就是"一言为重百金轻"的典范。

王安石是北宋时期著名的政治家、文学家。宋神宗当政时，他任宰相，大力推行改革，但因遭到特权阶层的反对，没有取得成功。他在政坛几度浮沉，最后罢相归家。王安石写了许多揭露时弊（bì）的诗文，抒发自己的抱负。他有一首题为《商鞅（yāng）》的七言诗，诗中写道：

自古驱民在信诚，一言为重百金轻。

今人未可非商鞅，商鞅能令政必行。

诗中说的是商鞅在秦国帮助秦孝公变法的事情。商鞅制定的新法公布以后，为了让人们相信革新必定施行，便在城南门外立下一根三丈高的木柱，声称谁能将此木柱搬到北门去，就赏他黄金二百两。许多人不相信这是真的，没人响应。商鞅又宣布给搬木柱的人赏金一千两。于是有个年轻人壮着胆子把木柱搬到北门去，想不到竟真得到了一千两黄金。这件事引起轰动，百姓们认为商鞅说话算数，都相信了新法。

　　王安石借古人商鞅变法的事来抒发自己改革的决心，认为要像商鞅那样言行一致，才能取信于民，成就大业。

一言九鼎

出处 西汉·司马迁《史记·平原君虞卿列传》："毛先生一至楚，而使赵重于九鼎大吕。毛先生以三寸之舌，强于百万之师。"

释义 一句话抵得上九鼎重，形容说话很有分量、很有作用。

近义词 一字千钧

反义词 人微言轻

造句 他的话一言九鼎，分量重，意义大。

公元前 257 年，秦军攻打赵国都城邯郸。赵国派平原君到楚国请求援助，但楚王不肯答应。最后，平原君手下一门客毛遂自愿前往。到了楚国，他仗剑上殿，为楚王分析时局，说明利害之所在，最终说服了楚王。毛遂因此立了大功。

平原君称赞毛遂说："毛先生一至楚，而使赵重于九鼎大吕。毛先生三寸之舌，强于百万之师。"

这段话的意思是："毛先生一到楚国，就使我们赵国的地位提高到比九鼎大吕还要重要。毛先生的三寸不烂之舌，比百万军队的力量还要强大。"

人人自危

出处 西汉·司马迁《史记·李斯列传》："法令诛罚日益刻深，群臣人人自危，欲畔者众。"

释义 每个人都感到危险，不安全。

近义词 人心惶惶 提心吊胆

反义词 高枕无忧 安居乐业

造句 江水上涨，沿江居民害怕闹水灾，人人自危。

公元前 210 年，秦始皇出巡各地，随同前往的有丞相李斯和中车府令兼符玺（xǐ）令赵高，还有秦始皇的小儿子胡亥（hài）。这年七月，秦始皇到达沙丘（今河北邢台广宗一带）就生了病，病得非常严重。他命赵高写诏书给守卫边疆的大儿子扶苏说，把军队交给蒙恬（tián），立即到咸阳去主持葬礼。诏书已经封好，还没有交给使者，秦始皇就死了。

这时，诏书、印玺都在赵高手里，只有胡亥、李斯、赵高以及五六个亲信宦（huàn）官知道秦始皇去世，其余群臣都不知道。赵高对胡亥说："皇帝去世了，他没有留下诏书立继承人，而只赐给扶苏一封诏书。扶苏一到，就可以登位做皇帝，而您连尺寸的封地也没有。这可怎么办呢？"

胡亥认为这是无可奈何的事，而赵高却说："并非如此，当今天下的大权，无论谁生谁死，都在您、我和李斯三人手里掌握着，希望您好好考虑考虑。"

胡亥禁不起赵高一再唆（suō）使，终于决定篡（cuàn）夺皇位。于是，赵高代替胡亥去和丞相李斯商量。一开始，李斯不同意这样做，但禁不起赵高软硬兼施，他终于依从了赵高。接着，三人一起伪造了秦始皇给扶苏的诏书，内容是赐剑给他自杀，而将军蒙恬不能纠正扶苏的错误，为人臣而不尽忠，应一起自杀。

　　使者把诏书送到上郡后，扶苏哭泣了一阵后想去自杀。虽然蒙恬对诏书表示怀疑，但在使者连连催促下，扶苏还是自杀而死。蒙恬不肯自杀，使者便立即将他扣押起来。

　　胡亥当皇帝后，被称为秦二世。赵高为他出主意说，只有实行严峻的法律和残酷的刑罚，把犯法的和受牵连的人统统杀死，才能巩固政权。胡亥听信了赵高的话，重新修订法律。接着，他下令处死了掌握兵权的将军蒙恬等人，又把他们的财产全部没收，连带一起治罪的人更是不计其数。

　　司马迁在《史记·李斯列传》中这样记载道："法令诛罚日益刻深，群臣人人自危，欲畔（即"叛"）者众。"秦二世对百姓的横征暴敛更不用说了。这种苛政最终激起了人民的反抗，秦王朝也因此覆灭。

庸人自扰

出处 北宋·欧阳修等《新唐书·陆象先传》："天下本无事，庸人扰之为烦耳。"

释义 指本来没事，自己瞎着急，自找麻烦。

近义词 杞人忧天

反义词 聊以自慰

造句 你所担心的事，在我看来皆为庸人自扰。

唐睿（ruì）宗时，监察御史陆象先被贬到益州去当大都督府长史。陆象先到任后，有人就给他出主意说："这个地方的百姓十分愚顽，难以管教，你应该用严厉的刑罚来治理他们。"

陆象先听了他的话，不以为然地摇摇头。陆象先用自己的一套办法治理州郡，发现小官犯了罪过，只是训诫（jiè）他一顿，叫他以后不要再犯。那些大官们觉得他对小官的处分太轻，应该用棍子狠狠地打一顿。

陆象先严厉地对他们说："他们犯了法，你们是有责任的，若是用刑，应该从你们开始。"那些当大官的，被陆象先训斥得满脸羞愧，偷偷地躲开了。

此后，陆象先经常对他属下的官吏们说："天下本来没有什么了不得的大事，就是有一些见识浅陋的人，自己扰乱自己。我今天从根本上解决一下，以后不就减少了许多麻烦吗？"

人心所向

出处 唐·房玄龄等《晋书·熊远传》："人心所归，惟道与义。"

释义 指人民群众所拥护的、向往的。

近义词 众望所归 深得人心

反义词 众叛亲离 众矢之的

造句 两岸实现和平统一，是大势所趋，人心所向。

晋朝人熊远，是个很有志向的年轻人，很有名望。县令召他到县衙做功曹，他辞谢不从。别人强行拉着他去县衙，他才勉强从命。熊远到县衙十多天，就被提拔到郡里做官。他请求太守说："我还是回到县衙去吧！"

熊远后来成为琅（láng）玡（yá）王、丞相司马睿的主簿。当时晋朝执政的是愍（mǐn）帝司马邺（yè）。有一年新年，朝廷要举行盛典庆祝，还要歌舞奏乐。熊远认为这样做太过分了，与国家的危难局面太不相称。他上书劝谏愍帝说："上古时候，尧帝死后四海之内都停止奏乐。现在先帝刚去世不久，您应与百姓同忧。人心所归，惟道与义。我劝皇上您应该提倡忠孝之仪，宣扬仁义之统，不要搞那些娱悦耳目的玩意儿！"司马睿十分赞同他的建议，便劝愍帝听从了。

三户亡秦

出处 西汉·司马迁《史记·项羽本纪》："故楚南公曰：'楚虽三户，亡秦必楚'也。"

释义 虽只几户人家，也能灭掉秦国。比喻正义而暂时弱小的力量，对暴力的必胜信心。

近义词 亡秦三户

造句 你务必保全性命，续三户亡秦之志！

秦朝末年，陈胜、吴广等人在大泽乡率先起义反秦。项梁和侄儿项羽在会稽郡起兵响应。

这时，陈胜攻打广陵失败，陈胜的部下召平就来找项梁，假传陈胜的命令，让他发兵攻打秦军。项梁欣然领命，率兵渡江西进，势不可当。各路义军纷纷投入，项梁部迅速壮大。

居鄛（chāo）有位老人名叫范增，满腹才略。一天，范增去拜见项梁，劝说项梁道："当初秦灭六国，楚国无罪被灭，是最冤枉的。当年楚怀王受骗入秦，被秦人扣押下来，屈死在秦国。因此楚人无不同情怀王，时刻想着报仇雪耻。楚南公说过的'楚虽三户，亡秦必楚'的话，楚人至今念念不忘啊！这次陈胜虽率先起义反秦，但没有立楚王的后代为王，而是自立为王，便失去了楚人的支持，所以他的势力不可能长久。将军您在江东起事，楚国将士之所以蜂拥而起，响应您、支持您，只是因为您的先人都是楚将，楚人都盼望您能扶立楚王的后代，复兴楚国呀！"

　　项梁于是找到楚怀王熊槐的后代熊心，把他扶为楚怀王，以顺民意。项梁则自封为武信君，一时间声势更加无人能比。

三顾茅庐

出处 三国蜀·诸葛亮《前出师表》："先帝不以臣卑鄙，猥自枉屈，三顾臣于草庐之中。"

释义 顾：拜访；茅庐：草屋。比喻真心诚意，一再邀请。

近义词 求贤若渴

反义词 拒人千里 妄自尊大

造句 校长三顾茅庐，诚恳地邀请爷爷再返学校授课。

汉朝末年，中原逐渐形成了以曹操、刘备、孙权等人为首的三大势力。其中刘备的势力相对弱小，但他礼贤下士，很尊重人才。刘备听说诸葛亮极有才能，便亲自去寻访。

诸葛亮，字孔明，原籍山东琅玡，当时隐居在隆中（今湖北襄阳附近），人称"卧龙先生"，并称他住处一带的高冈为"卧龙冈"。诸葛亮就住在冈前的茅庐里。

刘备经由徐庶（shù）的介绍，曾前后三次专程拜访诸葛亮。头两次，诸葛亮故意避而不见，最后一次才与刘备见了面。刘备再三请求，诸葛亮终于答应出山相助。从此，诸葛亮为刘备出谋划策，打了很多胜仗，为蜀汉奠定了国基。后来，刘备称帝，诸葛亮做了丞相。

因为刘备当时访求贤才是那样虔诚，所以后人用"三顾茅庐"比喻多次专程拜访。

与民同乐

出处 《孟子·梁惠王下》："'吾王庶几无疾病与？何以能田猎也？'此无他，与民同乐也。"

释义 原指君王施行仁政，与百姓休戚与共，同享欢乐。后泛指领导与群众一起游乐，共享幸福。

近义词 同甘共苦

反义词 高高在上

造句 到了元宵节，宋真宗准备与民同乐，在东华门观看灯会。

　　有一天，齐宣王在自己的离宫里盛情款待孟子。在酒宴上，他很得意地问孟子："像您这样道德高尚的贤者，也会享受人间老百姓的这种快乐吧？"

　　孟子回答："是的，如果他们得不到快乐，就会怨恨国君。国君以百姓的快乐为自己的快乐，百姓就会以国君的快乐为自己的快乐。反之，国君以百姓的忧愁为自己的忧愁，百姓也会以国君的忧愁为自己的忧愁。国君如果能够和天下的人同忧同乐，就能使天下的人归服于自己。"

　　齐宣王连声夸奖说："这真是圣人之见啊！"

分崩离析

出处 《论语·季氏》："今由与求也相夫子，远人不服而不能来也，邦分崩离析，而不能守也。"

释义 形容国家、集团、组织或家庭分裂瓦解。

近义词 土崩瓦解　四分五裂

反义词 坚如磐石　坚不可摧

造句 只是由于一个错误的决策，一个国家就分崩离析了。

春秋末期，季氏把持着鲁国的朝政，要征伐鲁国的附庸国颛（zhuān）臾（yú）。

一天，辅佐季氏的冉（rǎn）有、子路告诉孔子说："先生，季氏对颛臾国发兵讨伐了……"

孔子说："我看这是你们的过错！"

冉有辩解说："这是季氏自己的主意，我们两人本来是不赞成的……"

孔子说："盲人遇到了危险，他的助手不去搀扶，那么还要助手干什么？你们是辅佐季孙氏的人，为什么要让他这样做呢？"

冉有说："颛臾城池坚固，力量很强，而且离季氏的邑（yì）地又近，不趁早将它征服，日后会给季氏留下祸患呀！"

孔子狠狠地斥责说："不承认自己贪得无厌，硬要找个借口，这是最叫人讨厌的。你们二人辅佐季氏，不能够使用仁德让远方的人归服，又不能使国内和平团结。国家支离破碎而不能保全，反而想在国内使用武力征伐。我看季氏的忧虑不在颛臾国，而是在鲁国国内吧！"

一日千里

出处 《庄子·秋水》："骐骥骅骝，一日而驰千里。"
释义 原形容马跑得很快，后比喻进展极快。
近义词 日新月异　与日俱增
反义词 亘古不变　停滞不前
造句 只要你下定决心，坚持练习，你的英语口语能力一定可以一日千里。

在一个晴朗的日子，周穆（mù）王把朝政交给几个亲信大臣，只带了几个贴身侍卫，坐上由造父驾驶的马车，向西方进发。造父驾着马车行了一程后，猛一松缰绳，口中一声轻呼，那八匹骏马便撒欢地跑了起来。周穆王见此情景，不由得露出了满意的笑容。

他们一直跑啊跑，最后来到了昆仑山下的西王母国。西王母国建立在一片绿洲之中，仿佛世外桃源一般。

年轻貌美的西王母热情地接待了周穆王，周穆王也送给她许多珍贵礼物。周穆王沉浸在欢乐之中。转眼一个月过去了，周穆王几乎已经忘了他远在东方的国家。造父见此情景，焦虑万分，多次劝周穆王回国，周穆王却始终不肯。

一天傍晚，周穆王与西王母正在纳凉闲坐。突然，造父带着一个满头大汗的武士送来密封文书。原来，东方的徐偃（yǎn）王知道天子久离镐（hào）京，便乘机起兵造反。周穆王恍（huǎng）如从睡梦中惊醒，立即命造父备车，启程东归。

造父知道此时刻不容缓，就举起鞭子猛力一抽，八匹骏马顿时撒蹄飞奔。造父施展全身的本领，一日千里地向东飞奔。最终，他只用三天三夜便赶回了镐京。

回京后，周穆王调兵遣将，亲率精锐部队与徐偃王决战。徐偃王被打得落花流水，最终死于乱军之中。

水深火热

出处 《孟子·梁惠王下》："以万乘之国伐万乘之国，箪食壶浆以迎王师，岂有他哉？避水火也。如水益深，如火益热，亦运而已矣。"

释义 比喻生活处境极端艰难痛苦。

近义词 水火之中 民不聊生

反义词 安居乐业 人寿年丰

造句 战争年代的人们生活在水深火热中。

战国时，燕国爆发内战。于是，齐国乘虚而入，齐宣王派大将匡（kuāng）章率兵十万攻燕。燕国百姓对内战不满，不愿出力抵抗齐军，因此匡章只用五十天就攻下了燕国国都。但匡章不管束军队，任由士卒欺凌百姓，于是燕人纷纷起来反抗。

这时，齐宣王向正在齐国游说的孟子请教，问道："有人劝我不要吞并燕国，有人劝我吞并它，到底该怎么办？"

孟子回答："如果吞并燕国，当地百姓反而很高兴，那就吞并它，古人有此先例，周武王便是；如果吞并燕国，当地百姓并不高兴，那就不要吞并它，古人也有先例，周文王便是。"

孟子接着说："当初齐军攻入燕国，燕人送饭递水表示欢迎，那是因为燕国百姓想摆脱苦日子；而今如果齐国进而吞并燕国，给燕人带来亡国灾难，使他们进一步陷入水深火热

之中，那他们必然会转而盼望别国来解救了！"

　　齐宣王不以为然，一心要吞并燕国，结果不但引起燕国反抗，其他国家也表示要救助燕国。于是，齐宣王被迫从燕国撤军。

功亏一篑

出处 《尚书·旅獒》："为山九仞，功亏一篑。"

释义 堆九仞高的山，只缺一筐土而不能完成。比喻做事情只差最后一点却没能完成，结果枉费工夫。

近义词 功败垂成 前功尽弃

反义词 大功告成 善始善终

造句 这道堤防如果不抢在雨季前完成，就可能功亏一篑。

　　周武王任用能人治理国家，因此周朝很快就强大起来。四方各国都来周朝朝拜，甚至离周朝很远的小国西戎（róng），也派使臣来朝贺。使臣还带来了西戎特产的一种大狗献给周武王，周武王很高兴。

　　太保召公对周武王说："这是您的圣德呀，四方都归服于您，无论远近，都把当地的土特产贡献给您。您也应该对诸侯分封赏赐，以表示信诚。赏赐的物品是无所谓贵贱的。无德，物也不值钱；有德，物才显得贵重。德行要靠自己修养，圣主不可以沉浸在声色之中。把人当作玩物加以戏弄，会丧失德行；把稀罕物件当作玩物加以赏玩，会丧失志气。这就是玩人丧德，玩物丧志。犬马这类东西不是本地所产的，不应畜养它；珍禽异兽没有什么用途，也不该养它；对于远来的宝物不要那么珍爱它，不收人家的东西，人家才会归服于你；最要紧的是珍爱能人，这是国家安稳的根本大计呀！明主应该随时积累德行，因为大德都是从小德积累而来的。比如筑一座九仞（rèn）高的土山，如果最后一筐土没有加上去，这座山就没有堆成。您如果从这些方面加以注意，就可以世代稳坐天下了。"

周武王听从了召公的劝谏，从此以后专心治理朝政。

归马放牛

出处 《尚书·武成》:"乃偃武修文,归马于华山之阳,放牛于桃林之野,示天下弗服。"

释义 把作战用的牛马用来放牧。比喻战争结束,不再用兵。

近义词 马入华山 散马休牛

造句 只有归马放牛,天下太平,人民才能安居乐业。

商纣王时,周武王率领着大军向商朝的都城朝歌进发。沿途不断有人加入伐纣的队伍,甚至包括商纣王军队的士兵。大军行进到朝歌南郊的牧野时,举行了庄严的誓师典礼。几万人的怒吼声响彻天宇,商纣王在朝歌城里听了心惊胆战,忙调兵遣将去迎敌。可是,商朝的将士们眼见商纣王的末日已到,谁也不愿为他卖命;而周武王的将士们个个奋勇争先,有的还载歌载舞,欢笑上阵。所以,两军一接触,商纣王的军队很快就土崩瓦解了。

商纣王见大势已去,就穿上镶着宝玉的衣服,登上鹿台,自焚而死。周武王灭了商朝,胜利而归,以镐(在今陕西西安西南)为京都,建立了周朝。

因为战争结束了,不再需要打仗,周武王就宣布归马放牛,让它们拉犁耕地。周武王又将府库的粮谷分给贫困人家,救济他们;把囚犯也放出来,给他们自由;又在百姓中提倡道德、忠义、孝廉；对有功劳和有才能的人，还分别封官加爵。从此，天下安定下来，百姓也安居乐业了。

令行禁止

出处 《管子·七法》："故明于机数者……则令行禁止，是以圣王贵之。"

释义 指下令行动就立即行动，下令停止就立即停止。形容法令严正，纪律严明，执行认真。

近义词 大张旗鼓　雷厉风行

反义词 我行我素

造句 作为一名军人，应该做到令行禁止，表里如一。

商朝有三个德高望重的诸侯，在朝中位居三公，他们是九侯、鄂（è）侯和西伯侯姬（jī）昌（即周文王）。一次，九侯因一件小事触怒了纣王，纣王就叫人将他处死。鄂侯与纣王争了几句，也被纣王当场处死。事后，姬昌仅仅为此叹了口气，纣王就把他抓起来送进监狱。姬昌是周族的领袖，部下知道他下狱后，赶紧物色了一名美女和几十匹好马献给纣王，并为姬昌求情。纣王这才释放姬昌。

姬昌知道纣王的日子不会太长，回到周地后，他便求访贤才，积蓄力量，团结各地诸侯，做好推翻商朝统治的准备。经过九年的经营，姬昌实力大增，归附他的诸侯愈来愈多。但不幸的是，姬昌患了重病，卧床不起。姬昌自知不久于人世，便把儿子姬发（即周武王）叫到床前，谆（zhūn）谆教导他说："我一生的意愿是创建周的王业，你能切实做到令行禁止，那就是王业的开始，望你实现我的意愿。"

　　姬昌去世后，姬发继承其父灭商的遗志，在弟弟姬旦（即周公旦）和军师姜子牙的辅佐下，加紧灭商的各种准备。纣王虽然调集了七十万大军与周军决战。但是由于商军在阵前倒戈，商军全线崩溃。纣王见大势已去，自焚而死。

付之一炬

释义 唐·杜牧《阿房宫赋》："楚人一炬，可怜焦土。"

释义 被一把火烧光，指用火烧毁。

近义词 付之东流　付之丙丁

造句 英法联军火烧圆明园，使许多有价值的文物被付之一炬，对中国人民犯下了不可饶恕的罪行。

秦始皇夺取天下以后，花费巨大财力、物力和人力，在渭水之南修筑阿房宫。阿房宫建筑规模十分宏大，宫内有无数奇珍异宝、金银和美女。秦末，项羽领兵占领咸阳后，先杀死了秦王子婴，抢走了咸阳宫殿的财宝、美女，然后将其付之一炬。大火烧了三个月还没有熄灭。

　　到了唐朝唐敬宗执政的时候，朝廷大修宫殿，不顾百姓劳苦，挥霍国家财力，给人民带来极大痛苦。大诗人杜牧看到这种情况，十分气愤，便写了一篇《阿房宫赋》，借古讽今，用秦王朝的荒淫无道，最终遭到灭亡的史实来警告唐朝的统治者。

愚公移山

出处 《列子·汤问》："北山愚公者，年且九十，面山而居。惩山北之塞，出入之迁也……遂率子孙荷担者三夫，叩石垦壤，箕畚运于渤海之尾。……寒暑易节，始一反焉。"

释义 形容做事有毅力，有恒心，不怕困难。

近义词 持之以恒　精卫填海　锲而不舍

反义词 虎头蛇尾　有头无尾

造句 我们要用愚公移山的精神治"脏乱差"，不达目的决不罢休。

传说在很久以前，在冀州以南、河阳以北有两座大山，一座是太行山，一座是王屋山，山高八千丈，方圆有七百里。

在山的北面，住着一位叫愚公的老汉，年纪快九十岁了。他家的大门，正对着这两座大山，进出很不方便。愚公很恼火，下定决心把这两座大山挖掉。

有一天，他召集了全家老小，对他们说："这两座大山，挡住了我们的出路，咱们大家一起努力，把它们挖掉吧！"

他的妻子提出了疑问："像太行、王屋这么高大的山，挖出来的那些石头、泥土往哪里送呢？"

大家说："这好办，把泥土、石块扔到渤海边上就行了！"

第二天天刚亮，愚公就带领全家老小开始挖山。

黄河边上住着一个老汉，这人很精明，人们管他叫智叟（sǒu）。他看到愚公他们一年到头辛辛苦苦地挖山运土不止，觉得很可笑，就去劝告愚公："你这个人可真傻，这么大岁数了，还能活几天？用尽你的力气，也拔不了山上的几根草，怎么能搬开这么大的山呢？"

愚公深深地叹口气说："我看你这人自以为聪明。不错，我是老了，活不了几年了，可是我死了还有儿子，儿子又生孙子，孙子又生儿子。子子孙孙，世世代代，一直传下去，是无穷无尽的。可是这两座山不会再长高了，我们为什么不能把它们挖平呢！"

愚公的精神感动了天神，天神派神仙将两座山背走了。

飞短流长

出处 清·蒲松龄《聊斋志异·封三娘》："造言生事者飞短流长，所不堪受。"

释义 指散播谣言，中伤他人。

近义词 造谣生事　拨弄是非

反义词 秉公直言　仗义执言

造句 这种飞短流长的话经常有，不可轻信！

从前有一个美貌的姑娘，叫十一娘，她出生在一个官宦人家。有一次，她带丫鬟（huán）去逛庙会，正游玩时，忽然感觉到有人注视着她。她回头一看，见一位和自己年龄相仿的漂亮女子正对着自己微笑。

那女子问："姐姐莫非是十一娘吗？"

十一娘说："是的。你是谁？"

那女子回答说："我叫封三娘，就住在附近。早就听到过你的名字，今天一见，果然名不虚传。"

十一娘又问道："你怎么一个人来逛庙会，连个陪伴的人也没有？"

封三娘说："我父母早已去世，家中只有一个老奶妈相伴。今天她要看家，所以不能来。"

分手时，两人依依不舍。十一娘邀请她到自己家去。封三娘推辞道："姐姐家是朱门富户，我家贫寒，我到你家去，恐你家人会嫌弃。"

十一娘忙说:"不会的,父母爱我如掌上明珠,我喜欢的人,他们也会喜欢的。"

封三娘想了想说:"那好吧,我回去和奶妈说一声,过几天就到你家去。"

十一娘回到家里,等了好几天,也不见封三娘来。重阳节那天,十一娘到园中散步。她刚坐下,抬头发现有人攀着墙头往这边看,仔细一看,正是封三娘。十一娘不由得大喜,急忙让丫鬟把她接进园中。

十一娘责怪道:"你怎么不讲信用?我都想你了。"

封三娘流着泪说:"我也想你呀!只因我俩家境贫富悬殊,恐人家知道我俩交往,造谣生事,飞短流长,我不堪忍受,才迟迟不敢来的呀!"

民以食为天

出处 西汉·司马迁《史记·郦生陆贾列传》:"王者以民人为天,而民人以食为天。"

释义 人民以粮食为自己生活所系。

近义词 国以粮为本

造句 民以食为天,没有粮食,人们就无法生存。

秦朝灭亡以后,刘邦和西楚霸王项羽为了争夺天下,又展开战争。彭城一战,刘邦军队损失严重,退至荥(xíng)阳、成皋(gāo)以守为攻。汉军的军粮渐渐不足,而荥阳西北的敖山上,有一座秦时建筑的小城,城内有许多储粮的仓库,因此被称为"敖(áo)仓"。敖仓是关东最大的粮仓,因此占领这个粮仓对于打仗极为重要。

项羽的猛攻,使荥阳岌(jí)岌可危。万般无奈之下,刘邦打算割让成皋以东地方给项羽,退守巩、洛一带;一方面可以缓口气,另一方面能组织力量,再与楚军决战。

谋士郦(lì)食(yì)其(jī)知道了刘邦这个主意,反对说:"做帝王的人靠的是人民作为他的后盾,而民以食为天,敖仓是藏粮丰富的要地,大王你却要放弃它。失去了这么有利的粮仓,对军队将造成极大的不利啊!"

刘邦沉思片刻,觉得郦食其言之有理,忙问:"那么按照先生的高见，我该怎么做呢？"

　　郦食其说："在这种情况下，千万不可退兵，大王只有组织力量，坚守荥阳，保住敖仓，丰粮足食，才能振奋士兵精神。"

　　刘邦按郦食其的话去做了，果然取得了胜利。

网开三面

出处 西汉·司马迁《史记·殷本纪》："汤出，见野张网四面，祝曰：'自天下四方皆入吾网。'汤曰：'嘻，尽之矣！'乃去其三面。"

释义 意思是把捕禽的网撤去三面。比喻采取宽大态度，给人一条出路。

近义词 网开一面

反义词 严刑峻法 严惩不贷

造句 国王对他的错误网开三面，决定从轻发落。

夏朝的末代天子夏桀（jié），是个暴虐无道的昏君。在夏的东面，有一个称为商的诸侯国。商国国君商汤非常贤明能干。他团结邻近的诸侯部落，准备灭掉夏朝。

一天，商汤出外巡游，见一个猎人在一片树林的四面都张上网，准备捕捉禽兽。猎人拱手对天祷告道："从天上飞下来的，从地下往上爬的，从四面八方来的，通通进入我网里来！"

商汤听了，对猎人说："唉，你这样做太残忍，禽兽要被你捉光了！快撤掉三面网，只留下一面便够了！"

猎人不理解，问："只在一面张网，怎么能捕到禽兽呢？"

商汤回答说："你留下一面网后，就祷告说：'禽兽啊！你们愿意往左就往左，愿意往右就往右，实在不想活的，就进到我网里来！'"

商汤对猎人讲的话，很快就四处传开。诸侯们听后都感动地说："商汤真是一位很了不起的大王，他对禽兽都这么仁慈，对人一定更仁慈了，我们应该拥护他！"

不久，有四十个诸侯部落来归顺他。后来，商汤出兵灭掉夏朝，建立了商朝。

放虎归山

出处 西晋·陈寿《三国志·蜀志·刘巴传》裴松之注引《零陵先贤传》："既入，巴复谏曰：'若使备讨张鲁，是放虎于山林也。'"

释义 把已捕获的老虎放回深山。比喻放走敌人，留下后患。

近义词 放龙入海　后患无穷　养虎遗患

反义词 斩草除根　除恶务尽　斩尽杀绝

造句 如果我们的作战方案稍有疏漏，就不能把敌人全部消灭掉，而造成放虎归山的后果。

秦穆公三十三年（公元前 627 年），秦国三名大将孟明视、西乞术和白乙丙率领军队讨伐郑国。回师时，在崤（xiáo）山（今河南洛宁县西北）这个地方，被晋军军师先轸（zhěn）率军打败而俘虏。

晋襄公打算将孟明视等三人献于太庙，然后施刑，以表战功。晋襄公的后母文嬴听说娘家秦国的大将被俘，便对襄公说："秦晋两国世为婚姻，相交很厚，何不放他们回国，让秦国去处置他们？"

襄公不听，文嬴（yíng）继续劝说道："当年楚国的成得臣打了败仗，回去后被楚王杀了。秦国难道没有军法吗？再说我们的先君惠公也曾被秦国逮住过，秦国国君以礼相待，并把他放回来了。别人对我们这么有礼，我们为什么一定要杀掉这三个人呢？这岂不是显得我们太无情了吗？"

晋襄公听了母亲的话，终于把孟明视等三人放了。先轸听到这个消息后，怒不可遏（è）地跑去见晋襄公。他怒冲冲地问晋襄公道："秦国的囚犯在哪里？"

晋襄公回答说："母亲请求放他们回国，让秦国去处置他们。我已遵照母命把他们放了。"

先轸听了，十分气愤，大声说道："我们辛辛苦苦才把他们捉住，你竟听妇人的只言片语就把他们放了。这叫放虎归山，将来你后悔也来不及了。"

驷马难追

出处 北宋·欧阳修《新五代史·晋家人传·高祖皇后李氏》："兵戈屡动，驷马难追，戚实自贻，咎将谁执！"

释义 一句话说出了口，就是套上四匹马拉的车也难追上。指话说出口，就不能再收回，一定要算数。

近义词 驷不及舌　言而有信

反义词 言而无信

造句 我们遵守诺言，一言既出，驷马难追。

　　五代时期，石敬瑭（táng）起兵反后唐，请求北方契丹的支援。契丹主耶（yē）律德光亲自率军大败后唐兵，册立石敬瑭为皇帝，国号为晋，史称后晋。

　　天福七年（942年），石敬瑭去世，他的养子石重贵即位，史称"出帝"。石重贵不善治理国家，又遭遇严重的旱灾和蝗灾，民不聊生，饿殍（piǎo）遍野。皇太后李氏多次训诫出帝，出帝都听不进去。等到外族入侵时，后晋已是不堪一击。

　　开运元年（944年）春，契丹进犯后晋，出帝石重贵率军抵御，又派人致书耶律德光，请求重修旧好，但被耶律德光拒绝。双方屡屡交战，后晋军节节败退。耶律德光派降将张彦泽率领先锋骑兵二千人进入后晋京城，屯兵于明德门外，使京城陷入一片混乱。石重贵召来学士范质，对他说："昔日先帝起兵太原时，想选择一个儿子留守太原，契丹皇帝看中了我，他们应该比较了解我。你为我草拟降表，说说过去的事，也许能让我们母子活下来。"

范质草写降表，石重贵自称"孙臣"，称呼耶律德光为"翁皇帝"，表示自己全家低头认罪，等待处理。

范质又为太后草拟降表，自称"晋室皇太后新妇李氏妾"，上表说："张彦泽率军进城，承蒙皇帝阿翁降书安抚。先皇帝当年处于危难时，皇帝阿翁亲自征战，挽救了石氏，立了我晋朝社稷（jì）。不幸先帝去世，嗣（sì）子继位，没有好好治理国家，兵连祸结，终于到今天这个地步。过去的事已经发生，驷（sì）马难追。今蒙皇帝阿翁的抚慰，对我们有再生之恩，今上表请罪。"

耶律德光接到出帝和太后的降表，回信说："你们不必忧虑，保证你们有一个吃饭的地方。"

耶律德光降石重贵为光禄大夫，封为"负义侯"，命人将他们全族遣送到黄龙府去。

怨声载道

出处 《诗经·大雅·生民》："实覃实訏，厥声载路。"
《后汉书·李固传》："开门受赂，署用非次，天下纷然，怨声满道。"

释义 怨恨的声音充满道路。形容人民群众普遍强烈不满。

近义词 悲声载道　人言啧啧　民怨沸腾

反义词 歌功颂德　人心所向　皆大欢喜　普天同庆

造句 人们对于乘车难的问题意见很大，真可谓怨声载道。

东汉后期，在统治阶级内部，外戚和宦官之间的斗争十分激烈，政治上越来越腐败黑暗。有一年，汉顺帝下诏，让各地有才能的人都到都城洛阳参加他亲自主持的考试。李固参加了这次考试，发表了他对当时政治形势的分析和改革的意见。汉顺帝很欣赏他的才能，让他做了议郎。但是，汉顺帝的奶娘和宦官们害怕李固为人正直，会对他们不利，因此极力对他加以排斥和迫害。李固被派到边远的四川做县官。对此，李固非常不满。当他走到陕西汉中的时候，一气之下便回到老家南郑，闭门谢客，不去赴任。当时，梁皇后的父亲、大将军梁商请李固出来担任从事中郎。

李固想依靠梁家的势力与宦官对抗，于是给梁商写了一封信。

信中写有这样一段内容：“从前汉安帝在内部信任奶妈王圣的女儿伯荣和中常侍樊丰等人，在外部又重用周广、谢恽（yùn）等人。这帮人接受贿赂，贪污腐化，侵吞公款，巧取豪夺。人们对他们议论纷纷，怨声载道。我希望朝廷吸取历史上的经验教训，杜绝奢侈浪费，注意节省国家开支。”

梁商看了以后，却无动于衷，不以为然。

人面桃花

出处 唐·崔护《题都城南庄》诗："去年今日此门中，人面桃花相映红。人面不知何处去，桃花依旧笑春风。"

释义 形容男女邂逅钟情，分离之后，男子追念旧事的情形。

近义词 人去楼空

反义词 长相厮守

造句 人面桃花，是他心中难以了却的情思。

唐朝时，年轻书生崔护进京应考。清明节那天，他独自到城南郊外去游玩。走着走着，崔护发现一片住宅掩映在树林之中，十分雅致，便伸手去叩（kòu）门。门应声而开，从门缝里闪出一位漂亮的年轻女子。崔护以口渴为名，讨口水喝。小姐落落大方取茶款待。小姐倚在小桃树旁，亭亭玉立，宛如一朵盛开的桃花，美丽极了。崔护望着她，顿时产生一种倾慕之情。其实，小姐对眼前这位眉清目秀的书生也很有好感，只是不好意思明说。

从此，崔护时常思念那位小姐。到了第二年的清明节，崔护又独自去城南郊外，桃花又是盛开如云，可是主人的院门却紧锁着，不禁给人一种凄凉之感。他取出笔墨，在门扉上题了一首题为《题都城南庄》的诗：

去年今日此门中，人面桃花相映红。

人面不知何处去，桃花依旧笑春风。

崔护写完怅惘地转身离去。

几天以后，他又去寻访那户人家，刚刚走近宅子，便听见一阵哭声。崔护慌忙叩门进院，询问原委。开门的正是小姐的老父。他知道眼前来的就是崔护，不禁更加伤心地说道："你这个崔护呀，害死了我的女儿……"

原来，那小姐是个女才子，能诗能赋，见了崔护的题诗，害上了相思病，以至饭茶不进，绝食而死。

崔护听了这番话，不由得放声恸（tòng）哭："我是崔护呀，我害了你啊……"崔护这一叫喊，竟把小姐喊活了。原来她只是昏厥，并未死去。后来，崔护与小姐结了亲，过上了幸福的生活。

唇亡齿寒

出处 春秋·左丘明《左传·僖公五年》："晋侯复假道于虞以伐虢。宫之奇谏曰：虢，虞之表也；虢亡，虞必从之……谚所谓'辅车相依，唇亡齿寒'者，其虞虢之谓也。"

释义 嘴唇没有了，牙齿就会感到寒冷。形容利害密切相关。

近义词 唇齿相依　休戚相关

反义词 隔岸观火　势不两立　水火不容

造句 两国辅车相依，如有一邦被吞，则唇亡齿寒。

春秋时期，晋国想攻打虢（guó）国，但是两国中间隔着一个虞（yú）国，要攻打虢国就得向虞国借路。

晋国的大夫荀息向晋献公献计说："请您把那块垂棘出产的宝玉和屈地出产的骏马，作为礼物送给虞王，然后提出借路的要求，他一定会答应的。"

晋献公说："垂棘的玉石是我祖传的宝贝；屈产的那匹马，是我最喜爱的好马啊！如果虞国收下这两件礼物，又不借路给我们，那可怎么办呢？"

荀息回答说："虞国如果收下我们的礼物，一定会借路给我们的，否则他们就不会收下。即使他们收下了礼物，那块玉石，那匹骏马，也只是暂时属于他们罢了。把玉石放在虞国，就好比把它从内室移到外室；把宝马送给虞国，就好比把马从圈里牵出来养在圈外一样，仍是我们的。您还有什么可犹豫的呢？"

51

晋献公听从了荀息的话，就派他把礼物送到虞国去。虞王贪图美玉和宝马，就准备答应晋国的借路要求。

这时虞王身边的一个名叫宫之奇的大臣，劝阻虞王说："我们不能答应晋国的要求！虢国是我们的友邻，和我们的关系如同嘴唇和牙齿一样，互相关联。虢国之所以没被灭掉，是靠虞国的支持；虞国之所以没被灭掉，是靠虢国的支持。如果我们把道路借给晋国，那么虢国在早晨被灭掉，虞国在当天晚上也会跟着被灭掉。我们怎能把道路借给晋国去使用呢？"

虞王没有采纳宫之奇的意见，把道路借给了晋国。

于是，荀息带领兵马进攻虢国，很快把它灭掉了。晋军得胜返回晋国的时候，又背信弃义地进攻虞国，把虞国也灭掉了，当然美玉宝马仍归晋献公所有。

以人废言

出处 《论语·卫灵公》："君子不以言举人，不以人废言。"

释义 因为说话人地位低下或犯有错误就不采纳他所提出的正确意见。

造句 我们应该有不以人废言的勇气和胸怀。

三国时，吴主孙权告示天下："为了保卫祖国，青壮男子外出征战，致使夫妻父子不能照顾，农田无法耕种。如今，中原战火暂息，要充分利用时机使家人团聚，发展农业生产。"

当时，辅国将军陆逊（xùn）领兵驻守荆州，命将士开荒种地，以资军粮，孙权对此大为赞赏。

陆逊进而上书，建议吴主多听忠信之言，包括那些位卑职小的小官之言。孙权回答陆逊说："爱卿所言很有道理，倘若小官吏的意见有可取之处，我怎么会以人废言不加采纳呢？"

见怪不怪

出处 唐·孙思邈《千金要方·养性·黄帝杂忌法》："忽见鬼怪变异之物，即强抑之勿怪，咒曰：见怪不怪，其怪自坏。"

释义 看到怪异的现象不要大惊小怪。指遇到不常见的事物或意外情况，要沉着镇静。

近义词 熟视无睹　司空见惯

反义词 少见多怪

造句 如今有些人见怪不怪，思想够麻痹的了。

　　宋朝时，有个名叫姜七的人，开了一家旅店。一年春天，姜七常常听到后园那边传来悲切的哭声，但到那里去张望，又一无所见。次数多了，他也不以为然。

　　过了两个月，有五个客商来到他店里居住。当天深夜，五个客商都听到了悲切的哭声。他们到了后园循声看到一头老母猪在流泪哭泣，便问道："你这畜生，为何半夜里在此作怪？"

　　那老母猪竟开口说话道："我本是姜七的祖母啊！生前以养母猪为业，等产下猪仔后便卖掉，一年卖掉的猪仔多达数百头。我死后受到惩罚，投生为猪，如今真是懊悔，所以痛哭。"

　　第二天一早，客商们把这件奇事告诉了姜七，并规劝他好生养那头老母猪。姜七不以为然地说："畜生的话怎能相信？两月前我就觉察到这件怪事。见到怪异后不惊怪，这个怪便会自己消失，你们不必大惊小怪。"

　　过了两天，姜七忽然患病。他怀疑是那头老母猪在作怪，便叫屠夫把它宰了卖掉。不料，姜七的病越来越重，到了不可救药的程度。临死时，他发出猪被屠宰时一样的惨叫声。

矫枉过正

出处 东汉·仲长统《昌言》："夫乱世长而化世短……逮至清世，则复入于矫枉过正之检。"

释义 指把弯的东西扳正，结果又歪到了另一边。比喻纠正错误超过了应有的限度。

近义词 过犹不及　矫枉过直　矫枉过当

反义词 恰如其分

造句 改正错误不应矫枉过正，要实事求是。

　　周武王灭掉商朝以后，总结了夏、商两朝灭亡的经验教训，把王族和功臣按五个等级分封到全国各地，成为诸侯，进行分区管理，以维护周王朝的统治。

　　随着时间的推移，诸侯国的后代不再一心效忠周王室。他们之间因为利害关系的冲突，你争我夺，长期进行争霸战争，周王朝则日趋衰落。

　　公元前221年，秦始皇统一六国，建立了秦王朝。他废除了诸侯分封制，将天下分为三十六郡，以便加强中央集权，巩固统一。但是，由于秦王朝对人民实行了极其残酷的压迫和剥削，激化了地主和农民之间的阶级矛盾，终于爆发了以陈胜、吴广为首的农民大起义。

　　刘邦建立西汉王朝以后，认为秦王朝之所以灭亡，是因为没有分封诸侯，造成处境孤立。于是，他改变了这种局面，恢复了分封制，设立了王、侯两级爵位，大封功臣。但是，后来诸侯们又纷纷叛乱。

东汉史学家班固在撰写《汉书·诸侯王表序》时，对此评论说："西汉初年恢复分封制，大的诸侯王国跨州兼郡，拥有几十座城池，宫室百官的制度同京都的朝廷一样，真可说是矫枉过正。"

汉景帝在镇压了吴楚七国叛乱后，下令把诸侯王任免官吏的权力收归朝廷；王国的行政由朝廷任命官吏处理，以巩固中央集权。

鹿死谁手

出处 唐·房玄龄等《晋书·石勒载记下》："朕若逢高皇，当北面而事之，与韩、彭竞鞭而争先耳。脱遇光武，当并驱于中原，未知鹿死谁手。"

释义 原比喻不知政权会落在谁的手里。现在泛指在竞赛中不知谁会取得最后的胜利。

近义词 决一雌雄

反义词 和衷共济

造句 这次比赛高手很多，鹿死谁手，尚不可知。

东晋时，匈奴、鲜卑、氐（dī）、羌（qiāng）、羯（jié）这五个少数民族先后起兵作乱，分别占据了中国北部。历史学家称之为"五胡乱华"。

那时，有个羯族人名叫石勒，他起初住在并州（今山西省太原市附近），后来那地方闹起饥荒来，石勒因生活实在难以维持，便卖给别人作奴隶。他的主人见他仪表不凡，便对他另眼相待，后来竟免除了他的奴籍。石勒恢复了自由之后，投到匈奴酋（qiú）长刘渊的部落里。

刘渊后来称帝，建立汉国。汉国传到刘曜（yào）的时候，又改国号为赵

（史称"后赵"）。后赵的国势在五胡十六国中最为强盛。

　　石勒是一个自命不凡的人物，他曾在人前夸耀说："倘使我和汉高祖生在同一个时代，我自认不敢和他争高下；但倘使我遇到汉光武帝，我当和他在中原角逐，比一比高下，那时不知道鹿死谁手呢！"

量入为出

出处 《礼记·王制》:"冢宰制国用,必于岁之杪。五谷皆入,然后制国用……量入以为出。"

释义 根据收入的多少来决定开支的限度。

近义词 量入制出　精打细算

反义词 一掷千金

造句 如果你懂得量入为出,就不会把自己弄得这么拮据了。

　　227年,魏文帝曹丕(pī)去世后由曹叡(ruì)继位,史称魏明帝。魏明帝生性残暴,生活奢侈,大兴土木,营造宫殿。卫觊(jì)对这种状况极为忧虑,就上奏章给魏明帝说:"如今国家还未统一,战争没有结束,陛下再不重视开源节流,国家就会衰败,再也不能复兴了。"奏章最后写道:"目前最需要做的事,就是君臣同心协力出谋划策,精确地计算国库的财力状况,并且根据收入情况来确定支出。"

　　但是,魏明帝没有采纳卫觊的正确意见,照样奢侈(chǐ)享乐。随着政权的日益腐朽,司马氏逐渐掌握了朝政大权。到265年,司马炎终于代魏称帝,开始了西晋王朝的统治。

計較府庫

量入為出

一不做，二不休

出处 唐·赵元一《奉天录》卷四："光晟临死言曰：'传语后人，第一莫作，第二莫休。'"

释义 指要么不做，做了就索性做到底。

近义词 破釜沉舟

反义词 犹豫不决

造句 已经到了这个地步，一不做，二不休，我是打算拼一拼了。

755年，唐朝的节度使安禄山起兵叛乱，朝廷发兵平叛。在一次交战中，大将王思礼的坐骑被箭射中倒毙。正在危急时，骑兵张光晟（shèng）把马让给王思礼，使他脱险。

叛乱平定后，王思礼升了高官，而且不忘张光晟的救命之恩，和他结为兄弟，并一再向朝廷保举，从而使张光晟的官越做越大。

后来，一支军队在京师长安哗变，唐德宗仓皇出逃奉天（今陕西乾县），叛军推立太尉朱泚（cǐ）为帝。张光晟依附了朱泚，做了他手下的节度使。

朱泚自称大秦皇帝，领兵进逼奉天，张光晟则当了他的副将。不料出师不利，围城一个多月未能攻克，而各处来援救唐德宗的军队纷纷赶来。在这种情况下，朱泚、张光晟只能退回长安。

次年，朱泚又改国号为汉，自称汉元天皇，封张光晟为宰相。这时，唐军将领李晟等已迫近长安。张光晟见朱泚大势已去，便暗中派人与李晟取得联系，希望归降朝廷。李晟表示欢迎。

张光晟作为内应，劝朱泚赶快离开长安，并亲自护送他出城。待朱泚逃远后，张光晟再返回长安，率领残部向李晟投降。李晟答应奏告朝廷，减免他叛变投敌的罪行。

但是，后来唐德宗颁下诏书，处死张光晟。临死时，张光晟悲哀地说："把我的话传给后世的人：第一不要做，第二做了就不要罢休！"

后人把他的话简化为"一不做，二不休"。

三人成虎

  魏王为了与赵国交好，决定将太子送到赵国的都城邯郸（今属河北邯郸）去当人质，并派大臣庞葱陪同前往。

  庞葱是魏王的宠臣。他怕离开魏国后，别人说他坏话，使魏王不再信任他。因此，他在临行时有意问魏王："大王，如果有人向您报告说，街上有只老虎，您信不信？"

  "我当然不信，街上怎么会有虎呢？"魏王说。

  "如果又有个人向您报告说，街上有只老虎，您信不信？"

  魏王迟疑了一下，说："我对此将信将疑。"

  "如果第三个人向您报告说，街上有只老虎，您信不信？"

  魏王点点头，说："大家都这样说，我当然相信了。"

  庞葱说："街上并没有虎，这是非常明显的。但接连三个人都说街上有虎，大王便认为有虎了。如今，我要陪太子到赵国的邯郸去，那都城离我国的都城大梁（今河南开封西

北），比王宫离大街要远得多，而背后议论我、说我坏话的恐怕不止三人。但愿大王今后能对别人对我的议论加以审察。"

魏王不以为然地说："我明白你的意思了，你就放心吧。"

庞葱去邯郸后不久，果然有人在魏王面前说他坏话。开始魏王不信，后来说他坏话的人多了，竟也相信了。等庞葱从邯郸回来后，魏王再也不召见他了。

三十六计，走为上计

出处 南朝梁·萧子显《南齐书·王敬则传》："檀公三十六策，走为上策。"

释义 原指无力抵抗敌人，以逃走为上策。后指事情已经到了无可奈何的地步，没有别的好办法，只能出走。

近义词 溜之大吉

反义词 坐以待毙

造句 现在情况危急，三十六计，走为上计，你还是先离开吧！

　　南北朝时期，齐高帝萧道成取得皇位，大将王敬则功不可没，因此王敬则很受朝廷上下的敬重。萧道成死后，皇室发生内讧（hòng）。萧鸾（luán）靠阴谋登上皇帝宝座，史称齐明帝。他猜疑兄弟和后辈中有人企图推翻他的帝位，便残忍地杀掉了萧道成的二三十个儿孙。

　　除此之外，一些老臣旧将也被他除掉。王敬则也是被猜忌的对象。当时王敬则任会稽太守，离朝廷很远，萧鸾极不放心。他派张瑰为平东将军、吴郡太守，领兵秘密防备王敬则。王敬则听到这个消息，十分气愤，便领叛兵向京都建康（今江苏南京）进发。叛兵渡过了钱塘江，冲散了张瑰的三千名守兵。跟随王敬则的百姓有十几万人，直逼京口。

　　这时萧鸾正生病卧床，听说王敬则起兵反叛，十分惊骇，满朝文武大臣也无不失魂落魄。萧鸾的儿子萧宝卷，叫人爬上房顶瞭望，只见征虏亭上火光冲天，便以为叛军已到，吓得连衣服都顾不上换就要逃跑。王敬则听说此事后，他得意地说："三十六计，走为上计，我料他萧鸾父子唯有逃跑这条路啦……"

可是不久，王敬则因寡不敌众，军队又被河水所阻，遭到失败，自己也被守军杀死。

大失所望

出处 西汉·司马迁《史记·高祖本记》:"秦人大失望。"

释义 原来的希望完全落空。

近义词 事与愿违

反义词 大喜过望 喜出望外 如愿以偿

造句 他这次草率的表演,使观众们都大失所望。

在五代时期后晋、后汉两朝交替期间,有一个河阳人叫李守贞。他从军后当牙将,被晋高祖赏识,地位逐渐升高。

有一次与契丹交战,李守贞兵败投降,以后便为契丹卖命。他在接受契丹指令,带兵赴汶阳途中,正巧遇到了进驻汴州的晋高祖。李守贞内心恐惧,不得不来朝见,并假意归顺。

但在晋高祖死后,李守贞却变本加厉,愈来愈不安分守己。他暗中收买权臣,并不断加固城郭,扩充军队,随时做好反叛的准备。这时有一个和尚,懂得占卜和看相。他看了李守贞的面相后,说他有国君的尊贵。这使李守贞的狼子野心更快地膨胀起来,于是他就私下勾结盗贼,发兵占据潼关,公开亮出了反旗。

不久,朝廷派白文珂(kē)带兵前去征讨。李守贞自以为官兵中有不少人都曾做过自己的部下，这次用不着多动刀枪，他们就会大开城关，迎接自己。谁知在两军对阵时，旧部根本不买他的账，都厉声喝骂他是反贼，并历数他的种种罪状。这一切使李守贞大失所望。

才疏意广

出处 南朝宋·范晔《后汉书·孔融传》："融负其高气，志在靖难，而才疏意广，迄无成功。"

释义 才干有限而抱负很大。

近义词 志大才疏

反义词 才高八斗 鸿鹄之志

造句 他一厢情愿地想在自己的岗位上牛刀小试，可惜才疏意广，愿望最终还是成了泡影。

东汉末年的孔融，字文举，孔子第二十世孙，幼年时就被人称为奇才。孔融成年后，声望确实很高，志向也不能说不远大，可惜缺乏治政、治军的实际才干。

当时，黄巾军起义声势浩大，一连占领了好几个州。孔融因为冒犯了董卓，被派到北海郡为相。孔融到北海后，厚待儒生，集合民众，迎击黄巾将领张饶，可是很快被张饶打败，只好收拾残兵败将，退守朱虚县（在今山东朐县东南）。

不久，黄巾军再次攻打北海，孔融不能抵抗，移兵都昌县，又被义军包围，情势万分危急，只得向当时任平原相的刘备求救。刘备派出三千人马，替他解了围。

后来，袁绍、曹操势力越来越大，孔融揣摩这两人有图谋汉室的野心，因而立志为国家平定这两股势力，但是最终竟然一点成效也没有。

建安元年（196年），袁绍的儿子袁谭攻打孔融。最后，孔融部下仅剩下几百人，而孔融自己却依旧凭桌读书，谈笑自若，直到夜间城被攻破，才仓皇逃到东山，妻儿全部被俘。后来，孔融死于曹操之手。

不谋而同

出处 西晋·陈寿《三国志·魏书·张既传》裴松之注引《魏略》："今诸将不谋而同，似有天数。"

释义 事先没有商量过，意见或行动却完全一致。

近义词 不谋而合

反义词 众说纷纭

造句 张月明与皇甫英只是对视一眼，心中的想法就已不谋而同。

　　东汉末年，关中地区大乱，军阀韩遂（suì）、马腾等各拥强兵相互争战，曹操就派钟繇（yáo）督守关中各路军马。钟繇到长安后，写信劝和了韩遂、马腾。韩遂、马腾还分别送一子到京城，名为侍卫皇上，实为人质。建安十三年（208年），因马腾年老，曹操就拜马腾儿子马超为偏将军，统领马腾部下，却将马腾和他的另外两个儿子迁到邺地，仅马超一人留下。其实曹操对关中各将是怀有戒心的。

　　后来，曹操又命钟繇攻打占据汉中的张鲁，调夏侯渊与钟会会合。这时马超、韩遂、杨秋、成宜等关中将领怀疑钟繇要袭击自己，惶惶不安，于是决定合兵反叛曹操，推举韩遂为都督。韩遂的部将阎行劝阻韩遂，不要与马超一起反叛。韩遂说："现在关中各将领不谋而同，好像老天命定如此！"他带兵与曹军在华阴打了一仗，结果大败，而且他留在京城的子孙也全部被杀死。

心怀叵测

　　赤壁大战以后,曹操兵败退回北方。几年后,刘备再次与东吴孙权结成联盟,准备北上进攻曹操。曹操急忙召集手下的谋士商议对策。

　　谋士荀攸(yōu)说:"与其坐等刘备和孙权两家打上门来,不如我们主动出击。"

　　曹操皱着眉头说:"可是万一西凉王马腾在我南下远征时乘虚而入,我们的后方岂不要危险了?"

　　荀攸又献上一条计策,说:"丞相的担忧很有道理,不除掉马腾,终究是个后患。不如封他为征南将军,下诏书诱骗他进京,然后见机下手……"曹操照计行事。

　　马腾接到诏书后犹豫不决,他的侄儿马岱极力劝阻他应诏入京。马岱说:"曹操假借皇帝的名义,下诏书给你,完全是心怀叵(pǒ)测,你千万去不得。"马腾的儿子马超则主张将计就计,在京城寻找机会,杀了曹操。马腾权衡再三,决定让马超留守西凉，自己带五千兵马赶赴京城。

　　马腾到达京城许昌后，派人暗中与曹操的侍郎黄奎（kuí）联络，密谋杀掉曹操。谁知消息走漏了，而曹操正愁找不到除掉马腾的理由，便抢在马腾动手之前，把他和黄奎一齐抓获斩首。

东窗事发

出处 元·刘一清《钱塘遗事》卷二载："秦桧欲杀岳飞，与妻王氏谋于东窗下……秦桧对方士说：'可烦传语夫人，东窗事发矣！'"

释义 指不可告人的秘密已彻底败露。

近义词 原形毕露　真相大白

反义词 秘而不宣

造句 他因东窗事发锒铛入狱。

　　北宋后期，岳飞率领岳家军对金兵进行了顽强的抵抗，打了好几个胜仗。可是秦桧（huì）却不同意抵抗金兵，主张议和。宋高宗同意了，岳飞就多次上书，要求罢和议抗金兵。于是，秦桧就想着把岳飞除掉。

　　一天，秦桧坐在东窗下，正为无法除掉岳飞发愁。夫人王氏进来，说："这有何难？你找几个罪名安在岳飞头上不就行了。"

　　秦桧说："罪名不难找，难找的是告发岳飞的人，这个人一定要是岳飞的部下才能使天下信服。"

　　王氏说："我听说岳飞手下的都统制王贵，在一次战斗中胆小怕死，岳飞要将他斩首示众。后经众将求情，岳飞才免他一死。他肯定怀恨在心，你何不让他告发呢？"

　　秦桧大喜，两人又将陷害岳飞的细节密谋一番。秦桧派人找到王贵，要他诬告岳飞"谋反"。王贵不愿意，秦桧一伙就严刑拷打他，王贵只好屈从了。这样一来，岳飞便被陷害而死。

后来，秦桧病死。死后七日，王氏请来道士为秦桧做道场。道士痛恨秦桧杀害忠良，就装模作样做了一会儿法事，然后对王氏说："我看见秦大人正在地狱受阎王、小鬼的拷问。他让我转告夫人，东窗事发了。"

司马昭之心，路人皆知

出处 西晋·陈寿《三国志·魏书·高贵乡公传》裴松之注引《汉晋春秋》："司马昭之心，路人所知也。"

释义 指野心非常明显，为人所共知。

造句 他这是司马昭之心，路人皆知，你就不要为他掩饰了。

三国鼎立时期，魏国的相国司马昭权倾朝野。魏帝曹髦（máo）眼看自己成了傀（kuí）儡（lěi）皇帝，十分愤怒。一天，他秘密召来亲信大臣王沈、王经和王业，商量如何除掉司马昭这个心腹大患。曹髦愤愤地说："司马昭之心，路人皆知。我早晚要被他废掉，不如先下手除掉他！"说完，他写了一份讨伐司马昭的诏书。

王经等人知道曹氏大势已去，就劝阻曹髦。曹髦哪里肯听，他把诏书朝地上一抛，坚定地说："我决心已下，死不改变！"王沈、王业见此情景，唯恐祸及自身，忙去给司马昭通风报信。曹髦召来宫中侍卫三百多人，准备前往司马昭官邸（dǐ），与司马昭决一死战。司马昭即刻命亲信贾充带卫兵杀进皇宫，不一会儿工夫，就把曹髦的人马杀得四散而逃。

曹髦见势不妙，高叫："我是天子，你们想造反吗？"卫兵一听，都停步不前了。

贾充也大喊了一声："司马相国养你们何用？谁杀了曹髦，赏金万两！"于是众兵一齐挥戈向前，眨眼工夫曹髦就被太子舍人成济所杀。

　　司马昭除掉曹髦后，自封晋王。他死后，他的长子司马炎建立了司马氏的西晋政权。

权宜之计

出处 南朝宋·范晔《后汉书·王允传》："及在际会，每乏温润之色，杖正持重，不循权宜之计，是以群下不甚附之。"

释义 为了应付某种情况而暂时采取的办法。

近义词 缓兵之计

反义词 百年大计　长久之计

造句 改革开放不是权宜之计，而是我们的基本国策。

东汉末年，军阀董卓率军进入洛阳，废掉汉少帝，另立9岁的汉献帝，窃居相位，权势煊（xuān）赫一时。董卓有一个部将名叫吕布，精通武艺。两人专横跋扈（hù），任意杀戮（lù）朝臣和百姓，弄得民怨沸腾。

司徒王允见董卓祸害日深，多次秘密召集几个大臣商议诛杀董卓，最后决定用计策动吕布来杀死董卓。

192年4月，汉献帝久病初愈，在未央殿大会群臣。董卓命令吕布等带领卫队护卫。这时候，王允设下的伏兵突然朝董卓冲杀过去。董卓大声疾呼："吕布在哪里？"

吕布怒喝一声："皇上下令诛杀你这个逆贼！"喊声刚落，便一戟将董卓刺死了。

董卓被杀死后，王允认为大患已除，天下太平，做事就不再因时因事而采取权宜之计，所以好多部下都对他逐渐疏远了。

不久，董卓的旧部郭汜（sì）、李傕（jué）攻入长安（这时汉献帝已西迁长安）杀死王允，赶走吕布。

成也萧何，败也萧何

出处 南宋·洪迈《容斋随笔·萧何给韩信》："信之为大将军，实萧何所荐，今其死也，又出其谋，故俚语有'成也萧何，败也萧河'之语。"

释义 成事由于萧何，败事也由于萧何。形容事情的成功和失败都是由这一个人造成的。萧何：汉高祖刘邦的丞相。

造句 正所谓"成也萧何，败也萧何"，互联网泡沫破灭时，其整个板块的质量也迅速滑坡。

韩信是西汉名将，而发现韩信具有将才的是萧何。

韩信原来在项羽手下当一名侍卫官，不受重用，便投奔刘邦，但开始刘邦只派他做一名管军粮的小吏。萧何偶然与韩信谈了一次话，发现韩信才能出众，胸怀韬（tāo）略，是难得的人才，便想举荐他。后来，韩信见刘邦长期不重用他，感到失望，就逃走了。萧何发现韩信走了，连夜追赶，才把韩信追了回来。

刘邦对萧何的行为不理解，问："逃跑的将士有几十个，你不去追，为什么就追韩信一人？"

萧何向刘邦解释："逃走几个将领没什么要紧，还可以招来。可是韩信是天下无双的将才，你想将来与项羽争夺天下，非此人不可呀！我劝你快下决心任用韩信吧！"

"好吧，我叫他做将军！"刘邦说。

可萧何却不满意，说："做将军？不行，不行，这样留不住他，大材小用啊！"

"那就任命他为大将军，怎样？"刘邦说，"派人把韩信叫来吧！"

"不行，不行，"萧何焦急地说，"你总是那样轻慢无礼，如今对待大将军怎么能像招呼小孩子那样呢？你要选择一个吉利日子，带上礼物，举行盛典，郑重其事地任命人家为大将军，韩信才会心悦诚服，全军将士也才会服从！"

韩信后来为刘邦出谋划策，率兵征战，屡建奇功，使刘邦统一天下，建立了西汉王朝。

刘邦做了皇帝以后，对韩信很不放心，担心他会谋取自己的皇位，就借故解除了他的兵权。韩信也觉得自己受人怀疑，不受信任，不如反叛。韩信和陈豨（xī）秘密结为同盟，相约起事。不料韩信的密谋让吕后知道了，吕后便找萧何商量。萧何想出一条计策，他叫人去通知韩信，说有人刚从刘邦那里来，报告陈豨已被诛灭，朝廷要庆贺一下，请韩信务必到场。

韩信没有料到这是一个骗局，他刚入宫，就被武士捆绑住拉进长乐宫的钟室，被斩首了。

韩信能为西汉王朝建立功勋，与萧何的举荐分不开；韩信最后失败被杀，也与萧何分不开。所以人们说韩信"成也萧何，败也萧何"。

时移事改

出处 北宋·薛居正《旧五代史·唐书·武皇纪下》："然则君臣无常位，陵谷有变迁，或榎塞长河，泥封函谷，时移事改，理有万殊。"

释义 随着时间的流逝，世事也在改变。

近义词 时过境迁　时移俗易

反义词 一如既往　亘古不变

造句 别急，尽管时移事改，困难重重，我们还是会帮助你找到亲人的。

唐朝末年军阀混战之后，出现了五代十国。

李克用是唐末较强的割据者之一。李克用因镇压黄巢起义有功，被任命为河东节度使，后来又被唐昭宗封为晋王。李克用为了控制唐朝廷，与另一军阀朱温展开了一连串的恶战。

朱温本是农民起义军首领黄巢的部将，在起义军遭到镇压的时候，投降了唐朝，被赐名朱全忠，当了同华节度使。不久，朱全忠挟持了唐昭宗，受封为梁王，完全控制了唐朝政权。907 年，朱全忠当上了后梁皇帝。

当时，割据四川的军阀王建（五代时前蜀国的建立者）派人送了一封信给李克用，劝他继续当他的晋王，等待时机打败朱全忠，再寻访原来唐朝的宗室继承帝位。

李克用写了一封回信给王建，表示不接受他的建议。信上说："谁该当皇帝，谁该是臣子，这种事情还说不定。时间过去了，世事会改变，其中的道理是千变万化的。"

这封信充分暴露了李克用不甘心俯首称臣，只想当皇帝的野心。可惜不到一年，李克用就死了，没能实现他的野心。

图谋不轨

出处 唐·房玄龄等《晋书·王彬传》："因勃然数敦曰：'兄抗旌犯顺，杀戮忠良，谋图不轨，祸及门户。'"
释义 谋划越出常规、法度之事。
近义词 包藏祸心
反义词 安分守己 循规蹈矩
造句 他是一个图谋不轨的坏人。

孙权死后，他年仅十岁的幼子孙亮继位，大将军诸葛恪（kè）、会稽太守滕胤（yìn）共同辅政，偏将军孙綝（chēn）密谋害死滕胤、朱异等朝廷重臣，升任为侍中、武卫将军（掌管内外一切军务），势力逐渐增强。他利用权势胡作非为，引起朝廷上下一致怨恨。

孙亮长大后，亲自过问政事。因为孙綝专横放纵，所以孙亮决定除掉他，就与公主鲁班、太常全尚、将军刘承商议，要诛杀孙綝。不料消息走漏，孙綝得知后，连夜带兵包围了皇宫擒拿全尚，又派孙恩在苍龙门外杀死刘承，并把孙亮废为会稽王，迎立琅琊王孙休为皇帝。

孙休还没有到建业（今江苏南京），孙綝就想进入宫室，图谋不轨。他召集群臣议论，大臣们不

敢说什么，只是唯唯诺诺，只有虞翻的儿子虞汜对他说："现在迎接琅琊王的队伍还没有到，你就想进入宫内。这样的话，恐怕会谣言四起，使老百姓迷惑不解。这不是忠孝之道啊！"

孙綝听了很不高兴，但终究不敢造次，只好带领兵士千人亲自去迎接孙休。

孙休登帝位后，孙綝升为丞相。然而，孙休坐稳江山后，便设法来对付孙綝。

临深履薄

出处 《诗经·小雅·小旻》:"战战兢兢,如临深渊,如履薄冰。"

释义 面临深渊,脚踩薄冰。形容小心谨慎,唯恐有失。

近义词 小心谨慎 提心吊胆

反义词 胆大妄为 昂首阔步 无所忌惮

造句 尽管身居高位,他处事仍是临深履薄,丝毫不敢大意。

　　东汉明帝刘庄的皇后马氏,是开国功臣马援的小女儿。她知书达礼,宽厚待人,朝中上下都对她十分敬重。明帝有个儿子刘炟(dá),是贾妃所生。马氏对他视同亲生,尽心抚育。后来明帝去世,刘炟即位,史称章帝。

　　章帝即位后,为了报答马氏的养育之恩,就尊她为皇太后,并多次提出要加封她的三个哥哥马廖(liáo)、马防和马光,而马太后认为他们不该无功受禄。后来,马廖的母亲去世,三兄弟把坟墓造得比较高,超过了当时礼制的规定。马太后知道后,立即派人传话,要三个哥哥重修坟墓,不得特殊。

　　在太后的督促下,马廖比较注意自己的言行,但他的儿子马豫行为放荡,一心希望父亲仗着太后的恩惠飞黄腾达,有一些不好的言论和行动。当时,马廖的好友杨终写信劝告马廖说:"本朝初年,有许多诸侯王对子弟不加管教;子弟触犯了刑法,以致国破人亡。你怎么能不面临深渊,脚踏薄冰,把他们的结局引以为戒呢？"

但杨终的劝告并未能提醒马廖。不久，马太后因病去世，马氏兄弟开始渐渐失势。马豫非常怨恨，竟背着父亲写了一封信诽（fěi）谤（bàng）朝政。事发后，马廖三兄弟被迫从京城返回封地。

马廖回到封地后，对儿子马豫严刑拷问。倔强的马豫不肯服罪，伤重而亡。过了几年，马廖也忧郁去世。

独占鳌头

出处 元·无名氏《陈州粜米》楔子："殿前曾献升平策，独占鳌头第一名。"

释义 原指科举时代考试中了状元，现泛指居首位或得第一名。

近义词 首屈一指

反义词 名落孙山

造句 王刚在这次数学竞赛中独占鳌头。

宋仁宗时，经包拯提议加试恩科。当时有一个很有学问的人叫范仲禹（yǔ），他家里很穷，勉强糊口度日。

一天，范仲禹在文人雅会上听到加试恩科的消息后，便闷闷不乐地对妻子说："今日与同窗会聚，他们一个个都打点好行李，准备参加恩科考试。他们说，我们都想前去赶考，何况是你范兄呢？范兄如果也到京赴考，必定是鳌（áo）头独占，考中状元的了！而我们家如此贫穷，哪有钱供我进京赶考呢？"

后来，范仲禹的老朋友刘洪义资助他百两白银和一头黑驴上京赶考。范仲禹连考了三场，果然不负众望，高中状元。

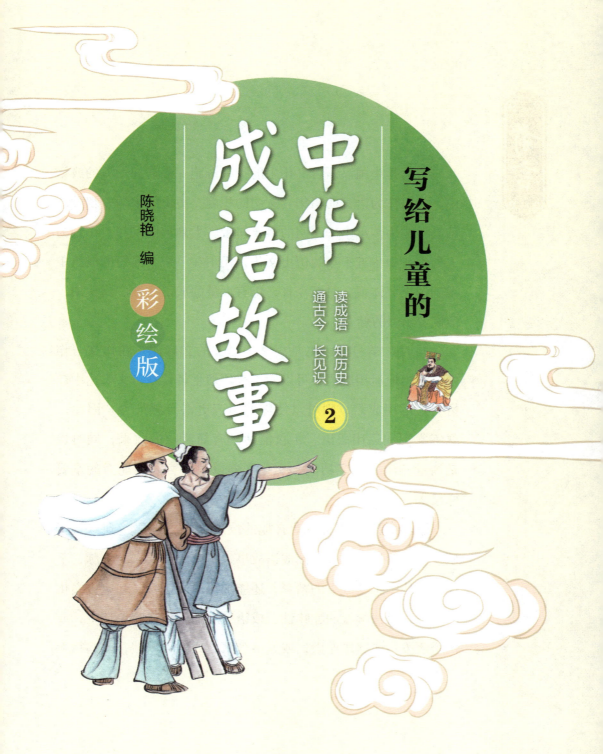

　　成语是中国汉语言文化中的一朵奇葩。在浩如烟海的典籍中，成语作为语言的精华、文明的积淀、历史的浓缩、智慧的结晶，成为传承中华文明的重要纽带。大到治国安邦，小到为人处世，中华五千年的历史文化，无不在一个个简短的成语中得到了充分体现。时至今日，仍有大量的成语在被广泛使用，散发着永恒的魅力。

　　同时，学习成语也是小学生语文的必修课。在作文写作中，恰当地运用成语，可以使文章熠熠生辉；在口头表达中，恰当地运用成语，则可以使你的语言更富有感染力。因此，熟练掌握和运用成语，不仅能达到言简意赅的效果，同时也是衡量一个人文字功底、文化素养以及语言表述能力的重要标尺。

　　学习成语，若从生动有趣的故事入手，则能达到寓教于乐、事半功倍之效。阅读成语故事，了解成语的来龙去脉，不仅可以从中感受故事的精彩，还能加深对成语含义和历史文化的理解，增强学习的趣味性。成语背后的故事或险象环生，或快乐活泼；或腥风血雨，或诙谐幽默；或振聋发聩，或润物无

声……成语将古代中国的政治军事、日常生活、文学艺术、文化习俗、道德传统和理想志趣等浓缩成一个个深刻隽永的片段，集中展现了古人的人生智慧和思想光芒。

本书收录了近五百则成语故事，既注重知识性，又兼顾趣味性和实用性；除了讲述故事，更点明了每条成语的出处、释义、近义词、反义词、造句示例等，让小读者既明其义、会使用，又知其源，了解其中所蕴含的丰富文化内涵。同时，本书配有深具历史韵味和艺术感染力的精美插图，使故事生动活泼，引人入胜。

全书所有故事虽系摘选，但皆独立成篇，可以使小读者对成语的由来一目了然；可读性强，使小读者能于兴致盎然中轻松获益。可谓一册在手，中华成语故事全掌握。

现在，就让我们翻开本书，一起走进成语故事的世界，去品味中华语言文化的博大精深和妙趣横生吧！

目录

重蹈覆辙

出处 南朝宋·范晔《后汉书·窦武传》："今不虑前事之失，复循覆车之轨。"

释义 字面意思为再走翻过车的老路，比喻不吸取失败的教训，重犯以前的错误。

近义词 蹈其覆辙　覆车继轨

反义词 改弦易辙　改弦更张　前车可鉴

造句 他不吸取父亲贪杯误事的教训，终有一天会重蹈覆辙。

东汉桓（huán）帝初年，外戚专权，大将军梁冀执掌了朝政。他飞扬跋扈（hù），简直不把桓帝放在眼中。汉桓帝为此也深感忧虑，便单超等合谋杀了梁冀，把朝政大权夺了过来。但是，单超等宦官见汉桓帝才能平庸，便勾结起来，在朝廷中广结党羽，把持朝政，形成了宦官专权的局面。宦官们的所作所为引起了一些正直文人的极端不满。

当时，司隶校尉李膺（yīng）和杜密经常发出反对宦官专权的言论，对单超等宦官给予毫不留情的抨击。于是，单超等宦官向汉桓帝大进谗言，诬陷李膺等结党诽谤朝廷，将李膺、郭常等逮捕入狱。

面对宦官如此嚣（xiāo）张的气焰，皇后的父亲窦（dòu）武站出来仗义执言，给汉桓帝上了一道奏章，痛斥宦官祸国殃民，为李膺等忠士鸣冤。

　　他在奏章中写道："如果不吸取过去宦官专权祸国的教训，重蹈覆辙，那么大汉的江山，就会像秦二世那样，葬送在赵高那样的宦官手里。"

　　汉桓帝看了奏章，知道窦武一向为人正直，便听从了窦武的意见，赦免了李膺等人，逐渐疏远单超等宦官。

鱼目混珠

出处 东汉·魏伯阳《参同契》卷上："鱼目岂为珠，蓬蒿不成槚。"

释义 指拿鱼眼睛冒充珍珠，比喻用假的冒充真的。

近义词 以假乱真　冒名顶替

造句 不法商贩常常鱼目混珠，坑骗消费者。

　　传说，从前有个名叫满愿的人买了一颗珍珠。这颗珍珠又大又圆，光彩耀眼，惹人喜爱，满愿便把它精心地收藏起来。满愿的邻居寿量有一次拾到一个鱼眼珠，自以为是一颗珍珠，于是，也精心收藏起来。

　　后来，有人生了病，需要用珍珠配药才能医治，于是用很高的价钱到处收买珍珠。满愿知道后，就把自己珍藏的珍珠拿了出来。寿量也把自己珍藏的鱼眼珠拿了出来。满愿的珍珠，闪闪发光，耀眼夺目；寿量的鱼眼珠，虽然又大又圆，却暗淡无光。两个放在一起，立刻就能辨出真假。寿量的做法，可谓是"鱼目混珠"。

　　《参同契》记载这个故事后说："鱼目岂为珠，蓬蒿不成槚（jiǎ）。"（蓬蒿：野草；槚：茶树的古称。"蓬蒿不成槚"的意思是说，野草不能冒充茶树。）

称王称霸

出处 南宋·汪元量《读史》："刘项称王称霸，关张无命无功。"

释义 比喻飞扬跋扈，胡作非为；也比喻狂妄地以首领自居，欺压别国或别人。

近义词 称孤道寡 飞扬跋扈 盛气凌人

反义词 谦谦君子

造句 土豪劣绅称王称霸，无恶不作。

东汉末年，曹操在镇压黄巾起义的过程中，逐步扩充了军事力量。曹操在战乱中把汉献帝迎接到许昌，从而受封为大将军及丞相，执掌东汉军政大权。他以天子名义发号施令，致力于统一战争。曹操先后讨伐了董卓，消灭了吕布、袁术、袁绍、刘表等豪强割据势力，基本上统一了北方广大地区。

与曹操抗衡的孙权和刘备，不断抨击曹操，说他想篡夺帝位。于是，曹操写了一篇公文。

在这篇公文中，他述说了自己主要的政治、军事经历，表明了本心，决定将所受封的四县退还三县，以此反击政敌的攻击。

他还表明，自己最初并无很大的志向，后来由于军阀混战、豪强割据、天下混乱，才不得不担负起统一全国、结束割据势力的重任。他本人并无称帝野心，虽然有人建议他废除汉献帝，但是他并没有这样做。

曹操还在文中说："如果国家没有我，不知道会有多少人自称为帝，多少人自称为王。"

"称王称霸"的成语即由此演变而来。

郑人买履

出处 《韩非子·外储说左上》："郑人有欲买履者，先自度其足，而置之其坐。至之市而忘操之，已得履，乃曰：'吾忘持度。'反归取之。及反，市罢，遂不得履。人曰：'何不试之以足？'曰：'宁信度，无自信也。'"

释义 指只生搬条文而不考虑实际情况的教条做法。

近义词 生搬硬套 刻舟求剑 墨守成规 因循守旧

反义词 达权通变 随机应变

造句 你可千万不要学郑人买履，否则会闹笑话的。

郑国有个人想买一双鞋，可他不知道自己脚的尺寸，就拿了根草绳依自己脚的大小剪了一段，放在凳子上。等他到了集市上，找到鞋铺，这才想起忘了带那根草绳。

店主是个有经验的人，一见他要买鞋便当即拿出一双，要他试穿。可他却说："不行不行，我忘了带尺码，怎能买鞋？我得回去取！"

回家一看，草绳果然放在凳上。他拿起草绳，又返身往集市赶。

到了集市，集市已散，那铺子也关了门。他十分气恼，连连怪自己太糊涂，以致误了买鞋。

路人笑问："你是给谁买鞋呀？"

"我自己。"

"那你为什么不用自己的脚去试鞋，非要去取什么尺码呢？"

那人摇头说："那怎么行呀，我的脚怎么会有尺码那么准确呢？"

一鼓作气

出处 春秋·左丘明《左传·庄公十年》："夫战，勇气也。一鼓作气，再而衰，三而竭。"

释义 比喻趁劲头大的时候鼓起干劲，一口气把事情做完。

近义词 一气呵成　趁热打铁

反义词 偃旗息鼓

造句 在这次爬山比赛中，我们队一鼓作气，第一个登顶。

公元前 684 年，强大的齐国派军队进攻弱小的鲁国。双方军队在鲁国的长勺摆开了阵势。

鲁国国君庄公亲临前线指挥军队作战。他还请谋士曹刿（guì）同坐一辆战车，随时听取他的意见。

阵势刚摆开，鲁庄公就想命令鼓手擂起战鼓发动攻击。曹刿连忙制止他说："现在发动攻击还不行，得等待一下时机。"

齐国军队先擂起了战鼓，但他们的指挥官发现鲁国军队没有什么行动，心有疑虑，不敢发动攻击。过了一会儿，齐国军队擂起了第二次战鼓，鲁国军队还是坚持不动，依然没有发动攻击。

齐国军队不得不擂起了第三次战鼓。这时候，曹刿才对庄公说："可以立即擂鼓进攻！"鼓声一起，鲁国军队就向敌阵发动攻击，果然打败了齐国军队。

齐国军队撤退了，庄公打算马上追击。曹刿忙说："且慢。"他先下车察看了敌军车轮留下的痕迹，又登上车子瞭望敌军的情况，才说："下令追击吧！"结果，鲁军在追击中大获全胜。

战后，庄公向曹刿请教克敌制胜的道理。曹刿说："两军交战，军士们的勇气常常是取胜的关键。擂第一次战鼓可使军士们振作起精神，此时勇气最盛；擂第二次战鼓，士气就低落了；到擂第三次战鼓时，士气就衰竭了。当时敌方军队已萎靡不振，我方军队正振作起精神，勇气最旺盛，所以能打败他们。再说，齐国是个大国，大国在战争中可能有难以预料的行为。他们虽说败退了，也可能是以退为进。我看清他们车轮的痕迹乱了，旗子也倒了，断定他们确实败退了，才请您下令追击。"

道听途说

出处 《论语·阳货》:"道听而涂说,德之弃也。"

释义 路上听来的、路上传播的话。泛指没有根据的传闻。

近义词 捕风捉影 空穴来风

反义词 言之有据

造句 他的话都是道听途说,事实真相并非如此。

　　艾子是春秋战国时期的人。有一次他刚从楚国回到齐国,一个叫毛空的人告诉他说:"楚国有一只鸭子一次生了一百个蛋。"

　　艾子不相信,问道:"哪有这样的事呢?"

　　毛空想想不对,改口说:"要不就是两只鸭生的蛋。"

　　艾子还是不相信。

　　毛空又改口说:"要不就是三只鸭生的蛋。"

　　毛空见艾子总是不相信,就把鸭子的数目一直增加到十只。

　　艾子问他道:"你为什么总是增加鸭子的数目,不减少蛋的数目呢?"

　　毛空说:"我宁愿增加鸭子的只数,也不减少蛋的数目。"

　　艾子见他如此固执己见,便无话可说。

　　毛空却接着说:"上个月天上掉下一块肉来,有一百米长，三十多米宽。"

艾子说："不可能。"

毛空改口说："那么就是六十多米长。"

艾子还是不相信，毛空又说是三十多米长。

艾子终于忍不住了，问他："你看见这个世界上有一百米长、三十多米宽的大块肉吗？"

毛空也觉得这事似乎荒唐。艾子接着又问，"你刚才说的鸭子是哪一家的？那块肉又掉在什么地方？"

毛空老老实实地回答道："我是听别人说的。"

艾子马上转过脸对他的学生们说："你们可不要像他这样道听途说啊！"

马首是瞻

出处 春秋·左丘明《左传·襄公十四年》:"荀偃令曰:'鸡鸣而驾,塞井夷灶,唯余马首是瞻。'"

释义 原指作战时士卒看主将的马头行事,后泛指服从指挥或跟随别人行动。

近义词 唯命是从 如影随形 亦步亦趋

反义词 背道而驰 南辕北辙

造句 你不必全听王总的话,唯他马首是瞻。

公元前 559 年,晋悼(dào)公联合了十二个诸侯国攻伐秦国。指挥各国联军的是晋国的大将荀偃。联军行至泾(jīng)水边,鲁军、莒军先后渡过了河。秦景公事先在泾水上游投了毒,结果联军中有许多士兵中毒而亡。大家心里害怕,不愿继续向前。郑国的公子命令自己的队伍前进,这才带动其他诸侯国的军队行进。大军到达秦地棫(yù)林后便驻扎下来。

荀偃原以为十二国联军攻秦,秦军一定会惊慌失措。不料秦景公已经得知联军军心不齐,士气不振,所以毫不胆怯,不想求和。于是,荀偃只得开战,他向全军将领发布命令说:"明天早晨鸡一叫,大家就开始驾马套车出发。各军都要填平水井,拆掉炉灶。作战时,全军将士都要以我马首是瞻,我奔向哪里,大家就跟着奔向哪里。"

这时,荀偃的左右手、下军主将私下说:"晋国从未下过这样的命令，为什么要听他的？他马头向西，我偏偏要向东！"这位主将不仅这样说，还确实这样做了。他带着自己的人马，朝东返回晋国去。下军主将的副手说："他是我们下军的头儿，我听他的。"于是也率领自己的队伍朝东而去，这样一来，全军顿时混乱起来。荀偃只好下令撤回全军。

无人之境

出处 东晋·孙绰《游天台山赋》："始经魑魅之途，卒践无人之境。"

释义 没有人居住的地方。

近义词 荒无人烟

反义词 熙熙攘攘

造句 宋军逢人便挑，遇马便刺，耀武扬威，如入无人之境。

三国时期，魏国的尚书郎邓艾筹划有方，英勇善战，数度击败蜀国名将姜维，升任征西将军。

魏元帝时，朝廷下诏命令诸军征讨蜀国。姜维败退，回守剑阁。魏将钟会率军进攻姜维，没有攻克。邓艾上奏建议道："如今贼兵遭受重创，应当乘势进取。如果从阴平小路进兵，经过蜀汉德阳亭，直取剑阁以西百里的涪（fú）城，离成都仅有三百余里。发奇兵突入蜀国的腹地，那么剑阁的守军必然回师解救涪城。这样，钟会就可以加速进军。如果剑阁的守军不回师救援，那么涪城的守军就寡不敌众。兵法上说'攻其不备，出其不意'。如今乘其腹地空虚没有防备，我军挥师进兵，必然会大获全胜。"魏元帝很赞成他的建议。

于是，邓艾率军从阴平小路进兵。沿途山路七百余里，是一片无人之境。一路山高谷深，极为艰险；又因粮草将尽，全军将士濒临绝境。邓艾身先士卒，用毛毡裹住身体，翻滚而下。将士们则依次攀树缘崖，鱼贯前进。之后，邓艾的队伍突然兵临江油（今四川省境内），蜀军守兵毫无防备，守将马邈（miǎo）投降。接着，邓艾攻占绵竹，杀死了守将诸葛瞻；魏军乘胜推进，到达雒（luò）城。最终，蜀后主刘禅派使者拿着皇帝的印玺和自己的亲笔信向邓艾投降。

天之骄子

出处 东汉·班固《汉书·匈奴传第六十四上》："南有大汉，北有强胡。胡者，天之骄子也。"

释义 本为汉时匈奴的自称，后泛指得天独厚、倍受重视的人。

近义词 出类拔萃

反义词 芸芸众生

造句 他曾经是天之骄子，如今却误入歧途，沦为阶下囚。

匈奴是我国北部的游牧民族，秦末汉初，匈奴强大起来，屡次进犯西汉统治地区。汉武帝在位的几十年间，先后派韩安国、卫青、霍（huò）去病等大将征伐匈奴，屡次取得胜利。

公元前90年，匈奴单（chán）于狐鹿姑又入侵西汉统治地区。武帝派将军李广利领兵七万，御史大夫商丘成领兵三万，重合侯莽通领兵四万，前去反击匈奴。

汉军三支队伍进入匈奴控制区后，商丘成的人马与匈奴兵交战九天，互有死伤；莽通的人马因匈奴兵自行退去，未曾交战；李广利的人马则大败匈奴兵，并乘胜向北追赶。狐鹿姑亲自率领五万骑兵，袭击李广利的队伍。结果，汉军大败，李广利投降，狐鹿姑把女儿嫁给他为妻。就这样，汉武帝派出的三支军队遭到了严重损失，并未达到反击匈奴的目的。

为此，单于派出使者，致书汉武帝说："南方有大汉，北方有强胡，你们知道我们'胡'是什么吗？胡，是上天的骄子宠儿啊！"

　　单于要求汉武帝开放关口，让匈奴人方便出入；允许他们娶汉女为妻，并每年给匈奴若干美酒、粟（sù）米、绸缎布帛。这样，他们就不再骚扰西汉边境。武帝经过这次较量，知道这"上天的骄子宠儿"一时难以攻灭，于是有了和谈的意思。

胡者
天之骄子也

止如斩足，行如流水

出处 战国·商鞅《商君书·赏刑》："三军之士，止之如斩足，行之如流水。三军之士，无敢犯禁者。"

释义 形容军队纪律严明，停止时，就像脚都被砍去一样，一动也不动；行走时，就像流水一样冲向前方。

造句 宋朝的军队一向军纪严明，这可真是"止如斩足，行如流水"。

春秋时，晋文公即位后，许多人不服他。晋文公想，只有实行严厉的刑法，否则，就不可能在晋国树立威信。一天，晋文公下令所有的大臣到宫中集合待命。过了规定的时间，老臣颠颉（xié）姗姗来迟，并对晋文公说："据我所知，大王此次召集大臣来，并没有什么事。无事召集，所以我迟到了！"

晋文公说："只要是君王相召，就是有事。如果君王每次召集臣子，臣子都打听清楚才来，一旦有紧急情况，岂不误了大事！"晋文公问执法官道："根据法律，迟到者应如何处置？"

执法官回答说："应该腰斩。"晋文公于是当场把颠颉腰斩示众。各位大臣都吓得胆战心惊。

从此，晋文公只要下达命令，晋国上下没有不服从的。

他率领晋国的军队攻打曹国和五鹿等地；又拆毁了郑国城上的墙垛（duò）；命令将卫国的田垄一律改成东西向，以便晋国的军队随时进攻；还在城濮（pú）击败了楚国的大军。

这一系列的胜利，使晋文公在国内树立了威信。只要他下达停止的命令，三军将士就像砍去双脚那样，一动也不敢动；下达前进的命令，将士就像流水那样一直向前。

长驱直入

出处 东汉·曹操《劳徐晃令》："未有长驱径入敌围者也。"

释义 （军队）长距离、毫无阻挡地向前挺进，形容进军顺利。驱：快跑。

近义词 势如破竹　直捣黄龙　势不可当

反义词 退避三舍　裹足不前　步步为营

造句 关羽抡动手上的大刀，一路长驱直入，无人敢挡。

三国时，刘备取得西蜀后，曹操和孙权联合，妄图夺取由关羽驻守的荆州之地。诸葛亮为了解荆州之危，指示关羽率先向驻守襄阳的曹仁发起攻击。

关羽很快攻占襄阳。曹仁被迫退守樊城。关羽设计水淹七军，活捉了曹军主将于禁，并将樊城围困起来。

曹操得知樊城危在旦夕，又派大将徐晃率兵救援。徐晃考虑到自己兵力不足，便设计轻取偃城，和樊城成掎（jǐ）角之势。

不久，曹操派出的其他几路援军赶到，统归徐晃指挥。徐晃见兵力大增，便开始部署战斗。徐晃知道关羽的主力在偃城和四冢两个地方，便故布疑兵，做出要向偃城进攻

的样子，而实际上却亲率大军去进攻四冢。等关羽发现中计，徐晃已率军长驱直入，击败了四冢的守军，直达樊城，樊城之围遂解。

　　曹操接到徐晃的捷报，立即发了一份慰劳令送到军中。慰劳令说："我用兵三十多年，所知古代善于用兵的将领中，没有一个人能像你这样长驱直入，冲入包围的！"

从天而降

出处 东汉·班固《汉书·周勃传》："诸侯闻之，以为将军从天而下也。"

释义 形容突然出现。

近义词 突如其来 从天而下

反义词 不出所料

造句 在危急时刻，他就像一位天兵从天而降，及时挽救了局面。

　　汉文帝时，有一年匈奴侵犯边境。汉文帝命周亚夫为将军，在细柳（今陕西咸阳西南渭河水岸）驻扎营地，部署兵力。

　　汉文帝带领大臣们去慰劳军队，到了细柳，见军士全部铠（kǎi）甲在身，手执兵刃，严阵以待。汉文帝的侍骑先驰到军营，守卫营门的士兵说："将军有令，不能随便进入军营！"

　　侍骑重新拿着汉文帝的令牌来到营门，守门兵士才放他们进营。但军吏又拦挡车骑，说："军内有规定，营内骑马不得奔驰！"汉文帝只好拉着马缰缓行。

　　汉文帝一行人来到中营，周亚夫将军才出来。他向汉文帝作揖（yī）说："铠甲在身，不能叩拜，请允许我以军礼拜见！"

　　汉文帝离营后，大臣们议论纷纷："周亚夫太傲慢了，对陛下也不恭敬。"

汉文帝却赞扬周亚夫说："他是真正的将军。"

不久，汉文帝便提拔周亚夫为中尉。

后来，汉文帝生了重病，临终前告诫太子说："记住，国家有了危险要任用周亚夫，这个人可以安定朝廷。"

汉景帝即位后，任命周亚夫为车骑将军。汉景帝执政才三年，吴王刘濞（bì）和楚王就开始谋反。周亚夫受命带兵去平叛。

周亚夫领兵出征，走到霸上，赵涉拦住他诚恳地说："你这次去平叛吴王和楚王，事关重大。吴王养了许多勇士，组成了敢死队。他知道你率兵去打他，预先必有伏兵。你最好走右边的路线，过蓝田，出武关，到雒阳，迟不过一两日，可以直入武库，击鼓鸣金。诸侯听见了会以为将军从天而下，必然惊慌失措。"

周亚夫听从赵涉的意见，派精兵去断绝了吴王、楚王军队的粮道。吴、楚军内缺乏粮食，将士恐慌。周亚夫趁机击败吴军。吴王刘濞逃到江南，一月后被越人杀死。

天衣无缝

出处 唐·牛峤《灵怪录·郭翰》："徐视其衣并无缝，翰问之，谓翰曰：'天衣本非针线为也。'"

释义 比喻事物周密完善，找不出破绽或漏洞。

近义词 十全十美　滴水不漏　无懈可击　完美无缺

反义词 漏洞百出　千疮百孔　破绽百出

造句 这个计划真是天衣无缝啊！

　　传说有个名叫郭翰的读书人，在一个夏天的夜晚独自在院子里乘凉。忽然一阵清风拂面而来，顿时香气四溢。郭翰抬头一看，只见一位如花似玉、国色天香的姑娘，从半空中飘然而至，正好落到了他的面前。郭翰一问，原来她是牛郎的妻子织女，织布织累了，到人间来解解闷。

　　郭翰被织女的衣服吸引住了。这身衣裳色彩斑斓（lán），金光闪闪。最令人叫绝的是，整套衣裳浑然一体，竟看不出一丝针缝。郭翰不禁纳闷："这衣服是怎么裁剪，又是怎么做出来的呢？什么人有这么好的手艺？"

　　织女仿佛看出了郭翰的心事，说："这是天衣，天衣和你们人间穿的衣服可不一样，从来不用剪刀裁，也不用针线缝，当然找不到针缝啰。"

　　第二天，郭翰将奇遇告诉了左邻右舍，人们都惊奇不已。

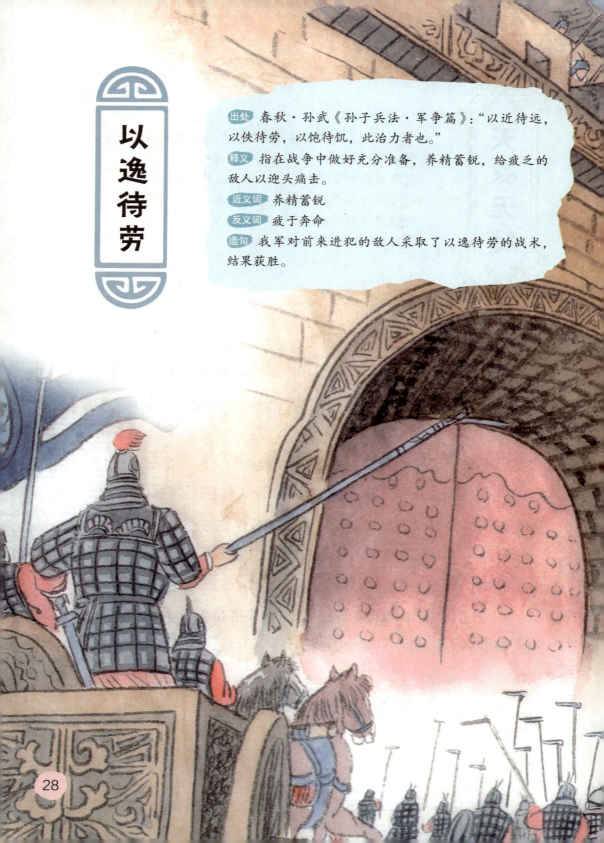

以逸待劳

出处 春秋·孙武《孙子兵法·军争篇》："以近待远，以佚待劳，以饱待饥，此治力者也。"

释义 指在战争中做好充分准备，养精蓄锐，给疲乏的敌人以迎头痛击。

近义词 养精蓄锐

反义词 疲于奔命

造句 我军对前来进犯的敌人采取了以逸待劳的战术，结果获胜。

西汉末年，陇（lǒng）甘军阀隗（wěi）嚣脱离刘秀，投靠在四川称帝的公孙述。刘秀大怒，派兵去攻打隗嚣，结果反被隗嚣打败。

刘秀再派征西大将军冯异，前去占领栒（xún）邑（今陕西咸阳旬邑）。隗嚣得到消息，命令部将行巡立刻去栒邑抢占有利地形。冯异的部将们知道后，都劝冯异不要和行巡大军作战。冯异斩钉截铁地说："我们必须抢占栒邑'以逸待劳'。"

冯异命令部队急行军，抢在行巡之前，占领了栒邑。冯异严密封锁消息，紧闭城门，偃旗息鼓，让将士们休整。行巡的部队刚急匆匆地赶到城下，城楼上突然鼓声大作，亮出了冯异的帅旗。行巡的军队毫无防备，吓得四下逃窜。冯异大开城门，领兵冲出城来，大败敌军。

让自己的军队养精蓄锐，等候从远方赶来的敌军，以达到消灭敌人的目的，就叫作"以逸待劳"。

计日可待

出处 三国蜀·诸葛亮《前出师表》："愿陛下亲之信之，则汉室之隆，可计日而待也。"

释义 指为期不远。

近义词 指日可待　计日可期

反义词 遥遥无期

造句 既然决心已定，就必须坚持练习，只有这样，学好英语口语才计日可待。

魏明帝曹叡（ruì）当政时，公孙渊占据着辽东，不听中央号令。于是，曹叡命令太尉司马懿率领军队讨伐辽东。

出发前，魏明帝问司马懿：“这次出征，估计来回要多长时间？”

司马懿回答：“来去各一百天，攻打一百天，中间休息六十天左右，算起来，一年足够了。”

魏明帝决定发兵四万，但不少大臣认为四万兵太多，战事所需的物资难以供应。

魏明帝果断地说：“迢迢四千里路程，虽然耗费很大，也应当供给，不可过分计较时间和费用。”

司马懿率四万大兵到达辽东后，正遇上大雨连绵，不能及时攻打。朝中大臣议论纷纷，认为应该及早召回司马懿，因为长此以往，不仅战事需要的物资难以供应，军队还会被拖垮。

魏明帝不听，说：“司马懿足智多谋，一定可以随机应变，克服危难，抓住公孙渊计日可待。”

不久，天气转好，司马懿果然打败了公孙渊，并派人把公孙渊的首级送到了京都，辽东终于平定了。

出奇制胜

出处 春秋·孙武《孙子兵法·势篇》："凡战者，以正合，以奇胜。故善出奇者，无穷如天地，不竭如江河。"

释义 指出奇兵战胜敌人。比喻用对方意料不到的方法取得胜利。

近义词 六出奇计 攻其不备 声东击西

反义词 束手待毙

造句 要在同行竞争中脱颖而出，得想法子出奇制胜才行。

春秋时期，燕昭王派大将乐毅攻齐。五年之间，燕军接连攻下齐国七十余城，最后只剩下即墨还在齐人手中。

齐国人田单精通兵法，足智多谋。开始的时候他在齐国的临淄当一名小吏，没有引起人们的注意。当乐毅率燕军攻入齐国时，他逃往安平（今山东淄博临淄东），让家人把车轴两端突出部分锯掉，在轴头包上铁笼。不久，安平又被燕军攻破。齐人争先恐后地出城逃亡，路上拥挤不堪，许多车子的轴头都被撞断，于是当了燕军俘虏。唯有田单家的车子，因为经过改装加固，安全地逃到了即墨城。这时，乐毅又将即墨团团围住。即墨大夫战死，守军就推举田单为将军，领导即墨的抗燕斗争。

公元前279年，燕昭王去世，燕惠王即位。燕惠王当太子的时候，与乐毅曾有过隔阂（hé），彼此成见很深，又受到田单所放出的流言影响，便立即派大将骑劫接替乐毅的职务，

调乐毅回国。

乐毅被无故撤职后，燕军士气低落。田单又派人混进燕军内部，散布流言说："齐军最怕的是被燕军割下鼻子，如果燕军进攻时，把割去鼻子的齐兵俘虏摆在队前，即墨城一定不攻自破。"

骑劫听了，不知是计，就照着做了。守城的齐兵看见自己的同胞被割去鼻子，非常气愤，同时生怕被燕军俘虏，守城的意志便更加坚决。接着，田单又派人散布流言说："我们最怕燕国人掘我们城外的祖坟，糟蹋我们的祖先，我们时刻提心吊胆。"

燕国人信以为真，把城外所有的坟墓都挖开，把尸骨堆在一起焚烧。即墨军民目睹燕军的暴行，无不咬牙切齿，一致要求与燕军决一死战。田单看到齐兵的士气高昂，又使用骄兵之计，使燕军的战斗意志更加松懈。

这天夜里，齐军向燕军发动进攻。田单把城里的一千多头老牛集中起来，给它们穿上大红色的衣裳，上面画着五颜六色的蛟（jiāo）龙图案；又在牛角上捆绑锋利的尖刀，在尾巴绑上浇满了油的芦苇，然后点着火，将牛从暗中凿穿的几十个城墙洞口赶出去，并派五千精兵跟在牛群后面。很快，牛的尾巴烧着了，牛便发起牛脾气，吼叫着直往前面燕营冲去。朦胧中，燕军被这突如其来的怪物吓得手足无措。这时，跟随牛群的五千名齐兵，冲入燕营，大刀阔斧地勇猛冲杀。齐军又在城上擂起战鼓，喊杀声惊天动地。燕军毫无思想准备，突然遭到这么猛烈的袭击，一下子溃不成军。齐兵趁乱杀死燕将骑劫。燕军没有了主帅，成了惊弓之鸟，四处奔逃。田单率兵奋力追击，一路收复失地，将被燕军占领的七十多座城池全部收回。接着，田单又拥立襄（xiāng）王为齐君，恢复了齐国的政权，并被襄王封为安平君。

司马迁在记述了田单火牛破燕军的事迹后，高度评价了他的"出奇制胜"战术。

掩耳盗铃

出处 《吕氏春秋·自知》："百姓有得钟者，欲负而走，则钟大不可负。以椎毁之，钟况然有音。恐人闻之而夺己也，遽掩其耳。"

释义 指偷铃铛怕别人听见而捂住自己的耳朵。比喻自己欺骗自己，明明是掩盖不住的事情却偏要想法子掩盖。

近义词 自欺欺人

反义词 实事求是

造句 他这个人从来都不会做掩耳盗铃的事情。

春秋末期，晋国范吉射逃离了晋国。

一天，有个人得到了范吉射的一口钟，便想偷偷地把它背走。但是，钟太笨重了，他根本无法把它背走。后来，他终于想出了一个办法：把钟敲碎了，分批拿回去。

于是，他找了一个木锤，用力去敲钟。"当——"第一下敲上去，钟就发出洪亮悠长的响声；再敲下去，钟发出了同样的响声。他想："钟声一响，人家就知道我在这里敲钟。这样，钟就要被别人夺走。"于是，他捂住自己的耳朵，这样钟声再响也听不见了。他想，既然我离得这么近也听不见，其他人当然更听不见，就可以安全地将钟偷走了。

其实他非常愚蠢可笑，自己欺骗自己。虽然他捂住了耳朵听不见钟声，但别人的耳朵没有被捂住，当然还会听见钟声。

在我国古代，钟和铃都是乐器。后来，人们就把这个故事概括成"掩耳盗铃"这一成语。

号令如山

出处 《宋史·岳飞传》："岳节使号令如山，若与之敌，万无生理，不如往降。"

释义 指军令严肃，不容更改。

近义词 军令如山

反义词 屡禁不止

造句 要想打胜仗，就必须训练出一支号令如山的军队。

　　岳飞曾跟随周同学习射箭，由于他刻苦练习，能左右开弓，百发百中；向宗泽学习作战阵图，勤学好问，终于青出于蓝而胜于蓝。岳飞作战有勇有谋，敌军听到"岳家军"就吓得闻风而逃。

　　但是，"岳家军"令敌人闻风丧胆的更重要的原因，是岳飞带兵号令严明。宗泽死后，接任他职务的南宋将领杜充竟纵容部下大肆抢掠。岳飞那时也在杜充部下，只有他的军队对百姓秋毫无犯。他的将士们宁可忍饥挨饿也不敢扰民，因此百姓称赞岳家军"冻死不拆屋，饿死不掳（lǔ）掠"。

　　岳飞是个对皇帝十分忠心的人。绍兴五年（1135 年），他奉旨征剿杨幺农民起义。杨幺的部下黄佐说："岳节度（当时岳飞任清远军节度使）号令如山，如果和他对敌，万无生理，不如投降。"遂率领下属投降了。

四面楚歌

出处 西汉·司马迁《史记·项羽本纪》："项王军壁垓下，兵少食尽，汉军及诸侯兵围之数重。夜闻汉军四面皆楚歌，项王乃大惊曰：'汉皆已得楚乎？是何楚人之多也！'"

释义 用来比喻被团团包围，处于孤立无援的境地。

近义词 腹背受敌 危机四伏 山穷水尽

反义词 安然无恙

造句 楚汉相争中，项羽在垓下之战的时候已是四面楚歌了。

项羽在垓下被汉军打得大败。这天，项羽躺在床上，辗转反侧，思绪万千。突然，远处飘来了一阵凄楚的歌声，那么动人心弦，那么熟悉。这不是楚地的歌曲吗？项羽听得心魄摇动，眼前浮现出家乡山山水水那明媚的风光，父老乡亲那熟悉的面孔，但他又想到自己正被刘邦和诸侯的军队包围，兵少粮尽，正陷入困境，不禁叹了口气。

外面的歌声越来越近，东面唱过西面唱，南面唱过北面唱，此起彼伏，哀怨的音调充满耳朵。项王大吃一惊，说："莫非刘邦已经把楚国全部占领了吗？为什么他的军队里楚人这么多呢？"他从床上爬起来，默默地走到案边喝酒解闷。

这时，虞姬走到项王身边，一杯又一杯地为他倒酒，乌骓（zhuī）马的嘶鸣声也断断续续地传进来。项王心有所动，拿起筷子敲碗打拍，慷慨悲愤地唱道：

力拔山兮气盖世，时不利兮骓不逝。

骓不逝兮可奈何，虞兮虞兮奈若何！

唱了几遍，虞姬也忧伤悲切地唱歌应和：

汉兵已略地，四方楚歌声。

大王意气尽，贱妾何聊生。

歌未尽，项王的泪水已一行行落了下来，左右的人也开始放声痛哭……

生灵涂炭

出处 唐·房玄龄等《晋书·苻丕载记》:"先帝晏驾贼庭,京师鞠为戎穴,神州萧条,生灵涂炭。"

释义 形容人民处于极端困苦的境地。

近义词 水深火热 民不聊生

反义词 国泰民安 安居乐业

造句 在春秋战国时期,诸侯之间相互征战,弄得大地萧条,生灵涂炭。

前秦苻坚经过淝水之战后,一蹶不振。384年,后燕、后秦攻打前秦。后来,国都长安被困,苻坚退到五将山,被后秦活捉处死。

前秦的幽州刺史王永听说苻坚已死,便拥立他的儿子苻丕到晋阳当了皇帝。苻丕当上皇帝后,封王永为左丞相。王永写了一篇通告,号召前秦各地军队联合起来,共同讨伐后秦和后燕。通告中说:"苻坚被害,长安沦陷,国家凋败,生灵涂炭。各地官员接到通告以后,要派出兵马到临晋会师,准备作战。"

然而,因为后秦军队强大,王永无法取胜。394年,前秦终于被后秦所灭。

外强中干

出处 春秋·左丘明《左传·僖公十五年》："今乘异产以从戎事，及惧而变……外强中干，进退不可，周旋不能，君必悔之。"

释义 外有强形，内中干竭。泛指外表强大，内实空虚。

近义词 色厉内荏　外刚内柔

反义词 外柔内刚

造句 他宁可让别人说自己胆小，也不愿充当外强中干的好汉。

春秋时期，晋惠公亲自率兵和秦军交战。他命令手下人把他战车上的本国战马卸下，套上郑国进贡来的高头大马。

大臣庆郑对晋惠公说："自古以来，各国打仗都是使用本国出产的马匹来驾战车。晋国的马看起来似乎瘦弱一些，可是它适应本国的水土，熟悉道路，又经过训练，驾驭起来得心应手，靠得住。郑国的马虽然外貌很中看，可实际上外强中干（gān），打起仗来万一受了惊，就会不听指挥，乱踢乱跳，或僵立在原地，不知所措。如今您要驾驭这样的战马去和秦国打仗，非吃亏不可。一旦在战场上陷入进不能进、退不能退，根本无法与敌军周旋的境地，您后悔可就来不及啦！"

晋惠公不听庆郑的忠告，仍然使用郑国的马驾车作战。结果，战斗一打响，战鼓齐擂，战场上惊天动地的喊杀声吓坏了郑国的战马。晋惠公的战车陷入了泥坑，他无计可施，只能束手就擒，当了秦军的俘虏。

机不可失

出处 南朝梁·沈约《宋书·范晔传》："兼云人情乐乱，机不可失，谶纬天文，并有征验。"

释义 指好的时机不可放过，失掉就不会再来。

近义词 不失时机　时不可失　趁热打铁

反义词 失之交臂

造句 兵法中讲究兵贵神速，机不可失。

　　唐高祖李渊当皇帝后不久，大将李靖（jìng）上书建议攻打在长江中游地区称帝的萧铣（xiǎn）。唐军开抵夔（kuí）州（今重庆奉节）后，萧铣以为正值秋汛期间，江水上涨，唐军不敢贸然进犯，因此不作任何防备。

　　唐军中有许多将领认为，在水涨时渡江太危险，但是李靖认为，兵贵神速，机不可失。经过几个回合的战斗，李靖率军把萧铣包围在江陵城里，萧铣只好投降。

　　唐太宗李世民即位后，又派李靖率领十多万大军，分六路讨伐背叛唐朝的东突厥首领颉利可汗。颉利可汗被唐军打败，派使者向唐太宗求和。唐太宗看出他不是真心想投降，而只是企图取得喘息的机会，因此假意应允讲和，并派人到东突厥（jué）

的军营中去抚慰。

李靖对唐太宗的想法心领神会，便请副将张公谨来商量，准备采取突然袭击的方法，一举消灭颉利可汗的军队。张公谨表示，皇上已经应允讲和，并派人到他们军营中去抚慰，怎能再去袭击。

李靖回答说："用兵在于变幻莫测，行动迅速，机不可失。当年韩信抄项羽的后路破齐，就是最好的例子。"

于是李靖亲率一万骑兵，远道奔袭，大破东突厥兵，歼敌一万多，俘敌十余万，其余的四散逃窜，颉利可汗也被生擒。

尔虞我诈

出处 春秋·左丘明《左传·宣公十五年》："宋及楚平，华元为质。盟曰：'我无尔诈，尔无我虞。'"

释义 比喻互相欺骗，互不信任。

近义词 勾心斗角

反义词 推心置腹　坦诚相见

造句 同志间要彼此坦诚，不能尔虞我诈。

春秋时期，强大的楚国去攻打弱小的宋国，楚庄王亲自率兵，把宋国的都城包围起来。宋国的将士在华元的率领下，同仇敌忾，坚守不懈。

几个月以后，被围的宋军士兵将粮食吃光了，人们不得不把死人骨头当柴烧，甚至交换死掉的孩子当饭吃！但是，他们守城的决心没有动摇。

楚军情况也不妙，由于长期围城，士兵疲劳，粮食紧张。楚庄王准备退兵，但他的一个部下建议，叫士兵们盖房子、种地，装作要长期住在这里的样子。这样，宋国就会因为害怕而投降。楚庄王采纳了他的意见。

一天夜里，宋将华元单身出城，摸进楚营，潜入楚军统帅子反的营帐中，把子反从床上拉起来，喝道："我们的粮草已经用光了，现在老百姓将孩子杀死充饥，把尸骨劈开当柴烧。可是我们宁愿死去，也决不屈膝投降。你赶快下令退兵三十里，同我们订立和约。"

　　子反在华元的威逼下，只好答应退兵。子反与华元盟誓，盟词是"我无尔诈，尔无我虞"。盟誓后，子反将此事报告楚庄王，楚庄王也同意了。

　　第二天，楚庄王下令退兵三十里，宋国就同楚国讲和了，而华元则成为楚国的人质。

师直为壮

出处 春秋·左丘明《左传·僖公二十八年》："师直为壮，曲为老。岂在久乎？"

释义 出兵有正当理由，军队就气壮，有战斗力。现指为正义而战的军队斗志旺盛，所向无敌。

近义词 哀兵必胜

反义词 师出无名

造句 师直为壮，我们为人类的解放而斗争，有什么敌人不能战胜呢？

春秋时期，楚国起兵围攻宋国。当时，宋国是晋国的附属国，宋王就派使臣去向晋文公求援。

晋文公派大军开赴宋国的边境，但晋军始终避免与楚军交战，因为正面与楚国交战，可能引起齐、秦等大国反对。楚王见晋军赶到，忙命令楚军火速从宋国撤回。楚军将领子玉好大喜功，拒不服从楚王的命令，率领军队对晋军穷追猛打。晋军的统帅按晋文公的吩咐，领军后撤。

晋军将士对此很不满意，抱怨道："国君躲避臣下是奇耻大辱啊！况且楚军已经疲惫困顿，我军应乘机一举歼灭它们，为何退而不战呢？"

晋军的统帅说："两军交战，出兵有正当理由，士气就旺盛，战斗力就强。我军先退却一段，是对楚军表示恩惠。如果楚军不知好歹，继续追杀我军，那么他们就理屈了，我军则有足够的理由去击杀他们。到了那时，我军再反击也不迟！"

　　果然，楚军将领子玉仍一意孤行，率军追击晋军，结果在城濮（今山东鄄城西南）遭到晋军的伏击，大败而逃。城濮之战，晋军取得全胜。此后，晋文公取得了霸主的地位。

师出无名

出处 南朝陈·徐陵《武皇帝作相时与北齐广陵城主书》："辱告承上党殿下及匹娄领军应来江右，师出无名，此是何义？"

释义 出兵没有正当理由，也引申为做事没有正当理由。

近义词 无名之师 兵出无名

反义词 师出有名

造句 你得找个理由，否则师出无名，你就见不到他了。

公元前206年，刘邦率军攻占秦都咸阳，推翻秦朝统治。不久，项羽率大军进入咸阳，烧了秦朝的宫室。接着，他派人向他所拥立的楚怀王禀报了入秦的情况。楚怀王表示，按以前的约定办：谁先打败秦军、攻入咸阳，谁就当秦王。

项羽虽然是后进咸阳的，但他倚仗自己兵马强大，所以自封为西楚霸王；又将刘邦封为汉王，让他到人烟稀少的巴蜀之地去；同时，给了楚怀王一个徒有虚名的尊号"义帝"，又暗中指使人把义帝杀死。

项羽的这些举动，引起了诸侯王的强烈不满。汉王刘邦领兵到了洛阳，董公对刘邦说："我听说没有正当理由，做大事就不能成功。项羽无道，杀了他的君王，为天下人所怨。您趁此率军征伐，四海之内都会仰慕您的德行。这样，您就同周武王讨伐殷纣王一样，兴的是仁义之师。"

从此，刘邦与项羽展开了长期战争。

各自为政

出处 春秋·左丘明《左传·宣公二年》："畴昔之羊，子为政；今日之事，我为政。"

释义 指各自按自己的主张办事，不互相配合。比喻不考虑全局，各搞一套。

近义词 各自为营

反义词 同心协力 顾全大局

造句 他们各自为政，意见很难统一。

春秋时期，郑、宋两国交战。两军刚一对阵，宋军主帅华元的战车就忽然离开了自己的阵地和队伍，单车匹马直向敌人密集的地方驶去。郑兵见了便一拥而上，活活地把华元从车上抓了下来。

原来在开战前，宋军主帅华元杀羊设酒，犒（kào）劳将士，却忘了留一块羊肉分给车夫羊斟（zhēn）。羊斟以为这是华元轻视他，因此怀恨在心，就打算在战场上给华元一个教训。

次日，两军刚刚摆好阵势，羊斟就对华元说："昨天分羊肉，是你华元做主；今天赶车，就要由我来做主了！"

于是，这就造成了前面所说华元被俘、宋军大败的后果。

如临大敌

唐朝末年,黄巢率众起义,南下攻占了广州以后,又北上攻占了唐朝的首都长安,唐僖(xī)宗仓皇出逃。

唐僖宗为了阻止起义军继续进军,任命进士出身的郑畋(tián)做凤翔节度使。他流着眼泪对郑畋说:"凤翔地处要冲,你一定要给我坚守住!"

郑畋对唐僖宗说:"凤翔远离皇上,战事又千变万化,能不能给我见机行事的权力?"

唐僖宗说:"只要对朝廷有利,这仗就随便你怎么打吧。"

郑畋到了凤翔以后，修造战车，扩充军队，加固城墙，并把自己的家产分发给士兵。军队日日夜夜都如临大敌，备战不懈。

不久，黄巢手下的将军尚让率领五万大军进攻凤翔。尚让自以为势大，又以为郑畋是个读书人，不会用兵打仗，因而他行军不列行伍，轻敌冒进；结果中了郑畋的埋伏，大败而逃，损失了两万多兵士。

迅雷不及掩耳

出处 周·姜子牙《六韬·龙韬·军势》："疾雷不及掩耳，迅电不及瞑目。"

释义 比喻来势凶猛，使人来不及防备。

近义词 风驰电掣　出其不意

反义词 蜗行牛步

造句 青蛙以迅雷不及掩耳之势，把虫子捉住了。

211 年，曹操在潼（tóng）关（今陕西渭南潼关县北）附近同韩遂、马超作战。

韩遂、马超率兵七万占据了潼关。曹操感到威胁，就亲率大军西征。他一面将大队人马开往潼关附近，驱使马超主力军聚集潼关；一面又派大将徐晃偷渡黄河，筑起营寨夹击马超。

当马超退据渭南以后，曹操为使他放松警惕，对马超一次又一次的挑战性进击不但不还击，还假装答应韩遂、马超割地议和的要求；然后千方百计离间马超与韩遂的关系，以削弱敌人力量；同时暗中积蓄自己的军力，等到一定时机集中力量突然向马超军发起猛攻。

战斗胜利以后，将士都称赞曹操的智谋。曹操说这就是《六韬》中所说的"疾雷不及掩耳"的战法。

后来，"疾雷不及掩耳"演变为"迅雷不及掩耳"这一成语。

决一雌雄

出处 西汉·司马迁《史记·项羽本纪》："天下匈匈数岁者，徒以吾两人耳，愿与汉王挑战，决雌雄，毋徒苦天下之民父子为也。"

释义 指较量一下胜败高低。

近义词 决一胜负　鹿死谁手

反义词 不分胜负

造句 来，再杀一盘，我们决一雌雄！

　　秦朝灭亡后，汉王刘邦与西楚霸王项羽进行了长达四年多的楚汉战争。

　　有一年，楚汉两军在广武（今河南荥阳东北）对峙。刘邦和项羽分别驻守在广武的东、西两城。两城相距数百步，中间只隔着一条广武涧。

　　一天，项羽亲自来到阵前，向刘邦喊话说："天下动乱不定已有多年，至今还不能平静，都是因为你我两人的缘故。今天咱们拼力决一雌雄，从此再不要让百姓跟我们受苦了！"

　　刘邦笑着回答："我宁可跟你斗智，也不愿跟你斗力。"

　　项羽下令让勇士们出阵挑战，但一连去了三批人，都被汉军的一个神射手楼烦用箭射死。项羽大怒，亲自披挂上阵挑战。楼烦正待射箭，项羽瞪起双眼向他大喝一声，声震大地，吓得楼烦不敢正眼看他，转身逃到汉军营垒里去了。

可刘邦还是坚持"斗智"，只管滔滔不绝地数起项羽的"十大罪状"来，就是不出阵应战。直到项羽的弓箭手从暗处向他射一箭，刘邦这才负伤撤退。

劳师袭远

出处 春秋·左丘明《左传·僖公三十二年》："劳师以袭远，非所闻也。"

释义 发动军队袭击远方的敌人，多指冒险的军事活动。

造句 即使我们只派兵进攻其中一个地区，也已经是劳师袭远。

春秋时，秦国在郑国的留守官员杞子派人告诉秦穆公：
"我现在负责郑国京城北门的防务，你要是派兵来偷袭，郑国
就是秦国的了。"

秦穆公征求老臣蹇（jiǎn）叔的意见。蹇叔说："让军队
赶那么多路，疲劳地去袭击远方的国家，犯了兵家大忌，我
看是不会成功的。"秦穆公不听劝告，派大将孟明视、西乞术、
白乙丙领兵出发。

蹇叔将军队拦在路上哭着对孟明视说："你们再也回不来
了！"秦穆公听说蹇叔拦路，十分恼火，坚持要出兵。

蹇叔对随军出征的儿子说："秦军偷袭郑国要经过晋国的
边界崤（xiáo）山，那里地势非常险恶。你们偷袭郑国不成，
回来时一定会在那里遭到晋军埋伏的，我只好到那里去给你
收尸了。"

果然不出蹇叔所料，秦军这次偷袭没有成功，回师途中
在崤山遭到了晋军的伏击。秦军大败，孟明视等三员大将被
活捉。

声东击西

出处　唐·杜佑《通典·兵典六》："声言击东，其实击西。"

释义　声张击东而实击西，用以迷惑敌人，给敌人造成错觉，给予敌人出其不意地攻击。

近义词　围魏救赵　调虎离山　避实就虚　出其不意

反义词　无的放矢

造句　虽然现在这里还没什么动静，但千万麻痹不得，小心敌人声东击西。

有一年夏天，刘邦在彭城被项羽的楚军杀得大败。本来已经归顺刘邦的魏王豹，这时看到楚军的势力强大，便借口回去看望生病的亲人，离开汉军，到达河关后，魏王豹就与项羽和好，宣布反汉。刘邦便派韩信领兵去攻打魏王豹。

魏王豹得知汉军进攻的消息，就任命柏直为大将，率军扼守在黄河东岸的蒲坂（bǎn），封锁黄河渡口临晋（今陕西大荔），阻止汉军渡河。

韩信带领汉军来到前线，看到蒲坂地势险要，又有重兵坚守，经过反复考虑，便想出一个"声东击西"的战术。他将军营扎在蒲坂对岸，在军营四周插上旗帜，白天让士兵操练、呐喊，夜里掌灯举火，摆出要从这里强渡黄河的架势，背地里却率汉军主力偷偷向北移动，选择了夏阳（今陕西韩城）作为偷渡黄河的据点。

汉军开到夏阳以后，没有渡船，韩信便命令士兵把几个木罂（yīng）连在一起，在上面拴上木排，倒扣在水面上，就成了渡筏。汉军乘着这些渡筏，偷偷渡到黄河对岸。因为魏军没有在那里派兵防守，所以汉军顺利地渡过了黄河，攻陷了魏军后方要地安邑。魏王豹毫无准备，慌忙领兵迎战，结果让汉军打得惨败，自己也被韩信活捉了。

兵贵神速

出处 春秋·孙武《孙子兵法·九地篇》："兵之情主速。"
西晋·陈寿《三国志·魏书·郭嘉传》："太祖将征袁尚
及三郡乌丸……嘉言曰：'兵贵神速。'"

释义 指用兵贵在行动特别迅速。

近义词 速战速决 事不宜迟

反义词 犹豫不决 优柔寡断

造句 乘胜追击，兵贵神速，不给敌人喘息之机。

东汉末年，天下大乱，群雄四起。出身名门的袁绍成为北方势力最强的军阀。200 年，袁绍和曹操在官渡（今河南中牟东北）大战。袁绍战败，不久病死。他的儿子袁熙、袁尚投奔北方的蹋顿单于。蹋顿支持袁氏兄弟，他经常派兵入侵，曹操深感忧虑。

207 年，曹操决定亲自领兵征讨北方三郡，消除北方边患。曹军人马、辎（zī）重太多，走了一个多月才到达河间的易城（今河北雄县西北）。谋士郭嘉对曹操说："用兵贵在神速，使敌人难以预料。我们应当把大量辎重留下，派出轻兵昼夜兼程，深入敌境，出其不意发动进攻，这样才能取得胜利。"

　　曹操采纳了郭嘉的建议，亲率数千精兵轻装北进。他们翻山越岭，直奔蹋顿所在地柳城（今辽宁朝阳西南）。在距离柳城还有一百多里的白狼山，曹军与蹋顿的几万名骑兵相遇了。虽然双方兵力相差悬殊，但曹操并不慌乱。他登上高处，见敌军队形不整，就立即下令先锋张辽率领部队猛冲过去。曹军将士以一当十，奋勇杀敌，勇往直前。蹋顿军队大败，蹋顿和许多将领死于乱军之中。

兵不血刃

出处 《荀子·议兵》："故近者亲其善，远方慕其德，兵不血刃，远迩来服。"

释义 指兵器上没有沾上血。形容未经战斗就轻易取得了胜利。

近义词 不战而胜 旗开得胜

反义词 血流成河 浴血争战 尸横遍野

造句 解放军兵不血刃，和平解放了西藏。

东晋的屯骑校尉郭默作战勇敢，但此人一贯骄横跋扈，把谁都不放在眼里，有一次竟然因为泄私愤杀死了平南将军刘胤。事后，他还大胆伪造诏书，诬陷刘胤谋反，向各州郡通报。这件事暴露后，宰相王导怕朝廷无力惩处他，不但不向他问罪，反而加封他的官职。

陶侃（kǎn）知道这件事后，一方面上书朝廷请求讨伐郭默，一方面写信给王导，要求他采取果断措施。信中有两句话写得非常有力："郭默杀害州官，朝廷就任命他当州官。难道他杀害宰相，就让他当宰相不成！"

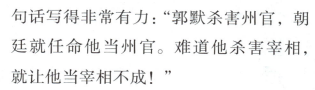

王导读了这封信，受到很大的触动，便派陶侃率军去讨伐郭默。郭默深知陶侃领兵作战十分厉害，听说他亲自来讨伐，感到非常焦急，打算率军离开江州南下。但陶侃出兵神速，郭默还未离城，陶侃的大军就已经将江州团团围住。

郭默想固守城池，但又知道自己不是陶侃的对手，怕城破后性命难保；想开城门投降，又怕朝廷要杀他的头，真是左右为难。他手下的一名叛将见大势已去，便将他逮捕后打开城门投降。陶侃终于不战而胜，平定了这次叛乱。

初生之犊不惧虎

出处 明·罗贯中《三国演义》："俗云初生之犊不惧虎，父亲纵然斩了此人，只是西羌一小卒耳，倘有疏虞，非所以重伯父之托也。"

释义 比喻阅世不深的青年人敢说敢干，无所畏惧。

近义词 无所畏惧　敢作敢为

反义词 胆小怕事

造句 他小小年纪，就敢外出闯荡，真是初生之犊不惧虎。

东汉末年，刘备占领汉中，自称汉中王，准备进攻中原。这时，曹操与孙权之间发生了冲突，于是刘备命令镇守荆州的关羽率兵北上，进攻襄阳与樊城。曹操部将曹仁领兵抵抗，被关羽部将廖化、关平打败。曹操接到战报，立即派大将于禁和先锋庞德统领七支人马，前去增援。

庞德率领先锋部队来到樊城，为了表示与关羽决一死战的决心，他让士兵抬着一口棺材，走在队伍前面。两军对阵，庞德耀武扬威，指名道姓要关羽出战。关羽欣然出阵，与庞德大战百余回合，不分胜负。

关羽回到营寨后，他的儿子关平说："初生之犊不惧虎，庞德不过是一个小兵，把他杀了也没什么价值。如果有什么闪失，恐怕辜负了伯父的重托啊！"关羽却说："不杀此人，难解我的心头之恨！"

这时正是秋季，樊城地区秋雨连绵，汉水漫上堤岸，樊城被围于大水中。关羽派人堵在水口，等到江水暴涨，扒开水口，洪水汹涌而出，淹没了于禁率领的七支人马。关羽命令将士登上预先造好的船筏，向敌军发起猛攻。庞德率领部下奋勇抵抗，从早晨一直战斗到中午，最后落水被俘，因不肯投降被关羽所杀。

势如破竹

三国末期，蜀国被魏国吞灭，魏国被司马炎夺去帝位，改称晋朝（即历史上的西晋）。司马炎自立为晋武帝，准备出兵灭吴。280年，西晋著名将领杜预奉命率领几路大军进攻吴国。杜预只用十来天的时间，就攻占了长江上游许多城镇。沅（yuán）、湘两江以南一带的州郡，也都纷纷投降。

杜预想趁此有利时机，一举灭掉吴国。可是有人却认为，吴国是个历史悠久、实力雄厚的大国，很难一下子把它灭掉；况且时值夏季，雨水很多，河流泛滥，交通不便，气候炎热，疫病容易流行，不如暂时停止进兵，待到冬季进攻也不算晚。杜预不同意这种意见，他坚定地说："从前，燕国的乐毅凭借济西一战，就攻占了强大的齐国。现在我军士气旺盛，趁此大好时机攻打吴国，势如破竹。"

杜预坚定地按照自己的意见挥军作战。不久，晋军就攻占了建业，吴主孙皓投降。西晋终于统一了全国。

罗雀掘鼠

出处 北宋·欧阳修等《新唐书·张巡传》："至罗雀掘鼠，煮铠弩以食。"

释义 原指张网捉麻雀、挖洞捉老鼠来充饥的窘困情况，后比喻想尽办法筹措财物。

造句 被告的家属罗雀掘鼠，才凑够那笔代理诉讼费。

　　唐天宝十四年（755年），平卢、范阳、河东三镇节度使安禄山发动"安史之乱"。他攻破洛阳，并在第二年称帝，进入长安。唐玄宗逃往四川，唐肃宗在灵武（今属宁夏）即位。叛军烧杀掳掠，非常残暴，人民纷纷站起来反抗斗争。广德元年（763年），叛乱被平定。

　　在平定"安史之乱"的过程中，唐将张巡与太守许远共同作战，防守睢（suī）阳（今河南商丘中南部）。当时，睢阳守兵只有三千人，而叛军却有十几万人。叛军一方面猛烈攻城，一方面劝张巡投降，但张巡毫不屈服。睢阳被叛军一连围困了几个月，内无粮草，外无救兵。在极端困难的情况下，张巡令将士们网罗捕捉空中飞行的鸟雀，挖掘鼠洞寻找食物，把兵器上的皮革解下煮吃。坚守几个月之后，睢阳终因弹尽粮绝、寡不敌众被攻破。张巡拒绝投降，惨遭杀害。

所向风靡

出处 唐·房玄龄等《晋书·王濬传》："臣自达巴丘，所向风靡。"

释义 比喻所到之处一切障碍都被清除。

近义词 所向披靡 势如破竹 长驱直入

反义词 强弩之末 溃不成军 丢盔弃甲

造句 义军攻入潼关后，所向风靡，直取咸阳。

晋武帝司马炎即位后，企图吞并吴国。他命令王濬（jùn）负责制造船只，做好进攻吴国的准备工作。

王濬受命后，在蜀郡益州制造战船。王濬在长江上游造船，木屑顺流而下，吴国太守吾彦捡到后，向吴主孙皓报告："看来晋国准备攻打吴国了，我们必须增加建平的兵马，因为晋国拿不下建平，就不敢渡过长江。"然而，孙皓没有重视，只图自己享乐，不顾国家安危。

七年后，王濬已做好伐吴准备，他上书请求出战："吴主孙皓荒淫凶残，国内怨言四起，现在是伐吴的大好时机。我负责修造的那些船只，因为时间长了，有的已逐渐损坏，再说我年已七十，说不定哪天就死了，希望陛下不要错失良机。"

于是，晋武帝令水陆六路大军二十余万人同时出动，进攻吴国。王濬率领大军一路从成都出发，顺江而下。

吴国为了对付晋国，在长江险要地带用铁索拦住江面，又将一丈多长的大铁锥暗置江中，用来破坏晋国的战船。晋国早有防备，做数十个大竹筏，攻破了吴军的防线。王濬率军顺江直下，先后攻取吴国多座重镇，直抵建业三山。

　　280年，王濬率八万大军离船登陆，直入石头城，吴主孙皓投降。至此，魏、蜀、吴三国分裂的局面结束了。

　　起初，晋武帝下令灭吴，曾通知王濬说："你进攻建业时，受安东大将军王浑指挥。"王濬攻下建平后，王浑却要他去江北讨论军事。王濬考虑到庞大的船队正顺风顺流而下，不宜停泊，就没有去见王浑，而是率军直捣建业，立下战功。这样一来，便引起了王浑的不满和妒忌。王浑上书晋武帝说："王濬违反皇帝诏令，不接受我的指挥。"晋武帝不知道事情真相，责备王濬。

　　王濬很委屈，上书辩解说："臣自率军进攻吴国以来，所向风靡，势不可当。我以为，事君之道，应当尽节尽忠，奋不顾身，随机应变。如果对国家有利，那么个人的生死可以置之度外；如果顾全自己，逃避责任，那么虽然对个人有利，但对国家不利。我为国家尽股肱之力，哪怕肝脑涂地，也在所不惜。"

　　晋武帝认为王濬说得有理，因此尽管王浑等人一再要求对他治罪，晋武帝也始终没有答应，反而把王濬召进洛阳，封为辅国大将军。

用兵如神

出处 西晋·陈寿《三国·吴书·虞翻传》裴松之注引《江表传》："讨逆将军智略超世，用兵如神。"

释义 调兵遣将如同神人，形容善于指挥作战。

近义词 料事如神　神机妙算

反义词 纸上谈兵

造句 诸葛亮用兵如神，历来被人们所称颂。

　　东汉建安十八年（213年），刘备留诸葛亮等镇守荆州，自己领兵进攻益州。第二年，诸葛亮也出兵进攻雒城支援刘备。诸葛亮得知张任是益州名将，极有胆略，不可轻敌，于是定下计策：先捉张任，然后取雒城。他令黄忠、魏延埋伏在雒城东面的金雁桥附近，以便诱敌来此，活捉张任。

　　调遣已定，诸葛亮亲自去引诱张任。他带着一队军容不整的士兵跑过金雁桥来，与张任对阵。诸葛亮指着张任说："曹操虽有百万大军，听到我的名字也望风而走，你还不快投降？"

　　张任看见诸葛亮的队伍不齐，在马上冷笑说："人们都说诸葛亮用兵如神，原来有名无实！"说着把枪一抬，军卒齐杀过来。这时，诸葛亮退过桥去。张任不知是计，从背后追赶而来。过了金雁桥，张任中了埋伏，急回军时，桥已经拆了，最终被张飞活捉。

艰难险阻

春秋时，晋文公执政后，励精图治，奋发图强，晋国便很快便强大起来。

在当时的诸侯国中，楚国十分强大，控制着附近的几个小国，俨然是中原的霸主。晋文公决定向楚国的霸权挑战。公元前632年，晋文公亲自率领大军，去攻打依附楚国的曹、卫两个小国。

楚成王派大将子玉率军前去救援。子玉率军出发后不久，楚成王放心不下，便写信给子玉，告诫他说："晋文公在外流亡了十九年，才回国做了国君。他什么艰难险阻都经历过，人民的爱憎好恶也都很清楚，对于怎样治理国家，怎样领导人民，怎样打仗都很有经验。因此，你面临的是一个强大的敌人，千万不可掉以轻心。不然，便会吃大亏。"

子玉接到楚成王的信，不以为然。结果，两军对阵，由于子玉轻敌骄傲，被晋军打得大败。

孤注一掷

出处 明·宋濂、王祎《元史·伯颜传》："备吾甲兵，决之今日，我宋天下，犹赌博孤注，输赢在此一掷耳。"

释义 赌徒把全部赌本都押上，来拼最后的输赢。比喻在危急的时候，使出全部力量冒险一试。

近义词 破釜沉舟 铤而走险 垂死挣扎

反义词 举棋不定 瞻前顾后

造句 她为了让病情好转，孤注一掷，将所有的积蓄都用在了看病上。

宋末元初之际，元军中有一员大将名叫伯颜。他决策果断，善于用兵，率领元朝的大军攻克了宋朝许多城池，一直打到汉口附近。

当时，由于宋将夏贵率万余艘战舰据守在长江南岸的各个要隘处，宋军同时又拥有长江天堑之利，元军因此无法渡江。于是，伯颜先派部队围住驻守在汉阳的宋军，声称要攻下汉阳，由汉口渡江。夏贵果然中计，派兵增援汉阳。见宋军上当，伯颜立刻派兵占领沙芜口，同时派人挖开汉口大坝。元军的船队浩浩荡荡从沦河经沙芜口进入长江，直逼军事要塞阳罗堡。伯颜派人到阳罗堡去招降宋军，但宋军将士们说："我们受大宋厚恩，应当拼死保卫大宋江山，怎么能当叛徒投降呢？我们已准备好了，要和你们决一死战。大宋的天下，究竟属于谁，就看今日了。就像赌博一样把全部赌注都押上，输赢就看这最后一回了。"

伯颜见宋军守将坚决不肯投降，就下令向阳罗堡进攻。连攻三日，一点进展也没有。伯颜就与部下密谋说："宋人以为我们一定要攻克阳罗堡才能渡江，可此堡很坚固，强攻是徒劳的，你带三千名铁骑乘船往上游渡江，从南岸抄宋军的后路。"

　　第二天，伯颜领兵继续进攻阳罗堡，而部将阿术则趁机率军溯流而上四十里，乘着夜色登上了南岸。宋军没料到元军会突然从背后冒出来，虽然将士们英勇战斗，顽强抵抗，但终究经不住元军大兵前后夹击。在元军的猛烈进攻中，宋军被打得大败，死伤无数。元军终于越过了长江天堑，为横扫江南扫清了道路。

肝肠寸断

出处 南朝宋·刘义庆《世语新语·黜免》："桓公入蜀，至三峡中，部伍中有得猿子者。其母缘岸哀号，行百余里不去；遂跳上船，至便即绝。破其腹中，肠皆寸寸断。"

释义 指肝和肠断成一寸一寸。比喻伤心到极点。

近义词 心如刀割　痛不欲生

反义词 欣喜若狂　欢呼雀跃　心花怒放　喜气洋洋

造句 三年前，王阿姨的儿子失踪了，她哭得肝肠寸断，每天以泪洗面，以致把眼睛哭坏了。

　　346年，晋将桓温率军上溯（sù）长江，攻打蜀国。船进入三峡时，部将中有人捉到了一只小猿并放在船上。母猿看到了，心急如焚，沿岸奔跑，哀哭号叫。三峡山势陡峭，江随壁转，壁与天接。母猿奋不顾身，攀青藤，走绝壁，滚山坡，跟着船队走了一百多里。

　　船行到巫峡，不觉慢了下来，靠着江边，缓缓前进。这时，母猿哀叫三声，瞄准小猿所在的船跳下来，当即气闭身亡。

　　船上的兵士剖开母猿腹部，只见肝肠寸断。桓温听说了，怒火冲天，叫人把捉小猿的军官叫来，训斥了一顿，贬了他的官职。后人有诗云：

　　　　巴东三峡巫峡长，
　　　　猿鸣三声泪沾裳。

按兵不动

出处 《荀子·王制》："偃然案兵无动。"
释义 使军队暂不行动。现也比喻暂不开展工作。
近义词 以逸待劳
反义词 闻风而动
造句 全市生产竞赛已经展开，但尚有个别单位按兵不动。

春秋末期，晋国东南的卫国是个弱小的诸侯国，名义上是晋国的盟国，实际上完全听命于晋国，后来任卫国国君的卫灵公不愿长久处于屈辱的地位，便与齐景公缔结盟约，从而与晋国断绝了关系。

卫国与晋国断绝关系后，晋国执政的赵鞅（又称赵简子）立即调集军队，打算袭击卫国。在出发前，他先派大夫史默到卫国去暗中了解情况。过了半年，史默回来了。赵鞅问他为什么在卫国待了这么长时间，史默回答说是为了详细了解情况。他说："现在，卫灵公已任命受到过陷害的贤臣蘧（qú）伯为相国，这使他赢得了民心。"接着，史默又讲述了卫灵公为了激励国人反抗晋国的情绪而采用的方法：

卫灵公派大夫王孙贾向国人宣告说，晋国已命令卫国，凡是有姐妹、女儿的人家，都要抽出一人送到晋国去当人质。消息传开后，卫国到处是痛哭声和愤恨声。

为了使国人相信这是事实，卫灵公又让王孙贾抽选出一批宗室大夫的女儿，准备送往晋国。结果，出发那天，成千上万的百姓不让她们去晋国当人质，并愤慨地表示要和来犯的晋军打到底，宁死不屈。

　　史默还提供了一个动向：孔子已去卫国，他的弟子子贡还给卫灵公出谋划策。最后史默说："卫国现在的贤臣很多，民气旺盛。国君非常重视贤臣的意见，并采纳他们的计谋。想用武力使卫国屈服，恐怕要付出很大的代价！"

　　赵鞅听了史默介绍的情况，认为进攻卫国的时机不成熟，于是下令按兵不动，等待时机再说。

背水一战

出处 西汉·司马迁《史记·淮阴侯列传》："信乃使万人先行，出，背水陈……军皆殊死战，不可败。"

释义 在不利的形势下与敌人决战。后来指处于绝境之中，为求出路而做最后的努力。

近义词 破釜沉舟 浴血奋战

反义词 重整旗鼓

造句 韩信背水一战，赢得了战争的胜利。

楚汉相争时，韩信率军数万攻打赵国。他探得对方在井陉（xíng）布置了二十万重兵，便连夜精选两千名轻骑，每人持一面小红旗，火速赶到赵军营地。

次日天明，韩信亲率一万人背对大河列阵。赵军见此大笑不止，认为背水列阵是犯了兵家之大忌，不啻（chì）是自断退路，一旦败退就无路可走。于是，赵军人人摩拳擦掌，想讨个便宜仗打。谁知韩信用的是诱兵之计，且战且退，一直退到大河边上；而先前派去的两千名轻骑，则趁赵兵出营追赶之机依计占领了赵营，竖起了汉军小红旗。汉军因赵军的追击退到河边，无路可走，便奋勇反击。赵军抵挡不住，准备掉头逃跑时，才发觉自己的营地早已落入汉军之手。

原来，韩信早就想好了背水布阵使士兵置之死地而后生的战略方案，他派两千名轻骑偷袭敌军，只是为了使这一方案实施得更完满而已。赵军不知有时犯兵家之忌反而可以险中求胜的道理，便产生轻敌思想，终于一败涂地。

星驰电发

出处 北魏·高允《北伐颂》："跃马裹粮，星驰电发。"
释义 迅速如流星闪电。形容速度极快。
近义词 风驰电掣
反义词 慢条斯理
造句 我军星驰电发，一举歼灭了敌人。

南北朝北周时期，有一个叛军首领叫元伯生。他带着几百名骑兵，在边关一带作乱。叛乱的消息频频传到朝廷，魏孝武帝便决定派遣京畿（jī）大都督匹娄（lóu）昭去讨伐平乱。匹娄昭感到这个任务很棘手，于是在上朝时向皇上提出给他五千名精兵出征的要求。

有一个名叫段永的官员听了，感到不妥当，便向皇上上奏说："这伙匪徒以掠夺为本，没有事的时候，就像一群蚂蚁一样聚在一起；如有风吹草动，就像鸟一样各自散开。因此，攻取这帮人的关键在于速度，而不在于人多势众。如果行动能像星驰电发般迅速、突然，

完全做到出其不意的话，只需配备精良的骑兵五百名就足以剿灭这批匪徒了。"

皇上听了觉得十分在理，便命令段永代替匹娄昭，拨给他五百名骑兵去完成这项任务。

段永领命后，先派人秘密地跟踪这帮匪徒，摸清了他们经常出没的地点，然后率领五百名骑兵日夜兼程，在对方未及预料、更谈不上设防的情况下，以迅雷不及掩耳之势，一举全歼了敌人，出色地完成了任务。

首尾相救

出处 西汉·刘向《战国策·魏策四》："有蛇于此，击其尾，其首救，击其首，其尾救。击其中身，首尾皆救。"

释义 头和尾相互援助。比喻互相援助。救：援助。

近义词 首尾相卫　首尾相援

反义词 袖手旁观

造句 在这么漆黑陡峭的山路上，我们一定要首尾相救，团结一心，克服困难，走出险境。

　　战国时期，秦昭王准备出兵魏国。但是，有谋士建议他重新考虑。因为，燕、赵、韩、魏、齐、楚六国都在华山以东，魏国处于六国的中间，就好像六国的腰部，"这如一条蛇一样，如果你打它的尾巴，它的头就要来救护；如果打它的头部，它的尾巴就要来救护"。如果秦国要攻打魏国，就等于秦国要腰斩山东六国的脊梁，六国势必像蛇一样首尾都去救中身。六国联合起来的力量是非常强大的，到时谁胜谁负，很难料定。

　　他认为出兵魏国不妥，不如向南方出兵，将矛头对准楚国。楚国在六国中兵力较弱，进攻楚国，其他诸侯国必定不能相救。

　　他还举出例证："商汤伐桀（jié）以前，

先出兵弱小的密须国，借以训练和整饬自己的武装力量。夺取了密须国，商汤就知道自己可以战胜夏桀了。秦国选择先进攻楚国与汤伐桀的道理是一样的。秦国若想征服诸侯各国，如果不先以弱小国家为战斗训练的对象，而贸然进攻强大的处于中间地位的魏国，必将损害自己的兵力。如果先对付楚国，其他国家就不能相救，秦国必然能取胜。到时，土地扩大，国家富庶，兵力加强，国君也将受到天下人的尊崇。"

于是，秦昭王听从了谋士的建议，南出蓝田攻打楚国都城。

草木皆兵

出处　唐·房玄龄等《晋书·苻坚载记下》："坚与苻融登城而望王师，见部阵齐整，将士精锐；又北望八公山上草木皆类人形，顾谓融曰：'此亦劲敌也，何谓少乎？'怃然有惧色。"

释义　把山上的草木都当作敌兵。形容人在惊慌时疑神疑鬼。

近义词　风声鹤唳　杯弓蛇影

反义词　若无其事　镇定自若

造句　敌人吓得惊恐万状，草木皆兵。

东晋时期，前秦皇帝苻（fú）坚发动了八十万大军迫临淝水，准备侵略东晋。晋朝的大将谢石、谢玄等领兵七万前去抵抗。苻坚听说晋朝的军队很少，就采取了猛烈的攻势，想一下子把晋军歼灭。但是谢玄的部下刘牢之独出奇兵，杀死了前秦大将梁成和一万多名士兵。

当时，苻坚站在寿阴（今安徽寿县）城上，见晋军的队伍十分严整，将士非常精锐，忽然变得胆怯起来。苻坚远远看见八公山上长着的许多草和树木，以为都是晋兵。他指着那些树木对身后的弟弟苻融说："这是强有力的敌人啊！怎能说晋兵少呢？"后来谢玄又在淝（féi）水（今安徽寿县境内）把苻坚打得落花流水。苻融阵亡，苻坚也中箭受伤，带着残部仓皇逃往淮（huái）北。他们一路上听见风声鹤鸣，都以为是晋兵追来了。

写给儿童的

中华
成语故事

彩绘版

陈晓艳 编

读成语　知历史
通古今　长见识

3

时代文艺出版社

　　成语是中国汉语言文化中的一朵奇葩。在浩如烟海的典籍中，成语作为语言的精华、文明的积淀、历史的浓缩、智慧的结晶，成为传承中华文明的重要纽带。大到治国安邦，小到为人处世，中华五千年的历史文化，无不在一个个简短的成语中得到了充分体现。时至今日，仍有大量的成语在被广泛使用，散发着永恒的魅力。

　　同时，学习成语也是小学生语文的必修课。在作文写作中，恰当地运用成语，可以使文章熠熠生辉；在口头表达中，恰当地运用成语，则可以使你的语言更富有感染力。因此，熟练掌握和运用成语，不仅能达到言简意赅的效果，同时也是衡量一个人文字功底、文化素养以及语言表述能力的重要标尺。

　　学习成语，若从生动有趣的故事入手，则能达到寓教于乐、事半功倍之效。阅读成语故事，了解成语的来龙去脉，不仅可以从中感受故事的精彩，还能加深对成语含义和历史文化的理解，增强学习的趣味性。成语背后的故事或险象环生，或快乐活泼；或腥风血雨，或诙谐幽默；或振聋发聩，或润物无

声……成语将古代中国的政治军事、日常生活、文学艺术、文化习俗、道德传统和理想志趣等浓缩成一个个深刻隽永的片段，集中展现了古人的人生智慧和思想光芒。

本书收录了近五百则成语故事，既注重知识性，又兼顾趣味性和实用性；除了讲述故事，更点明了每条成语的出处、释义、近义词、反义词、造句示例等，让小读者既明其义、会使用，又知其源，了解其中所蕴含的丰富文化内涵。同时，本书配有深具历史韵味和艺术感染力的精美插图，使故事生动活泼，引人入胜。

全书所有故事虽系摘选，但皆独立成篇，可以使小读者对成语的由来一目了然；可读性强，使小读者能于兴致盎然中轻松获益。可谓一册在手，中华成语故事全掌握。

现在，就让我们翻开本书，一起走进成语故事的世界，去品味中华语言文化的博大精深和妙趣横生吧！

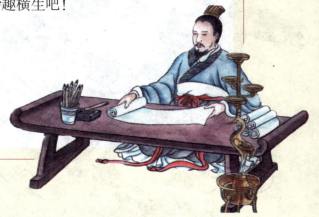

目录

骄兵必败

出处 东汉·班固《汉书·魏相传》："恃国家之大，矜人民之众，欲见威于敌者，谓之骄兵，兵骄者灭。"

释义 骄傲的军队必定打败仗。骄兵：恃强轻敌的军队。

近义词 傲卒多败

反义词 哀兵必胜

造句 龟兔赛跑中，由于兔子轻视乌龟，比赛中途睡着了，以致输了比赛，这真是骄兵必败啊！

　　西汉时期，汉宣帝为了平定边境，派侍郎郑吉带领军队去攻打车师国。车师国归顺了汉朝。郑吉占领车师国后，留下三百名士兵驻守，命令他们一边防守，一边种地。然后，他带领其余的部队回到北面的渠犁城，安营扎寨，长期驻防。

　　不久，匈奴派出大批的骑兵，浩浩荡荡地袭击车师国，汉军三百名士兵奋勇抗击。郑吉得到报告后，急忙率领七千多名将士，马不停蹄赶往车师国救援。可是敌我双方力量悬殊，郑吉终因寡不敌众，被匈奴大军围困在车师国。于是，郑吉派人冒死突围，给汉宣帝送去奏章，请求朝廷火速派兵支援。

　　汉宣帝见事情紧急，立即召集朝中大臣商议。将军赵充国认为，只要去攻打匈奴的右翼部队，匈奴就会从车师国撤兵。

骄兵必败

　　这时，丞相魏相向汉宣帝劝谏说："匈奴近几年来没有侵犯我们的边境，而我们为了车师国去攻打匈奴，毫无道理可言。边境的百姓生活困苦，无衣可穿，无粮可吃，怎能打仗？国内许多郡县连年遭灾，收成不好，一些官吏贪赃枉法，儿杀父、妻杀夫的现象时有发生。我认为首先应整顿朝政，任用贤人，处理好国内的事情。仗着国大、人众对外炫耀武力，这种队伍就是骄横的军队，骄兵必败啊！"

　　汉宣帝采纳了魏相的意见，决定不出兵攻打匈奴，只派部队把郑吉的兵马救回渠犁。

破釜沉舟

出处 西汉·司马迁《史记·项羽本纪》："项羽乃悉引兵渡河，皆沉船，破釜甑，烧庐舍，持三日粮，以示士卒必死，无一还心。"

释义 把饭锅打破，把渡船凿沉；表示下定决心，为取得胜利准备牺牲一切。

近义词 背水一战　孤注一掷

反义词 优柔寡断　瞻前顾后　举棋不定

造句 只要我们有破釜沉舟的决心，就能克服学习上的各种困难。

秦二世时，大将章邯（hán）有一次在定陶（今山东菏泽定陶区）把项梁打得大败，项梁战死。章邯乘胜派王离和涉闲去打赵王，一下子又把巨鹿城（今河北平乡县）团团围住了。

项梁的侄子项羽派英布领二万兵去援救，一时没有获得胜利。项羽就亲自率领部队前往巨鹿。当部队渡过漳河以后，项羽命令士兵把所有的船只都凿破，沉到河底下去，再把饭锅完全打碎，把岸上的房屋全部烧光，每人只发三天的干粮，奔上战场。这无非是向大家表示："没有退路可言，只有决一死战。"

战士们在这种有进无退的情况下，个个奋勇作战。经过九次激烈的战斗，项羽带领的军队终于歼灭了秦国军队，并且俘虏了王离，逼死了涉闲。项羽也就此成了各处诸侯的领袖。

乘胜逐北

出处 西汉·刘向《战国策·中山策》："魏军既败，韩军自溃，乘胜逐北，以是之故能立功。"

释义 指乘着胜利继续追击。乘：趁。北：败。

近义词 乘胜追击

造句 我也想乘胜逐北，但奈何力不从心。

　　秦昭襄王十四年（公元前293年），韩国和魏国相继出兵攻秦，形势很危急。秦昭王就命打了许多胜仗的白起领兵，和韩魏两国的军队在一个叫伊阙（今河南洛阳市南）的地方展开决战。

　　其实，韩魏两国并不齐心。韩国国君继位刚三年，国力还不够强，希望魏军先和秦国打，以便保存自己的实力；魏国因为这次攻秦是韩国的主意，所以只想坐收渔翁之利，不愿冲锋陷阵。就这样，韩魏两国为了各自的利益，错失了良机。

　　白起首先设法布下一支疑兵来迷惑韩军，使他们不敢出战，再暗暗集中大股军队，出其不意打败了魏军。这时，秦军士气很盛，只见旌（jīng）旗猎猎，战鼓阵阵，呐喊声震动田野，把韩军吓得心惊肉跳。刚一交战，韩军就败下阵来，丢盔弃甲，仓皇逃命。白起指挥秦军乘胜逐北，最终大获全胜。

唯命是从

出处 春秋·左丘明《左传·昭公十二年》："今周与四国服事君王，将唯命是从，岂其爱鼎？"

释义 是命令就服从，不敢有半点违抗。

近义词 百依百顺 唯唯诺诺

反义词 桀骜不驯

造句 小张对于上级领导的指示向来唯命是从，句句照办。

春秋时期，晋国和楚国为了争当霸主，经常发生争斗。在晋、楚两国之间，横着一个郑国。郑国小而穷，一直是晋、楚两国争夺和控制的对象。郑国只得两头讨好，谁都不得罪。

公元前608年，晋国出兵攻打宋国，出于政治考虑，郑穆公决定倒向楚国，并同楚庄王订立了盟约。

公元前606年，晋国出兵攻打郑国。郑国不敌，郑穆公被迫与楚国断交而倒向了晋国。楚庄王对郑穆公的背信弃义非常气愤，连续几年向郑国用兵；后来，又迫使郑国的新君郑襄公再和楚国结盟。到了结盟的那天，郑襄公偷偷地逃回郑国去，使得楚庄王十分恼怒。

公元前597年，楚庄王亲自率领大军讨伐郑国。楚国兵强马壮，郑国根本不是对手。三个月后，楚军攻破了郑国的都城。

郑襄公出于无奈，只好脱光了上衣，裸露上身，牵着一只羊到大路上迎接楚庄王，向他求饶说："我没有承受天命不能很好地侍奉君王，这都是我的罪过，今后，我敢不唯命是从吗？如果承蒙大王顾念旧好，不灭掉郑国，让郑国像您的许多属国一样服侍您，这是您的恩惠，也是我的心愿。"

楚王看到郑襄公的可怜相，便说："一个国家的君主能够自己表示顺服，一定可以取得百姓的信任。我们还是开发自己的国家，不去占有别的国家。"

于是，楚庄王命楚军撤出郑国都城，退兵三十里，允许郑国求和，并且订立了盟约。

偃旗息鼓

出处 西晋·陈寿《三国志·蜀书·赵云传》裴松之注引《赵云别传》："云入营，更大门开，偃旗息鼓。公军疑云有伏兵，引去。"

释义 放倒军旗，停止击鼓。原指秘密行军，不暴露目标，后比喻休战或无声无息地停止活动，或停止做某事。

近义词 销声匿迹 鸣金收兵

反义词 大张旗鼓 重整旗鼓

造句 经过一天的激战，双方偃旗息鼓。

　　三国时代，黄忠在定军山杀死曹操大将夏侯渊。于是，曹操亲率二十万大军来替夏侯渊报仇，并派张郃（hé）搬运粮草屯在汉水北山的脚下。黄忠和赵云奉命同去烧劫粮草。赵云见黄忠和张著被曹兵分开围住，不能脱身，就前往解救，经过浴血奋战，终于救出了黄忠和张著。

　　曹操在高山上看见赵云如此英勇善战，立即亲自带领大军下山参战。赵云的部将张翼看见后面有大军追来，就请赵云下令关紧寨门。赵云坚决不肯，反叫大开寨门，放倒旗帜，停止擂鼓；并在寨外战壕里面埋伏下弓箭手。他则独自骑马提枪，站在营寨的门口。

曹操赶到，下令急攻，可是看见赵云仍然威风凛（lǐn）凛地站着不动，便又向后急退。赵云趁势把枪一招，战壕里发出雨点般的箭矢（shǐ）。曹操由于不知道赵云究竟埋伏多少人马，率先拨马逃走，其余将领也都争着逃命。赵云和黄忠随即领兵在后面追杀，终于占领了曹军营寨，夺取了曹军粮草。

万事俱备，只欠东风

出处 明·罗贯中《三国演义》："欲破曹公，宜用火攻；万事俱备，只欠东风。"

释义 比喻一切都准备好了，只差最后一个重要条件了。

造句 我们现在是万事俱备，只欠东风，只要机器一来，马上就可以开工了。

208 年，曹操率领八十万大军驻扎在长江中游赤壁的北岸，企图一举打败刘备和孙权。于是，孙权和刘备组成联军，共拒曹军。

曹军士兵多是北方人，很多人水土不服，陆续生起病来；没有病的士兵，也由于不习惯水上的风浪颠簸，晕船呕吐，失去作战能力。此时，有人献计把战船用铁链锁在一起，铺上木板，组成"连环船"，就可同陆地一样。曹操依计而行，兵船果然平稳多了。

周瑜和诸葛亮得知此消息后，不禁拍手叫好，诸葛亮说："连环船虽然四平八稳，但有一个致命的弱点，最怕火攻。"

周瑜说："火攻是个好主意，可怎么放火呢？得有个人去诈降，挨近曹营，趁机放火才行。可这是件很危险的事情。"

周瑜的部将黄盖说自己愿意前去。

几天以后，曹操接到黄盖求降的密信。曹操以为孙权内部出现了分化，丝毫未起疑心，还和黄盖约好了受降的日期和暗号。

　　黄盖准备了十条插着青龙旗的小船，船上装满了浇上油的枯柴干草，外边盖上帷（wéi）布，请周瑜下作战命令。

周瑜在视察军情时突然发现火攻曹军作战方案有一处极大的疏忽。原来,曹操的船只都停在长江的西北,而孙刘联军的船只靠在南岸。这时正值冬季,天天刮西北风,如果用火攻,不但烧不着曹操,反而会烧到自己头上。只有刮东南风才能对曹军实施火攻,可是到哪儿找东南风呢?他不禁急得口吐鲜血。

诸葛亮前去探望周瑜,问起他的病因,周瑜不肯说出实情。诸葛亮在扇子上悄悄写了八个字,递给周瑜,说:"我这里倒有一帖药方,或许可以治好将军的病。"

周瑜接过扇子一看,脸色大变,只见上面写着:"万事俱备,只欠东风。"

周瑜说:"既然先生全知道了,该怎么办?请指教!"

诸葛亮学识渊博,通晓天文,近几日他发现冬日阳气勃动,估计近期内肯定要调风向,而且不偏不斜,就该是东南风。他故弄玄虚地对周瑜说:"实不相瞒,我有呼风唤雨的法术,借给你三天三夜的东南风,怎么样?"周瑜大喜。

总攻前夕,诸葛亮登坛烧香,口念咒语,装作呼风唤雨的样子。到了半夜三更,忽听风响旗动,果真刮起了东南大风。周瑜一声令下,黄盖率领火船向曹营疾驶,当靠近曹军水寨时,士兵们点燃了火船上的柴草,将其掷向曹军兵船。这时,东南风刮得正紧,风助火势,火借风威,把曹军的战船烧得烈焰腾空。孙刘联军趁势渡江拼杀,曹军淹死烧死不计其数。曹操带着残兵败将,取小道狼狈逃回许昌。

牛鼎烹鸡

出处 南朝宋·范晔《后汉书·边让传》："函牛之鼎以烹鸡，多汁则淡而不可食，少汁则熬而不可熟。"

释义 用煮一头牛的大锅煮一只鸡。比喻大材小用。

近义词 大器小用　大材小用

反义词 人尽其才　物尽其用

造句 搬两箱子书竟然叫来十个人，还开来一辆大吊车，真是牛鼎烹鸡，浪费人力物力。

东汉末年，陈留有一个叫边让的文士，名声很大。当时主持国政的大将军何进听说了，很想把他请来辅佐自己，怕他不肯从命，便以征兵的名义把他强行招来，但开始时并不重用，只让他做了一个小小的令史。

何进身边还有一个文士叫蔡邕（yōng），当时官居议郎，在与边让一起工作的过程中很佩服他的才华，认为何进不应冷落这样有才学的人，于是婉转地劝说道："将军，倘若用煮牛的大鼎来煮鸡，想必一定会觉得不妥吧。因为这是很不容易把鸡煮好的，汁水多了则淡而无味，汁水少了则不易把鸡煮熟。大器小用本来就不太合适，还望将军不要用煮牛的大鼎来煮鸡，用人也当如此。"

何进当然懂得他的意思，于是重用了边让。

化干戈为玉帛

出处 春秋·左丘明《左传·僖公十五年》："上天降灾，使我两君匪以玉帛相见，而以兴戎……"

释义 把战争或斗争变为和平、友好。干戈：兵器，借指战争或者争斗。玉帛：玉即玉器；帛为丝织品。二者皆为进贡之上品，在此引申为重修于好，相互礼尚往来的意思。

近义词 化敌为友 化戾气为祥和

反义词 反目为仇 反面无情

造句 冤家宜解不宜结，你们还是化干戈为玉帛吧。

　　春秋时期，秦穆公娶了晋献公的女儿为妻，两国非常友好。晋献公死后晋国发生内乱，秦穆公帮助晋献公的儿子晋惠公登上了王位；晋国发生了饥荒，秦国运粮去帮助他们渡过难关。可是，晋惠公对秦国却不很友好。有一年，秦国遭了灾，去向晋国借粮，晋惠公却不给。而且，晋惠公原来答应送给秦国的城市和土地，也赖掉不给了。秦穆公很气愤，就派兵攻打晋国。

　　晋军一触即溃，晋惠公带兵逃到韩地，秦兵也追到韩地。结果晋惠公被俘，秦穆公打算把他带到秦国去。

　　秦穆公的夫人穆姬听说同父异母的哥哥晋惠公被俘，认为晋惠公忘恩负义，现在又成了俘虏，是她的极大耻辱，但她还是想救晋惠公一命。于是，她领着几个儿女登上一座高台，台下堆满柴草。然后，她命令人们穿上丧服迎接秦公，并且让他们传话说："上天降下了灾难使得秦、晋两国国君不得用玉帛相见，而是大动干戈。我坚决不见晋惠公，如果大王把他带进国都，我立刻就自焚而死。"

秦穆公只好将晋惠公暂时安置在灵台。后来，秦穆公又和晋惠公讲和，把他送回了晋国，秦、晋两国终于化干戈为玉帛。

从善如流

出处 春秋·左丘明《左传·成公八年》："从善如流，宜哉！"

释义 听从好的意见像水往低处流一样自然，形容乐于接受人家的劝告。

近义词 择善而从　闻过则喜　从谏如流

反义词 刚愎自用　一意孤行　独断专行　固执己见

造句 我们要学会上善若水，从善如流。

春秋时期，楚军攻打郑国，郑国抵挡不住，晋景公就派大臣栾（luán）书率领大军去救援郑国。楚军见晋军来势勇猛，就退兵回国。

栾书很恼火，便领兵攻打楚国的盟国蔡国。楚国派公子申、公子成二人，率领申县、息县军队，前往救援。

栾书准备出战，这时部下智庄子、范文子、韩献子劝栾书说："楚军退而复返，很难对付。如果我们打胜，只不过打败楚国两县的军队，不足为荣；如果打败，那就是奇耻大辱，因此不能打。"

栾书听了，准备收兵。对此有人说："元帅卿佐共有十一人，只有三人不主张打，可见主张打的人占多数。为什么不按多数人的想法办事？"

栾书回答："正确的意见才能代表多数，智庄子他们三位是晋国的贤人，他们的建议正确，能够代表大多数人。我应当采纳他们的意见。”于是，他下令退兵。

　　过了两年，栾书趁楚国不备，再次出兵攻打蔡国、沈国，结果很快取得了胜利。

多行不义必自毙

出处 春秋·左丘明《左传·隐公元年》："多行不义，必自毙，子姑待之。"

释义 坏事干多了，必定自取灭亡。

近义词 自食其果　作法自毙　作茧自缚

反义词 吉人自有天相

造句 经常干坏事的东子终于被抓起来了，真是多行不义必自毙啊！

春秋时期，郑庄公的弟弟共叔段深得母亲姜氏的喜欢。姜氏为他向庄公讨封京地，庄公答应了，于是共叔段就在他的京地修起都城，城墙修得很大，超过了规定。

郑国的大夫祭仲看到这种情况，便对庄公说："共叔段的做法分明是要与国君分庭抗礼。"

庄公很为难地说："这是母亲要这样做的，我怎能避免这种祸害呢？"

祭仲说道："姜氏哪里会有满足的时候？不如趁早设法不要让他的势力蔓延。"

"不！"庄公说，"他多行不义必自毙，你姑且等着瞧吧！"

不久，共叔段把京地西边与北边的百姓都召过来归他管理，接着又将那里的土地收来归为自己所有。后来，他胆子越来越大，他修好了城墙以后，又扩大了军队，制造了兵器，准备动手进攻郑国的都城。姜氏也秘密与他策划，作为内应，企图一举获胜。

　　共叔段与姜氏的计谋，庄公都看在眼里。他得到了共叔段发动进攻的消息以后，便下令攻打京地。他派二百乘兵车包围了京城，京城内部的士兵也反叛过来，袭击共叔段，最终共叔段惨败。

邯郸学步

出处 《庄子·秋水》："子往矣！且子独不闻夫寿陵余子之学行于邯郸与？未得国能，又失其故行矣，直匍匐而归耳。今子不去，将忘子之故，失子之业。"

释义 比喻一味地模仿别人，不仅没学到本事，反而把原来的本事也丢了。

近义词 鹦鹉学舌　东施效颦

反义词 标新立异　独辟蹊径　择善而长

造句 不管学什么，都不能邯郸学步，生搬硬套。

　　战国时期，燕国寿陵有个少年，他很不满意自己的走路姿势，听说赵国邯郸（dān）的人走路姿势特别好看，便决定去邯郸学走路。

　　每天一大早，这个寿陵少年就站在邯郸繁华的街头看人家走路。邯郸人走路虽好看，但也各有各的样。寿陵少年一会儿观察这个人的走路姿势，跟在后面走几步；一会儿又琢磨那个人的走路特点，跟在后面走几步。学来学去，总是学不好，他急了，干脆丢掉原来的步法，从头学习走路。从此，他每走一步都很吃力，弄得手足无措。

　　一连学了几个月，他不但没有学会邯郸人的步法，反而把自己原来的步法忘掉了。由于钱已经花光，他不得不返回寿陵。可是他已经不会走路了，只好爬了回去。

23

共为唇齿

出处 西晋·陈寿《三国志·蜀书·邓芝传》："蜀有重险之固，吴有三江之阻，合此二长，共为唇齿，进可并兼天下，退可鼎足而立。"

释义 比喻互相辅助。

近义词 唇齿相依

反义词 势不两立

造句 邻国之间共为唇齿，应本着互相尊重的原则，长期和平共处。

三国时期，刘备死后，诸葛亮为了修复与东吴的关系，共同抗魏，派邓芝出使吴国。邓芝到了吴国，孙权却称病不见他。邓芝料到孙权变了心，不打算与蜀国交好，可能要依附魏国，就写了一封信送给孙权。信上说："我这次来不单是为了蜀国，也是为了吴国。"孙权这才召见邓芝。

孙权坦率地告诉邓芝："我是诚心诚意与蜀国和亲，担心的是刘禅幼弱，国小势微，如果魏兵攻击，你们自身难保呀，我为这事忧虑啊，所以犹豫不决……"

邓芝说："吴、蜀两国四州之地，这是成就王业的基础。诸葛亮乃当世英杰，蜀国有险要地势，十分牢固；吴国有三江之阻，也是固若金汤。如果把我们两国的优势合为一股，共为唇齿，进攻可以兼并天下，退守可以鼎足而立。这不是摆在眼前的事实吗？假如吴国屈服于魏国，那江南之地就不再是大王的了。"

孙权沉思良久，缓缓地说："你说得很对，还是吴蜀联合为妙！"于是，吴国拒绝了魏国的和谈要求，另派使臣到蜀国去商谈和约。

杀一儆百

出处 东汉·班固《汉书·尹翁归传》:"其有所取也,以一警百,吏民皆服,恐惧改行自新。"
释义 处死一个人,借以警戒许多人。
近义词 惩前毖后 杀鸡儆猴 以儆效尤
反义词 宽大为怀 既往不咎
造句 这次对他的严厉惩罚,但愿能起到杀一儆百、以儆效尤的作用。

汉代尹翁归担任东海太守时,经常考察郡内官民。凡有案件,他都亲自断案,做到赏罚分明。

每年秋冬时尹翁归总是召开课吏大会,会上召集群吏,考核政绩,发现贪官污吏即刻逮捕。他还经常巡行下县,考察地方行政,了解民情,如果发现为非作歹的土豪劣绅,就马上捉拿归案。对被捉拿的这些人,他并不是主观臆断,而是通过详细周密的调查,再判定罪行。判刑时,他会对照朝廷颁布的律令,最严重的会判处死刑。通过这种办法,既除掉了恶人,又警诫了其他官民,起到杀一儆百的作用,全郡上下都心服口服。

东海郡郯(tán)县有个叫许仲孙的大土豪,为人奸诈狡猾,不守法度,扰乱治安,全县百姓深受其害。几任县令都因为他生性诡诈,善于勾结豪门势力,未能惩罚制裁他。尹翁归刚到郯县,一弄清情况就逮捕了许仲孙,并将其判处死刑。全县的官民因此都惧怕他。几年后,东海郡太平无事,人人安居乐业了。

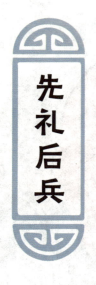

先礼后兵

出处 明·罗贯中《三国演义》："刘备远来救援，先礼后兵，主公当用好言答之，以慢备心，然后进兵攻城，城可破也。"

释义 指在和对方交涉时，先讲道理，如果行不通，再采取强硬手段。兵：武力，这里泛指强硬手段。

近义词 先斩后奏 先声夺人

反义词 不宣而战 突然袭击

造句 我军采取先礼后兵的策略，向敌军展开政策攻势。

东汉末年，曹操攻打徐州，徐州太守陶谦派人请求刘备出兵解围。刘备率领关羽、张飞和赵子龙，冲入曹军，杀出一条血路，进入徐州城内。陶谦将刘备请入府衙，取出徐州太守官印让给刘备，说："目下国事纷乱，朝纲不振，你是汉室宗亲，正该力扶社稷（jì），我已年老昏庸，情愿将徐州相让……"

二人推来推去，没有结果。府吏们相劝说："今日兵临城下，还是先商议退兵之计为好，让位之事可容日后再议。"

刘备答应说："我先给曹操写封信，劝他退兵，如果他不答应退兵，咱们再与他交战也不算晚，这叫作先礼后兵。"

曹操看完信，骂刘备说："刘备是什么人？胆敢来教训我！将送信的人给我斩首，全军上下马上攻城。"

曹操的谋士郭嘉劝谏说："不能这样呀，刘备远来救援，先礼后兵，这是很合乎礼节的。我们应该用好话去安抚

他，松懈他们的斗志，然后再攻城，这样徐州城就可以顺
利地拿下来。"

　　曹操于是盛情款待信使，又写了回信给刘备。

先发制人

出处 东汉·班固《汉书·项籍传》："先发制人，后发制于人。"

释义 指战争中的双方，先发动进攻的处于主动地位，可以控制对方。后也泛指争取主动，先动手来制服对方。

近义词 先声夺人　先下手为强

反义词 后发制人

造句 我军先发制人，一下子占据了有利的制高点。

秦末，陈胜率先起义。会稽郡郡守殷通召项梁商量说："先生的才能远近闻名。对于起兵反秦，您有什么看法？"

项梁大声地说："现在大江两岸的人都起来反对暴秦统治，这表明秦朝气数已尽了。这时候，先动手可以控制别人，后动手会被别人控制。"

殷通说："听说你家世世代代都是楚国的将军，看来，起事只有靠你了！"

其实项梁对郡守的话是怀疑的，所以他走出门外小声地叮嘱侄儿项羽几句，又回来对郡守说："请您召见项羽。"

殷通刚叫到项羽的名字，就见门外进来一位高大粗壮的青年，手里拿着一把寒光逼人的长剑。殷通一边打量着，一边不住地称赞："这位勇士，真是将门虎子啊！"项羽走到他身边停住了。这时，项梁对项羽使了个眼色，项羽马上一剑杀了殷通。项梁和项羽提着殷通的头，带着官印绶（shòu）

带，来到郡府，又杀了百来个大小官吏，其他人吓得趴在地上，不敢起身。

接着，项梁四处派人召集自己的旧友和相识的豪强、官员，告诉他们自己已杀掉了郡守，并说："我们现在要组织吴中的军队攻打下属各县，建立自己的武装，对各县实施有效的统治，以割据吴中，争取主动。"

并日而食

出处 《礼记·儒行》:"儒有一亩之宫,环堵之室,筚门圭窬,蓬户瓮牖,易衣而出,并日而食。"

释义 不能天天得食,两天三天才能得一天的粮食。形容生活穷困。并日:两天合并成一天。

近义词 草衣木食 食不果腹

造句 旧时遇上灾荒之年,百姓们并日而食的现象屡见不鲜。

东汉末年,陈王刘宠箭术出众,他的绝技是十发十中,而且十箭都齐集靶心。刘宠定下规矩,乡民中如果有人能十发九中,就免除他的田赋,并吸收他为皇家弓箭手。这样一来,陈王八百弓弩手远近闻名。后来,黄巾军义旗高举,淮南附近的郡县官员纷纷弃城而逃,而刘宠则带着那八百弓弩(nǔ)手日夜巡境。起义军顾忌刘宠的神箭,也就不来袭击了。附近兵荒马乱中的百姓,都逃到淮南来避难,刘宠借机扩军,最后形成一支十万人的军队。

袁术向刘宠借粮草,被拒绝以后大怒,随后派了个术士张闿(kǎi)到淮南。张闿自称能行阴阳大法,祈天延年祛除灾邪,取得了刘宠的信任。

密室中,香烟缭绕,烛影幢(chuáng)幢,刘宠俯身神坛前,身边的张闿披着彩袍,手执宝剑,口中喃(nán)喃有词。

张闯大袍一扬，烛光全灭，他手起剑落，斩杀了刘宠。

刘宠死后，群龙无首，弓弩手各奔东西，淮南郡因为富庶，成为四方觊（jì）觎（yú）的肥肉，几经侵凌，屋塌田荒，连王府中人也都挨饥受冻，只能并日而食，苟且度日。

最后，乌桓部族攻陷淮南，王府的青壮妇幼全被掳走当了奴隶。

束手就擒

出处 元·脱脱等《宋史·符彦卿传》："与其束手就擒，曷若死战，然未必死。"

释义 捆起手来任由人捉拿，形容因无法脱逃或无力反抗而甘愿被擒获。

近义词 束手无策 坐以待毙

反义词 垂死挣扎 负隅反抗

造句 歹徒在警察的追捕下走投无路，最终束手就擒。

后晋石重贵即位后，契丹君主耶律德光率军大举南侵，少帝石重贵亲自北征，双方屡屡交战，互有胜败。

945年3月，契丹十余万大军将后晋军队围困在阳城。后晋军的军需供应被切断，内外隔绝，生活发生困难，城中缺乏水源，开凿的井常常塌陷，士兵争着吮吸湿泥中的水解渴，晋军一片混乱。

后晋将军符彦卿有勇有谋，善于用兵。他看到后晋军犹如一只困兽，就向统帅张彦泽、皇甫遇建议道："与其大家在这儿束手就擒，不如拼死战斗，或许能杀出生路来。"

张彦泽等人分析了天时、地利、人和等各方面的因素，一致赞同符彦卿的建议，决定出其不意，绕到契丹军的背后偷袭。

于是，后晋军悄悄转移到契丹军的后方，利用顺风的机会，发起进攻，契丹军措手不及。被杀得狼狈逃窜。后晋军缴获契丹军丢弃的武器、甲胄（zhòu）、旗仗数万件之多，得胜而归。

远交近攻

出处 西汉·刘向《战国策·秦策三》："王不如远交而近攻，得寸则王之寸，得尺亦王之尺也。"

释义 联络距离远的国家，进攻邻近的国家。这是战国时秦国采取的一种外交策略。后也指待人处世的一种手段。

近义词 纵横捭阖

造句 春秋战国时期，很多君主都采用远交近攻的策略，来扩张自己的领土。

战国时代，秦昭襄王有一次向宰相范雎讨教治国方略。

范雎说："今日论起天下各国的地位来，除了秦国之外，哪个国家能够号令诸侯，统一天下呢？大王虽说是一心想要统一天下，可是几十年来却没有大的成就，这就是因为秦国只知道一会儿跟这个诸侯订立盟约，一会儿跟那个诸侯打仗，根本没有一个一贯的政策。听说最近大王又上了武将们的一个大当，发兵去打齐国。"

秦王问："这有什么不对的地方？"

范雎说："齐国离秦国那么远，中间隔着韩国和魏国。要是出去兵马少了，或许会被齐国打败，让各国诸侯取笑；要是出去的兵马多了，国内也许会出乱子。就算一帆风顺地把齐国打败了，也不过叫韩国跟魏国现成捡利，大王又不能把齐国搬到秦国来。当初魏国越过赵国把中山国打败了，没想到中山国后来反给赵国并吞了去，为什么呢？还不是因为中山国离赵国近，离魏国远吗？我替大王着想，最好是一面跟齐国、楚国交好，一面去打韩国和魏国。离着远的国家既然跟我们有了来往，就不会来管跟他们不相干的事情。把近的国家打下来，就能扩张秦国的地盘，打下了一寸土地就是一寸，打下了一尺土地就是一尺。把韩国跟魏国兼并了之后，齐国和楚国还站得住吗？这种像蚕吃桑叶似的由近而远的法子叫'远交近攻'，是个顶妥当的方法。"

远交近攻

秦王当时就接受了他的计策，照着他的计策去做，把攻打齐国的兵马都撤回来了。从此，秦国就单把韩国和魏国当作进攻的目标了。

围魏救赵

出处 西汉·司马迁《史记·孙子吴起列传》。

释义 指袭击敌人后方的据点来迫使进攻之敌撤退的战术。现借指用包抄敌人的后方来迫使他撤兵的战术。

近义词 声东击西　围城打援　调虎离山

反义词 围点打援

造句 只有善于运筹帷幄，才能决胜千里，以围魏救赵的计策打败敌人。

　　孙膑（bìn）是鬼谷子门下的弟子。后来孙膑被其同窗庞涓（juān）陷害，刖（yuè）足刺面，由魏国逃到了齐国。魏惠王这时以庞涓为大将，图谋吞并赵国，举兵征赵。魏军围困邯郸。赵王求救于齐国。齐王即拜田忌为大将，孙膑为军师，兴师救赵。

　　孙膑献策说："我军驻兵于中道，扬言攻伐襄陵（魏国城邑，在今山西），魏军闻我军攻襄陵，必撤邯郸外围之兵而救之，我军追击魏兵，必可大胜。"

　　田忌用其计，果然庞涓闻齐兵进攻襄陵，即撤邯郸之围往救。谁知魏军走到桂陵就和齐军碰上了。前锋交战了几十回合，齐军诈败而走，庞涓急率兵匆匆追赶。约行三十里，见齐军摆出阵势，庞涓乘马观看，宛然是孙膑的阵法，心想："田忌如何懂得摆这个阵？难道孙膑已归齐国了吗？"正狐疑间，齐军中显出大将"田"的大旗，田忌全身披挂，手执画戟（jǐ），站立战车之上。

　　庞涓知道田忌并不懂阵法，便催马入阵。刚入阵中，只见八方旗色，纷纷转换，东冲西撞，铠甲如林，杀不出去。正在汗流浃（jiā）背之时，忽闻金鼓声响，四下呐喊，八方竖起了旌旗，俱是"军师孙"字样。

　　庞涓大惊道："这个刖夫果在齐国，我中计了！"危急间，幸而偏将庞英、庞冲赶到，救出庞涓。可是冲入阵中的魏国兵将尽被杀绝。

　　当夜，庞涓就率军队撤退返回大梁。齐军未踏入赵国寸土，就把邯郸之围解了。

讳疾忌医

出处 南宋·朱熹《与田侍即》:"此须究其根原,深加保养,不可归咎末节、讳疾忌医也。"

释义 不肯说自己有病,害怕医治。比喻掩饰缺点、错误,害怕批评,不愿改正。

近义词 文过饰非

反义词 闻过则喜 从谏如流

造句 对错误采取讳疾忌医的态度很不明智。

春秋时期,一天,蔡桓公在家里翻阅竹简。扁鹊进来见他,站着观察了一会儿,说:"主上,您生病了。不过病还很轻,只在皮肤和肌肉之间,但要是不及时医治,病情恐怕会加重。"

蔡桓公不以为然地说:"我身体好好的,一点儿病也没有。"

过了十天,扁鹊又去见蔡桓公,说:"您的病已经深入肌肉了,如果还不医治,病情将会更加严重。"

蔡桓公不耐烦地说:"我身体好好的,哪来的病?"

又过了十天,扁鹊特意来见蔡桓公,说:"您的病已经深入肠胃了,再不医治,病情将十分可怕。"

这次蔡桓公气愤不已,嚷道:"你胡说八道。"

又过了十天,扁鹊看见蔡桓公后,转身就跑。蔡桓公感到奇怪,忙派人去问原因。

41

扁鹊说："现在桓公的病已经深入骨髓，我已经无能为力了。病在皮肤和肌肉之间，用烫熨的办法就可以治好；病在肌肉里，用针灸的方法也可以治好；病在肠胃里，服用药汤还可以治好；可是现在，病在'司命神'所管的骨髓里，就再也没有办法了。"

过了五天，蔡桓公全身发痛，立刻派人去请扁鹊，而扁鹊已经逃到秦国去了。不久，蔡桓公就病死了。

名落孙山

出处 南宋·范公偁《过庭录》："吴人孙山，滑稽才子也。赴举他郡，乡人托以子偕往。乡人子失意，山缀榜末，先归。乡人问其子得失，山曰：'解名尽处是孙山，贤郎更在孙山外。'"

释义 指考试或选拔中未被录取。

近义词 榜上无名

反义词 名列前茅　金榜题名　独占鳌头

造句 在高考的激烈竞争中，我名落孙山了。

　　在宋朝时期，有一个名叫孙山的才子，他为人幽默，很善于说笑话。

　　有一次，他和一个同乡的儿子一同到京城，去参加举人的考试。放榜的时候，孙山的名字虽然被列在榜文的倒数第一名，但仍然榜上有名，而那位和他一起去的同乡的儿子，却没有考上。

　　不久，孙山先回到家里，同乡便来问他儿子有没有考上。孙山既不好直说，又不便隐瞒，于是就随口念出两句不成诗的诗句来：

　　　　解名尽处是孙山，

　　　　贤郎更在孙山外。

　　意思是说，榜上的最后一名是我孙山，而令郎的名字还在我孙山的后面。

　　后人根据这个故事，提炼成"名落孙山"这一成语。

何足挂齿

出处 西汉·司马迁《史记·刘敬叔孙通列传》："此特群盗鼠窃狗盗耳，何足置之齿牙间。"

释义 哪里值得一提，即不值得一提。挂齿：谈及，提及。

近义词 无足挂齿 微不足道 何足道哉

反义词 大书特书 津津乐道

造句 我只是帮了这么点小忙而已，区区小事何足挂齿。

秦朝末年，陈胜、吴广揭竿而起，四方响应，很快攻下了蕲（qí）、陈等州县。秦二世闻报，召集叔孙通等三十多名博士入宫，问道："陈胜作乱，你们有何良策？"

博士们说："做臣民的不能聚众，聚众就是造反。造反者应该处死，望陛下赶快发兵征讨他们。"

秦二世听了勃然变色。叔孙通善于观言察色，上前说道："陛下，臣认为他们说的不对，今天下一家，先帝已下令销毁了所有兵器，并下令不准再用。况且有贤明的君主制定了完备的法令，人人遵法守职，天下一片太平景象，哪里有人敢造反呢？臣认为陈胜之流，只是一群行窃的盗贼罢了，何足挂齿？只要下令州、郡的官员们缉（jī）捕他们，没有必要发兵去征伐！"

秦二世听了，高兴地说："说得好！"后来，他让监察御史审查各人的话，凡是说聚众造反的，都交给官吏治罪；

只有叔孙通受到嘉奖，赏赐了二十匹帛（bó）和一件官袍，并升官一级。

叔孙通出宫后，被指责为阿谀（yú）奉承。叔孙通说："你们不知道，我不那样说，我们大家都难逃一死！"

于是，叔孙通连夜逃走，回到家乡薛（xuē）地，投奔了项梁的起义军。后来，叔孙通又投奔汉王刘邦。刘邦建立西汉后，叔孙通为刘邦制定了朝廷的各种礼仪，被刘邦封为太常之职。

坐山观虎斗

出处 西汉·司马迁《史记·张仪列传》："两虎方且食牛，食甘必争，斗则大者伤、小者死；从伤而刺之，一举必有双虎之名。"

释义 坐在山上看老虎相斗。比喻对双方的斗争采取旁观的态度，等到两败俱伤的时候，再从中取利。

近义词 坐观成败　作壁上观

造句 同学之间发生争执时，我们要耐心劝解，决不能袖手旁观，坐山观虎斗。

　　战国时期，有一年韩国与魏国打起仗来，打了很长时间，不分胜负。秦惠文王打算派兵讨伐，想听听大臣们的意见，可是众说纷纭，莫衷一是。大夫陈轸回到秦国，秦惠文王就请他帮助谋划。陈轸没有直接回答秦惠文王的问题，而是讲了一个故事：

　　"从前有个叫卞（biàn）庄子的人，看见两只老虎，就想举剑刺杀它们。旁边的人劝他说：'你不必着急，你看两只老虎正在吃牛，一会儿把牛吃光了，它们必然会争夺，由争夺而引起搏斗，结果大虎受伤，小虎死亡。到那时，你再将那只受伤的大虎刺死，岂不是一举两得？'"

　　秦惠文王恍然大悟，说："你的意思是说，先让韩国和魏国打一阵子，等两败俱伤时，我再出兵讨伐，这样就可以一次打败他们两个国家，就与那卞庄子刺虎一样，坐山观虎斗，一举两得，是吧？"

陈轸点头，说："正是这样！"

秦惠文王采纳了陈轸的意见，真的获得了胜利。

兵不厌诈

出处 《韩非子·难一》："舅犯曰：'臣闻之：繁礼君子不厌忠信，战阵之间不厌诈伪。'"

释义 用兵打仗可以使用欺诈的办法迷惑敌人。

近义词 纵横捭阖　不宣而战

反义词 先礼后兵　堂堂正正

造句 诸葛亮七擒孟获，真是兵不厌诈，足智多谋。

　　东汉安帝时期，羌（qiāng）军大举围攻汉朝的武都郡，情势危急，邓太后任命虞诩（xǔ）为武都太守，率军抵抗。虞诩到达陈仓、崤谷一带时，被羌军所阻。虞诩考虑敌众我寡，于是命令部队停止前进，并扬言说已奏请朝廷增兵，等援军到后再挺进。羌人不知是计，放纵军队四处抢掠。这时，虞诩率部突然冲破羌军防线，日夜兼程，每天行军二百多里，并命令士兵第一天每人挖两个做饭的灶，以后逐日增加一倍。羌兵见汉军逐日增灶，以为汉军的兵力天天增加，因此不再出击。最终汉军全部进入武都郡。

　　将士们问道："从前孙膑行军作战，每天减灶，而您却要增灶。兵法说每日行军三十里，前后照应，就可以保证安全。我们一天要走二百多里，这是为什么呢？"

　　虞诩说："羌兵人马众多，我军人少，如果行动迟缓就很容易被羌军赶上。只有迅速行动，才能不被敌人发现我们的行踪。孙膑减灶是为了佯装弱小；我们增灶是为了佯装强大，按照不同的情势，应采取不同的策略（兵不厌诈）嘛。"

当时守卫武都的汉军不足三千人，而羌兵上万。两军对阵时，虞诩下令只用弱弓射，羌兵见汉军射箭无力，就大胆猛冲。虞诩等羌军迫近，命令改用强弓射击。羌兵伤亡惨重，急忙撤退。虞诩又令精兵埋伏在其退路上，于是羌军大败。

奇货可居

出处 西汉·司马迁《史记·吕不韦列传》："吕不韦贾邯郸，见而怜之，曰：'此奇货可居！'"

释义 把市面上稀少的货物囤积起来，等待高价出卖。后常用以比喻凭借某种技艺或把某种事物当作资本来博取名利地位或别的好处。

近义词 待价而沽　囤积居奇

反义词 宝货难售　牛溲马勃

造句 你不要以为自己有了点资本，就奇货可居，小心栽跟头。

战国时代，秦国阳翟（zhái）（今河南禹州）有个商人，叫作吕不韦，常常往来各国经商。当他到了赵国都城邯郸时，听说秦昭襄王的孙子子楚被派到赵国做人质，生活十分穷困。

吕不韦不禁自言自语："子楚像一宗稀奇货物，可囤（tún）居以伺高价卖出。"于是就去见子楚，表示要帮助他。

后来，两人合力去谄（chǎn）媚秦国的太子安国君及其宠妾华阳夫人。因华阳夫人无子，吕不韦便说服华阳夫人立子楚为嫡（dí）嗣，子楚的声名也因而光耀显赫。等到子楚立为秦庄襄王时，便以吕不韦为丞相，并封他为文信侯，食邑河南洛阳二万户。

急人之困

出处 西汉·司马迁《史记·魏公子列传》："胜所以自附为婚姻者，以公子之高义，为能急人之困。"

释义 热心主动帮助别人解决困难。

近义词 急人之难 急人之急

造句 他平时乐于助人，总是能急人之困，因此大家都很喜欢他。

　　战国时期，魏国公子无忌，是魏安釐（xī）王的弟弟，被封为信陵君，是当时著名的"四公子"之一，门下有食客数千人。公元前257年，秦军在长平打败赵括率领的四十万赵军，又进兵包围了赵国都城邯郸，赵国危在旦夕。赵国平原君赵胜的夫人是信陵君的姐姐。平原君和夫人接二连三地派人送信给魏王和信陵君求救。但是，魏王非常害怕秦国，下令军队驻扎在边境，名义上是救赵，实际上是持观望态度。

　　这时，平原君派出的使者一个接着一个赶到魏国都城大梁，责备信陵君说："我所以和魏国结为姻亲，是因为仰慕您道德高尚，能急人之困。现在邯郸随时可能被迫降秦，公子您的急人之困表现在哪里呢？而且，纵使您看不起赵胜，难道您就不怜惜您自己的姐姐吗？"

　　信陵君千方百计想说服魏王救赵，可魏王就是不听。万般无奈，信陵君只好接受了大梁监守夷门的隐士侯嬴的建议，请魏王宠爱的如姬从魏王卧室偷出兵符，假托魏王之命，夺得兵权，领兵解了赵国之围，赵国因此才能保全。

独当一面

出处 西汉·班固《汉书·张良传》："汉王之将独韩信可属大事，当一面。"

释义 单独负责一个方面的工作。

近义词 自力更生　独挑大梁

反义词 俯仰由人　仰人鼻息

造句 经过几年的成长和锻练，她完全可以在工作中独当一面了。

　　楚汉相争时期，汉王刘邦趁项羽率领大军攻打齐王田荣的时候，采用谋士陈平的计策，率军东进，直捣项羽的根据地彭城（今江苏徐州），并很快攻下了彭城。项羽立刻率精兵回救彭城，结果，刘邦的汉军被楚兵打得大败，伤亡惨重。

　　刘邦逃到下邑（今安徽砀山县）才松了口气。他气呼呼地对张良说："这次战败，我军损失惨重，现在士气十分低落。我想只要有人能帮我出这口恶气，打败项羽，就把函谷关以东的土地全拿出来封赏给他们，以此鼓舞士气。你看怎么样？"

　　张良回答说："九江王黥（qíng）布（即英布），作战非常勇猛，他虽然是楚国的将领，但一向与项羽有矛盾；还有拥有一万多人马的大将彭越，不久前扯起反楚的大旗。对这两支力量，大王可派人去和他们联络，和他们联合起来。至于大王手下的将领，只有韩信能够独当一面。大王如果将关东的土地封赏给他们三个人，使他们全力帮你进攻项羽，那么项羽是一定可以打败的！"

刘邦采纳了张良的建议，依靠韩信、黥布、彭越的帮助，加上萧何为他巩固后方，张良不断为他出谋划策，终于取得了楚汉战争的胜利，建立了汉朝。

前功尽弃

出处 西汉·刘向《战国策·西周策》："公之功甚多，今公又以秦兵出塞，过两周，践韩而以攻梁，一攻而不得，前功尽灭。公不若称病不出也。"

释义 以前经过努力得到的成绩完全白费了。

近义词 功败垂成　功亏一篑　半途而废

反义词 大功告成

造句 学习外语一定要坚持到底，如果半途而废，就会前功尽弃。

秦昭王为了统一天下，重用大将白起，经常叫他带兵出征，先后打败了韩国和魏国。

公元前281年，秦昭王又派白起去攻打魏国的都城大梁。有个名叫苏厉的游说之士得知这个消息后，对周赧（nǎn）王说："如果大梁被秦攻占，周朝就将危险了。"

周赧王是东周的国王，名义上是天子，可是各诸侯国根本不把他放在眼里。周赧王听苏厉这样说，惊恐万分，忙问他该怎么办。

苏厉献计道："为今之计，应派人去劝阻白起发兵。"

周赧王赶紧向他请教，应该怎样劝说白起不发兵。苏厉胸有成竹地说："可以派人这样对白起说：'您大破韩、魏之师，杀了魏国的大将，又在北方夺取了赵国不少土地，立下的战功已经够多的了。现在您又去攻打魏国首都，这样很有危险。如果一旦攻打失利，就会前功尽弃，所以劝您还是称病不出兵的好。'"

白起最后的命运很可悲，他因与秦王和相国的意见不合，反对攻打赵国都城邯郸，结果被逼自杀。

闻雷失箸

出处 西晋·陈寿《三国志·蜀书·先主传》："是时曹公从容谓先主曰：'今天下英雄，唯使君与操耳。本初之徒，不足数也。'先主方食，失匕箸。"

释义 比喻借别的事情掩饰自己的真实情况。

近义词 掩非饰过

反义词 锋芒毕露

造句 这孩子很伶俐，闻雷失箸，反应比同龄儿童快十倍。

东汉建安三年，刘备投靠曹操。曹操把刘备引荐给汉献帝。汉献帝派人查了家谱，知道刘备是中山靖王刘胜的后代，还比自己大一辈，便尊他为皇叔，封为左将军。

当时，汉献帝因为曹操弄权，国家大事做不得主，心中一直闷闷不乐。一天，汉献帝给自己的岳丈、车骑将军董承下了一道密诏，要除掉曹操。董承和几个心腹一起商量后，认为刘备很重义气，又是皇叔，可以请他相助。于是，董承把刘备请到家里，给他看了密诏，刘备答应和他们一起想办法诛杀曹操。

刘备知道曹操虽然把自己推荐给汉献帝，但肯定对自己有所猜忌，便施出韬晦之计，每天在后园种菜。关羽和张飞很不理解，问："大哥，你为什么不关心天下大事，却种起菜来？"

刘备说："我难道是种菜的人吗？我是要使曹操觉得我胸无大志，解除对我的戒心呀！"

一天，刘备正独自在后院种菜，曹操手下两员大将许褚（chǔ）和张辽突然闯了进来，说丞相有请。刘备心中暗暗吃惊。他硬着头皮，来到相府拜见曹操。曹操毫无表情地说："刘皇叔，你在家干的好事？"这原是一句模棱两可的话。刘备一听，以为曹操知道了他和董承等人的密谋，吓得面如土色。这时，只听曹操又说："你的菜种得很不错呀！"刘备这才松了一口气。

接着，曹操把刘备请进后园的一座亭子，说："我看到后园的梅子熟了，想起去年征讨张绣时，路上缺水，我说前面有座梅林，将士们望梅止渴的事，特备了些酒菜，请你来喝酒聊天。"

于是，曹操和刘备边喝边聊，聊着聊着，聊到天下大势和四方豪杰上去了。曹操对刘备说："你的见识很广，你说说，谁是天下的英雄？"

刘备先后说淮南袁术、河北袁绍、荆州刘表、江东孙策等人，曹操都摇头否定了。刘备便反问："那么丞相认为谁是英雄呢？"

曹操举起酒杯，望着刘备说："当今天下英雄，就是你和我两个罢了！"

刘备听曹操说自己是英雄，吓得魂都出窍了，不由得打了个寒战，连手里的筷子都落到了地上。他刚想去拾筷，突然，满天乌云的空中，一声响雷，慌得他连汤勺都掉到了地上。

在这紧急关头，刘备机灵地借着雷响，拾起筷子和汤勺，说："这雷响得可怕，把我的筷子和汤勺都吓掉了。"

这样一来，刘备就瞒过了曹操。不久，刘备以带兵截击袁术为名，求得了脱身之计。而董承等人因为计谋败露，遭到了杀身之祸。

饥寒交迫

出处 北宋·王谠《唐语林·政事上》："上谓曰：'汝何为作贼？'对曰：'饥寒交切；所以为盗。'"

释义 冷饿交加。形容生活极其贫困。

近义词 食不果腹 饥肠辘辘

反义词 丰衣足食 饱食暖衣

造句 旧社会的劳动人民过着饥寒交迫的生活。

　　唐高祖李渊为人宽厚，能体恤下情。他称帝前虽然军政事务繁忙，但常常亲自审阅、检查囚犯的案卷，遇到疑而不决的案件，还亲自提审犯人。

　　当时，有个叫严甘罗的人，在地方上因为抢劫犯了法，被官吏抓来关在监牢里。正逢李渊亲审囚犯，官吏将严甘罗押到李渊面前。

　　李渊见这个犯人衣衫十分破旧，难以遮盖全身，因为冷的缘故，瑟瑟缩缩地跪在地下，显得很可怜，不像作恶多端的人，就问他："你为什么要做强盗？"

　　严甘罗打着哆嗦回答："饥寒交迫，所以做强盗活命。"

　　李渊听了，动了恻隐之心，没有对他处重刑。

神机妙算

出处 南朝宋·范晔《后汉书·王涣传》: "又能以谲数发擿奸伏。京师称叹,以为涣有神算。"

释义 意思是惊人的机智,巧妙的计谋。形容善于估计复杂的变化的情势,决定策略。

近义词 料事如神 足智多谋

反义词 束手无策 机关算尽 无计可施

造句 将军神机妙算,敌人果然中了我们的埋伏。

208 年,曹操率领二十万大军南下,准备一举消灭孙权和刘备的势力,统一全国。刘备派诸葛亮去东吴联合孙权,共同对付曹操。

东吴大都督周瑜嫉妒诸葛亮的才能,总想借机把他除掉。有一次,诸葛亮接受了三天内造出十万支箭的任务,并且立下军令状,到时交不出十万支箭,就要被斩首。

诸葛亮胸有成竹,自有妙计。他私下向东吴大将鲁肃要了二十只快船,每只船上安置三十名士兵;船上都用青布做帐幕,还扎放了一千多个草人。

诸葛亮趁江面上罩着大雾,下令将草船驶近曹军水寨。他和鲁肃一面在船中饮

酒，一面命令士兵在船上擂鼓呐喊，装作攻打曹军的样子。

曹操听到江面上鼓声、呐喊声大作，以为敌军趁大雾前来袭取水寨，慌忙命令曹军不要出击，奋力用箭射向对方。霎时间，曹军水陆两军一万多弓箭手一齐朝江中射箭。

等到太阳初升、雾散之后，诸葛亮下令各船迅速驶回。这时，二十只船的草人上已经插满了箭，远远超过十万支。他又让各船士兵齐声高喊："谢丞相赠箭！"曹操发现中计，懊悔不已。事后周瑜大吃一惊，感慨万分地叹道："诸葛亮神机妙算，我不如他。"

养虎遗患

出处 西汉·司马迁《史记·项羽本纪》："今释弗击，此所谓养虎自遗患也。"

释义 比喻纵容坏人，给自己留下祸患。

近义词 姑息养奸　养痈成患

反义词 斩草除根　斩尽杀绝　杜绝后患

造句 清查黑恶势力必须要彻底，决不能养虎遗患。

秦朝末年，楚汉相争，两军相持了很长时间。

汉王刘邦派人游说楚霸王项羽道："项王您与汉王都受命于楚怀王，并曾结为兄弟。现在汉王地广兵多而且粮草充足，项王您的士兵疲劳而且粮草也快用完了。在这种情形下，汉王很仁慈，派我来与项王商议停战事宜。"

项王本待发怒，但转念一想，汉使讲的确是实情，但又不甘心承认，就说道："本王是具有文韬武略的大丈夫，刘邦不过是善用雕虫小技的奸诈之徒，想当初，我几次饶他性命。现在既然刘邦支持不住，要与本王媾（gòu）和，那就再饶他一次，讲和吧！"

于是，中原一分为二，官渡水以西归汉国，官渡水以东属楚国。

汉王刘邦想西归休养生息。谋臣张良、陈平劝道："现在天下一分为三，汉王已占三分之二；况且汉王顺天行事，各方诸侯都归顺我们，这是老天爷赐给我们击败项羽的大好时机呀！与其带领军队回蜀，倒不如抓住这个难得的机会，一举歼灭项羽。倘若汉王放项羽一马，等到项羽养兵囤粮，羽毛丰满之时，肯定要再来骚扰，岂不成了养虎遗患了吗？"

汉王刘邦采纳了张良、陈平的建议，命令韩信、彭越合力击楚，迫使项羽在乌江自刎。

乘虚而入

出处 北宋·张君房《云笈七签》："将至所居，自后垣乘虚而入，径及庭中。"

释义 乘着对方空虚或没有准备的时候闯进去。

近义词 趁火打劫　乘人之危　有隙可乘

反义词 无懈可击　无隙可乘

造句 如果平时不注意锻炼身体，抵抗力一差，病毒就会乘虚而入。

　　唐朝自安史之乱以后，中央权力日益削弱，有些藩镇割据一方，与中央政权分庭抗礼。淮西节度使吴元济就是其中之一。817年，唐宪宗派有勇有谋的李愬（sù）为大将，领兵讨伐盘踞蔡州（今河南汝南县）的吴元济。

　　李愬首先设下埋伏，利用敌兵骄傲轻敌的弱点，活捉了吴元济的淮西骑将李祐（yòu）。李愬对他以礼相待，诚恳劝他弃暗投明，为国出力。李祐被感召投降。

　　李祐向李愬献计说："吴元济把他的精兵强将都布置在外围边境上，守卫蔡州城的都是些老弱残兵。我们可以乘虚而入，迅速攻打蔡州城，一战取胜。"李愬决定采纳李祐的建议，乘机突然袭取叛军巢穴——蔡州城。

　　在一个大雪纷飞的夜里，李愬率领精兵九千名，分三路出发，出其不意突然袭击，攻破了蔡州城，活捉了吴元济。

釜底抽薪

出处 东汉·董卓《上何进书》："臣闻扬汤止沸，莫若釜底去薪。"

释义 从锅底下抽去燃烧的柴火，使水停止沸腾。比喻从根本上解决问题。

近义词 抽薪止沸　拔本塞源

反义词 抱薪救火　火上浇油

造句 临渊羡鱼，不如退而结网；扬汤止沸，不如釜底抽薪。

南北朝时期，北魏分裂成东魏和西魏，其中东魏的大权掌握在丞相高欢手中。他手下有个得力助手，名叫侯景。侯景向高欢吹牛说，只要给他三万兵马，他就可以打过长江去，把梁武帝萧衍（yǎn）活捉过来。高欢便交给他十万军队，让他镇守河南。

侯景向高欢辞行时，私下对高欢说："我带兵在外，为防止意外，您有书信给我，请在上面加小点以便我识别真伪，防止奸人诈骗。"

尽管侯景受到高欢重用，但他非常瞧不起高欢的儿子高澄。546年，高欢患了重病。高澄知道侯景瞧不起自己，打算赶在高欢死之前夺回侯景的兵权，便用父亲的名义写信召他回来。他不知道侯景与高欢有密约，因此没有在信上加小点。

侯景接到信后，见上面没有加小点，心里疑惑起来，便找个借口不回朝。次年，高欢病死，侯景知道高澄必定会杀

他，便下决心反叛东魏。他先将河南十三个州的土地献给西魏，但不肯交出军队，只是伺机行事。

高澄发现侯景公开反叛，便命慕容绍宗率军向侯景进逼。与此同时，又命中书侍郎魏收写一篇文告，谴责侯景的反叛罪状。才思敏捷的魏收很快写好，高澄命人迅速张贴出去。

这样一来，侯景日子就很难过了，便索性向南面的梁武帝投降，并请求他派军队来援助。梁武帝马上答应并派兵北上。

高澄见梁武帝出兵援助侯景，便命魏收写了一篇《为侯景叛移梁朝文》。文中有一段写道：梁朝如果不援助侯景并且把他交出来，那就好像抽薪止沸、剪草除根一样，从根本上解决了问题。但梁武帝看了不以为然，照样出兵援助侯景。

于是，慕容绍宗率领的东魏军继续南下，与支援侯景的梁军交锋，结果梁军大败。接着，东魏军又去攻击侯景的军队，将它击溃，侯景带领少数部队投奔梁朝。

548年，侯景又举兵叛变，不久攻破梁朝京都建康。梁武帝愤恨而死。侯景又自立为帝，不过没有多久就被部下杀死。

后来，魏收写的那一篇文告中的"抽薪止沸"演化为"釜（fǔ）底抽薪"。

法出多门

出处 北宋·欧阳修等《新唐书·刘蕡传》："或正刑于外则破律于中，法出多门，人无所措。"

释义 指各部门各自为政，自立法制，使法令不能统一，无从执行。

近义词 政出多门　各自为政

反义词 法出一门

造句 法令不能朝令夕改，也不能法出多门。

唐朝时期，皇宫之北建有"内侍省"，与建在皇宫之南的"中书省"相对，故而有"南衙"和"北司"之称。唐文宗时，军权大多掌握在太监手中，"北司"权重一时。他们挟制天子，庇护同党，威胁群臣，无法无天。

唐文宗也想摆脱这种局面，便于大和二年下诏，令有才德、正直敢谏的人上疏"辨政之疵"，以便量才录用。

有一个叫刘蕡（fén）的幽州籍进士上疏指出：豪门滑吏之所以敢不守法度，就是因为法制不能统一。

负责选荐的左散骑常侍冯宿、太常少卿贾𫗧（sù）等官员看了刘蕡的上书，非常佩服他的见识和胆略，但由于害怕宦官报复，不敢推选给皇帝，只挑了一些平平庸庸的奏折送给皇帝了事，以致宦官专权的事实一时无法改变。

出处 西汉·刘向《战国策·齐策四》:"狡兔有三窟,仅得免其死耳。今君有一窟,未得高枕而卧也。请为君复凿二窟。"

释义 把枕头垫得高高的,安心地睡大觉。后多用来形容平安无事,无忧无虑。

近义词 无忧无虑 高枕而卧 安枕无忧 万事大吉

反义词 杞人忧天 居安思危 辗转反侧 朝不保夕

造句 今年雨水大,不要以为大堤修整过,就可以高枕无忧了。

高枕无忧

春秋时代,有一个名叫冯谖(xuān)的人,在齐国相国孟尝君门下做食客。有一次孟尝君派他到薛地去讨债,他到达薛地后,不仅不讨债,反而把借契全烧掉了,并在薛地设宴招待欠债之人。冯谖用这一行为来说明孟尝君是个很好的主人,他不在乎这些钱,之所以借钱给大家,主要是帮助大家过好的生活,故没钱的人就不需还钱。这样一来,薛地的百姓大为高兴,对孟尝君非常感激。

后来,孟尝君被齐王解除相国的官职,前往薛地闲居,受到薛地百姓热烈的欢迎。这时,冯谖对孟尝君说:"狡兔三窟,只能免除一死。现在你才有一窟,还不能把枕头垫得高高地睡觉,我再替你筑两窟。"于是,他去游说梁惠王,说是若能请到孟尝君治理国事,定能国富兵强。梁惠王被说动了,便用重金去请孟尝君。请了三次,冯谖都叫孟尝君不要去。这事被齐王知道了,他怕孟尝君为梁国所用,急忙用更隆重

　　的礼节再请孟尝君做相国。冯谖又劝孟尝君向齐王请求赐给
先王传下的祭器，放在薛地，建立宗庙，以保证薛地的安全。
当宗庙建成时，冯谖对孟尝君说："现在三个窟已经建成，你
可以'高枕为乐'了。"

　　"高枕为乐"后来演化为"高枕无忧"。

推心置腹

出处 南朝宋·范晔《后汉书·光武帝纪上》："降者更相语曰：'萧王推赤心置人腹中，安得不投死乎？'"

释义 推出自己的赤心，放置在别人的腹中。表示把自己内心的想法毫无保留地告诉对方。比喻真诚待人。

近义词 肝胆相照　诚心诚意

反义词 疑鬼疑神　居心叵测　尔虞我诈

造句 班长与每个战士都进行了推心置腹的谈话。

王莽篡汉后，发生了农民起义。后来，南阳著名的豪强、西汉皇族刘缤（yǎn）、刘秀兄弟也乘机起兵，加入了绿林起义军，准备夺取政权，恢复刘氏的天下。

王莽听说昆阳失陷，派四十二万大军前往镇压。起义军在刘秀的正确指挥下，以劣势兵力击败了王莽军。

接着，萧王刘秀主动要求去河北安抚各州郡，他在河北争取人心，扩充力量。接着，刘秀派出十四名将领，带领大批兵马，去消灭河北的铜马起义军。经过多次激战，刘秀终于击溃了铜马起义军，数十万人向他投降。

为了壮大自己的实力，扩大自己的影响，刘秀决定收编这一大批人马，并把投降的起义军首领封为列侯。但是，这些首领心存疑虑，不相信刘秀会信任他们。刘秀了解到他们的心思后，就让他们各自回营，照样带领自己的部下。然后，刘秀骑着马，只带几名随从，到各个军营去慰问他们。

这些投降的将领见刘秀这样毫无戒心地对待他们、关怀他们，感动地说："萧王如此推心置腹，我们怎能不为他卖命呢！"

　　刘秀见他们都已经打心里服了自己，就把他们分别安排为自己将领的部下。这样一来，他一下子就增加了数十万人马。关西那一带原来只知道铜马，后来都把刘秀说成是"铜马皇帝"。

唱筹量沙

出处 唐·李延寿《南史·檀道济传》："道济夜唱筹量沙，以所余少米散其上。及旦，魏军谓资粮有馀，故不复追。"

释义 把沙当作米，量时高呼数字。比喻安定军心，制造假象来迷惑敌人。

近义词 唱沙作米

造句 汉军一招唱筹量沙，使得匈奴大军不敢贸然进攻。

檀道济是南朝宋武帝、宋文帝时的名将，屡立战功。

有一年檀道济统率军队，征讨北魏，与北魏军队打了三十多仗，大获全胜。于是，南朝军队一直向前挺进，由于战线拉长，后援不及，军中作战的物资、粮草将要消耗完，檀道济只得指挥军队掉头向南撤退。

这时，南军中有人悄悄逃到北魏军中密告说，南军粮食将尽。北魏人听了大喜，立即指挥大军从后面追赶南军。南军中情绪很不稳定。

檀道济也很担忧，经过苦苦思索，终于想出一条好计。他命令自己的心腹部下，乘黑夜搬来了许多沙子，然后一面量沙，一面大声报数，最后把少许剩米撒盖在沙堆上。月色中看上去，真像是一座座米山，南军士气大振。

天麻麻亮时，北军探子也看到了这些"米山"，以为南军粮食绰（chuò）绰有余。于是，北军就不敢再追，撤军回去了。

巴蛇吞象

出处 《山海经·海内南经》:"巴蛇食象,三岁而出其骨。"

释义 比喻人心不足,贪得无厌。

近义词 贪心不足蛇吞象

反义词 知足常乐

造句 他已经搞垮了三家公司,但仍未罢手,可真是巴蛇吞象啊!

　　古代传说南海有一种蛇叫作巴蛇,它身长足有八百尺,能吃象。巴蛇把大象连骨头吞下肚里,三年以后才把骨头吐出来,被吐出的骨头可以医治腹内疾病。这个传说流传很广。屈原在《天问》中也有"一蛇吞象,其大如何"的句子。

　　后来有人根据传说,改编成"贪心不足蛇吞象"的故事。古代有个穷苦猎人叫阿象,他怜悯一条饿昏的小蛇,精心地把它饲养大。此后,阿象一再向青蛇索取,使自己变成了富翁。但由于他贪得无厌,终于被青蛇一口吞掉了。

一字千金

出处 西汉·司马迁《史记·吕不韦列传》："布咸阳市门，悬千金其上，延诸侯游士宾客有能增损一字者予千金。"

释义 增损一字，赏予千金。称赞文辞精妙，不可更改。

近义词 字字珠玑　一字连城

反义词 一文不值

造句 这篇文章写得极好，可以说是一字千金。

秦王嬴政即位后，相国吕不韦当政。战国时期，魏国信陵君、楚国春申君、赵国平原君和齐国孟尝君四大公子家里都有门客无数，声名远播天下。吕不韦也想效仿四大公子获得好的名声，便花钱招募了三千个门客，给他们很高的待遇，让他们各显才学，并把知道的各种事都写出来。

当时天下已经统一，门客无须替主人跑东到西，游说四方，更不需要为战争疲于奔命，所以他们可以安心地写作，没过多少时间，就各自把所知道的事及研究心得都写了出来。这样就集成了一部长达二十余万字的巨著，分八览、六论、十二纪。因是吕不韦的门客所写，所以题名为《吕氏春秋》。

《吕氏春秋》内容涉及天地万物，上下古今，确是一部巨著。为此，吕不韦很得意。他命人把书的原稿运到国都咸阳公开展览，宣布道："有谁能指出上面的错误，删去一字或添加一字，立赏千金！"

可是，吕不韦的官做得那么大，谁敢评论他组织编著的书呢？于是，便留下了"一字千金"的故事。

一饭之报

出处 春秋·左丘明《左传·宣公二年》："初，宣子田于首山，舍于翳桑，见灵辄饿，问其病。曰：'不食三日矣。'食之，舍其半。问之，曰：'宦三年矣，未知母之存否，今近焉，请以遗之。'使尽之，而为之箪食，与肉，寘诸橐以与之。既而与为公介，倒戟以御公徒，而免之。问何故。对曰：'翳桑之饿人也。'"

释义 一餐饭的恩德。指小恩。

近义词 一饭之恩

反义词 忘恩负义

造句 韩信被封为楚王后，仍不忘漂母的一饭之报，遂以千金酬谢她。

鲁宣公二年（公元前607年），宣子在首阳山（今山西永济市东南）打猎，住在翳（yì）桑。他看见一人非常饥饿，就去询问他的情况。那人说："我已经三天没吃东西了。"

宣子就将食物送给他吃，可那人吃了一半，却留下一半。宣子问他为什么，他说："我离家已三年了，不知道家中老母是否还活着。现在离家很近，请让我把留下的食物送给她。"

宣子让他把食物吃完，另外又为他准备了一筐饭和肉。

这个人叫灵辄（zhé），后来做了晋灵公的武士。一次，晋灵公想杀宣子，灵辄在搏杀中反过来抵挡晋灵公的手下，使宣子得以脱险。宣子问他为何这样做，他回答说："我就是在翳桑的那个饿汉。"宣子再问他的姓名和居所时，他不告而退。

三缄其口

孔子崇尚周礼，曾专程到周王朝考察文物礼仪。在参观周王的祖庙时，他看到庙堂大殿右边的台阶前有一个铜人。铜人的嘴上封了三道封条，铜人的背上还刻着字，写道："这是古时候说话最小心谨慎的人。"

　　孔子从中受到了极大的震动和启发，所以他在教导弟子时，总是强调"君子讷（nè）于言而敏于行"。后来人们便以"三缄（jiān）其口"比喻"慎言"了。

不名一钱

出处 西汉·司马迁《史记·佞幸列传》："长公主赐邓通，吏辄随没入之，一簪不得著身。于是长公主乃令假衣食。竟不得名一钱，寄死人家。"

释义 一个钱也没有。形容极其贫穷。名：占有。

近义词 囊空如洗　家徒四壁　身无分文

反义词 富甲一方　腰缠万贯

造句 他做生意屡次失败，最后落得家徒四壁，不名一钱。

　　汉文帝刘恒做过一个奇怪的梦，梦见自己往天上飞，却怎么也飞不上去。正在这时，一个戴黄帽子的年轻人，从后面轻轻一推，他就飞上天去了。回头一看，只见推他的那人从身后往前穿着衣服，带子系在后面。

　　第二天，汉文帝就到处寻找梦中那个年轻人，终于找到一个名叫邓通的船夫，与梦中人一模一样，汉文帝就封他做上大夫。其实，邓通什么本事也没有，只会奉承巴结汉文帝。

　　一天，汉文帝让相面人给邓通相面。相面人说："邓通命里很穷，将来会饿死。"汉文帝很着急，于是就将蜀郡的一座铜山赏给邓通，允许他自己铸钱。这下子邓通发了大财。

　　有一年，汉文帝背上生疮，邓通觉得这是孝顺汉文帝的极好机会，就天天进宫用嘴巴替汉文帝吮吸脓汁。一次，皇太子刘启去问候皇父，正好汉文帝觉得疮口难受，就让刘启替他吮吸。刘启见疮口流脓流血，腥臭难闻，禁不住一阵恶

心，但又不敢违
抗父命，只得硬着头
皮吮了一口。邓通却高
兴地吮吸起来，脸上露
出谄媚的奸笑。刘启心
里十分痛恨他。

汉文帝死后，景帝刘
启刚即位，就免去邓通的
官职，让他回老家。不久，
刘启又以邓通私自铸钱为
由，没收他的全部家产。
邓通转眼间成了一个不名
一钱的穷光蛋，后来真
的饿死了。

亡戟得矛

出处 《吕氏春秋·离俗》："亡戟得矛，可以归乎？"

释义 比喻得到的和失去的相当，或有失有得。

近义词 有得有失

反义词 得不偿失

造句 小明尺子丢了，却找到了原来找不到的铅笔，也算是亡戟得矛。

　　齐国和晋国有一年发生了战争，双方打得很激烈。在混战之中，有一名齐兵丢掉了自己的武器——戟（jǐ）。但离他不远的地方，正好有一支矛，那是晋兵丢下的。于是，他急忙捡起来，准备继续交战，心里却害怕起来："这样做，长官不会处罚我吗？"因为按齐军军法规定，战场上丢失兵器要受到处罚。

　　小卒一时没有了主意，忙问道上的行人。行人说："戟是兵器，矛也是兵器，一件换一件，有啥不行的？"

　　这时，防守高唐地区的齐国大夫骑马奔过来。小卒忙跑到马前，问道："大人，我在战场上丢了戟，捡到矛，可以平安归队吗？"

　　大夫训斥道："你这个笨蛋，戟不是矛，矛也不是戟。即便你丢了戟，得了矛，这也是抵偿不了的。"

　　小卒害怕受到长官的处罚，回身又冲进敌阵，直到战死。

虎口余生

出处 《庄子·盗跖》："孔子曰：'然，丘所谓无病而自灸也，疾走料虎头，编虎须，几不免虎口哉。'"

释义 从老虎嘴边逃出性命。比喻经历大危险侥幸不死。

近义词 绝处逢生　死里逃生

反义词 尸骨无存

造句 在这次事故中，你能够虎口余生，真是幸运！

宋朝年间，浙江湖州西山下住着一个名叫朱泰的年轻人。

冬天，一个寒冷的早晨，朱泰拿起斧子准备上山砍柴卖钱，但母亲见屋外朔（shuò）风凛冽，不肯让儿子出门去。朱泰请母亲放心，说罢，顶着刺骨的寒风走出茅屋。

朱泰干了半天活，觉得有些累了，便在一块石头上坐下来。才休息了一会儿，忽然听见背后传来一阵令人心惊胆战的吼叫，只见一头猛虎从一片矮树丛中蹿出来，向他扑来。朱泰已吓出了一身冷汗，正要逃走，可那猛虎早张开血盆大口直冲而来。朱泰见已没有退路，举起斧子死拼，被猛虎一口咬住他的大腿。

朱泰大叫一声："娘啊，儿不能服侍您了！"然后闭着眼睛等死。过了很长一段时间，寒风把昏迷在地的朱泰吹醒，朱泰挣扎着爬起来，发现自己的大腿上鲜血还在汩汩地流，那只猛虎却已经不见了。朱泰忽然瞥见自己砍柴用的那把斧子掉在一边，上面沾满了虎血。原来，正当那猛虎咬住朱泰的一瞬间，朱泰感到一阵剧痛，手一扬，那把斧子落下来正好砸在猛虎的头上，猛虎吓了一大跳，于是丢下即将入口的美餐慌忙逃走了。

朱泰回到家，把这件事对母亲说了，母亲流着泪说："孩子，你真是虎口余生啊！"

囫囵吞枣

出处 元·白珽《湛渊静语》："客有曰：'梨益齿而损脾，枣益脾而损齿。'一呆弟子思久之，曰：'我食梨则嚼而不咽，不能伤我之脾；我食枣则吞而不嚼，不能伤我之齿。'狎者曰：'你真囫囵吞却一个枣也？'遂绝倒。"

释义 把枣子整个吞下去。比喻对事物不经消化理解，笼统接受。

近义词 一知半解　不求甚解

反义词 举一反三　融会贯通　细嚼慢咽

造句 我囫囵吞枣地看了一遍《水浒传》。

　　从前，有个人看书的时候，总会把书中文章大声念出来，可是他从来不动脑筋想一想书中的道理，还自以为看了很多书，懂得许多道理。

　　有一天，他参加朋友的聚会，大家边吃边聊。有一位客人感慨地说："这世上很少有两全其美的事。就拿吃水果来说，梨对牙齿很好，但是吃多了会伤胃；枣子能健胃，但是吃多了会伤牙齿。"大家都觉得很有道理。

　　这个人为了表现自己的聪明，就说："这很简单嘛！吃梨时不咽下果肉，就不会伤胃；吃枣子时直接吞下，就不会伤牙啦！"

　　这时，桌上正好有一盘枣子，他便拿起枣子打算直接吞下去。大家怕他噎（yē）到，连忙劝他说："千万别吞，卡在喉咙里多危险呀！"

写给儿童的

中华成语故事

陈晓艳 编

彩绘版

读成语 知历史
通古今 长见识

4

时代文艺出版社

　　成语是中国汉语言文化中的一朵奇葩。在浩如烟海的典籍中，成语作为语言的精华、文明的积淀、历史的浓缩、智慧的结晶，成为传承中华文明的重要纽带。大到治国安邦，小到为人处世，中华五千年的历史文化，无不在一个个简短的成语中得到了充分体现。时至今日，仍有大量的成语在被广泛使用，散发着永恒的魅力。

　　同时，学习成语也是小学生语文的必修课。在作文写作中，恰当地运用成语，可以使文章熠熠生辉；在口头表达中，恰当地运用成语，则可以使你的语言更富有感染力。因此，熟练掌握和运用成语，不仅能达到言简意赅的效果，同时也是衡量一个人文字功底、文化素养以及语言表述能力的重要标尺。

　　学习成语，若从生动有趣的故事入手，则能达到寓教于乐、事半功倍之效。阅读成语故事，了解成语的来龙去脉，不仅可以从中感受故事的精彩，还能加深对成语含义和历史文化的理解，增强学习的趣味性。成语背后的故事或险象环生，或快乐活泼；或腥风血雨，或诙谐幽默；或振聋发聩，或润物无

声……成语将古代中国的政治军事、日常生活、文学艺术、文化习俗、道德传统和理想志趣等浓缩成一个个深刻隽永的片段，集中展现了古人的人生智慧和思想光芒。

本书收录了近五百则成语故事，既注重知识性，又兼顾趣味性和实用性；除了讲述故事，更点明了每条成语的出处、释义、近义词、反义词、造句示例等，让小读者既明其义、会使用，又知其源，了解其中所蕴含的丰富文化内涵。同时，本书配有深具历史韵味和艺术感染力的精美插图，使故事生动活泼，引人入胜。

全书所有故事虽系摘选，但皆独立成篇，可以使小读者对成语的由来一目了然；可读性强，使小读者能于兴致盎然中轻松获益。可谓一册在手，中华成语故事全掌握。

现在，就让我们翻开本书，一起走进成语故事的世界，去品味中华语言文化的博大精深和妙趣横生吧！

目录

未可厚非

出处 东汉·班固《汉书·王莽传中》："莽怒，免英官。后颇觉寤，曰：'英亦未可厚非。'"

释义 说话做事虽然有缺点，但还有可取之处，应予以谅解。

近义词 情有可原 无可厚非 无可非议

反义词 一无是处

造句 他已经尽了最大努力，尽管还有些问题，但也未可厚非了。

在西汉与东汉之间，有一个短命王朝——新朝。新朝皇帝王莽推行过一些改革措施，如禁止土地买卖、废除蓄奴制等。他也做过几件笼络人心的事，如称帝前在灾年捐款、捐地以救济灾民，责令儿子自杀为一个奴婢抵命，等等。

王莽即位后第二年，下令把汉室的诸侯王一律贬为平民，派使者分别去收回他们的王印；又派许多将军分头到匈奴、西域、西南各部族去将其王印换成侯印。汉家的诸侯早已失势，都乖乖交出了原来的王印，而那些少数民族的首领就没那么听话了。句（qú）町（tǐng）（古王国，今云南、广西一带）王首先不服从，说："汉武帝封我们为王，新朝却把我们降为侯，这太瞧不起人了。"于是，他杀了使者，还经常派兵在边界骚扰。

王莽派廉丹和史熊去攻打句町。这两人是酷吏，他们强征民夫，加重捐税，备粮备战，弄得当地民不聊生，纷纷起来造反。有个名叫冯英的太守因此向王莽上书，劝他与其这样劳民伤财、纵容酷吏，不如罢兵屯田，分化句町部落，悬赏招降他们。

王莽阅后大怒，罢了冯英的官职。过了不久，他觉得冯英的建议也不是没有道理，对别人说："看来，对冯英也未可厚非。"于是重新任命冯英为长沙太守。

打草惊蛇

出处 宋·郑文宝《南唐近事·王鲁为当涂宰》："王鲁为当涂宰，颇以资产为务，会部民连状诉主簿贪贿于县尹。鲁乃判曰：'汝虽打草，吾已蛇惊。'"

释义 打的是草，却惊动了藏在草丛里的蛇。比喻做事不严密，致使对方有了警觉和防范。

近义词 操之过急　因小失大

反义词 欲擒故纵　引蛇出洞

造句 这次行动千万要保密，不能打草惊蛇。

　　南唐时期，有个叫王鲁的人是涂县的县令。在任时，他大肆搜刮民财，贪赃枉法。县衙里的官吏看见县令这样做，也学他的样子，对百姓敲诈勒索，作恶多端。

　　一天，百姓联名写了一份状子，控告县衙主簿营私舞弊、贪赃受贿。状子递到县令王鲁手上。王鲁一看，吓得浑身打战。因为状子上写的虽然是主簿的罪状，但那些违法事件几乎都与他有关，他预感到大祸临头。

　　王鲁一边翻看案卷，一边琢磨对策。如果受理此案，再往深查，那他自己便暴露无遗了，但又不能置之不理，否则，百姓还要上告。于是，他提笔在案卷上批了八个字："汝虽打草，吾已蛇惊。"

　　意思是说：你们虽然告发的是我的属下主簿，可是我已经感到事态的严重了，就像打草时候惊动了草里边的蛇一样。

目不识丁

出处 后晋·刘昫《旧唐书·张弘靖传》："今天下无事，汝辈挽得两石力弓，不如识一丁字。"

释义 连最普通的"丁"字也不认识。形容一个字也不认得。

近义词 一无所知　一丁不识　胸无点墨

反义词 学富五车　博览群书　满腹经纶

造句 经过两年的学习，原来目不识丁的他已经可以看书了。

　　唐宪宗时期，张弘靖任幽州节度使。张弘靖到幽州时，因为安史之乱发自幽州，他想在上任之初完全变革当地风俗，便掘开安禄山坟墓，毁掉棺柩（jiù），因此当地人对他很是不满。

　　韦雍（yōng）和张宗厚是张弘靖手下的两个官吏，他俩常常聚集一伙人去喝酒，一直喝到半夜，喝得酩酊大醉，还叫士兵点燃灯笼、火把送他们回家，搞得满街通亮、闹闹嚷嚷，令百姓十分反感。他俩平日里对军吏非常苛刻，稍不如意就用鞭子抽打，所以军士们对他俩怀恨在心。

　　此外，韦雍和张宗厚时常责骂士兵，大多以"反贼"来称呼他们。二人曾说："现在天下太平无事，你们目不识丁，只能挽开两石重弓，有什么用处？"听了他的话，连士兵也忌恨他俩。

　　前任幽州节度使回到朝廷以后，派人送来一百万贯钱犒赏军士，张弘靖却从中截留下二十万贯充作军府杂用开销，只拿八十万贯钱分给军士。这件事引起众怒，加上他们本来就想报复韦雍、张宗厚，所以一呼而起，杀了韦雍和张宗厚，把张弘靖抓起来囚禁在蓟（jì）门馆。

不久，张弘靖因为这件事受到朝廷的处分，被贬到抚州做刺史。

白首同归

出处 西晋·潘岳《金谷集作诗》:"春荣谁不慕,岁寒良独希。投分寄石友,白首同所归。"

释义 一直到头发白了,志趣依然相投。形容友谊长久,始终不渝。后用以表示老人同时去世。归:归向、归宿。

近义词 白头偕老　长相厮守　百年之好

反义词 分道扬镳　各奔前程

造句 他们一见如故,后来成了一对白首同归的朋友。

　　晋代有一个大富豪叫石崇,他的爱妾绿珠貌美且擅长吹笛。有权有势的中书令孙秀想霸占绿珠,就派人去强行索要。石崇勃然大怒:"绿珠是我最喜欢的人,谁要也不给!"使者回报后,孙秀大怒,决心报复石崇。

　　后来,孙秀假传诏书去逮捕石崇。当抓人的军士到了石崇的别墅(shù)金谷园时,石崇正在楼上与绿珠饮酒,他对绿珠说:"我现在因为你而获罪。"

　　绿珠流泪泣道:"您因为我而获罪,我应当死在您面前,表达我的愧意。"说罢跳楼自尽。

　　石崇有个朋友叫潘岳(字安仁),年轻时曾用鞭子打过孙秀,孙秀一直怀恨在心。孙秀当了中书令后,就陷害潘岳。于是,潘岳与石崇同一天被捕,也同一天被处死。

　　石崇被先押到刑场,他事先不知潘岳也被捕。潘岳被押到时,石崇问:"安仁,你怎么也落到这个地步呢?"

潘岳说："这就是白首同所归。"

"投分寄石友，白首同所归"是之前潘岳赠给石崇的诗句，谁知竟不幸言中。

市道之交

出处 西汉·司马迁《史记·廉颇蔺相如列传》："廉颇之免长平归也，失势之时，故客尽去。及复用为将，客又复至。廉颇曰：'客退矣！'客曰：'吁！君何见之晚也。夫天下以市道交。君有势，我则从君。君无势，则去。此固其理也，有何怨乎！'"

释义 指人与人只有利益的关系。比喻重利而忘义的交往。

近义词 势力之交

反义词 君子之交

造句 我们不要结交市道之交的朋友。

赵国名将廉颇，骁勇善战，屡建功勋，被赵王封为上卿。一次，秦国发兵攻打赵国，双方兵马在长平交战，廉颇领兵据守长平，坚壁不战。秦国为了诱使赵国出兵交战，便派人到赵国宣扬："秦兵不怕廉颇，就怕赵括。"赵王中计，竟派赵括担任将军，把廉颇撤下来了。廉颇因为丢掉了大将军的官职，过去的同僚、部下和亲朋好友也都离他远远的。

赵括不会打仗，仅四十天就损失兵卒四十五万，自己也被乱箭射死。赵国虽然得到楚国、魏国的救援，一时得以解围，但国力衰弱，很难抵抗强敌。燕国又趁机来攻打赵国，赵王重新起用廉颇，命廉颇为大将军抵抗燕兵。结果廉颇大胜，赵王封他为信平君，地位与相国不相上下。

廉颇的名声又显赫起来，从前断绝来往的亲朋故旧又登门拜访了。廉颇冷冷地对拜访者说："现在看我又有用处了，都来奉承我，先前我遭冷落的时候你们都干什么去了？”

拜访者不感到羞耻，反而满脸堆笑地说：“老将军呀，天下的人不都是市道之交吗？您有势力我们就跟从您，您没势力我们就离去，这是常理嘛，您别怨恨我们啊！”

“什么常理？全是势利眼！”廉颇气愤地把他们都赶了出去。

11

死灰复燃

出处 西汉·司马迁《史记·韩长孺列传》:"安国坐法抵罪,蒙狱吏田甲辱安国。安国曰:'死灰独不复然乎?'"

释义 冷灰重新烧了起来。比喻失势的人重新得势,或者比喻已经停止活动的事物重新活动起来。

近义词 重振旗鼓　东山再起　卷土重来

反义词 一蹶不振　灰飞烟灭

造句 我们要坚决刹住班里的不良风气,不能让它死灰复燃。

12

韩安国是一位足智多谋、豁达宽厚的能臣，很得汉景帝的赏识。

他年轻时，因为一件案子的牵连被关进蒙县的监狱。狱里有一个看守官叫田甲，对待韩安国的态度很蛮横。有一回，韩安国气极了，便与田甲吵起来："你不要以为我这一辈子就再也没出头的日子了，就不能死灰复燃吗？"

田甲嘲弄地说："没听说过死灰还能冒火的。要是真的冒出火苗来，我就撒泡尿浇灭它！"

事情真巧，韩安国没过几天就被释放了，而且又当上了官，官位比从前还高。田甲听到这个消息，吓得赶忙逃跑了。

韩安国吩咐家人说："你去给田甲家里送个信儿，如果田甲不来见我，他全家人的性命就保不住！"

几天之后，田甲战战兢兢地来向韩安国请罪。韩安国笑道："哈哈，田看守，怎么样呀，今天死灰真的复燃了，你来撒泡尿浇浇吧！"

田甲吓得面如土色，连连求饶。韩安国并没有惩罚田甲，找他来不过是开一个玩笑，借此教训他一顿罢了。

光彩夺目

出处 西晋·崔豹《古今注》："华似木槿，而光色夺目。"

释义 形容鲜艳耀眼，也用来形容某些艺术作品和艺术形象的极高成就。

近义词 光彩耀目

反义词 黯然无光　黯然失色

造句 展览馆里展出的艺术品光彩夺目，吸引了一大批游客驻足观赏。

西晋时期，石崇任荆州刺史。在任上，他纵容官兵劫掠客商，夺取财宝，成了西晋有名的大富豪。当时，后军将军王恺是晋武帝司马炎的舅舅，也是个大富豪。

石崇和王恺都要争做第一富豪。于是，两人都竭力用华丽贵重的东西来装饰自己的车辆和衣冠。

有一次，晋武帝把一株二尺多高的珊瑚树赐给了王恺。王恺得意极了，故意把这棵珊瑚树拿给石崇看，并不断地夸耀。石崇只是微微一笑，拿起一柄铁如意，猛地一击就把那棵珊瑚树打得粉碎。

王恺认为这是石崇妒忌自己有这件稀世之宝才故意毁掉珊瑚的，于是声色俱厉地嚷道："你这是干什

么？这宝物是皇上所赐，看你如何赔偿？"

石崇不以为然地说："这样的珊瑚有什么稀罕。我马上赔你一株更好的就是。"说完，他命仆人搬出许多珊瑚树，有高三尺的，有高四尺的，枝条、树干无与伦比，光彩夺目的就有六七株，跟敲碎的那株差不多的就更多了。

王恺看后，怅然若失，什么话也说不出来。

先斩后奏

出处 北齐·刘昼《刘子·贵速》："申屠悔不先斩而后奏，故发愤而致死。"

释义 先把事情处理完，再向上级汇报。

近义词 先斩后闻 先行后闻

反义词 令行禁止

造句 这么重要的事情，你怎么可以先斩后奏呢？

元代著名戏剧家关汉卿，写过一出名叫《感天动地窦娥冤》的戏，说的是寡妇窦娥善良且正直，但遭受地痞流氓张驴儿的迫害，被诬告杀人。官府断案不明，威刑逼供，结果判窦娥死刑。临刑时，窦娥在刑场上指天为誓，哭天喊地地说"死后必定血溅白练，六月下雪，大旱三年"，以表白自己的冤枉。后来，窦娥的父亲窦天章当上了大官，奉旨访察民情，惩处贪官污吏，才替女儿窦娥鸣冤昭雪。

《感天动地窦娥冤》第四折中讲的就是：窦娥的父亲窦天章在京城一举中第，回到阔别十六年的家乡。他想念女儿窦娥，久寻而不见，眼睛哭花了，头发愁白了，又见楚州地面三年大旱不雨，心中十分烦闷。他在夜间灯下观看案卷，遇上女儿窦娥托梦……

戏中有这样一段话："只因老夫廉能清正，节操坚刚，谢圣恩可怜，加老夫两淮提刑肃政廉访使之职，随处审囚刷卷，体察滥官污吏，容老夫先斩后奏。"

如坐针毡

出处 唐·房玄龄等《晋书·杜锡传》："累迁太子中舍人。性亮直忠烈，屡谏愍怀太子，言辞恳切，太子患之。后置针著锡常所坐处毡中，刺之流血。"

释义 像坐在插着针的毡子上。形容心神不定，坐立不安。

近义词 心慌意乱　芒刺在背　坐卧不安

反义词 泰然自若　从容不迫　处之泰然

造句 一听说要考试，小明如坐针毡，紧张得手心直冒汗。

晋朝时期，杜预的儿子杜锡被朝廷召去做文学侍从，经过几次升迁，最后做了太子舍人（掌管宫中一切事务的官），为愍（mǐn）怀太子服务。

愍怀太子是个不肯上进的人，行为乖张，做事不合情理。杜锡对太子的这种作风很不满意，便时常劝告太子，希望他能改进。杜锡的言辞非常忠实恳切，但愍怀太子却觉得他多事，很不高兴，便派人悄悄地在杜锡平日坐的毡（zhān）中插上针。杜锡不知实情，坐下时被刺得流出血来。

过了几天，愍怀太子问杜锡说："前几天你都做了些什么？"

杜锡说："我喝醉了酒，什么事都不知道。"

太子一定要问到底，杜锡被问得狼狈不堪，哭笑不得。

后人根据这个故事提炼成"如坐针毡"这一成语。

好丑自彰

出处 唐·段成式《酉阳杂俎·诺皋记上》："丑妇讳之，无不皆自毁形容，以塞嗤笑也。故齐人语曰：'欲求好妇，立在津口。妇立水旁，好丑自彰。'"

释义 原意指人的面貌美丑只要在水面上照一下就清楚了。比喻人的本来面目不容掩饰。

造句 人长得怎么样，只要照一下镜子便好丑自彰了。

晋代泰始年间，临清郡有位书生，他的妻子段明光是有名的醋缸子，就连丈夫念书也不许念"美妇""淑女"之类的词儿，要不然就要醋意大发。

一次，书生读《洛神赋》，不禁对洛神心醉神迷，叹息道："要是能娶她为妻，我终身无憾，死而瞑目了。"

段明光听见，自然又大发醋意，骂道："你为何以水神为美而轻视我，我死后也可成为水神。"当夜，段明光就跳河自尽了。

段明光死后化作水神，托梦给书生说："你喜欢水神，我现在已经变成水神了。"书生惊醒后，终生不敢渡河。水神也因此恨起全天下的美人。凡美人过此河，她就要兴风作浪；丑妇上船，她就给人家一面水镜照照尊容。因此，人们就把此处称为"妒妇津"。

后来，妒妇津的名声越传越远，南来北往的美女为了不使妒妇兴风作浪，常以污泥涂面，披散秀发，撕破衣裳。丑妇们乘船时，则怕人家说她们丑，所以也学起美人的样子，抓起一把黑泥，东涂一点西抹一块，弄得像妖怪一样，还得意地说："今天要不是弄成这样子，准掉进河里淹死啦！"这一带人们相传一句话：要想知道女子漂不漂亮，让她立在渡口看江面，好丑自彰。

投鼠忌器

出处 西汉·贾谊《陈政事疏》:"里谚曰:'欲投鼠而忌器。'此善谕也。鼠近于器,尚惮不投,恐伤其器,况于贵臣之近主乎!"

释义 要打老鼠又怕打坏了它旁边的器物。比喻做事有所顾忌,不便于放手去干。

近义词 畏首畏尾　瞻前顾后　犹豫不决

反义词 无所畏惧　肆无忌惮

造句 歹徒抓着人质当盾牌,使得警察投鼠忌器,不敢轻易开枪。

　　古时候有个富人,很喜欢古董,也收藏了很多古董。其中有一件非常稀有的古董叫玉盂(yú),深受富人喜爱。有天晚上,一只老鼠跳进了这个玉盂,想去吃里边的剩菜,正巧被这个富人的夫人看到了,她非常恼火,盛怒之下,便拿了块石头砸向老鼠。老鼠是被砸死了,可那个珍贵的玉盂也被打破了。富人非常难过,他责怪夫人的行为太过鲁莽。

　　这个故事被汉代的贾谊引用在奏章《陈政事疏》中,他建议皇帝对待王侯大臣犯罪,不要像对待老百姓一样,动不动就割鼻、割脚趾、往脸上刺字,要有等级差别,这样才能维护皇帝的尊严。这就好比打老鼠,如果老鼠离器皿太近,打了老鼠却伤到器皿,是不是有点儿不划算呢?打老鼠况且要顾忌器皿,更何况是处罚臣子呢?

　　贾谊的这番言论深得汉文帝的认可,从那以后,凡大臣有罪,皆自杀而不受刑。

23

怀璧其罪

出处 春秋·左丘明《左传·桓公十年》："匹夫无罪，怀璧其罪。"

释义 因身藏璧玉而获罪。原指钱财能招来祸患。后也比喻因有才能而遭到别人嫉害。

近义词 怀璧之罪　象齿焚身　匹夫怀璧

反义词 任贤使能

造句 满腹经纶，才华横溢，怎奈怀璧其罪，始终得不到重用。

　　春秋时期有一个叫虞的诸侯国，虞国国君虞公有一个弟弟，时人称他为虞叔。虞叔偶然间得到了一块宝玉，虞公听说了，就想据为已有，于是对虞叔说："听说你有一块美玉，不如献给我吧。"

　　因为虞叔很喜欢这块宝玉，所以当场就拒绝了虞公的要求。

　　回去之后，虞叔越想越后悔，说："周这个地方有句谚语说：'一个人本来没有罪，却因为拥有宝玉而获罪。'"于是就主动地把宝玉献给了虞公。

　　可是没过多久，虞公又来索要虞叔的宝剑，虞叔心想："国君如此贪得无厌，将会给我带来杀身之祸。"于是手握兵权的虞叔就发起了兵变，无任何防备的虞公一时慌了神，急忙逃到了一个叫共池的地方。

25

改弦易辙

出处 宋·王楙《野客丛书·张杜皆有后》："且如杜周，亦以酷恶著名，而得全首领以殁，亦可谓幸免矣，使其子孙改弦易辙，务从宽厚，亦足以盖其父之愆。"
释义 换上新琴弦、改变行车道路，比喻改变办法或做法。
近义词 改弦更张 革故鼎新
反义词 重蹈覆辙 旧调重弹 习故守常
造句 现有制度已经僵化了，如果不改弦易辙，如何能面对新环境的挑战呢？

张汤是汉武帝时的御史，以办案严酷著名。他在承办陈皇后用巫术诅咒妃嫔早死的案件中，深入追查其党羽。

在审理淮南王谋反案件时，张汤又牵连诛杀了很多人。其中有两名大臣，汉武帝很想释放他们，可是张汤坚持说："他们私交诸侯，图谋造反，要是不杀，以后再要有人犯上作乱，就不好处理了。"汉武帝只得同意将他们正法。

因为张汤执法从重从严，得罪的人很多。后来有人在汉武帝前诬告张汤，汉武帝派人去责问他，张汤只得自杀了，后被汉武帝平反。

杜周原是张汤的下属，后来也升任御史。他负责查捕和惩办逃亡边卒，杀了很多人。

杜周办案学张汤的从重从严、毫不留情，但他没有张汤那种敢在皇帝面前坚持执法的勇气和品质。他办案总是看皇帝的脸色。皇帝不喜欢的人，他千方百计给捏造罪名，一定

要把他们置于死地；皇帝要宽恕的人，他就拖延案件的办理，一旦找到"冤枉"的证据立马予以释放。

杜周后来做了廷尉，一年要办一千多件案子。大案往往牵连到几百人，小案也要牵连到几十人。对于不服罪的人他就用严刑拷打定案。前后竟有十多万人被关进了监狱，所犯的尽是"大逆不道"的罪名。

后来，张汤的儿子张安世、杜周的儿子杜延年都在汉昭帝时做了官。但这两人性格都很宽厚，待人谦恭平和，和他们的"酷吏"父亲完全不同。当时两人名声都很好。

宋代学者王楙（mào）评论说："杜周像张汤一样恶毒，能寿终正寝算是很幸运的了。他们的后代像乐器换弦、车子改道一样，放弃了严酷的刑法，宽厚对待他人，才掩盖了他们父亲的累累罪行。"

一败涂地

出处 西汉·司马迁《史记·高祖本纪》："刘季曰：'天下方扰，诸侯并起，今置将不善，一败涂地。'"

释义 形容失败惨重，不可收拾。

近义词 一败如水　溃不成军　全军覆没

反义词 旗开得胜　势如破竹　百战百胜

造句 因为缺乏准备，这场比赛我输得一败涂地。

　　刘邦年轻时任泗（sì）水亭长之职。他奉朝廷之命征募一批修建陵墓的工人前往骊山。可是，途中不断有人逃走，刘邦心想："再这样下去，恐怕还未到骊山，人都跑光了，自己身为亭长也难逃罪责，还不如现在将他们都放了。"就这样，一些人便追随刘邦躲进荒山中。

　　不久，陈胜、吴广起义，萧何和曹参向县令建议："目前局势混乱，何不请刘邦回来帮助呢？"不料，当刘邦一行人到来时，县令因见人数众多，下令关闭城门。刘邦获知情况有变，便用箭传送了一封鼓动城中民众造反的信。城中百姓响应，杀掉县令，大开城门迎接刘邦，并推举他为领袖。刘邦谦让道："目前天下局势仍是混乱不平，如果你们选错了统帅，将会使起义之事一败涂地。"

　　在萧何、曹参和众人的极力推崇拥护下，刘邦以沛（pèi）县为根据地，展开了推翻秦朝的起义斗争。

弃璧负婴

出处 《庄子·山木》："林回弃千金之璧，负赤子而趋。"

释义 在患难时，宁愿丢弃价值千金的玉璧，也要背着孩子跑。指重视内在的连属关系，后用以表示重视伦常道义而轻财利。

近义词 投璧负婴

反义词 唯利是图

造句 亲情永远难以割舍，古人能够弃璧负婴，今人更应该懂得寸草春晖的道理。

　　春秋时期，孔子为了实现自己的政治理想，带着一批弟子周游列国，向各国诸侯游说，但成果不佳。孔子回到鲁国后，他的一些朋友见他一事无成，日益同他疏远，他的不少弟子也先后离开了他。孔子心中非常难过，便去向隐士子桑雽（hù）请教。

　　孔子说："我平时对待朋友和弟子都很注重礼仪，讲学也十分尽心。为什么在我艰难困顿的时候，我的朋友疏远了我，我的弟子离开了我呢？"

　　子桑雽听了，就讲了一个故事给他听：

　　林回是贾国人。有一次，强大的晋国向弱小的贾国发动进攻，城中的百姓纷纷逃出都城。林回身怀玉璧，背着自己刚满周岁的儿子随着人流逃难，不一会儿，他便累得气喘吁吁。他果断地把身上的玉璧扔掉，背着孩子继续逃难。

　　有人问他："对于一个逃难的人来说，财宝是最为重要

31

的，不然你逃出去后将无法生活；其次，拖累要越少越好。这孩子既不值钱，背在身上又是很大的累赘，可是你宁愿把价值千金的玉璧丢掉，也要背着孩子逃难，这是为什么呢？"

林回回答说："我和玉璧只是利益的结合，而这孩子是我的亲生骨肉，我和他血肉相连，有着天然的联系。这种父子之情，是任何珍贵的财宝都无法代替的。"

子桑雽讲完故事，又继续说道："如果人与人之间的关系只是以利益相结合的，那么遇到艰难困苦就会互相抛弃。你的一些朋友和弟子是为了利才来亲近你的，那么你现在艰苦困顿，无利可图了，他们离开了你，又有什么奇怪呢？你只有和你的朋友、弟子建立深厚的感情，他们才不会离开你！"

孔子听了，恍然大悟。于是，孔子回去后，便抛开经书，不再进行严肃的说教，也不要弟子对他行揖（yī）拜的礼节，而是努力培养师徒间的真诚感情。从此，弟子对他的敬爱与日俱增，再也没有离开他了。

沧海一粟

出处 北宋·苏轼《赤壁赋》:"寄蜉蝣于天地,渺沧海之一粟。"

释义 大海中的一粒谷子。比喻非常渺小。

近义词 九牛一毛 微不足道

反义词 恒河沙数 盈千累万

造句 我们所拥有的知识不过只是沧海一粟。

　　苏轼因反对王安石新法,被贬到黄州。到黄州以后,他曾经两次驾着小船游览黄州的赤壁,并且写了两篇以"赤壁"为题的赋。

　　在《赤壁赋》中,苏轼先写了月夜泛舟的情景,接着记述了和同伴的辩论。有的同伴说:"曹操曾经是不可一世的英雄,可是现在在哪儿?还不是一样地死去……一个人生活在世界上,就好像蜉(fú)蝣(yóu)那样短暂即逝,就像茫茫大海中的一粒谷子那样渺小而微不足道。"

　　苏轼并不同意同伴这种消极悲观的态度,他指出江水总是不断地流去,月亮有缺又有圆,它们始终没有消失。万物和人类是永存的,不必悲观。古代哲人正因为知道自己的生命有尽头,所以才在活着的时候奋发努力。

直言贾祸

出处 春秋·左丘明《左传·成公十五年》："子好直言，必及于难。"

释义 指说话坦率的人会惹祸。直：坦率、直爽。贾：买，引申为招致。

近义词 直言取祸　言多必失

反义词 缄口不言　明哲保身

造句 他因直言贾祸，被免去了总经理的职务。

　　春秋时期，晋国有个大臣名叫伯宗。他为人正派耿直，憎恨邪恶，敢讲敢说，不怕得罪权势。

　　伯宗的妻子深知丈夫的为人和性情，担心他得罪坏人会遭到陷害。每当伯宗入朝的时候，总是劝诫他说："你在朝廷里讲话可要小心谨慎点，你喜欢说直话，容易招灾惹祸。"

　　晋国国君晋厉公是个昏庸暴虐的人，喜欢溜须拍马之徒。他特别重用郤（xì）锜（qí）、郤至、郤犨（chōu）这三个奸臣，人们敢怒而不敢言。

　　伯宗看到三郤权势渐大，横行霸道，国家日趋衰败，心里非常忧虑。他多次劝谏晋厉公要疏远坏人，削弱三郤权势。三郤对伯宗恨得咬牙切齿，于是他们无中生有，千方百计地诬陷伯宗。昏庸无能的晋厉公听信三郤的谗言，最终把伯宗处死。伯宗的儿子伯州犁见势不妙，慌忙逃往楚国，这才幸免于难。

苛政猛于虎

出处 《礼记·檀弓下》："孔子过泰山侧。有妇人哭于墓者而哀，夫子式而听之。使子路问之，曰：'子之哭也，壹似重有忧者。'而曰：'然，昔者吾舅死于虎，吾夫又死焉，今吾子又死焉。'夫子曰：'何为不去也？'曰：'无苛政。'夫子曰：'小子识之：苛政猛于虎也！'"

释义 繁苛的政令和赋税比老虎还要凶暴可怕。

近义词 苛政猛虎

反义词 轻徭薄赋

造句 在封建社会中，苛政猛于虎，沉重的赋税使老百姓苦不堪言。

孔子带领学生游学，经过泰山山脚时，听到远处传来一位妇女的哭声。那哭声撕心裂肺，十分悲戚。孔子一行循声而去，看见一位身穿缟（gǎo）素的中年妇女坐在一座坟墓旁，正捶胸顿足，号啕（táo）痛哭。孔子倾听了一会儿，派子路去问那个妇女为什么这样。

子路赶紧跑过去，对妇人说："你这样哭泣，好像心中有重重的忧伤愁苦。"

妇人唏（xī）嘘（xū）几声，说道："的确是这样，先是我的公公被老虎吃了，后来我的丈夫又被老虎吃了，现在我的儿子也被老虎吃了。"

孔子同情地说："这里老虎这么多，你为什么不离开这里呢？"

妇人似乎更加悲伤，泪流满面地回答说："可是，这里没有残暴的政令啊！"

　　孔子听了这话，连忙转过头，对学生们说："你们年轻人记住这一点：苛政猛于虎啊！"

金玉其外，败絮其中

出处 明·刘基《卖柑者言》："观其坐高堂，骑大马，醉醇醴而饫肥鲜者，孰不巍巍乎可畏，赫赫乎可象也？又何往而不金玉其外，败絮其中也哉！"

释义 外面像金像玉，里面却是破棉絮。比喻外表很华美，而里面一团糟。金玉：比喻华美。败絮：烂棉花。

近义词 华而不实

反义词 妍皮不裹痴骨　表里如一

造句 这个小伙子看似相貌堂堂，其实不过是金玉其外，败絮其中。

元朝时期，在杭州的西子湖畔，有一个专门卖柑子的小贩。他善于贮藏柑橘，当别人的柑橘都卖完的时候，他就拿出自己贮藏的柑橘卖。这些柑橘从外表上看就像刚从树上摘下来的一样，虽然价钱比平时贵十倍，但是人们争先恐后地购买。

有一天，当时的著名学者刘基从卖柑橘的货摊前路过，也向小贩买了几个柑橘，不料回家以后，刚剥开柑橘皮，就有一股烟味直冲鼻子。再看里面的果肉，已经干得没水了，完全像破旧的棉絮一样。刘基非常生气，便拿着柑橘去责问小贩："做生意得讲信誉，货真价实，总不能像你这样骗人吧！"

小贩听了这话有点生气，不客气地回敬道："要说骗人，当今世界骗子太多了，我跟他们比起来，不过是小巫见大巫罢了。"

说话间，有一伙将军模样的人骑着高头骏马经过，小贩望着他们的背影说："那些佩带兵符、坐在虎皮交椅上的武将，别看他们表面上威风凛凛，难道他们真正懂得兵法吗？那些头戴高帽、穿着宽大朝服、气宇轩昂的文官，难道他们真正掌握了治理国家的本事吗？寇盗横行，他们不能抵御；百姓困苦，他们不能救助；贪官污吏，他们不能处置；法纪败坏，他们不能整顿。他们一个个身居高位，住着华美的房舍，吃着山珍海味，喝着琼浆玉液，骑着高头骏马，哪一个不是装得道貌岸然的样子。其实，他们又有哪一个不像我所卖的柑子那样'金玉其外，败絮其中'呢？你为什么看不到别人，偏偏看见我的柑橘呢？"

　　刘基听了小贩的一席议论，半天没说出话来。

因噎废食

出处 《吕氏春秋·荡兵》："夫有以噎死者，欲禁天下之食，悖。"

释义 因为吃东西噎住，索性就什么也不吃了。比喻由于出了点小毛病或怕出问题就把应该做的事情停下来不干了。

近义词 一噎止餐　一朝被蛇咬，十年怕井绳

反义词 百折不挠

造句 面对挫折，我们要勇往直前，决不能因噎废食。

　　从前，有个财主大摆酒宴。席间，划拳行令，喧声如潮。突然，闹得最欢的一个老头，因急着说话，到嘴的一块牛肉没嚼烂就吞下去，结果把喉咙堵住了，噎得他直翻白眼，狂吐白沫。这时，有人说灌一杯冷水给冲下去；有的说再咽一块肉；还有的用力扳开老头的嘴巴，拿起筷子就要夹取……众人或七嘴八舌，或动手动脚，气得老头大吼一声："滚开！"随着喊声，那块牛肉跟着咳了出来。

　　众人大笑着，正准备回座继续吃喝，财主却高声说道："各位请回吧！老夫认为，要消灾免祸，酒肉不可吃，三餐不可有。本府从今以后，再也不许人吃饭。"说完，下令把厨房的坛坛罐罐全部打碎，柴米油盐一律扔掉。

狐奔鼠窜

出处 南朝梁·沈约《宋书·索虏传》："或有狐奔鼠窜，逃首北境，而辄便苞纳，待之若旧，资其粮仗，纵为寇贼。"

释义 比喻非常狼狈地逃窜。

近义词 狼奔豕突

反义词 凯旋归来

造句 小贝猛然大叫一声，狐奔鼠窜地飞下赛台，连滚带爬地往人流中挤去。

　　后魏太武帝拓跋焘（tāo）当政时，南朝宋文帝正当政。拓跋焘残忍好战，屡次领兵侵犯南朝宋的边境，使边境百姓饱受战争之苦。此外，边界两边的盗贼也趁着战乱窜到对方境内，烧杀抢掠，无恶不作，使边境百姓雪上加霜，苦不堪言。

　　后魏与南朝宋的豫州刺史互通书信，相互指责对方不剿（jiǎo）土匪，致使匪祸蔓延。后魏刺史若库辰树兰的信中说：宋国的地方官对土匪不加防御，使人终年不得安宁。希望除使节外，"人迹不能超越国境，边境之民，烟火相望，鸡犬之声相闻，而老死不相往来"。

　　南朝宋刺史刘铄（shuò）写信答复说：由于南朝诛讨盗匪，使他们在边境以南无法立足，狐奔鼠窜，逃到北方。而北魏对待他们竟像归来的旧部下，资助给他们粮食器械，使土匪更加猖獗（jué），连无辜的老人和小孩子都无法幸免。希望魏国信守睦邻的誓约。

信都写得很动听、在理，实际上是双方推诿（wěi）责任，而边境上的盗匪却一天更比一天猖狂。

炙手可热

出处 唐·杜甫《丽人行》："炙手可热势绝伦，慎莫近前丞相嗔。"

释义 手一靠近就感觉热，比喻权势很大，气焰很盛。炙：烤；意思是热得烫手。

近义词 烜赫一时

反义词 平易近人　和蔼可亲

造句 他现在是我们当地炙手可热的明星了。

唐玄宗李隆基宠爱杨贵妃。杨贵妃的堂兄杨国忠因此当上宰相，把持朝廷大权。杨家兄妹过着穷奢极欲、淫乐无度的腐朽生活。一次，杨贵妃等人到曲江江边春游野宴，大摆排场。

诗人杜甫对杨氏兄妹这种只顾自己享乐而不管人民死活的行为，极为愤慨，写出了著名的诗歌《丽人行》，大胆地揭露和深刻地讽刺了杨氏兄妹生活之奢侈和权势之煊赫，其中有这样两句：

炙手可热势绝伦，

慎莫近前丞相嗔。

意思是说：杨氏位高权重，气焰极盛，可以说是热得烫手，没有人能与之相比；人们千万不要走近前去，以免惹得丞相发怒生气。

莫逆之交

出处 《庄子·大宗师》："四人相视而笑，莫逆于心，遂相与为友。"

释义 指非常要好的朋友。莫逆：没有抵触，感情融洽。交：交往，友谊。

近义词 刎颈之交 生死之交 良师益友

反义词 一面之交 素昧平生 萍水相逢

造句 他俩志同道合，成了莫逆之交。

从前，有四个怪人，主张万事万物顺应自然，认为天地间"无"（即"没有"）是最崇高的。

有一天，这四个怪人子祀（sì）、子舆、子犁和子来聚在一起，热烈地讨论着"无"的崇高和伟大，一致认为"无"就像人的头一样，起着至关重要的作用。分别时，四人互相望着、笑着，认为他们心心相通，友谊将天长地久（四人相视而笑，莫逆于心，遂相与为友）。

过了一些时候，子舆生病了，子祀去探望。子舆出门迎接时，弯着腰，垂着头，高耸起两肩，背上长着大脓疮。他却对子祀说："上天真是伟大啊，使我成为这样的人！"

子祀问道："你对你的病一点也不忧虑吗？"

子舆说："为什么要忧虑呢？人的生与死，本来是上天安排好了的，所以，我只要顺应自然就行了。"

不久，子来也生病了，神情非常痛苦，眼看就要死去。

子犁来看子来，见子来的妻子悲伤地啼哭。子犁坐在床边和子来说道："唉，你的妻子真不懂事！伟大的造物主正在变化你，怎么能随便啼哭呢？"

子来感激地说："假如一个铁匠正在打铁时，火炉中的一块铁突然跳了起来，那铁匠一定认为是不祥之兆。天地是一个大熔炉，阴阳是一个伟大的铁匠。我现在正在被天地铸造着，怎么能表示出痛苦呢？"

子犁紧紧握着子来的手，说："我们真是知心朋友！"

肥马轻裘

出处《论语·雍也》："赤之适齐也，乘肥马，衣轻裘。"

释义 骑肥壮的马，穿轻暖的皮袍；形容生活奢华。裘：皮衣。

近义词 腰缠万贯　积玉堆金　富埒王侯

反义词 家徒四壁　一贫如洗　衣衫褴褛

造句 这个人希望腰缠万贯，肥马轻裘，可那不是轻易能办到的。

子华和冉有都是孔子的学生。

子华出使到齐国，将母亲留在家中。冉有替子华的母亲向孔子请求拨发粟米。

孔子说："给他二十四斤吧！"

冉有觉得不够，请求再增多一些。

孔子说："再给他九斤半吧！"

结果，冉有还嫌少，竟然给了子华的母亲六百四十斤粟米。

孔子知道后，批评冉有说："子华出使到齐国，坐的是肥马拉的车子，穿的是又轻又华丽的皮袍。我曾听说，君子应该救济贫困的人，而不必赠送东西给富人。"

49

宾客盈门

出处 后晋·刘昫《旧唐书·窦威传》："时诸兄并以军功致仕通显，交结豪贵，宾客盈门，而威职掌闲散。"

释义 指来客很多。

近义词 宾客如云 高朋满座 车马盈门

反义词 门可罗雀 门庭冷落

造句 老县长家里总是宾客盈门。

隋朝的太傅窦炽（chì）有几个儿子。那时候战事很多，贵族子弟都以习武为时尚，并作为进身之阶。窦炽的几个儿子中，唯独窦威喜好文史，兄弟们都笑话他，叫他"书痴"。

内史令李德林非常看重窦威，推荐他担任掌管皇家图书典籍的秘书郎。窦家其他兄弟随着杨广大军灭掉南朝的陈国后，个个都升了官，还带回无数金银财宝。官高、财多，府第日日宾客盈门。而窦威门前车马冷落，一派寒酸相。窦威一干就是十年，他潜心于浩瀚的典籍中，学业大进。

隋文帝的第四子杨秀，被封为蜀王，上表请窦威入蜀参政。窦威在公务之余，就独坐书房静读。杨秀生活奢侈，违法乱纪，许多下属官员借机发了大财。后来杨秀被隋文帝废黜（chù），这些人都受到牵连，唯独窦威却清白无辜，重返京城。

兄弟们见到窦威，嘲笑他说："蜀王府里是金山银山，你日夜伴他左右，即使清高，也应该带个十万八万回来，好好享用。哪有千里在外做官的空着两手回来？"

窦威却说："蜀地没有我所爱的东西，这次回来就带了几箱图谱书籍。"

唐灭隋后，窦威因熟悉典籍，被李渊请入大丞相府，协助制定朝章国典。

虚张声势

出处 唐·韩愈《论淮西事宜状》："淄青、恒冀两道，与蔡州气类略同，今闻讨伐元济，人情必有救助之意，然皆暗弱，自保无暇。虚张声势，则必有之。"

释义 并无实力，故意大造声势。

近义词 矫揉造作　装腔作势

反义词 不动声色

造句 我的话只是虚张声势，吓唬人的。

在小说《红楼梦》中，贾雨村被革职后，靠着贾政替他说情才复职，被派到金陵（今江苏南京）应天府当县令。他一到任就遇上一件棘手的人命案子。

当地两家人争买一名丫鬟，各不相让，以致出了人命。凶手是金陵薛家的公子薛蟠（pán）。贾雨村问明案情后，当下就要发出逮捕令。一个衙役拼命地向他使眼色，叫他不要下命令。贾雨村便退堂停审，将那衙役请进密室，问道："刚才你为啥拦住我？"

那衙役反问："老爷初来乍到，难道就没有抄一张本地的'护身符'吗？"原来，"护身符"上面写的是本地最有权势的大官姓名，若做官的不知底细，一旦触犯了这样的人家，不但会丢官爵，连性命也难保！那薛蟠的母亲是贾政的小姨子，贾雨村如何得罪得起！可是，人命关天，处理不公，万一惹出民愤又如何了得？贾雨村左右为难，愁眉不展。

那衙役不慌不忙，为贾雨村想了一个办法：次日开庭办案，只是虚张声势，表面上照样发逮捕令，派人去捉拿凶犯，但只抓一两名薛家的仆人，把罪责朝他们身上一推，罚薛家赔上几两银子就完事。

贾雨村依了衙役的主意，第二天徇情枉法，胡乱判结了此案。之后，贾雨村由于善于钻营，官运更加亨通了。

路不拾遗

出处 《韩非子·外储说左上》:"国无盗贼，道不拾遗。"

释义 也称道不拾遗，意思是路上没有人把别人丢失的东西捡走，形容社会风气好。

近义词 夜不闭户　拾金不昧

反义词 见财起意　巧取豪夺

造句 当地社会安定，已经呈现出路不拾遗、夜不闭户的新气象。

商鞅，原名卫鞅，卫国人，战国时期政治家。他在秦孝公时期任秦国的宰相，因功劳显赫而封赐商地十五邑，故称商鞅。他制定了一系列新法，废除了维护贵族特权的旧法。这就是历史上有名的"商鞅变法"。

商鞅变法遭到了贵族势力的反对，但在秦孝公的支持下，变法很快就推行开了。

一年以后，由于商鞅积极地推行变法，老百姓的生产积极性提高了，军队纪律严明，民风也变得纯朴起来，人们晚上睡觉都不用关门窗，在路上丢了东西也不用担心被别人捡走。秦国一天天强大了起来，其他诸侯都对秦国心存畏惧。

销声匿迹

出处 宋·孙光宪《北梦琐言》："宗生避地，亦到锦江。然畏颍川知之，遂旅游资中郡，销声敛迹，唯恐人知。"

释义 不再公开讲话，不抛头露面。形容隐藏起来或不公开出现。

近义词 无影无踪　隐姓埋名　石沉大海

反义词 抛头露面　大张旗鼓　四处招摇

造句 冬天来了，山林中的小动物们都销声匿迹冬眠了。

唐朝时候，在京都长安城有位姓宗的年轻人，会提炼金银。他曾经和卖烧饼的陈敬瑄（xuān）十分要好。后来，两人为争夺一个美貌的女子而闹翻，成为仇人。

两人绝交之后，陈敬瑄官运亨通，当上西川节度使。后来，京都长安发生叛乱，僖宗皇帝逃离长安，到蜀地避乱。这时，姓宗的年轻人也和大家一起逃往蜀地锦江。他知道这里归陈敬瑄管辖，害怕陈敬瑄找他报仇，于是不敢定居，只好隐姓埋名，四处游荡。从此，销声匿迹。

但是，陈敬瑄早已料到姓宗的年轻人要来蜀地避难，于是派人四下察访，终于在内江县把他找到杀掉。

攀龙附凤

出处 东汉·班固《汉书·叙传下》："舞阳鼓刀，滕公厩驺，颍阴商贩，曲周庸夫，攀龙附凤，并乘天衢。"

释义 比喻巴结、投靠有权势的人。

近义词 依草附木　狐假虎威

反义词 刚直不阿　安贫守道　安贫乐道

造句 人们通常瞧不起那些攀龙附凤之人。

　　西汉的开国皇帝刘邦出身于一个农民家庭，他三十岁时，当了秦朝沛县的一个乡村小吏——亭长。他为人豁达大度，胸怀开朗，做事很有气魄，很多人都与他合得来，当地的萧何、樊哙（kuài）、夏侯婴等，都是他的好朋友。

　　樊哙是刘邦的同乡，是个卖狗肉的。陈胜、吴广发动起义后，沛县县令惊恐万分，打算响应陈胜，就派樊哙去召刘邦前来相助。不料，当刘邦带了几百人来时，县令又反悔起来。于是，刘邦说服城里人杀了县令。不久，两三千人马誓师起兵。

　　夏侯婴原来是县衙里的马夫，后来当了县吏，与刘邦早有密切交往。一天，刘邦与他闹着玩，一个不小心打伤了他，有人告刘邦身为亭长，动手打人，应当严惩。夏侯婴赶紧为他辩解。不料，后来夏侯婴反以伪证罪被捕下狱，坐了一年多的牢房。

59

灌婴是睢阳人，本为贩卖丝绸的小商人，此人后来也成为刘邦的心腹。

公元前208年，刘邦根据各路起义军开会的决定，带领人马西攻秦都咸阳。第二年年初，刘邦大军兵临陈留安营扎寨，当地有个名叫郦食其的小吏前来献计。

郦食其对刘邦说："现在您兵不满万人，又缺乏训练，要西攻强秦，如进虎口。不如先攻取陈留，招兵买马，等兵强马壮后再打天下。"郦食其还表示，他和陈留县令相好，愿意前去劝降；如果县令不归降，就把他杀了。

刘邦采纳了郦食其的计谋。郦食其连夜进陈留去劝说县令，但县令不肯起义。于是，郦食其半夜割下他的头颅来见刘邦。第二天刘邦攻城时，把县令的头颅高悬在竹竿上，结果守军迅速打开城门投降。在陈留，刘邦果真补充了大量粮食、武器和士兵。接着，郦食其又推荐了他颇有智勇的弟弟郦商为刘邦所用。

刘邦当皇帝后大封功臣，樊哙、夏侯婴、灌婴、郦商等人先后被封为舞阳侯、汝（rǔ）阴侯、颍阴侯和曲周侯。后来，《汉书》作者在评论他们四人时写道："舞阳侯原来是操屠刀的，滕公（汝阴侯夏侯婴曾经出任过滕令）原来是马夫，颍阴侯原来是商贩，曲周侯原来是庸夫，这些出身微贱的人因为结交到了刘邦，好像攀龙附凤，以致获得封侯之赏，得以在大街上并驾齐驱。"

南柯一梦

出处 唐·李公佐《南柯太守传》:"生解巾就枕,昏然忽忽,仿佛若梦。见二紫衣使者……梦中倏忽,若度一世矣!"

释义 形容一场大梦,或比喻一场空欢喜,比喻梦幻的事。

近义词 一枕黄粱　黄粱一梦　白日做梦

反义词 梦想成真　心想事成　天从人愿

造句 世事难料,谁又能知道眼前拥有的一切不会只是南柯一梦呢?

　　从前有一个人,名字叫淳于棼(fén),家住在广陵。他家房子的南面有棵大槐树。树下正是遮阴乘凉的好地方。他过生日那天,喝醉了酒,躺在槐树下做了一个梦,梦到自己到了槐安国,和公主成了亲,当了二十年的南柯太守,非常荣耀显赫。可是后来因为作战失利,公主死了,他被遣送回家。

　　一觉醒来,他看见家人正在打扫庭院,太阳还没落山,酒壶也还在身边呢。他四面一瞧,发现槐树下有一个蚂蚁洞,他在梦中做官的槐安国,原来就是这个蚂蚁洞。槐树上最南边的一根枝儿,就是他当太守所在的南柯郡。

九死一生

出处 战国·屈原《离骚》："亦余心之所善兮，虽九死其犹未悔。"

释义 形容经历很大危险而幸存；也形容处在生死关头，情况十分危急。

近义词 死里逃生

反义词 安然无恙　平安无事

造句 他在这次飞机失事中幸免于难，真可谓九死一生。

屈原，战国末期楚国丹阳（今湖北秭归）人，出身于楚国的贵族家庭，自幼勤奋好学，志向远大，早年受到楚怀王重视，曾任左徒、三闾（lú）大夫的职务。

屈原为实现振兴楚国的大业，对内积极辅佐楚怀王变法图强，对外坚决主张联合齐国抵抗秦国，使楚国国力一度增强。后来，屈原遭到令尹子兰、大夫靳（jìn）尚等人的嫉妒，被同朝小人诬陷，被两次流放。

在流放期间，屈原创作了中国最早的长篇抒情诗《离骚》，诗中曲折地抒写了自己的身世、政治理想以及不公正的遭遇。《离骚》第四章中写道："亦余心之所善兮，虽九死其犹未悔。"（意为：这是我心中追求的东西，即使多次死亡也不后悔。）

成语"九死一生"就是由这句诗演变而来的。

力不从心

出处 南朝宋·范晔《后汉书·西域传》："今使者大兵未能得出，如诸国力不从心，东西南北自在也。"

释义 指心里想做，但力量或能力办不到。

近义词 力所不及　爱莫能助　有心无力

反义词 力所能及　随心所欲　得心应手

造句 年迈之人常常感到做事力不从心。

东汉名将班超带兵镇守西域三十多年，安抚联络当地的五十多个小国，数次平定匈奴的骚乱，为保卫汉朝的西部边境建立了巨大的功绩。班超西去时年方四十岁，到七十多岁时他觉得精力大不如从前，思念家乡的心情也日甚一日，于是给汉和帝刘肇（zhào）写了一封奏书，内容如下：

"陛下，臣在西域转眼已经三十多年了，日日夜夜无时不在思念故乡。臣听说先前的姜太公在齐国做官，五世而归，埋葬在原籍周地，其实周地与齐地之间不过千里。而我现在是身处遥远的西域啊，怎能不思念故乡呢？苏武留在匈奴不过十九年，可我已经在西域快半辈子了。我不敢盼望回到酒泉郡，只要能活着回到玉门关之内，就心满意足了。"

班超的妹妹班昭是当时有名的才女、历史学家。她也写信给和帝，替哥哥请求告老还乡：

"我的胞兄班超蒙受皇恩，自来西域，志捐躯命，屡立

微功。他每逢攻战，总是身披金甲，不避死亡，倚仗陛下的神灵，才在这大沙漠里征战了三十多年。他现年过七十，年老体衰，须发皆白，双手麻痹，耳聋目花，要拄杖才能行走。虽说他要竭尽全力，尽职尽责，以报答皇帝的大恩。可是倘若此地发生暴乱，他的气力不能从心，这不仅会损害国家、朝廷的利益，而且会使忠臣所做的一切努力都前功尽弃。如果发生了那样的变故，该令人多么痛心呀！所以，班超诚恳请求返回内地，可是已经过了几年却仍然听不到陛下的答复。现在陛下是以孝理治天下，深得万民欢心。在此，我冒死替家兄班超请求，让他活着回到故乡。我的哥哥以壮年竭尽忠孝于荒野大漠，难道还让他在衰老的时候死在他乡异域吗？我满怀哀痛地向陛下奏禀实情，请皇帝开恩！"

汉和帝读了班超兄妹这两封情真意切的书信后，深为感动，立即下诏传班超回京。102年，班超总算踏上了故乡的土地。然而，他确实是"力不从心"了，同年9月他与世长辞。

迎刃而解

出处 唐·房玄龄等《晋书·杜预传》："今兵威已振，譬如破竹，数节之后，皆迎刃而解，无复着手处也。"

释义 比喻主要问题解决了，其他有关的问题就很容易解决。

近义词 一蹴而就　一通百通　水到渠成

反义词 相持不下　百思不解　不了了之

造句 只要抓住了主要矛盾，其他问题就迎刃而解了。

晋武帝时，有一个叫杜预的人，学问渊博，见识很广，当时的人称他"杜武库"。

后来，杜预调任镇南大将军，统管荆州军事，建议攻伐吴国。待到出兵以后，杜预只花了几天的工夫，就接连占领了长江上游许多城市。这时，有人说吴国是顽强的大敌，不可能迅速把它完全打败，而且时值夏季河水泛滥，又唯恐流行疫病，故应等到明年春天再集中力量攻打。

杜预却坚定地说："从前乐毅在洛西打了一仗，就并吞了齐国。现在我们士气旺盛，用这样旺盛的兵力去打吴国，犹如破竹，等到劈破几节之后，下面便都迎刃而解，不会有碍手之处。"于是，他命队伍继续进军，迅速灭了吴国。

门可罗雀

出处 西汉·司马迁《史记·汲郑列传》："始翟公为廷尉，宾客阗门；及废，门外可设雀罗。"

释义 门外可以张网捕雀。形容门庭冷落，没有什么人来往。

近义词 门庭冷落　门可张罗　无人问津

反义词 熙熙攘攘　门庭若市　宾客如云　车水马龙

造句 爸爸退休后，家里门可罗雀，一下冷清起来。

在汉文帝时，有个名叫翟（zhái）公的廷尉，掌管着刑罚的职权。因为他操有生杀大权，人们都来拜见他、奉承他，常常是宾客盈门，后来他被免去了官职，谁也不来看他了，他家的门前冷冷清清，简直可以张网逮雀儿。

谁料人事难测，后来翟公又恢复了官职，许多客人又去拜访他。他感慨地写了几句话贴在大门上：

一死一生，乃知交情。

一贫一富，乃知交态。

一贵一贱，交情乃见。

他用这些话嘲讽了那些趋炎附势的人。

不堪回首

出处 南唐·李煜《虞美人》："小楼昨夜又东风，故国不堪回首月明中。"

释义 对过去的事情想起来就会感到痛苦，因而不忍去回忆。

近义词 创巨痛深　痛定思痛

反义词 喜出望外　大喜过望

造句 三十多年颠沛流离的生活，令他不堪回首。

南唐后主李煜（yù）在政治、军事上昏庸无能，但在文学、艺术方面很有才能。

李煜执政时，整日饮酒作乐，把国家大事置之脑后。虽然宋朝的威胁越来越严重，但李煜只求眼前安逸，并不做任何抵抗。后来，他又主动向宋朝上表，希望取消南唐国号。

974年秋，宋太祖赵匡胤两次派使者通知李煜到开封朝见。李煜怕赵匡胤杀他，称病不去。于是，赵匡胤以此为借口，派十万大军征伐南唐。975年冬，李煜被迫投降。赵匡胤并没有杀他，而是把他软禁起来。

后来在宋太宗即位后的某一天，李煜作了一首名为《虞美人》的词，词中有"小楼昨夜又东风，故国不堪回首月明中"句，意思是：过去美好的一切不能再回顾，回顾了只能使人感到更痛苦。

这首词传到宋太宗那里，宋太宗对李煜至今仍不忘故国怀恨在心。他认为李煜有复国之心，于是派人将李煜毒死。

牛衣对泣

出处 东汉·班固《汉书·王章传》："初，章为诸生学长安，独与妻居。章疾病，无被，卧牛衣中；与妻决，涕泣。"

释义 睡在牛衣里，相对哭泣。形容夫妻共同过着穷困的生活。

近义词 寒门饮恨

反义词 人给家足

造句 想起过去那段牛衣对泣的贫困日子，夫妻俩不禁掉下泪来。

汉朝时候，山东泰安有个读书人名叫王章。他的妻子通情达理，非常贤惠。有一年，王章和妻子一起住在京城长安读书求学，日子虽说很清苦，但夫妻恩爱，生活也还快乐。

一天夜里，王章突然浑身发烧，家里被褥不齐，没有什么东西给王章盖上。妻子只得把麻席子给他盖上。麻席子一般是用来给牛披盖的，农户称它为"牛衣"。王章想到自己很可能会病死，不禁哭泣起来。

后来，王章病好了，在妻子的鼓励下更加发愤读书，并在朝廷里做了官。在他参与同权贵的斗争时，妻子对他说："你已经做上京兆尹的高官了，难道还嫌官职小吗？人应该知足，你为什么不想一想披着牛衣夜里哭泣的日子呢？"

王章说："这是不同的两回事！"

王章不听劝，仍然我行我素，又去告发专权乱政的皇亲国戚王凤，结果招来祸事，被捕下狱，最后丢了性命。

王章死后，他的妻儿老小被逐到合浦，以采珍珠度日，
生活反倒清静多了。

今朝有酒今朝醉

出处 唐·罗隐《自遣》："得即高歌失即休，多愁多恨亦悠悠。今朝有酒今朝醉，明日愁来明日愁。"

释义 比喻过一天算一天。也形容人只顾眼前，没有长远打算。

近义词 及时行乐

反义词 深计远虑

造句 那些信奉"今朝有酒今朝醉"的人们，往往对潜伏期较长的危害不放在心上。

　　唐代著名诗人罗隐，原名罗横，自小勤奋好学，才识过人。他胸怀壮志，一心要仿效古代的贤人，用自己的学识报效国家，做一番事业。但是事与愿违，他始终没有机会施展宏伟抱负。

　　罗横怀着报效国家、造福人民的热望，一次又一次赶赴考场，虽有满腹才华，却连考十次都榜上无名，远大志向无法实现，他感到前途渺茫，从此消沉，不再追逐功名，准备回故乡过隐居生活。于是他将自己的名字罗横改为罗隐，远离江湖，再也不忧国忧民，只管洁身自好。

　　得即高歌失即休，多愁多恨亦悠悠。

　　今朝有酒今朝醉，明日愁来明日愁。

　　这首诗表达了消极悲观、万般无奈、看穿一切、得过且过、遁（dùn）世厌俗的情感，对后世的影响较大。

今是昨非

出处 东晋·陶渊明《归去来辞》："实迷途其未远，觉今是而昨非。"

释义 现在是对的，过去是错的。指认识到过去的错误。

近义词 幡然醒悟

反义词 执迷不悟

造句 经过三年的劳动改造，他大有今是昨非之感。

东晋著名的田园诗人陶渊明为人耿直，看不惯官场的腐败风气，又不愿拍马奉承，因此一再辞官，才能也无从发挥。

辞官以后，他家中的生活实在太艰难，自己又不甘心碌碌无为，因此在四十一岁时，经他叔父推荐，出任彭泽县令。

他刚当了八十天县令，郡守派督邮来县里检查工作，他不能忍受督邮的侮辱，又挂印而去。回到家里，写了一篇《归去来兮辞》。在这篇文章的序中，他回顾了自己的过去，并发出感叹："实迷途其未远，觉今是而昨非。"这两句话的意思是：我知道我自己过去确实迷失了道路，但好在迷失的路还不远，现在已经觉悟到今天所做的正确而昨天所做的是错了。后来，他专心致志地写作，过着平民的生活。

生离死别

出处 唐·姚思廉《陈书·徐陵传》："况吾生离死别，多历暄寒，孀室婴儿，何可言念。"

释义 很难再见面的离别或永久的离别。

近义词 悲欢离合 生死永别

反义词 破镜重圆

造句 他们经历了生离死别的考验，最终有情人终成眷属。

　　南朝时期有个叫徐陵的人，是个写文章的高手，被称为一代文宗，当时的世家大官几乎都收藏了他的作品。在徐陵青年时，梁武帝接纳了西魏降将侯景，却招来了侯景攻陷京城的大乱，梁武帝也被侯景拘禁起来，活活饿死。

　　在这次大乱中，徐陵的父亲徐离也被围困在京城里。京城长期缺粮，十有八九被饿死。徐陵得不到父亲的消息，心里非常焦急。过了一段时间，梁元帝萧绎（yì）继位。传来消息说，徐陵的父亲还活着，侯景对他还有忌惮，不敢加害，但仍被扣留。徐陵思谋再三，不得已才写了一封长信给仆射杨遵彦，向他倾诉了骨肉离散的痛苦，希望他能帮助解救父亲。

　　这封用骈（pián）文形式写的信中有一句话是这样的："况吾生离死别，多历暄寒。"从此，文人的笔下又多了一个"生离死别"的新词语。

自相矛盾

出处 《韩非子·难一》："夫不可陷之楯与无不陷之矛，不可同世而立。"

释义 比喻自己说话做事前后抵触。矛：一种用以刺杀的武器。盾：一种用以抵挡刺杀，保护自己的武器。

近义词 漏洞百出　相互抵触

反义词 天衣无缝　自圆其说　无懈可击

造句 你说的话自相矛盾，还在那里喋喋不休，真是可笑。

在古代，矛与盾是常用的两种兵器。矛是一种进攻武器，用来刺杀敌人；盾，即盾牌，用来防护身体，遮挡刀箭。

一天，集市上有个人把一些矛和盾摊放在地上，让人观看、选购。过了一些时候，只有看的人，没有买的人。

卖主怕人们不识货，拿起一面盾牌，高声喊道："众位请注意看，这盾牌可坚固了，什么锐利的武器都休想刺破它。快买吧！"围观的人大多半信半疑，有的还去摸摸盾牌，但仍然没有人买。

卖主见大家不想买他的盾牌，又捡起一支矛，在手中比试了一下，然后高声喊道："请众位再瞧瞧这矛，多坚硬、多锐利啊，它能刺破任何东西，快买吧！"

有人赞叹，有人怀疑。其中一人问道："你说的话是真的吗？"

卖主说："当然是真的！"

那人捡起一块盾和一支矛，用矛尖刺着盾问："要是用你的矛来刺你的盾，那会如何呢？"

卖主顿时无话可说，赶紧收起矛和盾离开了集市。

曳尾涂中

出处 《庄子·秋水》："宁其生而曳尾于涂中乎？"
释义 原意是与其位列卿相，受爵禄、刑罚的管束，不如隐居而安于贫贱。后也比喻在污浊的环境里苟且偷生。
近义词 曳尾泥涂 苟且偷生 摇尾涂中
反义词 舍生取义 宁为玉碎不为瓦全
造句 在抗日战争年代，许多仁人志士不甘曳尾涂中，勇敢地与日寇进行了斗争。

一天，楚威王派了两名大夫作为自己的特使去请哲学家庄子。临行之前，楚威王嘱咐他俩说："你们见到庄子，就对他说我愿意把国家委托给贤人管理。"

楚威王又拿出珍珠玉帛（bó）作为礼物，让使者送给庄子。

两位使者在濮（pú）水岸边找到庄子，向他转达了楚威王的话。庄子这时正在钓鱼，手里拿着鱼竿，头也没回地说："我听说楚国有一个神龟，已经死了三千年了，现在被珍藏在庙堂之上。你们说，作为一只龟，是刮骨留名、被供在庙堂上好呢，还是保全性命、拖着尾巴活在污泥中好呢（曳尾涂中）？"

两位使者说："当然是拖着尾巴在污泥中活着好啊！"

庄子说："那么，你们可以回去对楚威王说，我将要像龟那样拖着尾巴生活在污泥之中！"

庄子不肯出来做官，两位使者只好悻（xìng）悻而去。

守株待兔

出处 《韩非子·五蠹》："宋人有耕者，田中有株，兔走触株，折颈而死，因释其耒而守株，冀复得兔。兔不可复得，而身为宋国笑。"

释义 比喻不主动努力，而存万一的侥幸心理，妄想得到意外收获；也比喻死守经验，不知变通。

近义词 刻舟求剑　墨守成规　缘木求鱼

反义词 通达权变　随机应变

造句 思想不能太保守，要勇于探索，守株待兔是不会有收获的。

　　宋国有位农民在地里劳动，忽然他看见一只白兔跑来，不小心撞到树桩上。那兔子四脚乱动，鲜血直流，脖子都折断了。他拎起兔子，高兴得直跳，哼着小曲回家去了。

　　美美地吃了一顿后，第二天，他不干活了，一清早就伏在草堆后面，直盯着树桩。没过多久，就有一只白兔欢快地跑过来了，眼看到了树桩跟前，却偏偏转个弯，活蹦乱跳地跳走了，急得他直跺脚。

　　突然，跑来了一只灰兔。"快跑！前面有个树桩，撞上去！"他小声提醒着。然而，灰兔跑到树

桩前却停住了，动动耳朵，又往回奔去。

　　天色不觉昏暗了下来，他只好咬牙切齿地回家去，准备等天亮了再来继续碰运气。就这样，他日复一日地守株待兔，使得农田荒废了，夏天刚到，他就没米下锅了。

华屋山丘

出处 三国魏·曹植《箜篌引》:"生在华屋处,零落归山丘。"

释义 宏伟壮丽的建筑化为土堆。比喻迅速衰亡。

近义词 华屋丘墟

造句 华屋山丘,人生易老,这是谁也没法抗拒的自然规律。

晋朝的谢安是一位学问渊博、才智很高的名士。谢安有一个外甥,名叫羊昙(tán),非常聪明。谢安很钟爱他,羊昙对这位舅父也格外敬重,两人亲如父子。后来谢安死了,羊昙非常悲痛。因为谢安的坟墓是在西门,所以羊昙从此不走西门那条路,如果有事情必须要走西门,他总是绕着弯从别的地方进出,怕看见舅父的坟墓而伤心。

有一天,羊昙喝醉了酒,误走到西门,突然大哭起来。他拿着马鞭敲着城门,高声吟着曹植的诗句:"生在华屋处,零落归山丘。"

这两句诗感叹人生生死莫定,世事兴废无常,和沧海桑田有相似的意义。后人根据羊昙醉哭谢安的典故,引申出"华屋山丘"的成语来,多用于外甥祭吊舅丧的唁(yàn)语。

沧海横流

出处 东晋·袁宏《三国名臣序赞》："沧海横流，玉石同碎。"

释义 海水四处奔流。比喻政治混乱，社会动荡。

近义词 时局动荡

反义词 歌舞升平

造句 在元朝统治沧海横流之时，朱元璋揭竿而起。

　　晋代有个人叫王尼，家住洛阳。因为王尼对世事观察透彻，见解不凡，不少官员都很敬重他。

　　西晋末年，匈奴等五个少数民族起兵反晋，天下战乱纷

纷，洛阳也失陷了。王尼的妻子早逝，他带上唯一的儿子，背井离乡，到江南躲避祸乱。二人赶了一辆牛车，东奔西走，受尽磨难。白天赶路时，王尼的儿子驾车；到了晚间，父子俩就挤在牛车上过夜。露天之下，风寒霜重，无一处睡得舒服。王尼常常翻来覆去不能入睡，想到国家动荡不安，老百姓深受其苦，不禁喟（kuì）然长叹："沧海横流，真是处处不得安生啊！"

王尼父子到江夏投奔荆州刺史王澄，日子还过得下去。不久，王澄死了，王尼父子便失去了依靠，荆州又闹起了饥荒，作为难民的王尼父子就更找不到东西吃了。王尼狠狠心杀掉了唯一的牛，把牛车拆了，用它作柴火煮牛肉吃。牛肉吃完后，再也没有东西可以充饥，父子二人便活活饿死了。

鱼游釜中

出处 南朝宋·范晔《后汉书·张纲传》:"遂复相聚偷生,若鱼游釜中,喘息须臾间耳。"
释义 鱼在锅里游。比喻处境十分危险。
近义词 鱼游沸鼎 釜底游鱼
反义词 安如泰山 安如磐石
造句 姜尚进山,似鱼游釜中,肉在几上。

东汉顺帝时,有个叫张婴的人聚众起义,杀死了残暴的广陵太守,后转战于扬州、徐州一带。一直过了十几年,朝廷也没能捉住他。这时,梁皇后的兄弟梁冀做了大将军,他任命张纲为广陵太守。

张纲到职以后,改变了过去派兵征讨捉拿张婴的办法,而用诱降、抚慰等手段。张婴深受感动,终于带领起义队伍投降了。

张婴说:"我是不能忍受刺史、太守的残暴压榨才聚众起义的。我知道这样做就好像鱼在锅里游,不能久活。"

名不副实

出处 东汉·祢衡《鹦鹉赋》："惧名实之不副，耻才能之无奇。"三国·刘劭《人物志·效难》："中情之人，名不副实，用之有效。"

释义 名声或名义和实际不相符。指空有虚名。副：相称，相符合。

近义词 徒有虚名

反义词 名副其实

造句 市场上有些"名牌"产品真是名不副实。

　　从前，一条繁华的街道上，住着一户人家，家境殷实。家里有两个儿子，长子名字叫盗，次子名字叫殴（ōu）。这两个儿子聪明能干，很得父母喜爱，也经常受邻居夸奖。

　　一天，大儿子盗从家里走出，身上披着一件衣服，手里拿着一把锄头，想到田地里去除草。母亲看到儿子穿得太单薄了，忙叫："盗！盗！"这时，刚好街上走过府吏，听见叫声，忙奔过来，把盗绑了起来。母亲看见两位府吏误会了，想叫殴去说明，一时紧张，她只叫道："殴！殴！"两位官吏听到，不约而同地看看盗的脸孔，觉得这人脸色铁青，越看越觉得贼眉鼠眼的，便狠命地殴打他。等到母亲和弟弟冲过来说明真相后，盗早已躺倒在地，气息奄（yǎn）奄，不省人事了。

　　这个故事意在说明名不副实的害处，表示要经常审查名和实，但现在这则成语的意义已经变了。

写给儿童的

中华
成语故事

彩绘版

陈晓艳 编

读成语　知历史
通古今　长见识

5

时代文艺出版社

　　成语是中国汉语言文化中的一朵奇葩。在浩如烟海的典籍中，成语作为语言的精华、文明的积淀、历史的浓缩、智慧的结晶，成为传承中华文明的重要纽带。大到治国安邦，小到为人处世，中华五千年的历史文化，无不在一个个简短的成语中得到了充分体现。时至今日，仍有大量的成语在被广泛使用，散发着永恒的魅力。

　　同时，学习成语也是小学生语文的必修课。在作文写作中，恰当地运用成语，可以使文章熠熠生辉；在口头表达中，恰当地运用成语，则可以使你的语言更富有感染力。因此，熟练掌握和运用成语，不仅能达到言简意赅的效果，同时也是衡量一个人文字功底、文化素养以及语言表述能力的重要标尺。

　　学习成语，若从生动有趣的故事入手，则能达到寓教于乐、事半功倍之效。阅读成语故事，了解成语的来龙去脉，不仅可以从中感受故事的精彩，还能加深对成语含义和历史文化的理解，增强学习的趣味性。成语背后的故事或险象环生，或快乐活泼；或腥风血雨，或诙谐幽默；或振聋发聩，或润物无

声……成语将古代中国的政治军事、日常生活、文学艺术、文化习俗、道德传统和理想志趣等浓缩成一个个深刻隽永的片段，集中展现了古人的人生智慧和思想光芒。

本书收录了近五百则成语故事，既注重知识性，又兼顾趣味性和实用性；除了讲述故事，更点明了每条成语的出处、释义、近义词、反义词、造句示例等，让小读者既明其义、会使用，又知其源，了解其中所蕴含的丰富文化内涵。同时，本书配有深具历史韵味和艺术感染力的精美插图，使故事生动活泼，引人入胜。

全书所有故事虽系摘选，但皆独立成篇，可以使小读者对成语的由来一目了然；可读性强，使小读者能于兴致盎然中轻松获益。可谓一册在手，中华成语故事全掌握。

现在，就让我们翻开本书，一起走进成语故事的世界，去品味中华语言文化的博大精深和妙趣横生吧！

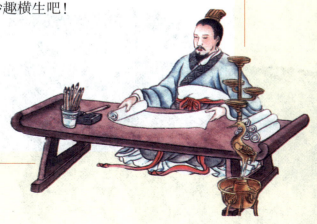

目录

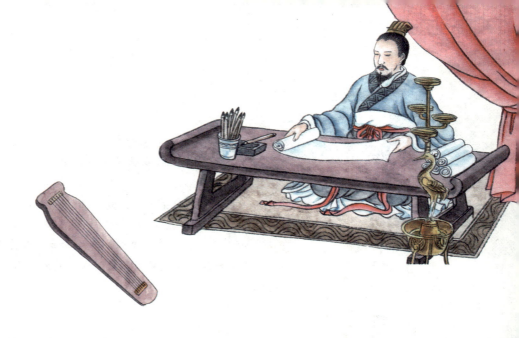

春风风人，夏雨雨人

出处 西汉·刘向《说苑·贵德》："管仲上车曰：'嗟兹乎，我穷必矣！吾不能以春风风人，吾不能以夏雨雨人，吾穷必矣。'"

释义 和煦的春风吹拂着人们，夏天的雨水滋养人。比喻能及时给人以帮助和教育。

造句 多少年来，王校长正是以一种对学生的挚爱之情，一种锲而不舍的求实精神，春风风人，夏雨雨人，哺育学生成长。

春秋时，梁国宰相孟简子因罪逃亡到齐国，齐国宰相管仲亲自出迎。当管仲看到孟简子时，不禁大吃一惊：他一身破破烂烂，满面灰尘；跟随他的，仅有三人！管仲问道："你在梁国做宰相时，门下的食客难道仅有三人吗？"

孟简子不好意思地回答说："岂止三人，共有三千多人。"

管仲一时困惑起来，不解地说："今天随你出逃的却是这三人，唉，他们为何不愿离开你呢？"

孟简子回头望了望跟在身后的三人，一个一个地指着说："这一个，他父亲死后，无钱安葬，我就替他安葬了；这一个，是他母亲死了，也是无钱安葬，我替他安葬了；这一个，是他哥哥被抓进监狱，我知道后，设法把他哥哥从监狱中解救出来。我做宰相时，就做了这点好事，所以，他们才跟来了。"

管仲听后，感慨万分，想起自己在齐国变法革新，虽然使齐国强盛起来，却得罪了不少人。他把孟简子安顿好后，就乘车返回家里。

在路上，他自言自语地说："看到孟简子，我想到了我的今后。唉，来日我一定比他还穷困！我不能像春风那样，轻轻地吹拂每一个人；也不能像夏雨那样，滋润着每一个人！来日，我一定穷困！"

胯下之辱

出处 西汉·司马迁《史记·淮阴侯列传》："淮阴屠中少年有侮信者，曰：'若虽长大，好带刀剑，中情怯耳。'众辱之曰：'信能死，刺我；不能死，出我胯下。'于是信孰视之，俛出胯下，蒲伏。一市人皆笑信，以为怯。"

释义 从胯下爬过的耻辱，形容耻辱极大。

近义词 胯下蒲伏

造句 他当年能忍胯下之辱，忍辱负重，今天才能有此番成就。

秦朝时期，韩信年轻时家里很贫困，常常赖在别人家里吃住。日子久了，大家都讨厌他，他就无法寄住在别人家了。

一天，韩信来到护城河边，想钓一条鱼来充饥，可怎么也钓不起来。有一位在河边洗衣服的妇人见他实在可怜，便把带来的饭给他吃。见有饭吃，韩信就天天来河边钓鱼，一连吃了十天，最后他对那妇人说："我一定要报答你！"不料那妇人反而骂他说："男子汉大丈夫不能自立，还谈得上报答吗？我同情你，才给你吃，谁稀罕你的报答！"韩信羞愧地离开了那妇人。

接着，韩信来到市场里，一群无赖少年就围上来对他指手画脚地说："韩信，别以为你长得高大，身上佩着剑，我们就怕你！其实你是一个胆小的人。喂，我们打个赌：如果你胆大，就拿剑把我们杀死；如果你胆小，那就从我们胯（kuà）

下钻过！"说完，这群少年都张开双腿。

　　韩信想：一个人连这点侮辱都不能忍受，今后怎么能有所成就？于是，他趴下身子，从他们胯下慢慢地爬了过去。

杯水车薪

出处 《孟子·告子上》："今之为仁者，犹以一杯水救一车薪之火也。"

释义 比喻无济于事，解决不了问题。薪：柴草。

近义词 粥少僧多 人浮于事

反义词 聚沙成塔 绰绰有余 车载斗量

造句 他那微薄的工资，对于全家庞大的开销来说，简直是杯水车薪。

有一家药店挂牌开张，一串串鞭炮闪着火光，噼里啪啦地响。突然，一串鞭炮落在干草堆上，顷刻间，浓烟腾起，亮起火光，风助火势，烈焰冲天。

药店里的账房先生听见"救火"的喊声，也探出头来，看见火堆就在眼前，他二话没说，端起一杯水，拨开众人，冲出门外，对准火焰正旺的地方浇下去，大声说："没事了，大家自己忙去吧。"可是，只听见"哧"的一声，水没了，而火照样旺盛，而且越烧越猛。

账房先生呆住了。看了一会儿，他愤愤不平地斥责道："这火真不像话，竟然用水都灭不了，真是岂有此理！"转念又想，莫非天道已变，水已不能胜火了？如果真是这样，那就不是人力所能做到的。他后退了几步，对大火观望起来。不久，火焰渐渐熄灭，草堆塌成红红的一堆灰烬。

疾风知劲草

出处 南朝宋·范晔《后汉书·王霸传》："光武谓霸曰：'颍川从我者皆逝，而子独留。努力！疾风知劲草。'"

释义 只有在大风中才能看出什么样的草是强劲的。比喻只有在关键的时刻才能显示出一个人的坚强意志，经得起考验。

近义词 烈火真金　日久见人心

反义词 知人知面不知心

造句 疾风知劲草，他在这场斗争中立场坚定，表现很好。

西汉末年，绿林军起义，刘秀加入了起义军。刘秀有一次路过颍川（今河南禹州境内），当地有个叫王霸的人，带着一群朋友来见他，表示愿意参加他的部队。刘秀便高兴地接纳了他们。

王霸参加了历史上著名的昆阳之战，为义军推翻王莽统治立下了战功。

　　其后刘秀到河北攻打王朗，一时遭遇挫折。这时和王霸一起投奔刘秀的几十个人纷纷离去，只有王霸仍忠实地跟着刘秀。刘秀十分感叹地对王霸说："在颍川跟随我的人，如今都跑光了，只有你一个人留了下来，真是难得啊！"

　　刘秀相信自己所遇到的挫折只是暂时的，他勉励王霸说："努力！疾风知劲草。"意思是说只有在狂暴的大风中，才能考验出哪些是坚韧的草。

望门投止

出处 南朝宋·范晔《后汉书·党锢列传·张俭》："俭得亡命，困迫遁走，望门投止，莫不重其名行，破家相容。"

释义 在窘迫中见有人家就去投宿。比喻情况急迫，来不及选择存身的地方。投止：投宿。

近义词 急不择路　病急乱投医

反义词 从容不迫

造句 一小部分士兵突围出来，但他们望门投止，急忙往北城门跑去。

　　张俭是东汉时人，他曾做过山阳郡东部督邮。当时深受汉桓帝宠信的中常侍侯览的家乡就在山阳郡。侯览不仅横行朝廷，而且称霸乡里，抢夺民宅良田，还给自己建造了跟皇宫一样的住宅和陵墓。对此，张俭非常愤慨。他上书汉桓帝，告发侯览的罪行，要求从严惩办。可是，张俭的奏章还没有到皇帝手里，就被侯览扣下。从此，侯览对张俭怀恨在心，伺机报复。有人在侯览的指使下，诬告张俭与同郡二十四人结成党羽，图谋不轨，企图造反。

　　朝廷下令逮捕所有"党人"，张俭连夜逃走。侯览假借皇帝命令，向各郡县发出搜捕张俭的通缉令。张俭见官府人马来势汹汹，只好匆匆逃亡，看到谁家可以避难，就投在谁家门下，暂时安身。

　　一天，张俭逃到鲁郡，投奔好友孔褒（bǎo）。孔褒不在，孔褒的弟弟孔融热情地接待了他。张俭走后，官府闻讯赶来，逮捕孔褒、孔融及他们的老母亲。

孔融说："是我招待了张俭，要治罪就治我的吧。"孔褒说："张俭是来投奔我的，要治就治我的罪，与我兄弟无关。"孔母说："我是一家之主，要治就治我的罪。"他们一家抢着承担责任，闹得官府不知所措。

一曝十寒

出处 《孟子·告子上》:"虽有天下易生之物也,一日暴之,十日寒之,未有能生者也。"

释义 比喻勤奋的时候少,懈怠的时候多,没有恒心。

近义词 三心二意 虎头蛇尾 半途而废

反义词 有始有终 锲而不舍 持之以恒 坚持不懈

造句 同学们求学,绝不能一曝十寒,必须手不释卷,才能成功。

　　战国时代,群雄割据,游说之风十分盛行,形成了"百家争鸣"的局面。一般游说之士,不仅有高深的学问、丰富的知识,还有非常好的口才,尤其善以深刻生动的比喻来讽劝执政者。孟子就是当时的一位著名辩士。

　　有一次,孟子对齐王的昏庸和轻信谗言很是不满,便不客气地对他说:"虽有天下易生之物也,一日暴(同"曝")之,十日寒之,未有能生者也。"意思是说:天下虽有生命力很强的生物,可是把它放在阳光下暴晒一天后,又把它放在阴寒的地方冻上十天,它还活得成吗?

　　孟子接着说:"我跟大王在一起的时间不长,承蒙大王信任,听了我的劝谏后有了从善的决心。可是一旦我离开你,那些奸臣就会来哄骗你,你又会听信他们的话,这就与'一日暴之,十日寒之'一个样了。"

三思而行

出处 《论语·公冶长》："季文子三思而后行。"
释义 指经过反复考虑，然后再去做。
近义词 郑重其事　深思熟虑
反义词 不假思索　轻举妄动
造句 做出重大决定时总要三思而行。

春秋时，鲁国大夫季孙行父，即季文子，为人谨慎，凡事都要考虑多次以后才决定要不要做和怎样做，即主张"三思而行"。

一般来说，在做一件事情之前，多考虑考虑，然后行动，总是利多弊少的。可是孔子却并不赞同季文子的这种做法。孔子出生的时候，季文子已经死去十多年了。后来，孔子听人说到关于季文子的谨慎态度时评论道："没有必要'三思'，只要能'再思'，也就可以了。"

关于孔子为什么认为只要"再思"就可以，《论语》中没有说明。宋代儒学家程颢（hào）、朱熹（xī）等的解释是：考虑一两遍，就足以决定；考虑一多，反而要患得患失、疑惑不定了。

15

与人为善

出处 《孟子·公孙丑上》："取诸人以为善，是与人为善者也。故君子莫大乎与人为善。"

释义 指同别人一起做好事。现指善意地帮助或对待别人。

近义词 行善积德　乐善好施

反义词 居心巨测　心怀巨测

造句 张大娘向来与人为善，受到大家的一致赞扬。

　　子路是孔子的学生，其道德和学问修养都很好。孟子在给弟子讲课的时候，常常拿子路的事迹开导学生。

　　有一天，孟子说："子路这个人是很虚心的，别人指出他的毛病和不足，他就非常高兴。从历史上看，凡是君子都是吸取别人的优点、长处，自己来做善事。大禹就是这样的典范，他听到谁说善言，就向谁敬礼。舜更是了不起，他把别人的长处吸收过来，把自己的短处抛弃掉，做起善事来非常乐意。舜从种庄稼开始，后来又做陶器、当渔夫，直到最后做了天子。他身上的优点、美德全是从别人身上学习、吸收来的。所以总括起来说，吸取别人的优点来自己行善，便是'与人为善'，也就是说偕（xié）同别人一道行善。君子最高的德行就是'与人为善'。"

17

扶摇直上

出处 《庄子·逍遥游》："抟扶摇而上者九万里。"

释义 形容地位、名声、价值等迅速往上升，比喻仕途得意。

近义词 青云直上　平步青云

反义词 一落千丈　急转直下

造句 在他的帮助下，近来我的成绩扶摇直上。

在荒凉的北方，有一片大海，名叫北海。海里生活着一种大鱼，名叫鲲（kūn），它的背部有几千里宽，至于它到底有多长，就没人弄得清楚了。鲲久居北海，感到厌倦了，很想到遥远的南方去看看。可是北海不与南海相通，无法游过去。于是，鲲就每天练习跃出水面，同时像鸟扇动翅膀那样拼命地摇动背鳍（qí）和腹鳍，久而久之，它变成了一种名叫鹏的大鸟。这鹏也是巨大无比，它站在那儿，就像是高耸入云的泰山；巨大的双翅张开来就像是垂挂在天边的云彩。大鹏轻轻地扇动双翅，大地便立刻刮起阵阵狂风。大鹏的翅膀强劲有力，越扇越快，地面上顿时飞沙走石，一股强劲的旋风拔地而起，像羊角一样旋转着扶摇直上。大鹏凭借着这股强劲的旋风，直冲云霄，飞上万里高空。

北海边的荒滩上生长着许多刺蓬，刺蓬里生活着一种鸟，名叫斥鴳（yàn）。这天，斥鴳正在刺蓬里睡觉，忽然被呼啸的狂风惊醒，只见沙石蔽空、树木狂舞，斥鴳吓得赶紧伏在地上，一动也不敢动。一会儿，风声渐小，它悄悄探头一看，正好看见背负青天、奋力南飞的大鹏，不由得笑道："我以为是天发怒了，原来是大鹏鸟起飞呀。咳，这儿有吃有喝，不是挺好吗？它究竟想飞到哪儿去呢？"小小的斥鴳怎么知道大鹏的远大志向呢？

车水马龙

出处 南朝宋·范晔《后汉书·明德马皇后纪》："前过濯龙门上，见外家问起居者，车如流水，马如游龙。"

释义 车如流水，马如游龙一般。形容热闹繁华的景象。

近义词 门庭若市　络绎不绝

反义词 门可罗雀　门庭冷落

造句 他环视四周，只见大街上人山人海，车水马龙。

马皇后，是东汉初期名将马援的女儿。汉明帝时，初为贵人，后来升格为皇后，所以称为"马皇后"，也称"马后"。到明帝的儿子章帝继任皇位，马后成为马太后。

汉章帝并不是马后的亲生儿子，但对她非常尊重，因此要给马家的几个舅舅分封官爵。一些见风使舵的臣子乘机吹捧、怂（sǒng）恿（yǒng），可是马后却坚决不同意。

她说："凡是讨好取宠的人，都是为了图谋私利。我上次回家，看到几个舅舅都阔绰得很，拜候请安的客人，来来往往，'车如流水，马如游龙'，热闹极了。还看到他们家的仆人，都是穿得整整齐齐、漂漂亮亮的，我的马车夫比他们差远了。我当时竭力抑制自己，没有责备，也没有生气，不过从此就不再给他们生活补助了，让他们自己醒悟改过。如果再给他们分封官爵，那怎么行呢？"

太丘道广

出处 南朝宋·范晔《后汉书·许劭传》："太丘道广，广则难周。"

释义 指交游甚广。太丘：东汉陈寔，曾为太丘长，世称陈太丘。

近义词 交游甚广

反义词 形单影只

造句 他八面玲珑、太丘道广，处处吃得开。

东汉时的许劭（shào），喜欢品评人物。他每月初一主持品评当时人物的集会，叫作"月旦评"。许劭品评人物的品德、性格、才能，每每品题总能不偏不倚，切中要害。一些默默无闻的人得到他的好评，走上了仕途。一些人前途未卜（bǔ）时，都愿意找许劭指点迷津。曹操在地位低下时请求许劭为他做评判，许劭的评语是："你是清平时代的奸贼，动荡时代的英雄。"

当时，有个叫陈寔（shí）的人，担任太丘（今河南永城太丘镇所在地区）长。在他任职期间，境内清静，百姓安宁。陈寔在乡里很有名望，许多人都愿意与他交往，家里常是宾客盈门。有一次许劭路过颍川郡，拜访了当地许多名流，唯独不去拜访陈寔。

还有一个叫陈蕃的人，为官清廉自守，直言不阿，在当时也有美名。有一年，陈蕃的妻子去世，他给妻子送葬回乡，乡里人都去看望他，只有许劭不去。

事后，有人问许劭："从前你到颍川郡的时候，看望过好多人，就是不去拜访陈寔；现在大家都去看望陈蕃，你为什么又不去呢？"

许劭说："太丘长陈寔道术太广泛（太丘道广），太广泛了就难以周全；陈蕃的性情严峻，太严峻了难以通达，所以不去造访他们。"

杯弓蛇影

出处 东汉·应劭《风俗通义·怪神》:"时北壁上悬赤弩照于杯,形如蛇。宣畏恶之,然不敢不饮。"

释义 比喻疑神疑鬼,妄自惊慌。

近义词 风声鹤唳 疑神疑鬼 满腹疑团

反义词 坦然自若 安之若泰 若无其事

造句 黑夜走路,千万不要杯弓蛇影,否则只会自己吓自己。

晋朝时,有一个叫乐广的人。一次,乐广请一位朋友到家里喝酒。那位朋友很高兴,可是当他端起酒杯一饮而尽之后,突然看见酒杯里有一条游动着的小蛇,他感到十分恶心,可是已经把酒喝进肚子里去了。喝完酒后他很难受,总觉得肚子里有一条小蛇,因此回到家中就病倒了。

乐广听到朋友生病的消息和病因,心想:"酒杯里怎么会有蛇呢?"于是,他就到那天喝酒的地方仔细察看。

原来,在客厅的墙上,挂着一把漆了油彩的弓,弓的影子恰巧落在那位朋友放过酒杯的地方。于是,他就派人请那位朋友再来喝酒,并说保证能治好他的病。那位朋友来了,乐广请他坐在他上次坐的地方。那位朋友感到非常不安,端起酒杯一看,只见那条小蛇仍然在酒杯里活动!他心里特别紧张,浑身直冒冷汗。

这时,乐广指着墙上的弓,笑着说:"你看,这哪里是什么蛇？只不过是墙上那把弓的影子罢了。"说完，他把墙上的弓摘下来，酒杯里的"蛇"果然不见了。那位朋友弄清了真相，消除了疑虑和恐惧，他的病马上就好了。

以火救火

出处 《庄子·人间世》："是以火救火，以水救水，名之曰益多。"

释义 用火来救火灾。比喻工作方法不对，不但无益，反而有害。

近义词 负薪救火

造句 他正在执行一条以火救火的错误路线。

　　有一天，孔子的学生颜回来向老师辞行。颜回说："听说卫国的国君独裁凶暴，荒淫昏乱，不管百姓的死活，人们敢怒而不敢言，所以我打算去给卫国国君当个医生，替他治理国家……"

　　孔子却说："我看你是想送死去呀！你也不想一想，卫国的国君若是肯听贤臣的忠言，何必要你去呢？他身边难道就没有贤臣了吗？就因为卫君是个愚顽之人，专听奸人谗言，排斥贤良之士，才弄成这个样子。你若是去了，如果坚持正义，他们会迫害你；若是委屈顺从他，岂不是更助长了他的恶行吗？我看你这是用火去救火，更助长了他的威风。"

　　颜回于是就不再提去卫国的事了。

心腹之患

出处 春秋·左丘明《左传·哀公十一年》："越在我，心腹之疾也。"

释义 比喻隐藏在内部的严重祸害，也泛指最大的隐患。

近义词 心腹大患

反义词 癣疥之疾

造句 这个心腹之患一天不除，我就一天不得安宁。

春秋时代，吴王阖（hé）闾（lú）在与越国交战时受伤。吴王将要死时，吩咐他的儿子夫差不要忘记这次的仇恨，夫差流着泪答应了。

吴王阖闾死后，夫差当了国王，任用伯嚭（pǐ）做太宰，天天练兵。过了一年，吴国出兵伐越，把越国打败了。越王勾践带着残兵躲到会（kuài）稽（今江苏苏州城区）去，同时派大夫文种去给吴国太宰伯嚭送大量礼物，请求讲和，情愿用臣子的礼节服侍吴国。吴国大夫伍子胥（xū）劝吴王乘胜消灭越国，免除后患，但吴王不听劝，反而听了伯嚭的话，和越国讲和了。

过了五年，齐国景公死了，因新立的国君昏庸懦弱，夫差便派兵去伐齐。伍子胥又对夫差说："越国的勾践深得百姓的拥护，将来一定是吴国的心腹之患。你不先去讨伐越国，却攻打齐国，不是大错特错吗？"

事实证明，伍子胥的判断是正确的，后来越国果然打败了吴国。

29

画蛇添足

出处 西汉·刘向《战国策·齐策二》："蛇固无足，子安能为之足？"

释义 画蛇时给蛇添上脚。比喻做事多此一举，不但无益，反而有害。

近义词 多此一举 弄巧成拙 适得其反

反义词 恰到好处 画龙点睛

造句 别再给这块蛋糕加装饰品了，那样只会画蛇添足。

战国时期，楚怀王派昭阳为将，领兵征讨魏国，一举攻占了魏国八座城池，楚军大胜。但昭阳还想乘胜领兵去攻打齐国。齐王得到消息后，很着急。正巧秦国的使者陈轸出访到齐国，齐王就请他去见昭阳，说服他不要与齐国动武。陈轸见到昭阳后，并不立即说明来意，而是讲了个故事：

楚国有一户人家祭祀祖先，祭祀过后，主人就把祭祀用过的酒赏给办事的人喝。这壶酒如果大家都喝是不够的，但如果只给一个人喝，就能喝个痛快。于是有人提议：每个人都在地上画一条蛇，谁第一个画完，这壶酒就归谁。大家同意了，就开始画起来。有一个人画得很快，不一会儿就画好了，他拿过酒壶正准备喝，见别人都还在慢慢地画，很想显显自己的本事，就左手拿着酒壶，右手继续画蛇，边画边说："我再给蛇画几只脚也还来得及呢！"谁知，他蛇脚还没画好，另一个人已画好了蛇。那人一把抢过酒壶说："蛇本没有脚，你怎么能为它添上脚呢？这酒归我了。"说着，就把酒喝了。画蛇添足的人，终究没喝到酒。

陈轸讲完故事后又说："现在，你为楚国打败了魏军，得了八座城池，还不息兵，而要讨伐齐国。我认为，即使你把齐国打败了，官也不会升得更高了。万一打不赢齐国，就要前功尽弃，那就无异于'画蛇添足'了。不如趁现在大功已告成，赶快退兵吧。"

昭阳听了陈轸的话，觉得很有道理，就领兵回国了。

出类拔萃

出处 《孟子·公孙丑上》:"圣人之于民,亦类也。出于其类,拔乎其萃。"

释义 形容超出同类,多指人的品德才能。

近义词 鹤立鸡群 超群绝伦

反义词 滥竽充数 碌碌无能

造句 他的音乐才华出类拔萃。

有一次,孟子的弟子公孙丑和他谈论孔子。公孙丑问孟子:"孔子与伯夷、伊尹相比怎么样?"

公孙丑提到的伯夷,是商末孤竹国国君的长子。孤竹国国君在世时以次子叔齐为继承人,他死后叔齐让位伯夷,但伯夷不接受。后来,两人都投奔到周,并反对周武王讨伐商王朝。武王灭商后,他们逃避到一座山上,坚持不吃周人生产的粮食而死。

公孙丑提到的伊尹,曾帮助商汤攻灭夏桀。汤去世后,他辅佐过两个王。太甲继位后,因破坏商汤法制,不理国政,被伊尹放逐。三年后太甲悔过,伊尹又接他回来复位。

孟子评论伯夷和伊尹说:"伯夷的处世态度是,不是他理想的君主他不去侍奉,不是他理想的百姓他不役使;天下太平他就出来做官,天下混乱他就隐居起来。伊尹的处世态度是,什么样的君主他都可以去侍奉,什么样的老百姓他都可以役使；天下太平做官，天下不太平也做官。而孔子的处世态度是，可以做官就做官，可以隐居就隐居，可以继续干下去就干下去，可以马上离开就马上离开。他们三人都是古代的圣人，我是要学习孔子的。"

公孙丑又问："他们三人不是一样的吗？"

孟子回答说："不，自从有人类以来，就没有出现过像孔子那样伟大的人物。"

公孙丑又问："那么三位圣人有相同的地方吗？"

孟子说："有，假如让他们做君王，他们都能使诸侯归服，天下统一。但假如让他们去做一件不合道理的事情，或者去杀一个无辜的人，因而得到天下，他们都不会干。这就是他们相同的地方。"

公孙丑又问："他们的不同又在什么地方呢？"

孟子回答说："听听孔子的学生是怎样评论孔子的吧。宰我说：'我的先生比尧舜高明得多。'子贡说：'先生看见一国的礼制就了解它的政治，听到一国的音乐就知道它的德教，百代以后的君王，也不会背离孔子之道。'有若说：'难道只是人类有高下之分吗？麒麟对于走兽，凤凰对于飞鸟，泰山对于小丘，江海对于小溪流，何尝不是同类？圣人对于百姓也是同类，但孔子却远远超过了他的同类，大大高出了他那一群。自从有人类以来，没有哪一个能像孔子那样伟大。'"

一身是胆

出处 西晋·陈寿《三国志·蜀书·赵云传》裴松之注引《赵云别传》："先主明旦自来，至云营围视昨战处，曰：'子龙一身都是胆也！'"

释义 形容胆量极大。

近义词 胆大如斗　浑身是胆　胆大包天

反义词 胆小如鼠　畏首畏尾

造句 赵云一身是胆，可以孤军而战百万雄师，不仅杀敌无数还能全身而退。

赵云，字子龙，是刘备部下著名的勇将。有一次，赵云带兵驻守汉水附近，曹操的军队由张郃（hé）、徐晃率领，猛冲而来。赵云兵少势弱，看来难于抵敌，因此有的将士主张关紧营寨大门，以便死守。赵云不同意，反而下令敞开营寨大门，偃旗息鼓，他独自骑马提枪，守在大门外。

这时，曹军见赵云营中静悄悄的，不动也不乱，赵云单枪匹马，立在门口，毫无惧色，疑有大批伏兵故意引诱深入，于是慌忙后撤。赵云发现曹军阵脚乱了，一声令下，战鼓齐鸣，喊声震天，雨点似的飞箭向曹军射去。曹军纷纷逃命，自相践踏和跌入汉水而死的不计其数。赵云趁此引兵追击，攻占了曹营，打了一个大胜仗。

第二天，刘备和诸葛亮同来视察赵云的营寨，看到昨天的战绩，刘备十分高兴，对诸葛亮说："子龙一身都是胆！"

生死存亡

出处 春秋·左丘明《左传·定公十五年》："夫礼，死生存亡之体也。"

释义 生存或者死亡，形容事关重大或形势极端危急。

近义词 生死攸关　生死关头

反义词 安然无恙　安如泰山

造句 在民族生死存亡之际，大丈夫当舍身报国。

春秋时期，有一年，邾（zhū）隐公朝见鲁国国君鲁定公。鲁定公举行隆重的仪式欢迎他。孔子的学生子贡名声很大，也被邀请参加盛典。欢迎仪式开始了，邾隐公手拿玉器，高高地举起来，他仰着脸，态度很傲慢。鲁定公接受玉器的时候，低垂着头，双眼呆滞，无精打采。大家看到两位君王的神态都很惊讶。

这时子贡说："诸侯相见要手执玉器，这是从周朝就开始施行的礼节，礼是生死存亡的主体，人的一举一动要符合礼的规定。今天两位诸侯都违背了礼仪：邾隐公的行为太骄傲，他举的玉器太高；鲁定公的行为太衰颓，他接玉器的手放得过低。骄傲引起动

乱，衰颓表示疾病，我看这两位国君命数快到头了。眼下正是元月，在一年之初诸侯互相朝见，而又全不顾规定的礼仪，说明他们心中早已不存在礼了。相见不合于礼，哪里能够长久？鲁定公是主人，恐怕他要先死去！"

大夫们对于子贡的话觉得很新鲜，但又不敢相信，便纷纷走开了。

几个月以后，刚刚到夏天，鲁定公果真死了。因为鲁定公久病在身，身体衰弱，入夏以后病情加剧，就一命呜呼了。这碰巧被子贡说中了。

苟延残喘

出处 北宋·欧阳修《与韩忠献王》:"遽来居颍,苟存残喘,承赐恤问,敢此勉述。"

释义 勉强拖延一口没断的气,比喻勉强维持生存。

近义词 苟全性命 得过且过 苟且偷生

反义词 宁死不屈 视死如归

造句 公司已经面临破产,换几个无关紧要的小领导就能苟延残喘吗?

赵简子是春秋时晋国的大臣。有一次,他带着人到中山一带去打猎,射伤了一只狼,狼逃走了,赵简子赶紧驱马追赶。

这时候,正好有一个叫东郭的先生,赶着一头跛脚的毛驴,毛驴驮着一口袋书,匆匆往中山去。忽然,一条大狼冲到了他面前,可怜巴巴地乞求道:"先生,您大概有拯救天下万物的志向吧?今天,我遇到了危险,您为什么不让我躲进口袋里,暂且延长一下我垂危的生命呢(苟延残喘)?如果我能躲过这场灾难,我一定重重报答您。"

东郭先生说:"我救了你,就会得罪赵简子,触犯了这个有权有势的人,我会遇到什么灾祸还不能预料,怎么会期望你的报答呢?不过我主张兼爱,即使遇到灾祸也一定要救你。"说完,东郭先生就取出书,腾空口袋,把狼慢慢地往里装。他既怕弄伤了狼的头,又怕压着狼的尾巴,装了半天也没装进去。狼见追赶的人已逼近,恳求说:"事情紧急,你就把我捆起来吧。"说着，狼蜷曲起四条腿，把头凑到尾巴上，像刺猬一样缩起来，任凭东郭先生摆布。东郭先生赶紧把狼捆好，放进口袋。

一会儿，赵简子到了，不见狼的踪迹，就问东郭先生看见狼没有。东郭先生忙说没看见。

赵简子见东郭先生说得很真诚，就掉转车子走了。

等赵简子一行走远了，东郭先生才把狼放了出来。狼活动活动被捆得麻木的四肢之后，就露出了凶狠的嘴脸，要吃了东郭先生。幸亏这时来了个农夫，用计谋打死了狼，救了东郭先生。

争先恐后

出处 《韩非子·喻老》:"今君后则欲逮臣,先则恐逮于臣。夫诱道争远,非先则后也。而先后心皆在于臣,上何以调于马?此君之所以后也。"

释义 争着向前,唯恐落后。

近义词 不甘人后 跃跃欲试

反义词 踌躇不前 姗姗来迟 畏缩不前

造句 在学校举行的体育比赛中,各班同学争先恐后,奋力拼搏。

春秋时期,赵襄子请王于期教他驾车。一天,赵襄子问王于期:"您教我驾车,全教完了吗?"

王于期回答说:"技术全教给您了。"

赵襄子又问:"那我跟您比赛,看谁驾得快。"

车道上,两辆马车辘辘驶过。王于期镇定自若,看着自己的马,胸有成竹地驾驶着;赵襄子神情慌张,眼睛不断看着王于期,一会儿赶到他的前面,一会儿又落到他后面。比赛结果,赵襄子落在王于期后面一大截。赵襄子不服气,心想一定是他的马好,就换了一匹,继续跟他比赛,可惜还是输。第三次,赵襄子气极了,可还是赢不了王于期。

赵襄子很丧气,闷闷不乐地对王于期说:"您一定没把技术全教给我。"

王于期笑笑说:"技术已教完了,可是您技术运用错了,驾车最重要的是让马和车相安,人心和马协调,然后

才考虑速度。可现在，您争先恐后，思想都集
中在我身上，这样还怎么和马协调呢？这是您
落后的原因啊！”

冰山难靠

出处 北宋·司马光《资治通鉴·唐纪三十二》："君辈倚杨右相如泰山，吾以为冰山耳！若皎日既出，君辈得无失所恃乎！"

释义 比喻不能长久的权势，难于依靠。

反义词 泰山可倚

造句 冰山难靠，我们不能总是依赖别人，终究还是要依靠自己。

　　唐玄宗李隆基特别宠爱杨玉环，封她为贵妃，这样一来杨家便鸡犬升天了。她的堂兄杨钊也官运亨通，身兼多个官职，皇帝又赐给他一个名字，叫"国忠"。后来杨国忠做了宰相，大权在握，不可一世，不少人都去投靠他。

　　当时，陕西有一个进士，名叫张彖（tuàn），没有机会做官。他的朋友们都劝他去拜见杨国忠，作为进身之阶。可是他始终不去，反倒对劝他的朋友说："你们都把杨国忠看得像泰山一样稳固，可是我以为他不过是一座冰山罢了。将来天下有了动乱，他就会垮掉，好比冰山遇到太阳化掉一样，到那时候你们就失掉靠山了。"

　　不久，安禄山起兵叛乱，攻下京城长安，杨国忠随同唐玄宗逃往四川，在马嵬（wéi）驿被士兵杀死。杨贵妃也被缢死，杨家这座山果然倒塌了。

43

每况愈下

出处 《庄子·知北游》："夫子之问也，固不及质。正获之问于监市履狶也，每下愈况。"

释义 指越往下越明显，表示情况越来越坏。

近义词 今不如昔　世风日下　江河日下　日暮途穷

反义词 百废俱兴　气象万千　日新月异　一日千里

造句 繁重的工作任务使他的健康情况每况愈下。

战国时期，有一个名叫东郭子的人去拜访庄子，他恭敬地问："先生，您所说的'道'，究竟在什么地方？"

庄子回答说："我讲的'道'，到处都有，无所不在！"

"既然到处都有，请您具体说明哪些地方有。"

"在蚂蚁洞里。"

东郭子把'道'看得非常高尚、神秘而又圣洁，想不到庄子这样回答他，一时觉得莫名其妙。庄子见他不理解，又说："我所讲的'道'，还存在于稗（bài）草、砖瓦、碎石之中。"东郭子瞪大眼睛，惊诧得说不出话来。

庄子继续说道："不仅这样，我的'道'在屎尿之中也能找到！"东郭子非常不高兴，听庄子把"道"说得如此卑下，就不想再听了。

庄子向他解释说："您所问的，都没有涉及道学的本质。你看，市场上的人检查猪的肥瘦，越是踩猪腿的下部，越能看出猪的肥瘦。如果连猪腿也长满了肉，那么其他部位的肉就更多了。我今天告诉您的这些地方，都非常卑下，您看这些地方都存在'道'，那么其他任何地方不都存在'道'吗？所以，'道'到处都有，无所不在！"东郭子这才恍然大悟，原来万事万物千变万化都离不开"道"。

惊弓之鸟

出处 西汉·刘向《战国策·楚策四》："其飞徐而鸣悲。飞徐者，故疮痛也；鸣悲者，久失群也。故疮未息，而惊心未至也，闻弦音引而高飞，故疮陨也。"

释义 被弓箭吓怕了的鸟。比喻受过某种惊吓，遇到一点动静就非常害怕的人。

近义词 伤弓之鸟

反义词 面不改色

造句 那些被打败的侵略者犹如惊弓之鸟，听见鞭炮声就跑。

　　战国时魏国的武将更赢（léi），射箭技术很高明。一日他陪着魏王去游玩，看见一只雁从远处飞来，于是他对魏王说："我可以不用箭，只用一张空弓就可把飞鸟射下来。"

　　魏王半信半疑地问："你射箭的技术有如此高明吗？"

　　更赢说："我有把握把飞鸟射下来。"

　　当雁飞近时，更赢举起弓，只用手拉了一下弦，"嗡"地响了一声。那只雁立刻应着弦声掉落下来。

　　魏王惊讶地说："你射箭的技术果然高明啊！"

　　更赢说："不是我的技术高明，而是这只雁已经受了伤。"

　　魏王疑惑地问他："你怎么会知道呢？"

　　更赢解释说："因为这只雁飞得很慢，叫声又很凄惨。飞得慢，是因为受了创伤；叫声凄惨，是因为失了群。这只鸟因为创伤没有好，心里还很惊怕，所以听到弓弦的声音就惊落下来了。"这就是成语"惊弓之鸟"的由来。

47

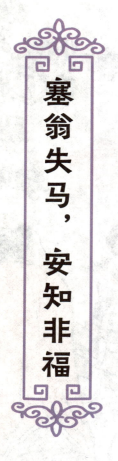

塞翁失马，安知非福

出处 《淮南子·人间训》："故福之为祸，祸之为福，化不可极，深不可测也。"

释义 比喻一时虽然受到损失，也许反而因此能得到好处。也指坏事在一定条件下可转变为好事。

近义词 失之东隅，收之桑榆　因祸得福

反义词 因福得祸

造句 眼前吃点亏不用太沮丧，要知"塞翁失马，安知非福"。

古时候，有一个老头，因为住在边塞上，所以被人称为塞翁。

有一天，塞翁家的马忽然跑到塞外去了，邻居们都来安慰他。可是塞翁一点儿也不着急，反而高兴地说："丢失了一匹马没有关系，怎知道这不会成为一件好事呢？"

过了段时间，那匹马跑了回来，还带回来一匹匈奴的骏马。邻居们赶来向他庆贺，可是塞翁并不为此感到高兴，他说："虽然白白得到一匹好马，怎知道这不会变成一件坏事呢？"

塞翁的儿子很喜欢骑马。一天，他骑上那匹骏马出去游玩，不小心从马上摔下来，腿摔断了。邻居们又来安慰，可是塞翁并不难过，他说："这没什么，孩子的腿虽然摔断了，怎知道这不会成为一件好事呢？"

不久，匈奴兵大举入侵，边塞上的青壮年都被征去当兵，大部分人死在了战场上。塞翁的儿子却因为伤了腿，不能去当兵打仗，保全了性命。

一箭双雕

出处 唐·李延寿《北史·长孙晟传》："尝有二雕，飞而争肉，因以箭两只与晟，请射取之。晟驰往，遇雕相攫，遂一发双贯焉。"

释义 原指射箭技术高超，一箭射中两只雕。后比喻做一件事达到两个目的。

近义词 一石两鸟　一举两得　事半功倍

反义词 事倍功半

造句 他想了好久，终于想出了一个一箭双雕的主意。

　　南北朝时期，北周有一名武将叫长孙晟（shèng），洛阳人。他武艺精湛（zhàn），深谙（ān）兵法，特别是精于射箭。

　　当时，突厥的首领摄图到北周求亲。北周的君主决定把一位公主嫁给他，并派长孙晟率领一批人马护送公主到突厥去。

　　有一次，摄图和长孙晟一起外出打猎。摄图猛抬头，看见天空中有两只大雕在争夺一块肉。为了试试长孙晟的箭法，摄图随手递给他两支箭，请他把两只雕射下来。长孙晟接过箭策马向前，看准时机，拈弓搭箭，"嗖"地一箭射去，两只大雕一起掉了下来。摄图连声称赞："好箭法！"

一挥而就

出处 《宋史·文天祥传》："天祥以法不息为对，其言万余，不为稿，一挥而成。"

释义 形容才思敏捷，一动笔就写成。多指写字、写文章、画画快。

近义词 一气呵成 一蹴而就 轻而易举

反义词 千锤百炼

造句 她不假思索，提起笔来一挥而就。

　　"人生自古谁无死，留取丹心照汗青。"这两句诗是南宋末期做过右丞相的文天祥在被元军俘虏时留下的千古名句。

　　文天祥在青少年时就颇具才华，在二十岁那年应试及第，在集英殿接受皇帝殿试。当时是宋理宗赵昀（yún）在位，朝政懒散，纲纪废弛。文天祥就针对朝廷的弊端，引经据典地对皇帝进行劝谏，一口气写了一万多字，不用打草稿，一动笔就写成了。

　　皇帝看过文天祥的文章，判为第一名。考官王应麟也从旁夸奖文天祥："忠肝如铁，臣庆贺陛下得一人才！"

七步之才

出处 南朝宋·刘义庆《世说新语·文学》:"文帝(曹丕)尝令东阿王七步中作诗,不成者行大法。应声便为诗曰:'煮豆持作羹,漉菽以为汁;萁在釜下燃,豆在釜中泣;本自同根生,相煎何太急?'帝深有惭色。"

释义 指敏捷的文才。

近义词 七步成诗 信手拈来 出口成章

反义词 江郎才尽 胸无点墨

造句 她文思敏捷,在大学中文系读书时,就被同学们赞有七步之才。

魏文帝曹丕的弟弟曹植(曹操的第三子),很有文才,十来岁的时候,就能吟诗作赋,写得又快又好。曹丕很妒忌曹植,做了皇帝以后,常常对曹植进行打击。

有一次,曹丕对曹植说:"听说你才思敏捷,我却没有面试过你,现在限你在七步之内成诗一首,如果不能,我就要治你欺诳(kuáng)之罪!"

曹植无奈,只得一面走,一面作诗,还没走满七步,便作成了一首诗:

煮豆持作羹(gēng),

漉(lù)菽(shū)以为汁;

萁(qí)在釜(fǔ)下燃,

豆在釜中泣;

本自同根生,

相煎何太急?

全诗用同根生的萁、豆比喻同父母的兄弟，用萁豆相煎来比喻兄弟不睦。"本自同根生，相煎何太急？"这是曹植对曹丕沉痛而严肃的责问，是批评，也是规劝。曹丕当时听了这首诗，受到了感动，就决定不杀曹植了。

入木三分

出处 唐·张怀瓘《书断·王羲之》："晋帝时祭北郊，更祝版，工人削之，笔入木三分。"

释义 形容书法笔力强劲，也形容对文章或事物见解深刻、透彻。

近义词 力透纸背

反义词 不着边际 走马观花 略见一斑 一知半解

造句 你对人物的分析真是入木三分啊！

　　王羲之在十二岁那年从父亲那里得到一本论述书法原理的书，爱不释手，天天抱着临砚（yàn）揣摩，孜（zī）孜不倦。他本来就具有很好的基础、丰富的实践，现在受书中启发，练起来更是得心应手，不满一个月，他的技艺便突飞猛进。当时著名女书法家卫夫人见了，赞不绝口，惊讶地对王羲之的父亲说："王羲之近来写的字相当老成，你是不是让他看了关于用笔窍门的书籍？"

　　王羲之精益求精，在勤奋苦练的同时，还研读各种理论。他博采众长，终于声名鹊起，成为一代宗师。

　　晋帝到北郊祭奠神灵，请王羲之在木板上书写祝词，挂在灵位之上。众人看了无不拍案称奇，那神妙莫测的字体，酣（hān）畅淋漓的线条，真是惊天地、泣鬼神。待到第二年再用木板的时候，工人无论用干布还是湿布都无法把上面的墨字擦掉；最后只好用刀子削，削掉后才发现那些墨迹已经透进木板三分深了。

大笔如椽

出处 唐·房玄龄等《晋书·王珣传》："珣梦人以大笔如椽与之，既觉，语人云：'此当有大手笔事。'"

释义 像椽子那样大的笔。形容著名的文章，也指有名的作家。椽：放在檩子上架着屋顶的木条。

近义词 力透纸背

反义词 轻描淡写

造句 金庸大笔如椽，写了许多精彩的武侠小说。

东晋时，宰相王导的孙子王珣（xún）很有才华，二十岁时便被大司马桓温聘为主簿官。有一次，官员们在开会，议论政事。事前大家都有所准备，王珣也写好了发言稿。桓温想试一下王珣的才学，于是派人悄悄拿走了王珣的稿子，王珣发觉后却并不慌张，发言时他仍从容不迫，滔滔不绝地讲完了自己的观点及主张。王珣的口才使在场的人都很佩服。从此，桓温将重要的文字工作都交给他处理。

有一天夜里，王珣做了一个梦，梦见有人给他一支大笔，粗大得像架在屋梁上的椽（chuán）子（大笔如椽）。王珣从梦中惊醒后，对家人说："看来要有大手笔的事情让我做了。"

果真孝武帝突然去世，写讣（fù）告、哀策、谥（shì）议等一系列繁重而又重要的文字工作全由王珣承担了起来。王珣把这一切都做得很好，博得了大家的好评。

太公钓鱼，愿者上钩

出处 《武王伐纣平话》："姜尚因命守时，直钩钓渭水之鱼，不用香饵之食，离水面三尺，尚自言曰：'负命者上钩来！'"

释义 比喻心甘情愿地上当。太公：指周初的吕尚，即姜子牙。

近义词 两厢情愿

反义词 迫不得已

造句 太公钓鱼，愿者上钩，如果你不愿意，就不要加入。

传说商纣（zhòu）王在位时，有个叫姜子牙（即姜尚）的人，知道西伯侯姬昌（即后来的周文王）胸怀大志，渴求人才，就在渭水边钓鱼。可是姜子牙钓鱼的鱼钩是直的，上面不放鱼饵，而且离开水面足有三尺高。他一边高举钓竿，一边自言自语地说："不愿活的鱼儿，你要找死就自己上钩吧！"他这种奇怪的钓鱼方法很快传到姬昌那里。

姬昌觉得这个人很古怪，就派士兵去请他。姜子牙根本不理睬，边钓鱼边说道："钓，钓，钓！鱼儿不上钩，虾米瞎胡闹！"

姬昌更加觉得这个人古怪不凡，于是派当官的前往迎请。姜子牙仍然不加理睬，他一边钓鱼一边说："钓，钓，钓！大鱼不上钩，小鱼瞎胡闹！"

姬昌于是带上厚礼，亲自去聘请姜子牙。姜子牙见他求贤心切、有诚意，便答应替他出力。

姜子牙入朝后，被姬昌封为太师，尊称"太公望"。姜子牙先后辅佐文王、武王讨伐纣王，灭掉殷商建立周朝。

双管齐下

出处 唐·朱景玄《唐朝名画录·张藻》:"(藻)惟松树特出古今,能用笔法。尝以手握双管,一时齐下,一为生枝,一为枯枝……"

释义 原指双手执笔同时作画,后比喻做一件事两个方面同时进行或两种方法同时使用。

近义词 齐头并进 并驾齐驱

反义词 另起炉灶

造句 学习语文只有听与写双管齐下,收效才快。

　　唐代画家张藻(zǎo),以善画山水松石闻名于世。他作画时,必先屏息静坐,灵感一来,挥笔疾如雷电,彩墨淋漓,顷刻而成。与张藻同时代的另一位画家毕宏,久闻张藻画松独具一格,请求一开眼界。张藻答允当众挥毫,只见他双手各握一笔,左右一齐开动,同时落墨(双管齐下)。两手所画之物迥(jiǒng)然不同,各有妙趣。在场众人,齐声称绝。更令人叹服的是,张藻用的竟是两支秃笔,兴之所至,还以手指代笔,蘸墨在纸上纵横摩按、揉擦,把松树的苍劲、山石的凝重、泉水的流动表现得活灵活现。

　　张藻画完,投笔离座。毕宏上前请教张藻师从哪位名家,张藻谦逊地回答道:"我以大自然为师,长期审察世上万物,使物在心中,才能达到得心应手的境界。"

　　毕宏细细品味张藻的话,佩服地感叹道:"张公画松,非他人所能及,我辈从此可以搁笔了!"

百发百中

出处 西汉·刘向《战国策·西周策》："楚有养由基者，善射，去柳叶者百步而射之，百发百中。"

释义 形容射箭或打枪准确，每次都命中目标，也比喻做事有充分把握。

近义词 弹无虚发　百无一失　箭不虚发

反义词 百不一存　无的放矢

造句 他是个百发百中的神枪手。

春秋时楚国名将养由基是射箭能手。有一次，晋厉公攻伐郑国，楚共王出兵援郑，和晋军相遇于鄢（yān）陵（今属河南许昌）。战斗中，晋将魏锜（qí）射伤了楚共王的眼睛。楚共王恨之入骨，就给养由基两支箭，要他代为报仇。结果，养由基只用了一支箭，就把魏锜射死。

当时，还有一个善射的人，名叫潘党，能每箭射中箭靶的红心。养由基对他说："这还不算本事，要能在百步之外射中杨柳叶子，才算差不多了。"

潘党不服，当即选定杨柳树上的三片叶子，并标明号数，叫养由基退到百步之外，按顺序射去。养由基连射三箭，果然第一箭中一号叶，第二箭中二号叶，第三箭中三号叶，箭头全都正中叶心，非常精准。

65

赤膊上阵

出处 明·罗贯中《三国演义》："许褚性起，飞回阵中，卸了盔甲，浑身筋突，赤体提刀，翻身上马，来与马超决战。"

释义 光着膀子上阵。比喻不顾一切，不讲策略或毫不掩饰地做事。

近义词 赤手上阵　短兵相接

反义词 披坚执锐　披挂上阵

造句 大刀会的人个个赤膊上阵，手持大刀和鬼子拼命。

东汉末年，割据凉州的军阀马腾之子马超，为报父仇，便和西凉太守韩遂起兵攻打曹操，双方在土城对峙（zhì）。

两军出营布成阵势，马超挺枪纵马与曹操的猛将许褚（chǔ）大战。两人大战了一百多个回合，仍不分胜负。因为战马疲累不已，各自回军中换了匹马，又战了一百多个回合，胜负依然不分。

许褚性急，飞奔回阵，卸下盔甲，赤膊上阵，与马超决战，双方官兵大为震惊。两人又斗了三十多个回合，许褚举刀奋力向马超砍去，马超闪过，挥枪向许褚心口刺来。许褚力大，"咔嚓"一声，扭断枪杆，两人各拿半截，在马上乱打。

后来两军混战，曹军损伤大半，退回寨中坚守不出。马超退回渭口（即渭水入黄河口），对韩遂说："我看在恶战当中再也没有比许褚不要命的了，真是个'虎痴'啊！"

67

余音绕梁

出处 《列子·汤问》："昔韩娥东之齐，匮粮，过雍门，鬻歌假食。既去，而余音绕梁欐，三日不绝，左右以其人弗去。"

释义 形容歌声或音乐优美，余音回旋不绝。也比喻诗文意味深长，耐人寻味。

近义词 绕梁三日　余音袅袅

反义词 不堪入耳　索然寡味

造句 她的歌声如此美妙，真是余音绕梁，三日不绝。

　　战国时期，韩国有一个名叫韩娥的歌女，不仅长得美丽，而且歌声悠扬悦耳。

　　有一次，韩娥经过齐国，因粮食吃完，便在齐国都城临淄（今属山东）的雍门卖唱换取食物。她的声音清脆嘹亮，婉转悠扬，十分动人。这次演唱，轰动全城。优美的歌声使围观的人们听得出了神，虽然韩娥唱完了歌已经离开，可是她那悦耳的歌声好久也不消失，仿佛仍在屋梁周围荡漾回响，大家以为她并没有走呢！

纸醉金迷

出处 宋·陶穀《清异录·居室》:"有一小室,窗牖焕明,器皆金饰,纸光莹白,金彩夺目;所亲见之,归语人曰:'此室暂憩,令人金迷纸醉。'"

释义 被光芒四射的金纸所迷惑。后用来形容奢侈豪华、腐朽享乐的生活。

近义词 灯红酒绿 醉生梦死 花天酒地

反义词 粗茶淡饭 质朴无华

造句 这姑娘到大城市之后,便被这里纸醉金迷的生活迷惑了。

唐昭宗在位时,有个专治毒疮的医生,名叫孟斧。他医术高明,用的药方又是偏方、秘方,与其他医生治疗毒疮的用药全然不同,疗效很好,因此,宫中如果有人生了毒疮,唐昭宗就召他进宫医治。

过了几年,中原发生战乱,孟斧便举家迁往四川居住。由于他在长安(今陕西西安)时经常进宫,对宫中的装饰环境非常熟悉,而他又非常有钱,因此在购置新屋后,将其中的一个小房间按照宫中的样子布置起来。

这房间小巧玲珑,窗户明亮,室内的柜橱、桌子、椅子、茶几等家具,全部贴上了一层薄薄的金箔。灿烂的阳光透进窗口,照射在这些用金箔包着的器具上,只见满屋金光闪耀,光彩夺目,令人眼花缭乱。

每次有亲戚或朋友来,孟斧都要请他们参观这个房间,使他们大开眼界,赞叹不已。

这些亲友离开孟斧家后，回去都会对别人说："在孟斧的那个贴满金箔的小房间里待上一会儿，真能使人纸醉金迷！"

初出茅庐

出处 明·罗贯中《三国演义》："博望相持用火攻，指挥如意笑谈中。直须惊破曹公胆，初出茅庐第一功。"

释义 初次出来做事，比喻刚离开家庭或刚到工作岗位上，缺乏经验。

近义词 羽毛未丰　乳臭未干　少不更事　初露头角

反义词 老谋深算　久经世故　身经百战　老成持重

造句 他第一次参加国际比赛时，还是个初出茅庐的小伙子。

　　东汉末年，曹操派大将夏侯惇（dūn）率领十万大军杀奔新野，这时刘备仅有数千人马，形势十分危急。刘备召集关羽、张飞等部将共商对策。张飞问："为什么不让军师去退敌呢？"

　　原来，刘备为了争夺天下，曾三顾茅庐拜访隐居在隆中（今湖北襄阳以西）的诸葛亮，请他做军师。刘备怕关羽、张飞不服诸葛亮调遣，就把宝剑和帅印都交给了他。

　　诸葛亮便召集众将前来听令。他命令关羽、张飞各带一千人马，埋伏到博望坡左右的山谷里，望见南面火起，立即出兵截杀，烧毁曹军粮草；命令关平、刘封领五百人，准备好放火器具，在博望坡后等候，曹军一到，立即放火；命令赵云前去诱敌，只许败不许胜；最后，请刘备亲自带领一支人马，驻扎在博望山下，望见曹军就丢弃营盘退走，等到火起后，再回军冲杀。众将不知其中奥妙，勉强接令行动。

夏侯惇带领大军扑向博望坡，正遇赵云引兵前来，夏侯惇亲自出阵，赵云假装败走，夏侯惇领兵追赶。追到博望坡前，突然一声炮响，刘备领兵杀来。夏侯惇与刘备交战，刘备虚晃一枪，便与赵云一起退去。夏侯惇继续催军追赶。

　　夜半时分，曹军追到一条狭窄的小路上，只见路边树林茂密、芦苇丛生。曹将于禁提醒夏侯惇防备火攻，夏侯惇猛然惊醒，传令赶快撤退。话音刚落，背后喊声震天，风助火威，火仗风势，烧得曹军落荒而逃、死伤惨重。赵云乘机回兵冲杀，夏侯惇冒着烟火狼狈逃窜。关羽、张飞率领伏兵拦住曹将李典、夏侯兰和韩浩的去路，两面夹攻，直杀得曹军尸横遍野、血流成河。

　　明朝小说家罗贯中写下这个故事，借后人的诗句赞扬诸葛亮初出茅庐就立下第一功。

鸡鸣狗盗

出处 西汉·司马迁《史记·孟尝君列传》："最下坐者有能为狗盗者，曰：'臣能得狐白裘。'……客之居下坐者有能为鸡鸣，而鸡齐鸣，遂发传出。"

释义 指微不足道的本领，也指偷偷摸摸的行为。

近义词 偷偷摸摸　旁门左道　鼠窃狗盗

反义词 光明磊落　正人君子

造句 如果只是拥有一些鸡鸣狗盗的小本领，是很难成就大事的。

　　战国时期，齐国的孟尝君有门客几千人，门客都把他当作知己。

　　有一年，孟尝君到了秦国，秦国的秦昭王早就仰慕他的大名，就请他做秦国的宰相。这时秦国的大臣们对秦昭王说："大王，孟尝君虽然很能干，但他是齐国人，如果他当了秦国的宰相，一定会先替齐国办事，而后才会想到秦国，那样一来，我们不是很危险吗？"

　　秦昭王立即改变了主意，不仅不起用孟尝君，还想杀掉他以除后患，于是下令先将孟尝君囚禁起来。

　　孟尝君看形势不妙，便想办法逃出秦国。他派一名心腹去找秦昭王最宠爱的妃子帮忙。妃子答应帮助孟尝君离开秦国，但是提出了一个条件：必须得到孟尝君那件狐白裘（qiú）。

　　孟尝君犯了难，刚到秦国时，他就把狐白裘送给秦昭王了。他想来想去也没想出办法来。偏巧随他访问的门客中，有一个会偷盗的。他便在当天夜里扮成狗，爬进秦国宫殿，把送给秦昭王的那件狐白裘偷了出来，转送给秦昭王最宠爱的妃子。妃子得到狐白裘后，就在秦昭王面前说了不少好话，请求释放孟尝君，最后秦昭王答应了。

孟尝君害怕秦昭王变卦，就率领随从连夜逃跑，但跑到秦国的出境关口，却被挡住了。按照秦国关法规定，天亮鸡叫时，才准开关口放人。孟尝君焦急万分，束手无策。偏巧他的随从之中有一个会学鸡叫的人，就偷偷地学起公鸡啼鸣来。他这一叫，周围人家的公鸡也都跟着叫起来。守关的人以为天亮了，就开关口把他们放走了。孟尝君这才逃过了这场大难。

挂冠而去

出处 南朝宋·范晔《后汉书·逢萌传》:"时王莽杀其子宇,萌谓友人曰:'三纲绝矣!不去,祸将及人。'即解冠挂东都城门,归,将家属浮海,客于辽东。"

释义 指辞去官职。冠:官帽。

近义词 辞官归隐

反义词 东山再起

造句 总之,他干了很短的一段时间就挂冠而去了。

　　西汉末年,手握重权的王莽树敌很多。王莽的儿子王宇担心这样下去,父亲会招致杀身之祸,想劝谏,但又怕父亲不接受。他就利用父亲迷信鬼神的弱点,趁夜间把血洒在父亲的府第门上,以示鬼神发出了警告,要他及时抽身避祸。想不到王宇的行为被卫士发现,王莽就将儿子逮捕下狱,强迫他服毒自杀。消息传出来,不少人夸王莽大义灭亲。

　　当时,有一个叫逢(páng)萌的人看出了王莽的用意,就对朋友说:"一个连君臣、父子、夫妻关系都不顾的人,不远离他,灾祸就要殃及我们。"于是,他就摘下头上的官帽,高高地挂在城门外,悄悄离开了都城。回到家后,他带着家眷(juàn),乘船去了辽东。

　　在辽东,逢萌仍然心系朝廷,他常常头戴瓦盆,嘴里哭喊着:"新啊!新啊!你扰乱了天下!"逢萌喊的"新",指的就是王莽,因为王莽最初封新都侯,篡汉后,改国号为"新"。

后来，王莽自杀，新朝也随之覆灭。人们都称赞逄萌有先见之明。

南冠楚囚

出处 春秋·左丘明《左传·成公九年》:"晋侯观于军府,见钟仪,问之曰:'南冠而絷者,谁也?'有司对曰:'郑人所献楚囚也。'"

释义 本指被俘的楚国囚犯,后泛称囚犯或战俘。南冠:楚国在南方,因此称楚冠为南冠。

造句 张某已成南冠楚囚,怎敢有劳王爷屈尊枉驾?

春秋时期,一次晋、楚在郑地交战,楚兵大败。一个名叫钟仪的楚国官员成了俘虏,被晋军囚禁起来。

钟仪虽然被囚,但他不忘自己是楚国人,每天戴着楚国的帽子,面南而站,昂首遥望,思念着楚国的亲人。

两年过去了,一天晋景公见到了钟仪,十分奇怪,问:"这戴着楚国帽子的囚犯是谁?"

官员说:"他是两年前被抓来的楚国俘虏,名叫钟仪。"

晋景公听了,叫人卸下钟仪所戴的刑具,慰问道:"你们家族在楚国是做什么的?"

"我家祖上是乐官。"

晋景公兴致勃勃地问:"会奏乐吗?"

"这是我们家传的职业,我哪敢从事别的职业?"

晋景公派人取来一架琴,让钟仪弹奏,钟仪整了整衣冠,端坐琴前,弹了起来。他弹的是一首楚国乐曲,有着浓郁的南国情调，充分表达了自己的思乡之情。

晋景公听了也很受感动，问："你们楚王为人怎么样？"

"这不是我该谈论的。"

晋景公再三询问，钟仪才说："我只知道楚王做太子时，对令尹公子婴齐和司马公子都很尊敬，其他的事真的不知道，请大王原谅！"

晋景公点了点头便回宫了。过了些日子，他把这件事告诉了上卿范文子。范文子听后建议道："那个楚囚是个正人君子，大王不如放他回楚国去，借以促进晋楚两国和好，结束彼此以武力相见的紧张局面。"

晋景公听从了范文子的建议，下令将钟仪放回楚国。果然，钟仪回到楚国后，在促进晋楚两国和好的过程中起了很大的作用。

南州冠冕

出处 西晋·陈寿《三国志·蜀书·庞统传》："徽甚异之，称统当为南州士之冠冕。"

释义 南方人才中杰出的人。指才识出众的人。

近义词 鹤立鸡群

反义词 滥竽充数

造句 那一年，他北临碣石，南州冠冕，绝世无双。

三国颍川贤士司马徽善于识别人才，与庞德公是知交。庞德公有个侄儿叫庞统。一次，庞德公让他去拜访司马徽。庞统来到司马徽家里，两人从国家大事谈到诗书字画，越谈越投机，从白天一直谈到黑夜。司马徽发现，他面前这位二十岁的年轻人竟然无所不知、无所不晓，见解也相当独特、不落俗套，不由得大为惊异，便称赞他是南方士人中的第一人。

　　不久，刘备请司马徽推荐人才，司马徽就向他推荐了诸葛亮和庞统。于是刘备三顾茅庐，隆重地把诸葛亮请了出来，并拜为军师。当时庞统在东吴，没有受到孙权的重用，听说刘备占据了荆州，便来投奔他。开始，庞统也只是被安排当一个代理县令。庞统感到失望，不去从事政务，结果被免职。东吴的大将鲁肃得知这件事后，写信给刘备说，庞统绝不是仅能治理一个县的人才，应把他安置在重要的位置上，才能发挥他的作用。于是刘备接见了庞统，在交谈中发现他果然是个人才，立即加以重用。不久，刘备便让庞统与诸葛亮同时担任军师中郎将。

　　庞统被重用后，促使刘备下了攻取益州的决心，并随同刘备前往。不幸的是，庞统在进军途中的一次作战中被乱箭射死，当时才三十六岁。

　　成语"南州冠冕"，就来自司马徽对庞统的评价。

响遏行云

出处 《列子·汤问》："饯于郊衢，抚节悲歌，声振林木，响遏行云。"

释义 形容歌声嘹亮，直上天空，把浮动的云彩都挡住了。

近义词 声振林木 高遏行云 震耳欲聋 响彻云霄

反义词 悄无声息 默默无闻

造句 树林边那嘹亮的歌声，响遏行云，使人久久难忘。

古时候，有个名叫薛谭的年轻人拜歌唱家秦青为师。薛谭下功夫学习，进步很快，没多久就成为秦青诸多学生中的佼（jiǎo）佼者。

薛谭学了一段时间后，自以为把老师唱歌的技艺都学到手了，便对秦青说："老师，我已经学得差不多了，想回家去。"

秦青知道薛谭有很高的唱歌天赋，但也知道他有自满情绪，便决定不从正面加以劝阻，而是说："你要离开，我不拦阻你。让我在大道上为你饯（jiàn）行吧！"

到了离别那天，秦青带了一些学生把薛谭送到大路上。秦青特地备了酒菜，为薛谭送行。喝完酒后，秦青对薛谭说："我谱了一曲新歌，本想以后教你的。现在你要走了，我就在这儿唱一遍，作为临别的纪念吧！"

接着，秦青一面打着节拍，一面唱了起来。歌声悲壮雄浑，充满了真挚的感情。路旁的树木仿佛也受到了感染，一动不动地静立倾听；天上的云彩仿佛也被吸引得止住了脚步，不再飘动。

薛谭听了老师的歌，这才知道自己和老师相比，还差得远呢。于是，薛谭跟着秦青返回秦家，继续学唱歌，从此再也没说过要回去的话。

济时拯世

出处 南朝宋·范晔《后汉书·崔寔传》:"济时拯世之术,岂必体尧蹈舜然后乃理哉?"

释义 指拯救时世。

近义词 济世匡时

造句 他有济时拯世的雄心壮志。

汉桓帝时,涿(zhuó)郡人崔寔,出身于大儒之家,喜欢研究典籍,写了几十篇政论,议论时政,当时人认为他讲得很有道理。崔寔认为,目前的社会已积弊很深,要使汉室中兴,应根据当时情况制定法制,解决急需解决的问题,才能补漏纠错,济时拯世,而不必样样照搬尧舜的方法。总之,他主张根据实际情况解决实际问题。

崔寔曾任五原太守。五原一带的土壤适宜种麻，而当地老百姓却不懂织麻，自古以来，他们到冬天只能蜷缩在草中，没有衣服穿。崔寔到任后，马上制造纺麻织布的器具，教会百姓纺纱织布，使百姓有了衣服穿。同时他还操练兵马，加强边境的防卫，使胡人不敢进犯，五原于是成了最安宁的边城。

前无古人

出处　唐·陈子昂《登幽州台歌》："前不见古人,后不见来者。"

释义　指前所未有的。

近义词　闻所未闻　见所未见　前所未有

反义词　司空见惯

造句　把我国建设成现代化的社会主义强国,是前无古人的伟大事业。

　　唐代著名的文学家陈子昂既有才学,又有抱负。他上书论政,受到武则天的赏识。后来,他又曾一度从军。

　　696年,建安王武攸(yōu)宜率军北伐契丹,陈子昂担任随军参谋。武攸宜不懂谋略,以致前锋吃了败仗。陈子昂几次向他献计,甚至自告奋勇请求率领一支军队出击,武攸宜不仅不同意,反而将他降职。

　　由于抱负不能实现,陈子昂悲愤不已,惆怅不平。当时军队驻在燕地,他登上古老的幽州台,不禁想起古代燕昭王重用大将乐毅的历史往事。他吊古伤今,不由得悲愤地唱出了《登幽州台歌》:

　　　　前不见古人,后不见来者。

　　　　念天地之悠悠,独怆(chuàng)然而涕下。

　　诗歌大意是:"再也见不到像燕昭王这样礼贤下士的古人,以后也不会见到这样的人了。天地是多么遐(xiá)远啊，我只能独自悲伤地痛哭流涕。"

后来，陈子昂因父老解职回乡，被一个县令诬陷入狱，不久忧愤而死。

起死回生

出处 西汉·司马迁《史记·扁鹊仓公列传》："故天下尽以扁鹊为能生死人。扁鹊曰：'越人非能生死人也，此自当生者，越人能使之起耳。'"

释义 把快要死的人救活。形容医术高明，也比喻把已经没有希望的事物挽救过来。

近义词 死而复生　妙手回春

反义词 不可救药　病入膏肓

造句 王大夫真有起死回生的本领，经过抢救和细心治疗终于把病人救过来了。

战国名医秦越人，因为救活过不少将死的人，所以人们用传说中黄帝时代的神医"扁鹊"的名号来称呼他。

有一次，扁鹊在虢国行医。一天上午，他带了两个弟子走过王宫，听说太子早上死去，便要求进宫查看。扁鹊俯耳在太子鼻子前听了一会儿，发现太子有极微弱的呼吸；摸了摸他的两腿，发现内侧还有微温；切过脉，又发现脉内有轻微的跳动。于是他说："太子不是真死，而是得了严重的昏病，还有希望活过来。"

说着，他叫一个徒弟准备铁针，在太子的头、胸、手、脚上扎了几针。不一会儿，太子果然回过气来。扁鹊又叫另一个徒弟在太子两侧腋下热敷。不多久，太子居然清醒过来。在旁的君王和臣下见此情景，都非常高兴，一再向扁鹊道谢。

扁鹊对国君说："为了促使太子恢复健康，我再开张药方，让他连续服二十天药，到时必见功效。"

太子服了二十天药后，果然完全恢复了健康。国君惊叹扁鹊的神奇医术，扁鹊谦虚地说："并非是我能起死回生，而是太子并没有死去，所以我能医好他。"

笔走龙蛇

出处 唐·李白《草书歌行》："恍恍如闻神鬼惊，时时只见龙蛇走。"

释义 形容书法生动而有气势。

近义词 笔底龙蛇　龙飞凤舞

反义词 春蚓秋蛇　鬼画桃符

造句 这种笔走龙蛇的书法，真是世间少有。

唐朝时期，一年秋天，秘书监贺知章在府上宴请宾客，高朋满座，好不热闹。正在酣饮之间，来了一位少年僧人。

贺知章说："他是玄奘（zàng）法师的弟子怀素，出家不戒酒，写得一手好草书。在他老家长沙和湖南七郡的知名人家，家家都挂有他书写的屏幛。"酒过三巡，贺知章向来宾敬酒致谢说："嘉会良辰，少不得赋诗助兴，有请谪（zhé）仙李翰林（即李白）作诗以记盛会如何？"

李白并不推辞，只是说："诗意因兴而起，酒兴有了，但还不够，请怀素大师当众挥毫以助诗兴。"

书童抬出几箱书写用的麻笺（jiān）、素绢，书案上摆出数方上好的宣州石砚，书童几人轮番注水研墨。怀素放下酒杯，飘然起立，堂上顿时一片寂静。但见少年僧人援笔蘸墨，凝神注视绢纸片刻，突然运气挥毫，臂转腕旋，写完一张又一张。不多久，满地尽是灵气飞动的草书，几箱麻笺素绢顷刻用完。

　　怀素掷笔返座时，李白的《草书歌行》也已写成，他当众吟咏道："少年上人号怀素，草书天下称独步。……吾师醉后倚绳床……起来向壁不停手，一行数字大如斗。恍恍如闻神鬼惊，时时只见龙蛇走。……"

　　贺知章评论说："上人书写，左盘右旋，确实笔走龙蛇啊！好字，好诗！"

揠苗助长

出处 《孟子·公孙丑上》："宋人有闵其苗之不长而揠之者，芒芒然归，谓其人曰：'今日病矣，予助苗长矣。'其子趋而往视之，苗则槁矣。"

释义 把苗拔起来，帮助它成长。比喻违背事物的发展规律，急于求成，最后事与愿违。

近义词 适得其反 拔苗助长 欲速不达

反义词 顺其自然 循序渐进 放任自流

造句 "揠苗助长"式的教育，是对学生的一种摧残。

宋国有一个人，嫌自己田里的秧苗长得太慢，就到田里把每棵秧苗向上拔了一些。他认为这样做就可以让秧苗长得快些。他回家以后，对家里人说："我今天干活好累啊！我帮助田里的秧苗长高了。"他的儿子听到后，急忙跑到田里一看，所有的秧苗都枯萎了。

"揠（yà）苗助长"这个成语就由此而来，它也可写作"拔苗助长"。

写给儿童的

中华成语故事

陈晓艳 编

彩绘版

读成语 知历史
通古今 长见识

6

时代文艺出版社

　　成语是中国汉语言文化中的一朵奇葩。在浩如烟海的典籍中，成语作为语言的精华、文明的积淀、历史的浓缩、智慧的结晶，成为传承中华文明的重要纽带。大到治国安邦，小到为人处世，中华五千年的历史文化，无不在一个个简短的成语中得到了充分体现。时至今日，仍有大量的成语在被广泛使用，散发着永恒的魅力。

　　同时，学习成语也是小学生语文的必修课。在作文写作中，恰当地运用成语，可以使文章熠熠生辉；在口头表达中，恰当地运用成语，则可以使你的语言更富有感染力。因此，熟练掌握和运用成语，不仅能达到言简意赅的效果，同时也是衡量一个人文字功底、文化素养以及语言表述能力的重要标尺。

　　学习成语，若从生动有趣的故事入手，则能达到寓教于乐、事半功倍之效。阅读成语故事，了解成语的来龙去脉，不仅可以从中感受故事的精彩，还能加深对成语含义和历史文化的理解，增强学习的趣味性。成语背后的故事或险象环生，或快乐活泼；或腥风血雨，或诙谐幽默；或振聋发聩，或润物无

声……成语将古代中国的政治军事、日常生活、文学艺术、文化习俗、道德传统和理想志趣等浓缩成一个个深刻隽永的片段，集中展现了古人的人生智慧和思想光芒。

本书收录了近五百则成语故事，既注重知识性，又兼顾趣味性和实用性；除了讲述故事，更点明了每条成语的出处、释义、近义词、反义词、造句示例等，让小读者既明其义、会使用，又知其源，了解其中所蕴含的丰富文化内涵。同时，本书配有深具历史韵味和艺术感染力的精美插图，使故事生动活泼，引人入胜。

全书所有故事虽系摘选，但皆独立成篇，可以使小读者对成语的由来一目了然；可读性强，使小读者能于兴致盎然中轻松获益。可谓一册在手，中华成语故事全掌握。

现在，就让我们翻开本书，一起走进成语故事的世界，去品味中华语言文化的博大精深和妙趣横生吧！

目录

谈言微中

出处 西汉·司马迁《史记·滑稽列传序》:"天道恢恢,岂不大哉;谈言微中,亦可以解纷。"

释义 形容说话委婉而中肯。

近义词 谭言微中

造句 他见到范教授本人后,感叹道:"真乃谈言微中,名士风流啊!"

西汉史学家司马迁在《史记·滑稽列传序》的开头,引用了孔子说的一段话,意思是《礼》《乐》《书》《诗》《易》《春秋》这六部经书,虽然具有不同的性质、内容,但在政治方面的目的是一致的,里面都是治理天下的大道理。接着司马迁说,天道是非常广大的,有些隐微而切中要害的话(谈言微中),同样也能解除纷乱迷惑,实际上也解决了有关治理天下的大问题。

为了证明这个观点,司马迁记述了几个幽默诙谐、多智善辩人物的有趣故事。其中一个是有关优旃(zhān)的故事。

优旃是秦国一个善于歌舞的人。他身材矮小,很会说笑话,但所说的笑话中往往包含着大道理,所以秦始皇常让他在身旁侍奉。

一天,秦始皇让百官到宫中来喝酒。正好天下大雨,拿着盾牌站在宫外的侍从全身都被雨打湿,冷得瑟瑟发抖,却

又不敢擅离岗位。优旃见他们这副模样，非常同情，便走到他们跟前轻声问道："你们想休息一下吗？"

侍从们马上回答说很想休息。于是优旃对他们说："等一会儿我呼唤你们，你们马上说'有'。"

优旃说罢，上殿入席。不一会儿，群臣齐声高呼"万岁"，向秦始皇敬酒。优旃迅速走到殿前的宫廊边，高声喊道："侍从人员！"

侍从们听到优旃的呼唤，马上答应"有"。接着他与侍从们开玩笑地说："看你们个个长得高高大大，可又有什么好处呢？还不是站在那儿挨雨淋。我人虽然长得矮小，福气却比你们大，可以在屋里休息。"

优旃说的话引起了秦始皇的注意。他发现侍从们在雨中又湿又冷，便命他们一半侍立，一半休息，轮换更替。

有一次，优旃陪同秦始皇游览皇家花园。走着走着，秦始皇突然对优旃说："这花园太小了，我想扩大。它的范围是东起函谷关（在今河南三门峡灵宝），西至雍、陈仓（今陕西宝鸡）。"

优旃听了马上说："对了，这样可以多养些禽兽在里面，如果有敌人从东来犯，就可命令鹿用它的角去顶撞敌人，那就足够了。"

秦始皇一听，觉得自己的想法不太实际，便打消了这个念头。

爱屋及乌

出处 《尚书大传·大战》："爱人者，兼及屋上之乌。"

释义 比喻爱一个人而连带地关心到跟他有关系的人或物。

近义词 因乌及屋　屋乌推爱　屋乌之爱

反义词 爱莫能助　城门失火，殃及池鱼

造句 既然你爱她，就应该爱屋及乌，接受她的家人。

　　周武王在姜太公、周公、召公的辅助下，宣布出兵讨伐商纣王。因为纣王早已失去人心，周武王的军队势如破竹，很快便攻克了商朝国都朝（zhāo）歌（今河南鹤壁），商纣王自焚而死。商纣王死后，周武王认为天下尚未安定，心里很是不安。如何对待商朝遗留下的人员，也是一个很难处理的问题。为此，周武王向姜太公讨教。

　　姜太公说："我听说，如果喜欢一个人，就连他屋上的乌鸦也会爱惜；如果憎恶一个人，就会对他的仆从、家人感到厌恶。照这样来对待商朝的臣民，您看怎么样？"

　　听完姜太公一席话之后，周武王善待商朝的官吏与百姓，国家很快便安定下来。

排山压卵

出处 唐·房玄龄等《晋书·杜有道妻严氏传》："何、邓执权，必为玄害，亦由排山压卵，以汤沃雪耳，奈何与之为亲？"

释义 排山石以压鸡蛋，比喻双方力量悬殊，不可类比；也比喻事情极容易成功，毫不费力。

近义词 毫不费力

反义词 螳臂当车

造句 警方以排山压卵之势，三下五除二就使歹徒弃械投降。

西晋时，有个女子叫严宪，聪颖有德，很有才气。十三岁时嫁给了杜有道，不料杜有道早逝，她在十八岁时就做了寡妇。

严宪有一双儿女。丈夫死后，严宪就把心思都用在这两个孩子身上。在她的严格教育和熏陶下，儿子杜植文才出众，在当地很有名气；女儿杜铧（wěi）也知书达理，善良贤惠。

有个文学家叫傅玄，在朝廷里做司隶校尉，由于妻子亡故，很想再娶。由于傅玄跟尚书何晏（yàn）等人不和，何晏一直想要陷害他，因此没有人敢把女儿嫁给他。傅玄觉得杜铧是个不可多得的淑女，就托人去说媒。严宪答应了，她的父母和亲戚都为她应允这门婚事感到担忧和害怕，劝她说："何晏等人权重势大，要害死傅玄就像排山压卵、开水浇雪一样，你为什么要把女儿嫁给他？"

严宪回答说："你们只知其一，不知其二。何晏等人多行不义必自毙，我看他们才会卵破雪消呢，他们肯定不会有什么好下场的！"

严宪就把女儿嫁给了傅玄。不久，何晏等人果然被晋宣帝杀了。

悬河泻水

出处 南朝宋·刘义庆《世说新语·赏誉》:"郭子玄语议如悬河泻水,注而不竭。"

释义 河水直往下泻。比喻说话滔滔不绝或写文章流畅奔放。悬河:瀑布。泻水:水很快地往下流。

近义词 口若悬河

反义词 少言寡语

造句 李赫虽然口语表达有点吃力,但是他写的文章却如悬河泻水。

西晋著名的哲学家郭象,特别注重研究哲理。他喜欢老子、庄周及其思想,对之做了尤为深入的研究。在他之前虽有数十家为《庄子》一书作注,但都不得要领。后来向秀在那些旧注之外解释了老庄思想的意义。郭象则对向秀的《庄子注》做了进一步的叙述,专门写了一本书来阐扬老庄的思想,使道家思想得以发扬光大。一时间,道家思想极为兴盛。州县府曾征召他去做官,他不去,常闲居在家,写文论理自得其乐。他极富口才,能言善辩,经常与读书人在一起纵论各家思想。

当时,西晋大臣中有一位太尉叫王衍,也喜欢谈论老庄。然而,他所论的义理随时能更改,因此当时人们称他为"口中雌黄"。郭象对老庄的深刻研究为众人所颂,王衍就专程找到郭象想探个究竟。起先,他以高官自恃(shì),又巧舌如簧,对老庄的思想自以为颇有研究,所以对郭象很不以为然。不想话题一开，郭象就滔滔不绝，对老庄的思想做了全面、系统、深入的阐发，令王衍无法插嘴。王衍的佩服之情油然而生，当下就诚恳地与郭象交了朋友。后来，每每谈到郭象，王衍总是赞叹不绝地说："郭象论说起来，就像悬河泻水，永不枯竭。"

后来，郭象官至太傅主簿。

蛟龙得水

出处 南北朝·魏收《魏书·杨大眼传》："大眼顾谓同僚曰：'吾之今日，所谓蛟龙得水之秋，自此一举，终不复与诸君齐列矣。'"

释义 传说蛟龙得水后就能兴云作雨，飞腾升天。比喻有才能的人获得施展的机会，也比喻摆脱困境。

近义词 飞黄腾达　一鸣惊人　如鱼得水

反义词 蛟龙失水　怀才不遇　虎落平阳

造句 张宏到学校去教书了，这一下他真如蛟龙得水，可以施展一番了。

北魏有个人叫杨大眼，从小就显露出超乎常人的勇气和迅猛。但由于没有人提携，杨大眼起初只做了一个小官。

不久，朝廷将南下讨伐，急需将才。尚书李冲受命挑选带兵出征的各级将领。杨大眼向李冲请求出征。李冲认为他职位低而不予同意。

杨大眼说："尚书不知道我的本事，现在请让我表演一下技艺。"说完，他从身上抽出一条三丈多长的绳子，系在自己的头发上，然后飞也似的向前跑去，只见那条长绳子，在他脑后形成箭一般的直线，奔跑的马也追赶不上。

观看的人都惊叹不已。李冲当即任命他为南征的主将。

杨大眼受封后，得意地对他往日的同僚说："现在的我，正像人们说的蛟龙得水，可以兴云作雾了。"

杨大眼率军南下，经历了很多次战斗，每一次都显出他勇冠全军的杰出才能。

截发留宾

出处 南朝宋·刘义庆《世说新语·贤媛》："陶公（侃）少有大志，家酷贫，与母湛氏同居……湛头发委地，下为二髲，卖得数斛米，斫诸屋柱，悉割半为薪，锉诸荐以为马草。日夕，遂设精食，从者皆无所乏。"

释义 把头发剪了卖钱来招待客人。后以此赞美母亲贤德，也可表示诚心待客。

近义词 截发锉荐　投辖留宾

反义词 闭门谢客

造句 妈妈是个好客之人，颇有截发留宾的气概。

东晋时候，范逵到陶侃家投宿。当时陶侃虽有名气，但家里清贫，与母亲湛氏相依为命，艰难度日。此时正赶上连续几天冰雪，陶侃家那几日正缺米少柴，而范逵（kuí）的车马、仆役却很多。

陶侃发愁道："这么多的人和马，怎么招待啊？"

陶侃母亲说："你只要出去款留宾客，我自有办法！"

湛氏的头发长得黑而且长，垂下来一直可以拖到地下。她把长发剪下一些做成两副假发，拿到市上卖了钱，买回几斛（hú）米。又把屋子的木柱全部剖下一半，当作柴火。家中坐卧用的草垫，则铡（zhá）碎了用来喂马。陶母精心操持饭食，连范逵的仆人也得到了应有的照料。

范逵敬佩地说："啊，只有这样的母亲，才能教出陶侃这样的儿子啊！"

漏网之鱼

出处 西汉·司马迁《史记·酷吏列传》："网漏于吞舟之鱼。"

释义 逃脱鱼网的鱼。比喻侥幸逃脱的罪犯或敌人。

近义词 丧家之犬　亡命之徒

反义词 网中之鱼

造句 法规复杂化，不但无法防止滥用，还会制造更多漏洞，产生更多的漏网之鱼。

晋襄公打败了秦国，秦国的将军孟明视、白乙丙、西乞术都被俘了。后来晋襄公听母亲说，秦国和晋国是亲戚，冤仇宜解不宜结，他就放了这三个俘虏。

这时，晋将先轸（zhěn）一听说国君把秦国俘虏放走了，当下三步并作两步地跑去见晋襄公，说服他收回成命。

大将阳处父立刻提了刀，驾车去追。孟明视、白乙丙、西乞术这三人也怕晋襄公反悔，派人来追，就拼命地跑。他们一直跑到黄河边，回头一瞧，果然尘土大起，有大队人马追来。三个人连声叫苦。正在吃紧时，却见河边有一只打鱼小船，他们不管三七二十一，都跳进船里。原来打鱼船是秦国派来接应的。阳处父追到河岸，眼睁睁地瞧着他们远去了。

于是，他们三个人成了"网漏于吞舟之鱼"。这句话后来演变为"漏网之鱼"。

一鳞半爪

出处 唐·高仲武《中兴闲气集·苏涣》："三年中作变律诗九首，上广州李帅，其文意长于讽刺，亦有陈拾遗一鳞半甲。"

释义 原指龙在云中，东露一鳞，西露半爪，看不到它的全貌。后比喻零星片段的事物。

近义词 支离破碎　东鳞西爪　残缺不全　片纸只字

反义词 一览无遗　完美无缺　一应俱全

造句 观察问题要全面，不要抓住一鳞半爪就轻率地下结论。

　　唐朝长庆年间，大诗人白居易有一次请他的好友、著名诗人元稹（zhěn）、刘禹锡、韦楚客到他家做客。

　　就座以后，白居易建议道："今日难得幸会，若不赋诗饮酒，岂不有失雅兴？"见众人一致赞成，又说："那我们就以'金陵怀古'为题目作诗，如何？"

　　众人纷纷提笔静思。刘禹锡是位饱经风霜的政治家，因参加了当时的改革而屡遭迫害。此时他的脑海里一下子涌上了西晋伐吴、孙皓投降，以及东晋、宋、齐、梁、陈五个王朝相继灭亡的情景，一种悲凉之情油然而生。他端起一杯酒，一饮而尽，提笔在纸上一阵挥舞，一首题为"西塞山怀古"的诗很快跃然纸上：

　　王濬（jùn）楼船下益州，金陵王气黯然收。

　　千寻铁锁沉江底，一片降幡（fān）出石头。

人世几回伤往事，山形依旧枕寒流。

今逢四海为家日，故垒萧萧芦荻（dí）秋。

这首诗怀古叹今，意味深长，白居易脱口赞道："好诗呀，好诗！咱们四人一块儿下海探龙，你先得到了龙珠，余下的一鳞半爪还有什么用呢？"

元稹和韦楚客也附和着说："我们不必再献丑了，快把诗稿藏起来吧，一鳞半爪怎比得上你的龙珠呢？"

金屋藏娇

出处 东汉·班固《汉武故事》："好！若得阿娇作妇，当作金屋贮之也。"

释义 指以华丽的房屋让爱妻居住，也指男人纳妾或在外包养女人。

近义词 金屋之选

反义词 招摇过市

造句 他看似忠厚本分，竟也会金屋藏娇，真是令人大感意外。

西汉时，武帝刘彻的姑母、馆陶长公主刘嫖（piāo）嫁给陈婴之孙，生了一个女儿小名叫阿娇。阿娇长得活泼可爱，亲友们都非常喜欢她。

那时，刘彻也才几岁大，一天到姑母家玩，长公主很喜欢这个聪明的侄子，便把他抱到自己的膝盖上，逗他说："你要不要媳妇？"然后，指着身边侍立的一个女子又说，"要她做你的妻子吗？"刘彻说："不要。"

长公主身边侍奉的人有一大堆，长公主一个个指过去问刘彻，刘彻把头摇得跟拨浪鼓似的，都说不要。最后，长公主指着阿娇问要不要，刘彻马上笑着说："如果娶到阿娇做媳妇，我就造一个金屋子给她住。"

长大后，刘彻果然娶阿娇为妻，并册封她为皇后。

不求甚解

出处 东晋·陶潜《五柳先生传》："好读书，不求甚解，每有会意，便欣然忘食。"

释义 只求知道个大概，不求彻底了解。常指学习或研究不认真、不深入。

近义词 囫囵吞枣 一知半解 望文生义 浅尝辄止

反义词 鞭辟入里 追根溯源 寻根究底

造句 对待学习应认真求精，那种不求甚解的学习态度是不可取的。

　　陶渊明，名潜，因不满当时的官场，而情愿在农村过隐居的生活。《五柳先生传》是他给五柳先生写的一篇传记。其实，五柳先生就是陶渊明自己。因为他家的屋旁边有五株柳树，他就自号"五柳先生"。

　　陶渊明在《五柳先生传》中，谈到自己"好读书，不求甚解，每有会意，便欣然忘食"。

　　"不求甚解"，陶渊明原意是反对死抠字眼、钻牛角尖；他读书注重深入领会书中的原意，所以"每有会意，便欣然忘食"。可是后人对于"不求甚解"这句话，只取它字面的意思，把它作为读书不认真、不求深刻理解的形容词。

见不逮闻

出处 北宋·欧阳修等《新唐书·文艺上·崔信明传》："世翼览未终，曰：'所见不逮所闻！'投诸水，引舟去。"

释义 亲眼看见的不及过去听说的好。形容一个人徒有虚名。

近义词 名不副实　浪得虚名

反义词 名副其实　名不虚传　名至实归

造句 过去听说他是一个品德高尚之人，今日相遇，见不逮闻，他竟是个卑鄙无耻之徒。

唐初文人崔信明爱写诗。他写的"枫落吴江冷"一句，很有情趣，受到当时扬州录事参军郑世翼的赏识。不过那时他们两人还没见过面。

有一次，郑世翼坐船行于长江上，偶然与崔信明相遇。郑世翼当即停船，将崔信明请过来，热情款待。谈起那句诗来，郑世翼大大称赞了几句，并问他有没有新作，可不可以看看。崔信明听了，喜不自禁，立刻取出一大堆诗稿来，递给郑世翼看。

郑世翼翻看了几页，见写得平平淡淡，再往下看，简直看不下去了，对崔信明说："今天我所见的比过去听说的差多了！"说完，他把诗稿往江里一扔，命人开船，扔下十分尴尬的崔信明，头也不回地离去了。

见猎心喜

出处 《二程全书·遗书七》："在田野间见田猎者，不觉有喜心。"

释义 比喻看见别人在做的事正是自己过去所喜好的，不由得心动，也想试一试。

近义词 跃跃欲试　触景生情

造句 爷爷听到我在唱歌，一时见猎心喜，也陪唱了一段。

　　北宋著名的哲学家和教育家程颢的学说，后来被朱熹继承和发展，后人称他们为"程朱学派"。

　　程颢年轻时非常喜欢打猎，不免影响学习和工作。后来他潜心于学问便不再花费时间打猎了。过了一段时间，他对朋友们说："打猎的爱好我今后没有了。"

　　一位名叫周茂叔的朋友摇头说："不一定吧，不要说得那么容易！不过是你打猎的心思隐埋起来了，等哪一天萌发起来，你还会像从前一样乐于打猎的。"

　　十二年以后，程颢有一次外出归来，偶然看见田野间有人打猎。他顿时心动起来，很想与猎手们较量一番。但他记起周茂叔的话，强行控制住自己的欲望，恋恋不舍地离去。

　　成语"见猎心喜"就是从这一故事中概括出来的。

牛刀小试

出处 北宋·苏轼《送欧阳主簿赴官韦城》："读遍牙签三万轴，却来小邑试牛刀。"

释义 比喻有很大的本领，先在小事情上施展一下。

近义词 初露锋芒 小试牛刀 崭露头角

反义词 大显神通 大显身手

造句 做这点儿事情，对他来说真是牛刀小试。

　　北宋时期，文学家苏东坡曾写过不少题赠友人的诗。一次，他的一位姓欧阳的朋友去韦城做官，苏东坡便写下了《送欧阳主簿赴官韦城》诗四首，在诗中有这样两句：

　　　　读遍牙签三万轴，

　　　　却来小邑试牛刀。

　　这两句话的意思是指这位友人读了很多书（"牙签"指书卷，"三万轴"是虚数，表示多），才高八斗，如今到韦城这个小地方去做官，不过是牛刀小试、略显身手而已。

东山再起

出处　唐·房玄龄等《晋书·谢安传》："卿累违朝旨，高卧东山，诸人每相与言，安石不肯出，将如苍生何？苍生今亦将如卿何？"

释义　指再度出任要职。也比喻失势之后又重新得势。

近义词　重整旗鼓　卷土重来　死灰复燃

反义词　一败涂地　一蹶不振

造句　失败了，只要不灰心丧气，一切从头开始，重整旗鼓，就有东山再起的希望。

东晋时期的著名文人谢安隐居在浙江会稽的东山，经常与王羲之游山玩水，写文作诗。朝廷知道他有才学，屡次召他做官，都被他拒绝了。

后来，晋明帝司马绍的女婿、征西大将军桓温请谢安做司马，他不得已才答应。这时他已经四十多岁了。

在谢安将要出任的那天，朝廷上的官员都出来相送。这时有个叫高菘（sōng）的官员，同他开玩笑说："你过去高卧东山，屡次违背朝廷旨意，不肯出来做官，想不到今天终于出来了！"

谢安后来一直做到宰相之位。在著名的淝水之战中，他派弟弟和侄子为大将，领兵迎战，击败了苻坚的百万大军。

自惭形秽

出处 南朝宋·刘义庆《世说新语·容止》:"珠玉在侧,觉我形秽。"

释义 因为自己不如别人而感到惭愧。

近义词 自愧不如 妄自菲薄 自感汗颜

反义词 孤芳自赏 唯我独尊 自以为是 自命不凡

造句 你不要因为成绩不如别人就自惭形秽。

晋怀帝时,有一位知名人士,名叫卫玠(jiè)。卫玠二十七岁那年突然死去。当时人们流传说:"卫玠是被人'看'死的!"

原来卫玠生下来就相貌不凡,非常特别,说话、走路、接人、待物皆与一般孩子不同,谁见了都喜欢。

卫玠的祖父和父亲都是朝廷的大官。卫玠稍微懂事以后,有一天赶着用羊拉的车进城去。当他经过市场时,人们见到他都十分惊讶,互相议论说:"瞧,他多像用玉雕成的人啊……"顷刻之间,几乎全城的人都来观看他。

卫玠的舅舅王济,是骠骑将军,生得英俊健伟,很有风采。可是他一见到小外甥,就感慨地说:"卫玠和我站在一起,就像明珠、宝玉在我身边一样,我觉得自己的形象太难看了。同他一块走路,他好像是一颗明珠在身旁闪烁,熠(yì)熠发光啊!"

卫玠虽然长得异常俊美,又很有学问,但是身体多病,弱不禁风。后来卫玠到了建邺，当地人早听说他姿容非凡，都想见见他。当卫玠走到街上，看他的人像城墙一样，将他围得水泄不通。没多久，卫玠由于劳烦过度而亡。

后起之秀

出处 南朝宋·刘义庆《世说新语·赏誉》："卿风流俊望，真后来之秀。"

释义 后来出现的或新成长起来的优秀人物。

近义词 青出于蓝　后来居上

反义词 一马当先　望尘莫及

造句 近年来，我国体育事业高速发展，涌现出大批后起之秀。

东晋时，有个大臣叫王忱，从小就很聪慧。舅父范宁是当时的知名学者，很赏识这个外甥，经常把他带在身边，让他参加聚会，使他增长见识。

有一次，一位名叫张玄的人前来拜访范宁，范宁就让王忱前去和张玄叙谈。张玄早已听说王忱才智过人，就主动和他攀谈。可是王忱却一言不发，神情冷淡。张玄见话不投机，就起身告辞了。

客人走后，范宁责怪王忱说："张玄也算是吴中杰出人物了，你为何不和他谈谈呢？"

王忱傲慢地说："他是来拜访你的，又不是来拜访我的，如果他真心想与我交往，可以来找我嘛！"

范宁见他如此狂妄，就半讽刺半开玩笑地说："哎呀！你如此风流俊逸，真是后起之秀，不可小瞧呀！"

王忱笑道："没有您这样的舅舅，哪会有我这样的外甥呢？"

过了几天，范宁把外甥的话转告给张玄，张玄觉得王忱确实与众不同，便专程到王家拜访王忱，从此他们成了好朋友。

近水楼台

出处 宋·俞文豹《清夜录》："范文正公镇钱塘，兵官皆被荐，独巡检苏麟不见录，乃献诗云：'近水楼台先得月，向阳花木易为春。'"

释义 靠近水边的楼台能先见到月亮。比喻由于地处近便而获得优先的机会。

近义词 先睹为快　向阳花木

反义词 如臂使指　鞭长莫及

造句 一些官员利用职权，近水楼台，为自己谋私利。

　　范仲淹是北宋著名的政治家、文学家，他自幼勤奋学习，读了不少书。后来，他官至吏部员外郎、龙图阁大学士，并曾镇守边疆，屡次制止了外族的侵略。不过，他为人却很谦和，能接近下属，这在当时是很难得的。

　　范仲淹任杭州知府时，城中文武官员大多得到过他的推荐与提拔，受到过他的关心帮助，一般对他都很崇敬。唯有一个叫苏麟的，因为在外县担任巡检，不在杭州城里，所以没有得到什么照顾。有一次，苏麟因事到杭州来见范仲淹，顺便献诗一首，其中有这样两句：

　　　　近水楼台先得月，

　　　　向阳花木易为春。

　　范仲淹看了，心中会意，便征询了他的意见，满足了他的要求。

穷途之哭

出处 唐·房玄龄等《晋书·阮籍传》:"时率意独驾,不由径路,车迹所穷,辄恸哭而反。"

释义 本意是因车无路可行而悲伤,后也指处于困境所发的绝望的哀伤。

近义词 计穷途拙 穷途末路

反义词 如愿以偿

造句 他把满心的悲凉与失望,全都融入这穷途之哭了。

　　三国时期魏国诗人、竹林七贤之一的阮(ruǎn)籍喜欢研究庄子和老子的学说。他最爱喝酒,当时常和山涛、刘伶、嵇(jī)康、向秀、王戎、阮咸等饮酒作诗。他性格放荡不羁,不与达官贵人结交,也不愿做官。因为喜欢饮酒,又因步兵营有自酿的酒,味道特别香醇,所以他特地到步兵营里去当校尉。

　　阮籍喝酒不醉不休,喝醉了就叫人推着车子到山里去游玩。等到山里的时候就很晚了,不能继续玩下去,阮籍往往大哭着回来(一说他自己驾车任性而行,无路时便痛哭而返),所以当时的人都说他猖狂。

其貌不扬

出处 春秋·左丘明《左传·昭公二十八年》："夫今子少不颺，子若无言，吾几失子矣！"

释义 指长得不漂亮，相貌不好看。

近义词 贼眉鼠眼　獐头鼠目

反义词 眉清目秀　一表人才

造句 这个人虽然其貌不扬，但风趣幽默，谈吐不俗。

　　唐朝末年，襄阳（今湖北襄阳襄州）东南的鹿门山里，住着一位年轻的文人皮日休。他身材不高，脸型狭长，左眼角有些下塌，相貌比较难看，但为人正直，而且博学多才。皮日休的诗歌和散文都写得很好，在二十多岁时，他就已经在当地出了名。

　　867年，皮日休进京应试。主考官礼部侍郎郑愚看了皮日休的文章以后，非常赞赏，就派人把他请到府里来。

　　皮日休应邀来到郑府。郑愚原以为他文章写得十分出色，相貌也必然十分出众。谁知见面一看，却是个其貌不扬的人，便带着嘲弄的口吻对皮日休说："你很有才华，可惜这一只眼睛长得太不相称了！"

　　皮日休听了，心里很不高兴，当即对郑愚说："主考的职责是为朝廷发现有用的人才，可不能因为我的这一只眼睛，使你的两只眼睛失去作用呀！"

这句针锋相对的话显然刺痛了郑愚。几天以后考试结果揭晓，皮日休虽然中了进士，但在榜上的名次却列在最后。

咄咄怪事

出处 南朝宋·刘义庆《世说新语·黜免》："殷中军被废在信安，终日恒书空作字。扬州吏民寻义逐之，窃视，唯作'咄咄怪事'四字而已。"

释义 形容不合常理、难以理解的怪事。

近义词 匪夷所思　莫名其妙　不可思议

反义词 顺理成章　合情合理　天经地义

造句 他做出的一连串咄咄怪事，让大家惊讶不已。

　　东晋时，有个名叫殷浩的人，爱好玄学，擅长谈论，在当时很有名气。晋康帝时，他接受建武将军之封，任扬州刺史，后又任中军将军，统管扬州、徐州等五个州的军事，官职不低。可是由于当时晋朝统治集团上层闹分裂，将领之间相互猜忌，加上北征后秦失利，殷浩最终还是被撤了职，并被流放到信安（今浙江衢州衢江），从此再未做过官。

　　虽说对于被贬黜（chù）一事，殷浩从未向人抱怨过，可人们总能看到，他老是伸出一个指头，对空画字。这引起了人们的好奇心。有好事者悄悄跟在他后边，细细琢磨他画的字，时间长了，后来终于弄清楚，原来是"咄（duō）咄怪事"这四个字。这时，人们才明白，殷浩对自己被撤职和流放一事，是深怀不满的。只不过，作为权力斗争中的牺牲品，他不能公开道出自己的冤屈，也无处倾诉这种冤屈，所以只能整天对空画字，以泄怨愤罢了。

标新立异

出处 南朝宋·刘义庆《世说新语·文学》:"支道林在白马寺中,将冯太常共语,因及《逍遥》,支卓然标新理于二家之表,立异于众贤之外。"

释义 通常指提出新的主张、见解或创造出新奇的样式。也形容故意以与众不同显示自己。

近义词 别出心裁 独树一帜 不落俗套 独辟蹊径

反义词 墨守成规 故步自封 人云亦云 老生常谈

造句 她就是爱标新立异,只要新潮服饰一上市,她必会买来穿在身上,也不管是否合适。

东晋时期,在建康(今江苏南京)东安寺有一个叫支道林的和尚。支道林俗姓关,出家后就改姓支,名遁(dùn),道林是他的字。他常与谢安、王羲之等名士交往,喜欢畅谈玄理,对《庄子》也很有研究。

晋代的名家向秀和郭象都曾为《庄子》作注,并且在社会上广泛流传。后来人们一谈起《庄子》,都纷纷引用向秀和郭象的注解。

有一次,支道林在洛阳白马寺同太常冯怀一起聊天。当谈到庄子的《逍遥游》时,支道林提出了一种新的见解,大大高于郭象、向秀的解释。其标新立异的见解,超出当时许多著名学者的认知水平。众人一听,都很惊异,但细想之下,又觉得颇有新意,很是有趣。

于是,后来人们就借用支道林的看法来解释《逍遥游》。

独步一时

出处 唐·房玄龄等《晋书·陆喜传》:"文藻宏丽,独步当时;言论慷慨,冠乎终古。"

释义 形容非常突出,一个时期内没有人能比得上。

近义词 举世无双　超群绝伦　无与伦比　青云独步

反义词 屡见不鲜　司空见惯　平淡无奇　不足为奇

造句 黄龙士是清初独步一时的围棋高手。

西晋时，文坛上有两个很有名的兄弟，哥哥叫陆机，弟弟叫陆云，人称"双陆"。双陆相比，哥哥陆机的文才更胜一筹，他的许多文章都传颂一时，《吊魏武帝文》《文赋》等文章流传至今。陆云也是一个才思敏捷、出口成章的文人。

有一次，陆云去拜访好友张华，见张华家有个陌生的客人。张华招呼陆云道："这位先生也是当今才子。今日你们相遇，真是天公作美，你们先互相介绍介绍，但言辞不可落俗套。"

陆云施礼道："我是云间陆士龙（士龙是陆云的字）。"

那人急忙还礼说："我是日下荀鸣鹤（这个人名叫荀隐，鸣鹤是他的字）。"

陆云又道："既然青云散开，云间的白鸟现露，你为什么不张开弓，搭上箭呢？"

荀隐略加思索接道："本以为是威武强壮的云间龙，谁知是山间的野鹿。兽弱小，弓强劲，不忍遽（jù）射，所以箭发迟了。"

张华见两人出口成章，对答如流，且又巧妙地嵌入了各自的名和字，不由得哈哈大笑，拍手称赞。

当时的人对"双陆"的文才十分推崇，评价他们是："文藻宏丽，独步当时；言论慷慨，冠乎终古。"

顾曲周郎

出处 西晋·陈寿《三国志·吴书·周瑜传》："瑜少精意于音乐，虽三爵之后，其有阙误，瑜必知之，知之必顾。故时人谣曰：'曲有误，周郎顾。'"

释义 原指周瑜精于音乐，后泛指精通或爱好音乐戏曲的人。

造句 他对音乐的喜爱达到了痴狂的程度，因此朋友们都以"顾曲周郎"称之。

　　吴国名将周瑜，任吴国都督，当时吴国人都习惯称他为"周郎"。他出身士大夫，帮助孙策建立了孙吴政权。孙策死后，周瑜与张昭一起辅助孙权执政。建安十三年（208 年），曹操挥师南下，周瑜和鲁肃坚决主战，并亲率吴军在赤壁大败曹兵。两年后，周瑜病死，死时只有三十六岁。

　　周瑜不但有卓越的政治和军事才能，而且对音乐也很精通，有很高的音乐鉴赏能力。

　　周瑜听人演奏的时候，即使在他多喝了几杯酒，有几分醉意的情况下，演奏有细微的差错，也一定逃不过他的耳朵。每当发现了错误，周瑜就用眼睛望一下演奏者，示意他演奏错了。当时有句歌谣说："曲有误，周郎顾。"

　　后人把此歌谣提炼成"顾曲周郎"。

洛阳纸贵

出处 唐·房玄龄等《晋书·左思传》："于是豪贵之家竞相传写，洛阳为之纸贵。"

释义 形容文章写得好，广为流传，连纸都涨价了。借指著作广泛流传，风行一时。

近义词 有口皆碑　有目共赏　交口称誉

反义词 敬而远之　粗制滥造

造句 这些作品也许都曾洛阳纸贵过，但平心而论并非最好。

　　西晋的文学家左思，出身贫苦，相貌丑陋，可是文章写得很好。他写一篇《齐都赋》，整整用了一年的时间，甚至为了写好《三都赋》，前后竟花了十年工夫。

　　所谓三都，是指三国时期的蜀国都城成都、吴国都城建业和魏国都城邺城。他亲自到这三座都城去调查、游览，收集了丰富的资料，积累了很多素材。

　　他经过反复修改，精心推敲，用了十年苦功，终于写成《三都赋》。他的文章构思奇巧，气魄雄伟，语言优美绮丽，充分表现出三座都城的美丽壮观，反映出中国古代光辉灿烂的文化成就。

　　《三都赋》问世以后，由于文章精彩，一传十，十传百，整个洛阳都轰动了。人们争相传抄，竟使洛阳的纸价一下子贵了起来。

捉襟见肘

出处 《庄子·让王》："三日不举火，十年不制衣，正冠而缨绝，捉衿而肘见。"

释义 拉一下衣襟就露出胳膊肘，形容衣服破烂。比喻顾此失彼，穷于应付。

近义词 顾此失彼　入不敷出　百孔千疮　衣衫褴褛

反义词 绰绰有余　完美无缺

造句 他家经济状况很糟糕，已经到了捉襟见肘的地步。

　　孔子的弟子曾（zēng）参（shēn），很注意道德修养，每天都要反省自己。曾参住在卫国期间，由于贫寒，常常连续好几天不开锅做饭，简单弄些冷食过日子；十年来也没有添置过一件新衣服。他身上穿的那套衣服又破又小，只要稍一提起衣襟，胳膊肘就会露出来（捉襟见肘）；头上戴的帽子也很破旧，稍不小心帽子上的系绳就会断裂；至于鞋子就更糟糕，穿时只要往上轻轻一拉，鞋帮子就会被扯破。

　　可是尽管如此，曾参仍能保持乐观开朗的心态，不怨天尤人，不自甘消沉。即使在这段艰苦的日子里，也从不忘苦读诗书，提高自身修养，为此不止一次受到孔子的称赞。相传《大学》一书就是他写的。

乘兴而来

出处 唐·房玄龄等《晋书·王徽之传》："人问其故，徽之曰：'本乘兴而行，兴尽而反，何必见安道邪？'"

释义 趁着兴致来。乘：趁，因。兴：兴致，兴趣。

近义词 兴之所至

反义词 败兴而归

造句 对于远道而来的参观者，我们要仔细讲解，热情接待，不能让人乘兴而来，败兴而归。

王徽之是东晋时的大书法家王羲之的第五子，生性高傲，行为豪放不羁。虽说在朝做官，却常常到处闲逛，对官衙内的日常事务并不上心。后来，他干脆辞去官职，隐居在山阴（今浙江绍兴），天天游山玩水，喝酒吟诗。

有一年冬夜，王徽之推开窗户，见到四周白雪皑（ái）皑，真是美极了，顿时兴致勃勃地取来酒菜，独自一人坐在庭院里慢斟细酌起来。

忽然，他觉得此景此情，如能伴有悠悠的琴声，那就更美妙了。于是他想起了那个会弹琴作画的朋友戴逵。

"嘿，我何不马上去见他呢？"于是，王徽之马上叫仆人备船挥桨，连夜前往，全然不顾路途有多远。

王徽之催促着仆人把船再撑得快点儿，心里恨不得早点见到戴逵，共赏美景。

船整整行驶了一夜，拂晓时，终于到了目的地。可王徽之却突然要仆人撑船回去。仆人诧异地问他为何不上岸去见戴逵，只见王徽之淡淡一笑，说："我本来是乘兴而来的，如今兴致没有了，当然应该回去，何必一定要见戴逵呢？"

胸有成竹

出处 北宋·苏轼《文与可画筼筜谷偃竹记》："故画竹必先得成竹于胸中，执笔熟视，乃见其所欲画者，急起从之，振笔直遂。"

释义 原指在画竹子之前，心里就有一幅竹子的形象。后比喻在做事之前已经拿定主意。

近义词 成竹在胸　胜券在握　心中有数

反义词 心慌意乱　惊慌失措　茫无头绪

造句 对于这次考试，我胸有成竹。

宋代的大文学家苏轼（即苏东坡），不但文章和诗词写得好，而且书画很出色。苏轼一生在政治上很不得意，他作画不过是发泄"怒气"，自求陶醉，并没有什么目的。

当时，宋徽宗是一个喜爱书画的皇帝，苏轼屡遭贬官降职之后，这个风雅的皇帝便让他担任玉局观提举。苏轼在观里比较清闲，就大画墨竹，绘画技法也因此大有提高。

苏轼曾写过一篇《文与可画筼（yún）筜（dāng）谷偃竹记》，介绍画竹的经验："画竹必先得成竹于胸中。"这就是说，画竹的画家在动笔之前一定要酝酿成熟，先有一个生动具体的竹子形象在心胸里，这样画出来的竹子才生动。

离群索居

出处 《礼记·檀弓上》："吾离群而索居，亦已久矣。"

释义 远离人群，自己一个人居住，泛指不合群，孤独的人。

近义词 孤苦伶仃　孤家寡人

反义词 和睦相处　和衷共济　精诚团结

造句 他个性孤僻，一向离群索居。

孔子有一个学生名叫子夏。他生性孤僻，平日很少和其他同学交流，只和曾参比较要好。

有一年，子夏的儿子死了，他哭得十分伤心，甚至差一点把眼睛哭瞎了。

一天，曾参到子夏家中去看望他。子夏十分伤心地哭着说："天哪！我又没有什么过错，为什么要给我这么严厉的惩罚，夺走了我儿子的生命呢？"

曾参听了说："子夏兄，你不必责怪老天。我认为，你应该责怪自己。你不是没有过错，而是过错很大！"

子夏吃惊地问："我有什么过错呢？"

"好吧，我告诉你。以前我和你一起侍奉老师，后来你告老回到西河，却让当地人把你比作老师，这是你的第一个过错；你的父母去世，老百姓居然都没听说过，这是你的第二个过错；你因儿子死了就要哭瞎眼睛，这是你的第三个过错。"

子夏听后如梦初醒，反省道："我离群索居已经很久了，所以听不到朋友的忠告，才会犯如此大的过错。今后，我一定要加以改正！"

　　从这以后，子夏果然努力和同学们打成一片，不再离群索居了。

谈辞如云

出处 南朝宋·范晔《后汉书·符融传》："融幅巾奋袖，谈辞如云。"

释义 指谈话时言辞如飘云那样奔涌而出，比喻善于言谈。

近义词 口若悬河

反义词 噤若寒蝉 沉默寡言

造句 他谈辞如云，让我十分佩服。

东汉时陈留（今河南开封）人符融，年轻时曾做过官。符融的兴趣不在做官，就辞去职务，远游他乡，从师求学。后来，他慕名来到少府李膺的门下。李膺是颍川（今河南襄城）人，从举孝廉走上仕途，先后担任不少地方的官吏，汉灵帝时被任命为长乐少府。

那时候，朝政腐败，宦官的势力强盛，气焰嚣张。李膺不愿与他们同流合污，坚持自己的清正作风。他廉洁自守，疾恶如仇，对贪官污吏依法惩治，从不手软，宦官们对他又怕又恨，寻找一切机会打击他。

李膺秉性刚直，虽屡遭打击仍不改变自己的气节。这种高尚情操，影响了一代风气，士大夫们都争相与他结交，都以得到他的接纳为荣。这种现象被称为"登龙门"。符融也是久仰他的大名而来到李膺门下的。

符融仪容标致，潇洒飘逸，口才很好，一开口便显得与众不同。李膺初次见他，与他交谈，便为他的学识、风度所折服，两人结为好友。每次两人会面，李膺都谢绝所有宾客，将符融引到书房内，沏上一壶茶，一边品茗（míng），一边听符融侃侃而谈。符融从天文到地理，无所不谈，口若悬河，谈辞如云，李膺听得如痴如醉。两人常常谈得忘了时间，忘了身处何地。

掷地有声

出处 南朝宋·刘义庆《世说新语·文学》："孙兴公作《天台赋》成，以示范荣期云：'范卿试掷地，要作金石声！'"

释义 比喻文章文辞优美，语言铿锵有力，现也形容落实力度大。

近义词 铿锵有力　字字珠玑

反义词 无声无息

造句 王老师说话掷地有声，让在座的家长信服。

　　东晋文学家孙绰（字兴公）在会稽（今浙江绍兴）住了十多年。会稽山川秀美，深深吸引着他，几乎使他乐而忘返。

　　回家后，孙绰写了一篇《天台赋》。当友人范荣期来访时，他就把赋拿给他看，并说道："我这篇赋节奏铿（kēng）锵（qiāng），不同凡响。不信你可试试，把它扔到地上，一定会发出如同金石般铿锵的声音！"范荣期知道孙绰文才很好，但文章怎能掷地有声呢？

　　于是疑惑地问："不知足下这个金石声属什么调，合不合节拍？"但当他读下去时，果真被作品所描写的景物及其形象生动的表达深深吸引住了，以至每读到写得特别精妙的地方，总忍不住啧啧称赞。

61

梁上君子

出处 南朝宋·范晔《后汉书·陈寔传》："时岁荒民俭，有盗夜入其室，止于梁上。寔阴见，乃起自整拂，呼命子孙，正色训之曰：'夫人不可以不自勉。不善之人，未必本恶，习以性成，遂至于此。梁上君子者是矣！'"

释义 躲在梁上的人，窃贼的代称，指小偷。

近义词 道貌岸然　偷鸡摸狗

反义词 正人君子

造句 纵使家境再贫困，也不能做梁上君子。

　　汉桓帝时，陈寔（shí）曾任太丘县长。他出身低微，很能体谅劳动人民的疾苦。他为人正直，无论做什么事都严格要求自己，成为乡里人的表率。

　　当时年成不好，百姓的生活十分困难。乡里有些人由于日子实在过不下去了，就铤（tǐng）而走险干起了偷鸡摸狗的勾当。

　　有一天晚上，一个小偷钻进了陈寔的家，躲在房梁上，以便相机行事。陈寔偶然间发现了梁上的小偷，但他不动声色，起床把儿子、孙子都叫了进来，严肃地教训他们说："作为一个人，一定要时时刻刻地勉励自己，才能有出息。有一些做坏事的人，他们的本质并不坏，只因为染上了坏习惯，而自己又不知道克制，只一味地任其发展，养成了做坏事的习惯，最终成为坏人。你们抬起头来，看看这位梁上君子吧，他就是这样的人。"

　　梁上的小偷听后，感到非常惭愧，连忙爬下来，向陈寔叩头认罪。陈寔说道："我看你并不像一个坏人。你要记住我刚才所说的话，从此学好，别再当小偷了。"

　　陈寔说完后，又送给小偷两匹绢，并派家人把他送回家。这件事传出后，乡里人非常敬佩他。一些做坏事的人，在陈寔的教诲下，也纷纷改过自新。

渐入佳境

出处 唐·房玄龄等《晋书·顾恺之传》："恺之每食甘蔗，恒自尾至本，人或怪之。云：'渐入佳境。'"

释义 比喻境况逐渐好转或兴味渐浓。

近义词 渐至佳境

反义词 急转直下

造句 他读到书中此处时才渐入佳境，舍不得放下了。

顾恺之是东晋画家，相传他有"三绝"："才绝""痴绝""画绝"。"才绝"，是指他诗、词、赋都很出色；"痴绝"，是指他生活随意，为人诙谐，心胸开阔，有些糊涂；"画绝"，是指他卓越的绘画才能。

顾恺之年轻的时候，做过大司马桓温的参军。有一次，顾恺之跟随桓温到江陵去视察军队。江陵的官员拜见桓温时，送来很多当地的特产——甘蔗（zhè），桓温便让属下品尝。

这时，只有顾恺之独自一人出神地欣赏着江陵美好的景色，没有去拿甘蔗吃。桓温见了特意挑了一根长长的甘蔗，走到顾恺之跟前说："你也吃一根尝尝。"说着，他把甘蔗尾梢那头塞到顾恺之手中，顾恺之取来后就从尾梢开始啃起。桓温见了，故意问道："这根甘蔗甜吗？"

顾恺之见旁人在笑他，灵机一动，举起甘蔗说："你们笑什么？我看你们不懂甘蔗的吃法，吃甘蔗可大有讲究呢！"

顾恺之半真半假地说："你们一开始就吃最甜的那一段，越吃越不甜，吃到后来会倒胃口。我从尾梢吃起，越吃越甜，越吃越有味道，这种吃法叫作'渐入佳境'。"

萍水相逢

出处 唐·王勃《滕王阁序》："关山难越，谁悲失路之人；萍水相逢，尽是他乡之客。"

释义 浮萍随水漂泊，聚散无定。比喻素不相识之人偶然相遇。

近义词 不期而遇　素昧平生　一面之交

反义词 分道扬镳　刎颈之交　莫逆之交

造句 虽然是萍水相逢，但大家却都谈得很投机。

王勃字子安，是唐初著名的文学家，与杨炯、卢照邻、骆宾王以诗文齐名，合称"初唐四杰"。

675年，王勃去交趾（今越南境内）探望做县令的父亲，途经洪都（今江西南昌）时，都督阎（yán）伯屿（yǔ）因重修的滕王阁落成，定于九月九日重阳节在那里宴请文人雅士和宾客朋友。阎伯屿的女婿吴子章很有文才，阎伯屿叫他事先写好一篇序文，以便到时当众炫耀。王勃是当时有名的文士，也在被请之列。

宴会上，阎伯屿故作姿态，请来宾为滕王阁作序。大家事先都没准备，所以都托词不作。请到王勃时，他却并不推辞，当场挥毫疾书，一气呵成，写成了著名的《滕王阁序》。众宾客看了一致称好。阎伯屿读后也深为钦佩，认为这篇序文比自己女婿写的要高明得多，也就不再让吴子章出场著文了。

《滕王阁序》构思精绝，文气通顺畅达，而又纵横交错。序文在铺叙宴会胜景的同时，也流露出作者壮志难酬的感慨："关山重重，难以攀越，有谁为失路的人悲哀？今天与会的人像萍浮水面，偶然相遇，都是异乡之客"。这充分表达了他慨叹生不逢时、命运不佳的境遇。

弄巧成拙

出处 北宋·黄庭坚《拙轩颂》:"弄巧成拙,为蛇画足。"
释义 本想要巧妙的手段,结果反而坏了事。
近义词 弄巧反拙 掩耳盗铃
反义词 歪打正着 化险为夷 画龙点睛
造句 做事最好适可而止,刻意求工,反会画蛇添足,弄巧成拙。

　　孙知微是北宋时期一位有名的画家。有一次,成都寿宁寺请他为寺院画一幅《九曜(yào)图》。他画好草图以后,因为有事外出,就把弟子们找来,说:"这幅画的轮廓我已经画好了,剩下着色的工作,你们几人接着做吧,一定要认真做好。"

　　老师走了以后,弟子们准备上色,可是,忽然发现图中水星菩萨的侍从童子手中拿的水晶瓶是空的。一个学生说:"老师平时画瓶,总要在瓶上画一束鲜艳的插花,这一次可能匆忙当中忘了画上,我们给画上吧。"大家都赞同他的意见。于是,他就在水晶瓶上很用心地画上了一枝粉红色的莲花。

　　第二天,孙知微归来。当他看到水星菩萨的侍从捧的瓶子中居然冒出一朵莲花时,气愤地吼叫起来:"《道经》中说,这水星菩萨的水晶瓶不是插花用的,而是用来镇妖伏水的宝贝。瓶中根本就没有什么花草，如果添上花，它就不是神物而是一只普通的花瓶了。你们这是弄巧成拙啊！"弟子们一个个惭愧地低下头去。

满城风雨

出处 宋·潘大临《题壁》:"满城风雨近重阳。"

释义 城里到处刮风下雨。原形容重阳节前的雨景。后比喻某件事传播很广,到处议论纷纷。

近义词 沸沸扬扬

近义词 风平浪静

造句 如此一件小事,为何闹得满城风雨?

　　潘大临是宋朝的一位诗人,写过不少好诗。有一年秋天,好友谢无逸写信问他:"你最近有新诗作吗?"

　　潘大临回信说:"关于秋天的景色,处处我都可以写出好的诗句来,可恨的是它被丑恶的社会风气所笼罩。昨天我躺在床上,听到了风吹雨打树林的声音,很有诗意,于是便起身提笔,在墙壁上写道:'满城风雨近重阳'。刚写好这一句,忽然收租的人闯了进来,这让我完全失去了兴致而无法再写下去了。现在只好把仅有的这一句'题壁诗'寄给你了。"

　　后来,潘大临因为贫穷病死了,好友谢无逸为了纪念他,就续写了这首诗:

　　　　满城风雨近重阳,无奈黄花恼意香。

　　　　雪浪翻天迷赤壁,令人西望忆潘郎。

旗亭画壁

出处 唐·薛用弱《集异记·王之涣》："一日，天寒微雪，三人共诣旗亭，贳酒小饮，……昌龄则引手画壁曰：'一绝句！'……三子从之，饮醉竟日。"

释义 形容文人之间互争名次，也用来表示文人聚会，饮酒赋诗，多用于赛诗、赛文、以文会友等盛事。

近义词 旗亭赌唱　旗亭赌醉

造句 "旗亭画壁"的传奇故事一直流传至今。

　　唐朝开元年间，诗人王昌龄、高适、王之涣三人，诗名相当，难定高下。一天，天气严寒，雪花飘扬，他们三人相约一起上酒楼喝酒。这时，来了一批乐人，又走进四位漂亮的女歌手。王昌龄轻声对另外两位诗人说："我们三人都有一定的名声，但总定不下高低。今天，我们仔细听歌手演唱，谁的诗歌被用作歌词的多，谁的名声就在上，怎么样？"

　　高适、王之涣同意。只见平缓抒情的弦乐声中，一位女子合拍轻唱：

　　寒雨连江夜入吴，平明送客楚山孤。

　　洛阳亲友如相问，一片冰心在玉壶。

　　王昌龄一听，得意扬扬地在墙上写道："一绝句"。这时，弦乐声变得十分缓慢低沉，又一个女子悲凄凄地唱道：

　　开箧（qiè）泪沾臆（yì），见君前日书。

　　夜台今寂寞，犹是子云居。

高适也十分得意，"哈哈！来我的了！"随手写上"一绝句"。这时只有王之涣的诗还没有被用作歌词。

悲凉的乐声过去了，琵琶奏起一段深情的曲子，伴着一段清甜的歌声：

奉帚平明金殿开，且将团扇共徘徊。

玉颜不及寒鸦色，犹带昭阳日影来。

歌曲还没唱完，王昌龄已写上"二绝句"三个字。

王之涣这下耐不住了，指着那群乐人，回头对两位诗人说："这些人不过是二三流歌手，唱的免不了是《下里》《巴人》之类粗俗的曲子。难道《阳春》《白雪》也是俗人敢唱的吗？"说完，指着长相最美的一位女歌手说："你们听那位女子的演唱，如果不是唱我的诗，那我再也不跟你们争论高低；要真是唱我的诗，那你们还是屈居我之下吧。"

乐师们休息了一会儿，又奏起乐曲。那位最美丽的女子舒缓地站起身，袅（niǎo）袅娜（nuó）娜地走了出来，唱道：

黄河远上白云间，一片孤城万仞（rèn）山。

羌（qiāng）笛何须怨杨柳，春风不度玉门关。

这时，王之涣看着两位诗人，开怀大笑，笑声惊动四座，乐师、歌手们都转过脸，疑惑不解地问："这位先生为何这样大笑？"王昌龄走近一步，说明了事情的经过。

乐师、歌手们无不大惊失色，拜道："久仰，久仰，有眼不识泰山！"

畏首畏尾

出处 春秋·左丘明《左传·文公十七年》："古人有言曰：'畏首畏尾，身其余几？'"
释义 前也怕，后也怕，比喻做事胆子小，顾虑多。
近义词 左顾右盼　犹豫不决　投鼠忌器　瞻前顾后
反义词 自告奋勇　横冲直撞　无所畏惧　无所顾忌
造句 青年人做事应当敢于创新，敢于实践，而不应当畏首畏尾，束手束脚。

春秋时期，晋楚相争，两国都想要登上霸主之位。有一次，晋灵公在扈地纠合诸侯，商议平定宋国内乱之事。但晋灵公不肯会见郑穆公，认为他背叛晋国而倒向楚国。

这时候，郑公子归生就写了一封信给晋国的正卿赵盾，告诉他说："郑国国君即位三年来，先后朝见晋君三次。我国虽小，对你们却也尽了最大的诚意；而你们还认为我国的表现不够好，如此一来，郑国也只有灭亡一条路，再也无法对晋国朝贡了。古人有句话说：'畏首畏尾，身上还能剩下多少呢？'我们郑国的处境正是如此啊！既怕楚国攻打，又怕晋国袭击，就像那鹿一般，被赶到绝路时就只能铤而走险，什么都顾不上了。晋国的要求，永无终止之时，郑国已无力应付了。郑君也知道郑国将要灭亡了，在不得已的情况下，只得集中全国的兵力，在边界等候晋国的军队来临了！"

赵盾看了这封信，便派大夫巩朔到郑国去安抚。

一诺千金

出处 西汉·司马迁《史记·季布栾布列传》:"楚人谚曰:'得黄金百斤,不如得季布一诺。'"

释义 指许下的一个诺言有千金的价值,比喻说话算数,极有信用。

近义词 一言为定 言而有信 一言九鼎 说一不二

反义词 空头支票 自食其言 言而无信

造句 他是一个一诺千金的人,不会食言的!

秦朝末年的季布，性格耿直，又肯帮助人，凡是他答应过的事，从不违约。因此，他受到很多人的称赞。当季布在项羽麾下带兵时，曾好几次打败了刘邦，后来项羽被围自杀而亡，刘邦做了皇帝后就悬赏缉拿季布。义士朱家说服刘邦的老朋友汝阴侯夏侯婴为季布说情。刘邦在夏侯婴的劝说之下撤销了对季布的通缉令，并封季布做郎中，不久又让他做河东太守。

　　当时有一个叫曹丘生的人，是季布的同乡，专爱结交权贵，季布一向看不起他。听说季布做了大官，曹丘生特地请窦长君写信介绍他去见季布。

　　可是季布一见到曹丘生，便露出厌恶的神情，但善辩的曹丘生却深深作揖，并且说了一大堆恭维的话。他说："楚人常言'得黄金百斤，不如得季布一诺'。你在梁、楚一带的名声为何如此之大？这都是我替你到处宣扬的结果啊！而你为何要拒绝我呢？

　　季布听了这段话，非常高兴，便把曹丘生当作上宾来招待。据说，曹丘生住了几个月才走。临走时，季布还送了他一份厚礼。后来，曹丘生继续替季布宣扬，季布的名声也就越来越大。

一笔勾销

出处 南宋·朱熹《五朝名臣言行录》第七卷："公取班簿，视不才监司，每见一人姓名，一笔勾之，以次更易。"

释义 指把账一笔抹掉。常用来比喻把一切完全取消或再也不提往事。

近义词 一笔抹杀

反义词 旧事重提

造句 过去的事就一笔勾销了吧，让我们重新开始。

范仲淹是北宋时苏州吴县（今江苏苏州）人。在宋真宗大中祥符年间考中进士，历任右司谏、吏部员外郎、知州、枢密副使等职。

庆历三年（1043 年），范仲淹被任命为参知政事（即副宰相），和志同道合的韩琦和富弼等一起，进行了一场以改善吏治为中心的改革。他取来官员名册，一个个地检查他们的任职情况，凡是不称职的官员，他都在名册上一笔勾销了他们的职务。空出的职位，则从下一级能够胜任的官员中委任。

富弼见他毫不留情，便说："你用笔一勾，就撤掉了他们的职务。他们一家人都要伤心得痛哭了！"

范仲淹说："他一家人哭，总比他们祸害千家万户，让那些人家全部悲哭好得多吧！"

但是，由于新政触犯了当时贵族官僚的利益，遭到了强烈的反对，推行一年多新政便夭折了，范仲淹也被罢免参知政事一职，改为资政殿学士，兼任四路宣抚使。也就在这之后，他写下了"先天下之忧而忧，后天下之乐而乐"的千古名句。

人死留名

出处 北宋·欧阳修《新五代史·王彦章传》："彦章武人，不知书，常为俚语谓人曰：'豹死留皮，人死留名。'"

释义 指人生前建立了功绩，死后可以传名于后世。

近义词 千载扬名 永垂不朽 千古留名 流芳百世

反义词 遗臭万年 默默无闻 臭名昭著

造句 雁过留声，人死留名，人活一辈子，确实应该留下个好名声。

五代时期，梁朝名将王彦章，作战时爱使一杆铁枪，跃马在沙场之上，如入无人之境，被誉为"王铁枪"。

王彦章年轻时跟随梁太祖朱温征战南北，屡建奇功，深得朱温的赏识和器重。末帝朱友贞继位后，朝廷大权被一伙奸臣把持，不重用王彦章，因而梁地连连失守。后来，晋军攻破梁的郓（yùn）州城，深入梁的腹地，梁朝举国上下惊恐万分。

这时，末帝听取了宰相敬翔的建议，任命王彦章为招讨使，率军迎敌。王彦章带领精锐人马，只用了三天时间就攻克了滑州。可是梁军的后援不力，王彦章的人马终因寡不敌众而失利。末帝听信了谗言，下令撤去了王彦章的兵权。

不久，后唐军发兵攻梁，直趋梁的重地兖（yǎn）州。末帝见势不妙，不得不重新起用王彦章。当时，梁的强兵都归属段凝，京城中只有五百名保卫皇帝车驾的骑兵，且都是刚招募的士兵，毫无作战能力；兖州一战，王彦章再次失利，身负重伤，被后唐军俘获。

后唐庄宗劝诱王彦章归顺。王彦章大义凛然地说："我是梁朝的大臣，承受皇帝的恩泽，虽死不能相报，岂能替唐朝（指后唐）效力？梁人常说：'豹死留皮，人死留名。'如果我向你屈膝投降，就要遭后人唾（tuò）骂了。我王彦章是顶天立地的大丈夫，决不苟且偷生！"不久，王彦章便被杀害了。

杞人忧天

出处 《列子·天瑞》："杞国有人忧天地崩坠，身亡所寄，废寝食者。"

释义 总是去忧虑那些不切实际的事物。

近义词 庸人自扰　怨天尤人

反义词 乐天安命　无忧无虑　高枕无忧

造句 船到桥头自然直，你就不要杞人忧天了。

　　杞（qǐ）国有个人，整天担心天会塌下来、地会陷下去。一天，他走在旷野上，心想这时候天要是塌下来，连躲的地方都没有，肯定会被砸成肉饼。他躲进房屋里，又想天要是这么一大块地砸下来，房屋不也被砸倒了吗？砸倒的房屋不也要压到头上来吗？

　　他像一只丧家之犬东奔西逃。突然，他发现路边有个山洞，赶忙爬进洞里躲了起来，这下他才放下心了，悠悠然地观赏洞外的风光。但他马上又想，万一天塌下来不就把洞口堵死了吗？那样的话，洞里暗无天日，就算不憋死，也一定会饿死。他赶忙窜出去，连滚带爬地来到大路上。天瓦蓝瓦蓝的，几朵白云悠悠飘过。其实天离地面很远很远，哪里就会塌下来呢？这样想着，他才放心地走起路来。

　　走不多远，他陷入一块洼地，突然，他惊叫起来："这块地不是陷下去了吗？救命！"越叫越觉得陷得深。他没命地往高处攀，费了九牛二虎之力，总算坐到一条路上，连连说："真险，真险，真是大难不死。"至于后面的洼地，他心有余悸（jì），连看也不敢看了。

前面是一条石子路，大风过处，尘土飞扬，他赶忙闭上眼睛。不料，脚踩着石子滑了一下，他以为地动了起来，所站的地方马上就要陷下去了，陷成一个洞，下面会冒出水，上面的石子落下去，自己在中间就会被活葬。可是每移到一个地方，他都觉得这个地方会塌陷，只得胡乱地奔了一气。他看到一棵大树，猛地一跃，抓住树枝，谁知抓着的树枝承受不了他的重量，断了，他重重地摔到地面上。他费了好大力气爬起来，然后一瘸一拐地往家里走去。

远远看见自己那间破屋，他眉头紧皱：如果待在家里，地陷了，怎么办？最佳的办法是要建一栋像船一样的房屋，地陷了，还能漂浮在水面，再做几把桨，还能乘风破浪。可是，他转念又想，要是水面也塌了，和房屋一起在无边无际的黑暗中坠落，怎么办？想着，他连眼睛都不敢睁开，慌得六神无主，回到家里倒头便睡。

三省吾身

出处 《论语·学而》："曾子曰：'吾日三省吾身，为人谋而不忠乎？'"

释义 原指每日从三个方面检查自己，后指多次自觉地反省自己。省：检查、反省。身：自身。

近义词 一日三省　吾日三省

造句 我们要养成三省吾身的习惯，努力完善自己。

　　孔子的学生曾参，年纪虽小，却勤奋好学，深得孔子的喜爱。

　　一天，同学们问他："你为什么进步这么快呀？"

　　曾参说："我每天都要多次地问自己：替别人办的事情有没有尽力啊？与朋友交往有没有不诚实的地方啊？先生教我的学业是不是复习了呢……如果发现哪里做得不对，我就及时改正。就这样慢慢地成了习惯了！"

大义灭亲

出处 春秋·左丘明《左传·隐公四年》："'大义灭亲',其是之谓乎？"

释义 为了维护正义，对犯罪的亲属不徇私情，使其受到应得的惩罚。

近义词 不徇私情　六亲不认　大公无私　铁面无私

反义词 秉公执法　徇情枉法　徇私舞弊

造句 历史上那些能秉公执法、大义灭亲的人物，都是令人敬佩的。

　　春秋时，卫国的大夫石碏（què）有个儿子，名叫石厚。石厚与卫庄公的儿子公子州吁（xū）关系非常密切，两人经常在一起游乐、习武。石碏觉得这样不好，一再告诫儿子别这样做，但石厚不听。

　　后来，卫庄公死了，卫桓公即位。这时，石碏因年纪大回乡养老，不问政事。又过了十几年，公子州吁与石厚合谋害死卫桓公，夺取了王位。文武大臣和百姓对此很不满，州吁的日子也不好过，石厚便献计说，他父亲石碏在朝内外很有威望，只要请他出来辅政，事情就好办了。

　　州吁认为这个办法好，就取出一双白璧，命石厚去请石碏来朝。石碏推说有病，不肯入朝。于是州吁又命石厚去向他请教怎样稳住君位。石碏回答说："诸侯继位，要得到周天子的承认。如果周天子点了头，众人就必须服从。"

　　石厚怕周天子不批准，认为最好有人去周天子那里说情。

石碏便说:"陈桓公与周天子关系很亲密,只有他才能说情。我与陈桓公也有交情,你可陪同新君到陈国去,请陈桓公在周天子那里说说好话,然后再去朝见周天子,这样可能被周天子承认。"

石厚回到都城后，把父亲的计策告诉了州吁。州吁觉得这是个好办法，便带了一份厚礼前往陈国拜访陈桓公。

　　石碏给石厚出了这个主意后，马上给陈国的大夫子鍼（zhēn）写了一封密信，要他为卫国臣民除害。州吁和石厚到陈国时，子鍼已收到了这封信。经陈桓公同意，待州吁、石厚一到陈国都城，就把他们带到太庙。

　　进到太庙后，子鍼忽然大声喝道："周天子有令：'捉拿弑（shì）君乱国之贼！'"两旁的武士一拥而上，将州吁、石厚逮住。子鍼随即拿出石碏的信读了一遍。信中要求陈桓公主持正义，为民除害。

　　陈桓公打算把两人马上斩首，但子鍼认为石厚是石碏的亲生儿子，杀他不太妥当，还是让卫国来处置。陈桓公便派人将此情况告知石碏。石碏得知后，果断地表示，州吁和石厚犯的都是死罪，卫国应马上派人到陈国去处死他们。不久，卫国派右宰丑到陈国杀了州吁。但卫国有的大臣认为，石厚是从犯，又是石碏的儿子，可以从宽处理。

　　石碏听了大怒说："州吁的罪过是我那个逆子怂恿而造成的。我就是有爱子之心，也不能因私情而忘了大义。"接着，他派家臣去陈国执法。

　　家臣到了陈国，石厚一再要求家臣向石碏求情，免他一死。但家臣回答说："我们就是奉石碏之命来执法的。"说罢，砍下了石厚的脑袋。

沧海遗珠

出处 北宋·欧阳修等《新唐书·狄仁杰传》:"异其才,谢曰:'仲尼称观过知仁,君可谓沧海遗珠矣。'"

释义 大海里的珍珠被采珠人所遗漏。比喻被埋没的杰出人才或珍贵事物。

近义词 遗珠弃璧

反义词 野无遗贤

造句 识才当如伯乐,假如缺乏眼光,难免有沧海遗珠之憾。

唐代名臣狄仁杰,是并州晋阳(今山西省太原)人。他小时候的作为就与众不同。一次,狄仁杰家中一个门客被人杀害了,官吏到他家查问,大家争先恐后地为自己辩白,唯独狄仁杰仍坐在原先的座位上大声读书。官吏很不高兴,走过去责备他。狄仁杰回答说:"我正和书中圣贤对话,哪有时间和俗吏交谈?"

狄仁杰初当官时,担任汴(biàn)州参军,被人诬陷。河南道黜陟(zhì)使阎立本审讯他,发现狄仁杰才华不同凡响,便脱口称赞:"观察一个人犯什么样的过失,就可以知道这是个什么样的人,你可以说是沧海遗珠了。"于是推荐他当了并州法曹参军。

小鸟依人

出处 后晋·刘昫《旧唐书·长孙无忌传》："褚遂良学问稍长，性亦坚正，既写忠诚，甚亲附于朕，譬如飞鸟依人，自加怜爱。"

释义 像小鸟那样依傍着人。形容少女或小孩娇小可爱的样子。依：依恋。

近义词 楚楚可怜

反义词 面目可憎

造句 她平日小鸟依人，撒起娇来更是妩媚可爱。

　　唐朝初年，唐太宗任命褚遂良为谏议大夫。一天，唐太宗故意问他："你每天都要记载我的言行起居，我可不可以阅读啊？"

　　褚遂良答道："自古以来，帝王的言行善恶都要如实地记载下来，但没听说过皇帝自己可以过目的。"

　　"那如果我有什么不好的地方，你也照记不误吗？"

　　褚遂良又答道："凡是皇上有过的言行，我都得写上。"

　　唐太宗一次对司徒长孙无忌说："我听说君主贤明，大臣们就刚直不阿，人就怕缺少自知之明。你们常当面与我争论不休，评论我的功过得失，今天我也要评一评你们的长处与短处。"

　　唐太宗先评价了长孙无忌，说他注意避嫌，才思敏捷，但带兵打仗不行；又评价了高士廉，说他遇到危难不变节，平日做官不结党营私，但不敢直谏；最后谈到褚遂良，说：

"遂良的学问大有长进，性格也很刚正，对朝廷坚贞不渝，对我很有感情，平日里一副飞鸟依人的模样，不由我不怜爱他呀！"

　　唐太宗临终前，指着褚遂良和长孙无忌对太子说："这两人都是忠臣，只要他们在，你就可以放心。"

始终不渝

出处 唐·房玄龄等《晋书·谢安传》："安虽受朝寄，然东山之志始末不渝，每形于言色。"

释义 自始至终不改变。

近义词 至死不渝　坚韧不拔　自始至终　锲而不舍

反义词 朝秦暮楚　朝三暮四　反复无常　见异思迁

造句 无论遇到什么困难，我对理想的追求都将始终不渝。

　　东晋政治家谢安，在晋孝武帝时任宰相。当时前秦强盛，攻占梁、益、樊、邓（分别在今陕南、四川、鄂西北一带）等地。383年，前秦军南下，江东一带极为惊恐。谢安派谢石、谢玄等抵抗，获得淝水之战的巨大胜利，并乘机北伐，收复了北方大片土地。

　　淝水之战取得胜利之后，东晋统治阶级内部之间互相倾轧。晋孝武帝重用弟弟司马道子，他网罗一批坏人充当爪牙，竭力排斥抗前秦有功的宰相谢安，谢安不得不出镇广陵，不久回京病死。

　　谢安在淝水之战前，曾一度退职隐居在会稽的东山（今浙江绍兴上虞区西南）。以后，谢安虽受朝廷重用，但他隐居东山的愿望一直没有改变，经常在言谈中表现出来。

陈晓艳 编

彩绘版

中华成语故事

写给儿童的

读成语 知历史
通古今 长见识

7

时代文艺出版社

前言

　　成语是中国汉语言文化中的一朵奇葩。在浩如烟海的典籍中，成语作为语言的精华、文明的积淀、历史的浓缩、智慧的结晶，成为传承中华文明的重要纽带。大到治国安邦，小到为人处世，中华五千年的历史文化，无不在一个个简短的成语中得到了充分体现。时至今日，仍有大量的成语在被广泛使用，散发着永恒的魅力。

　　同时，学习成语也是小学生语文的必修课。在作文写作中，恰当地运用成语，可以使文章熠熠生辉；在口头表达中，恰当地运用成语，则可以使你的语言更富有感染力。因此，熟练掌握和运用成语，不仅能达到言简意赅的效果，同时也是衡量一个人文字功底、文化素养以及语言表述能力的重要标尺。

　　学习成语，若从生动有趣的故事入手，则能达到寓教于乐、事半功倍之效。阅读成语故事，了解成语的来龙去脉，不仅可以从中感受故事的精彩，还能加深对成语含义和历史文化的理解，增强学习的趣味性。成语背后的故事或险象环生，或快乐活泼；或腥风血雨，或诙谐幽默；或振聋发聩，或润物无

声……成语将古代中国的政治军事、日常生活、文学艺术、文化习俗、道德传统和理想志趣等浓缩成一个个深刻隽永的片段，集中展现了古人的人生智慧和思想光芒。

本书收录了近五百则成语故事，既注重知识性，又兼顾趣味性和实用性；除了讲述故事，更点明了每条成语的出处、释义、近义词、反义词、造句示例等，让小读者既明其义、会使用，又知其源，了解其中所蕴含的丰富文化内涵。同时，本书配有深具历史韵味和艺术感染力的精美插图，使故事生动活泼，引人入胜。

全书所有故事虽系摘选，但皆独立成篇，可以使小读者对成语的由来一目了然；可读性强，使小读者能于兴致盎然中轻松获益。可谓一册在手，中华成语故事全掌握。

现在，就让我们翻开本书，一起走进成语故事的世界，去品味中华语言文化的博大精深和妙趣横生吧！

目录

马革裹尸

出处 南朝宋·范晔《后汉书·马援传》："男儿要当死于边野，以马革裹尸还葬耳，何能卧床上在儿女子手中邪？"

释义 用马皮将尸体包起来。形容战死沙场，无棺盛殓。一般指为正义的事业而牺牲在战场上。

近义词 战死沙场　粉身碎骨　肝脑涂地　赴汤蹈火

反义词 临阵脱逃

造句 作为军人，应以马革裹尸为荣。

　　东汉建武二十年（44年），大将马援在边疆打仗得胜回朝，快到京城洛阳时，便见大路两边站满了前来迎接的人群。

　　人群中有一位叫孟冀的人，他是马援的故友，在迎接时，对马援说了许多恭维的话，其意无非是此番得胜还朝，皇上定有封赏，从此高官厚禄，再也不用愁。谁知马援听了，脸一下子就沉了下来。他对孟冀说："当今天下并不太平，匈奴和乌桓不时地侵扰北方边疆，我想的是外患未除，应主动请战，杀退敌人。大丈夫应当有洒血疆场的准备，哪怕马革裹尸也在所不惜，怎么能效仿那些无用的懦夫，赖在家中与儿女打闹逗乐呢？"

　　孟冀不禁又羞又愧，由衷地叹道："作为一个志士，确应有马援的雄心。与之相比，像我这样的人实在太没出息了。"

03

不屈不挠

出处 东汉·班固《汉书·叙传下》："乐昌笃实，不桡不诎。"

释义 指在困难或恶势力面前不屈服，不低头。屈：屈服。挠：弯曲。

近义词 坚韧不拔 奋不顾身 百折不挠 勇往直前

反义词 卑躬屈膝 奴颜婢膝 甘心屈从

造句 不屈不挠的精神，是人生成功的法宝。

汉成帝时，丞相王商为人正直，庄重诚实，敢于向恶势力做斗争，后人曾用"不屈不挠"四字评价他。

一年秋天，京城长安忽然传出一则谣言，说大水马上就要冲进城来了。汉成帝的舅父、大将军王凤听到风声，信以为真，赶忙去劝汉成帝躲到船上去。大臣们也随声附和王凤的意见，只有王商一人极力反对。他认为大水进城的说法不可靠，如果皇上带头上船，百姓们一定更加惊慌，难免要惹出麻烦。

汉成帝派人调查，确认长安并不会发大水。汉成帝很赞赏王商力排众议、坚持正确意见的胆识，对王凤惊慌失措的表现十分不满。

姗姗来迟

出处 东汉·班固《汉书·孝武李夫人传》："是邪，非邪？立而望之，偏何姗姗其来迟！"

释义 比喻来得很晚。姗姗：走路缓慢从容的样子。

近义词 蜗行牛步

反义词 健步如飞　大步流星　捷足先登

造句 姗姗来迟的人总有一堆奇怪的理由。

　　汉武帝刘彻有个妃子，叫李夫人。李夫人不仅容貌美丽，而且擅长歌舞，所以武帝非常宠爱她。不幸的是她红颜命薄，年纪轻轻就命归黄泉。武帝十分悲痛，时常思念她。

　　当时，有个名叫少翁的方士来到京城长安。此人自称有招魂的本领，能将死者的魂魄召来与亲人相见。武帝大喜，立即要他招李夫人的魂。

　　一天晚上，少翁取来李夫人生前穿过的衣服，并叫人腾出一间干净的房间。然后点起灯烛，张起帷帐，请武帝在另一帷帐里坐等。他进入帷帐后，喷水念咒作法。闹了好长时间，武帝才隐隐约约地看到一个身材苗条的女子缓缓走来。这名女子好像是李夫人，她在帷帐里端坐了一会儿，又踱来踱去。

　　武帝越看越觉得她像李夫人，不由得看出了神。再转眼一看，里面已经没有人了。他心中又激起一阵悲痛，当即作了一首小词："是邪，非邪？立而望之，偏何姗姗其来迟！"

　　其大意是：究竟是不是你？我只能站立着在远处看你。你为什么这么迟才缓缓而来？

不耻下问

出处 《论语·公冶长》："敏而好学，不耻下问。"
释义 不以向比自己学识差或地位低的人请教为可耻。形容虚心求教。不耻：不以……为可耻。
近义词 不矜不伐　谦虚谨慎
反义词 自以为是　好为人师　自高自大
造句 我们学习上要有不耻下问的精神，善于并且乐于向别人学习。

春秋时期，卫国大夫孔圉（yǔ）由于谦虚好学，卫国国君在他死后特别赐给他一个"文"的称号，人们尊称他为"孔文子"。

孔子的学生子贡，也是卫国人。他认为孔圉不应得到那样高的评价。有一次，他问孔子凭什么赐给孔圉"文"的称号。

孔子回答说："孔圉非常勤奋好学，聪明灵活，而且经常不耻下问，所以赐给他一个'文'的称号。"

经过孔子这样一解释，子贡这才服气。

天真烂漫

出处 元·夏文彦《图绘宝鉴·郑思肖》："工画墨兰，尝自画一卷，长丈余，高可五寸许。天真烂漫，超出物表。"

释义 原指书法不矫饰，不做作，纯真自然。后多用作形容儿童心地单纯、性情直率。天真：心地单纯，不虚伪做作。烂漫：坦率自然。

近义词 天真无邪　懵懂无知

反义词 老成持重　矫揉造作

造句 她的性情是那样天真烂漫，笃实敦厚。

　　南宋有个姓郑的画家，在南宋灭亡后隐居在苏州的一所寺庙里，并改名为"思肖"。因为，宋朝是赵姓打的天下，"肖"是"赵"的繁体字的一部分，他以此表示自己永远思念故国南宋。

　　郑思肖在自己的寓所里挂了一块大匾，匾上是他亲笔写的"本穴世界"四个字。原来，"本"由"大""十"两字组成，把其中的"十"字放在"穴"字中间，就成为"宋"，加上"大"就是"大宋"，他借此暗示自己仍然生活在"大宋"的疆域内。

　　郑思肖连自己的朝向也非常注意：无论坐着还是睡觉，总要面对南方。许多人慕名前来拜访他，交流画艺。他见来人说南方话，便热情接待；而见来人说北方话，便拂袖而起。

　　郑思肖爱画兰花，画的墨兰没有土和根，却生动逼真，朋友们都赞叹不已。但有人问他："先生画墨兰，为什么不画土和根呢？"

郑思肖愤然作答道："土地都给别人抢去了，哪来土和根！"这是他对故土的怀恋和对元朝统治者的抗议。

郑思肖的画远近闻名，连当地县官也想得到一幅。一次，县官让差役传话，如果他能献出一幅墨兰，就可以免去他的赋税。郑思肖对差役强硬地说："头可断，兰不可画！"县官听了，本想对他惩处，但考虑到这样做会引起文人们的反抗情绪，也就不了了之。

有一次，他又画了一卷高五寸、长一丈多的墨兰。画上的墨兰，自然是全无土根的，他还在画上题了八个字："纯是君子，绝无小人。"大家一致夸他画得天真烂漫，生气勃勃。"天真烂漫"这个成语，就取自人们对郑思肖所画墨兰的赞语。

无所适从

出处 唐·李百药《北齐书·魏兰根传》："此县界于强虏，皇威未接，无所适从，故成背叛。"

释义 不知跟从哪一个好。比喻不知怎么办才好。适：往。从：跟随。

近义词 不知所措　进退失据　莫衷一是

反义词 择善而从

造句 父母要言行一致，否则孩子会无所适从。

北朝齐国的魏兰根，相貌奇伟，卓有见识，机警而有才能。

魏兰根的母亲去世后，要葬在常山郡境内。当地有一个董卓的祠庙，祠堂周围长了一片柏树。魏兰根说："董卓活着时是奸臣，他的祠堂不该保存下来。"就命人把柏树全部砍伐干净，给他母亲做了棺材。别人劝他这样做恐怕会不吉利，魏兰根置之不理。

有一年，秦陇一带闹饥荒，可官府却丝毫不肯减轻赋税，结果发生了农民起义。朝廷命令行台萧宝夤（yín）带兵讨伐起义军占据的宛川，当时任岐州刺史的魏兰根，也跟随萧宝夤的部队作战。

很快，起义军失败了，宛川城被攻陷，官军抓获了大批俘虏。萧宝夤从中挑选了十名美女赏给魏兰根做奴婢。魏兰根很不赞成，说："宛川县地处偏远，地头蛇势力很强，皇室的恩威则比较薄弱，因此老百姓才感到无所适从，结果误入歧途，卷入了叛乱之中。如今朝廷应该总结经验教训，对他们采取怀柔政策：百姓饥寒，朝廷应该给他们送衣送粮，关心感化他们，怎么可以让他们充当奴仆呢？"于是他把这些女子全部遣回家乡。

开诚布公

出处 西晋·陈寿《三国志·蜀书·诸葛亮传论》:"诸葛亮之为相国也……开诚心,布公道。"

释义 指以诚心待人,坦白无私;也指交换意见时持真诚坦率的态度。

近义词 推诚相与　肝胆相照　待人以诚

反义词 尔虞我诈　巧言令色　钩心斗角

造句 她这一番开诚布公的话,证实了她对他的心意。

　　三国时,诸葛亮决定攻打魏国,于是先派人去守住重镇街亭。参军马谡(sù)立下军令状,要求带兵去守街亭。诸葛亮答应了马谡的请求。然而马谡刚愎(bì)自用,不听副将王平的劝告,结果街亭失守。亏得诸葛亮在城门设了"空城计",才渡过了司马懿(yì)重兵压境的危局。事后,诸葛亮挥泪斩马谡。

　　当行刑的武士提着马谡的脑袋来回复诸葛亮,诸葛亮恸哭了一场。在一旁的蒋琬(wǎn)此时疑惑不解,诸葛亮向他坦述了自己的心里话:"我并不是为马谡的死而哭,而是为我没有听从先帝临终前的劝告'马谡这人说话言过其实,不可重用',而造成了这样大的损失而哭,我真痛恨自己糊涂啊!"

　　诸葛亮将马谡斩首示众,以此来教育官兵,然后又叫人将马谡的脑袋与尸身用针缝上,殓(liàn)入棺材。他亲自写了祭文悼念马谡,隆重地为马谡举行了祭祀。他又去安慰马谡的子女，按时发给他们优厚的抚恤金。这一切都安排妥帖后，诸葛亮就向后主刘禅去请求降职，以惩罚自己错用马谡的罪过。

诸葛亮的一生时时处处以这种真诚、坦率、无私的言行待人处世，所以《三国志》里用"开诚心，布公道"的评语来赞美他。后来人们就把这个赞语简化为成语"开诚布公"。

气壮山河

出处 南宋·陆游《老学庵笔记》："赵元镇丞相与谪朱崖，病亟，自书铭旌：'身骑箕尾归天上，气作山河壮本朝。'"

释义 比喻人的豪迈之气好像高山大河那样雄伟壮观。

近义词 气贯长虹　气势磅礴　叱咤风云　气吞山河

反义词 气息奄奄　奄奄一息

造句 文天祥在就义前写下了气壮山河的诗篇。

南宋大臣赵鼎二十一岁考中进士，于是受到宰相吴敏赏识，被调到都城开封任职。

1125年冬，金国出兵南侵，次年秋攻陷太原。宋钦宗惊慌失措，赶紧召集文武大臣商议对策。一些贪生怕死的大臣主张割让土地向金国求和。赵鼎却说："祖先留下来的国土，怎能拱手送给别人？望陛下三思！"

可是，宋钦宗非常惧怕金兵，决心把大好山河割让给金国。金军谈判时要求把黄河以北的土地全部割让给金国，宋钦宗竟答应了。但是，金军继续南下。1126年底，金军抵达开封城下。宋钦宗不等金军攻城，就亲自到金军营中商议割地求和，未果，又在金人的要求下代替宋徽宗前往金营求和。不久，金兵统帅扣留了宋钦宗，让部下进城掠夺，然后把宋钦宗和他的父亲宋徽宗当作俘虏，连同搜刮到的大量金银财宝一起带回金国。北宋王朝就此灭亡。

1127年，宋钦宗的弟弟康王赵构在应天府（今河南商丘）建立了南宋王朝，史称宋高宗。他即位初期，起用了一批主战派大臣，赵鼎也在其中。金兵不断南侵，宋高宗被迫撤退到会稽（今浙江绍兴）。后来，宰相秦桧知道宋高宗只想偏安江南，而不真心抗金后，便竭力唆使他与金国讲和。赵鼎对此自然反对。于是，秦桧经常在宋高宗面前说赵鼎的坏话。后来，宋高宗终于将赵鼎贬到外地去当官。

赵鼎在朱崖住了三年，生活非常困苦。秦桧知道他的处境后，认为他不可能活得长久，便叮嘱地方官每月向自己呈报他是否还活着的消息。

赵鼎六十二岁那年，终于患了重病。临死前，他对儿子悲愤地说道："秦桧非要置我于死地不可。我不死，他可能会对你们下毒手；只有我死了，才不会连累你们。"

说罢，他叫儿子取来一面铭旌（竖在灵柩前标注死者官衔和姓名的长幡），在上面书写了一行字："身骑箕（jī）尾归天上，气作山河壮本朝。"

其意思是："我身骑箕、尾两座星宿回归上天，我的气概像高山大河那样雄壮豪迈地存在于本朝。"

几天后，赵鼎不食而死。

身骑

尾归天上

气作山河壮本朝

19

甘之如饴

出处 南宋·文天祥《正气歌》诗："鼎镬甘如饴，求之不可得。"

释义 比喻像糖一样甜，也用来表示乐于承受艰难、痛苦。甘：甜，情愿之意。饴：饴糖。

近义词 何乐不为　甘心情愿　甘心如芥

反义词 悔之无及　苦不堪言　欲罢不能

造句 在别人眼里，他的工作很苦很累，他却甘之如饴。

宋朝末年，文天祥抗元，因力量悬殊，不幸被捕。元将张弘范劝他投降，文天祥不为所动，元朝统治者就将他关在一间土牢里。文天祥被关的这间牢房，又矮又窄，阴暗潮湿。遇到下雨天，屋子漏得满地是水，泥泞不堪；到了夏天，又闷又热，地上墙脚发出一阵阵的霉味和粪便的臭气，使人十分难受。

文天祥被关了整整三年，经历了一切威逼利诱，受尽了各种折磨，可是他杀身成仁、尽忠报国的决心始终没有动摇。他在牢中写下了一首传诵千古的《正气歌》。

在诗里，文天祥叙述了自己抗击元军的艰苦经历，提到了历史上许多为了坚持正义事业而不惜献身的英雄人物。诗里有两句说："鼎镬（huò）甘如饴，求之不可得。"意思是说：为了坚持崇高的民族气节，即使把我放到鼎镬里去烹煮，我也会感到像喝糖浆一样甜！正求之不得，绝不会畏惧屈服！

元朝皇帝忽必烈见刑罚利诱全都无用，就下令杀害了文天祥。但是，文天祥的这两句诗，却感动和鼓舞了后世的仁人志士为理想而英勇献身。

"甘之如饴"这个成语，也就这样流传下来了。

礼贤下士

出处 北宋·欧阳修等《新唐书·李勉传》:"其在朝廷,鲠亮谦介,为宗臣表,礼贤下士有始终,尝引李巡、张参在幕府。"

释义 指对有才有德的人以礼相待,不计自己的身份去结交。现多指社会地位高的人重视和招揽人才。

近义词 吐哺握发 三顾茅庐

反义词 盛气凌人 傲世轻才

造句 他虽身居高位,但谦恭屈己,礼贤下士。

唐朝的宗室后代李勉,廉洁方正,从地方官一直升到宰相。他在担任考察州县官吏政绩的观察使时,发现一个名叫王晬(zuì)的武官为人正直,非常能干,便让他代理县令的职务。

不久,王晬遭到权贵的诬陷,唐肃宗颁下诏书,要李勉处死王晬。李勉没有马上处死王晬,而是连夜上奏章,请求朝廷赦免他。

唐肃宗接到奏章后,免去王晬死罪。但是,李勉也因执行圣旨不力而被召回京师发落。

李勉进京后,向唐肃宗面奏王晬是无罪的,现在朝廷要任用的就是像王晬这样正直能干的人。肃宗了解了全部情况后,对李勉坚持正义、保护贤才的做法予以肯定,授他掌管宗庙礼仪的太常少卿之职,并任命王晬为县令。王晬到任后,为官清正,办事公道,很受百姓爱戴。朝中人也都称赞李勉能识别人才和爱惜人才。

后来，李勉担任节度使，听人说李巡、张参这两个人相当有才学，便请他俩来辅助自己办理公务。李勉并不因为这两位名士是自己的下属而摆架子，而是始终以礼相待。凡有宴饮，总要请他们出席。

不幸的是，李巡、张参两人不久先后去世。李勉非常怀念他们，每逢宴请宾客时，总要设两个空位，照常摆着酒菜，就像他俩还活着似的。

不仅是对李巡、张参那样的贤才，就是对普通士兵，李勉也是以礼相待，爱护备至，所以在他手下当差的人，都愿意为他尽力。

后世对李勉的品格和为人十分推崇，特别是对他尊重有才德的人、有礼貌地对待地位低下的人的行为，更是长久地称赞。

老当益壮

出处 南朝宋·范晔《后汉书·马援传》:"丈夫为志,穷当益坚,老当益壮。"

释义 年纪虽老而志气更旺盛,干劲更足。

近义词 壮心不已 宝刀未老 老骥伏枥 老而弥坚

反义词 未老先衰 老气横秋 老态龙钟

造句 郭大夫虽然到了快退休的年纪,但他老当益壮,仍然工作在第一线。

王莽篡权称帝后,被农民起义军杀死,陇西的隗嚣乘天下大乱之机起兵。隗嚣很器重马援的才华,封他高官,同他商议军机大事。但马援深知隗嚣是无能之辈,毅然离开,投奔刘秀。刘秀早闻马援大名,求之不得,立刻对他委以重任。

刘秀称帝后,为了消灭隗嚣的割据势力,亲自率领大军征讨陇西,谁知山高路险,人地生疏,无法进军。这时马援依靠自己对陇西地形的了解,为刘秀制定进军路线,提出作战计划。结果隗嚣的军队很快土崩瓦解,刘秀终于平定了西部地区。

不久,陇西羌人作乱,光武帝刘秀调遣马援平定陇西,封他为陇西太守。马援火速赶到陇西,立刻率领三千名步骑兵向羌人发动攻击,一举击溃羌军。此战,马援腿部中箭,仍坚持战斗。十几天后,马援彻底平定了陇西,光武帝闻讯

十分高兴，派人送来牛马赏赐马援，马援立刻把这些东西分给将士们。

几年后，陇西地区的羌人和塞外一些游牧部族起兵作乱。马援率领四千名士兵前去征讨，把羌军围困在荒山上。几天后，羌军饥渴难忍，全部投降。马援很快平定了陇西。

不久，岭南交趾（zhǐ，今越南北部）地区征侧、征贰两姐妹起兵造反，征侧自立为王，南方几个地区纷纷响应。马援被光武帝封为伏波将军，率领大军乘海船抵达交趾，分兵两路，在浪泊地区大败敌军，俘虏近万人。马援乘胜追击，于第二年正月就平定了岭南地区，抓获征侧、征贰两姐妹。

马援六十二岁时，汉军去平定武陵动乱，结果全军覆没。马援向光武帝请求出战，光武帝劝他说：“你征战无数，年纪大了，不要再出征了！”

马援说：“我不算老，披甲上阵易如反掌！”

光武帝深为感动，令他率领四万大军征讨武陵。此时正是暑天，骄阳似火，敌军守住山头，居高临下，汉军的船只被急流所阻，久攻不下。许多官兵中暑，军营疾病流行，马援也病倒了，最终病重而死。

马援生前常对朋友说：“大丈夫要有志气，越穷困，志气越要坚定，年老了，志气更要雄壮！”他征战一生，最后实现了平生的志愿。

绿叶成荫

出处 唐·杜牧《叹花》："狂风落尽深红色，绿叶成阴子满枝。"

释义 原指女子出嫁，子女多，现比喻绿叶繁茂、覆盖成荫。荫，也作"阴"。

近义词 枝繁叶茂

反义词 寸草不生

造句 当年种的小树苗，如今已是绿叶成荫了。

　　唐朝的时候，有一个著名的诗人叫杜牧，他的祖父杜佑曾做过两朝大官，家学渊源，他从小便有才名。长大后，他的诗情豪迈，语句惊人，因此当时的人将他与杜甫相比，称杜甫为"大杜"、杜牧为"小杜"。

　　杜牧曾在湖州（今浙江湖州）游览，见一老婆婆带了一个年少女子行过，那女子虽只有十多岁，但样子生得非常美丽，是个倾城倾国的佳人。杜牧对她动了情意，向老婆婆下聘，约以十年为期，到时他不来，便由老婆婆自己做主安排她的婚姻。

　　后来，在好友周墀（chí）做宰相时，杜牧要求调职到湖州当刺史，可是他到湖州时，已经相隔十四年了，他所聘的女子已经成婚，生了两个孩子。杜牧非常遗憾，便作了首《叹花》诗：

　　自是寻春去较迟，不须惆怅怨芳时。

　　狂风落尽深红色，绿叶成阴子满枝。

杀身成仁

出处 《论语·卫灵公》："志士仁人，无求生以害仁，有杀身以成仁。"

释义 指为成就仁德而牺牲生命。后泛指为了维护正义事业而舍弃自己的生命。

近义词 成仁取义 舍生取义

反义词 苟且偷生 贪生怕死

造句 历史上有多少刚毅之士，为了进步事业而杀身成仁。

　　有一次，弟子向孔子请教说："先生，您讲的仁德，确实是一种美德，我很想得到，但活在世上也是我的欲望。假如仁德与生命两者发生冲突，该怎样处理呢？"

　　孔子说："凡是真正的志士仁人，都不会因为贪生怕死而损害了仁德。我们应该做的是勇于牺牲自己的性命，来成全仁德。"

　　孔子的学生子贡又问道："仁德一定是很难得到的吧？我们应当怎样去培养它呢？"

　　孔子说："培养仁德可以从头做起。比如说，工匠要做好他的活计，必须先有得心应手的工具；对于一个国家来说，应该选择大夫中的贤者去敬奉；对于自己来说，就应该挑选士人当中的仁者交朋友，这样才会培养起仁德来。"

29

众醉独醒

出处 战国·屈原《渔父》："举世皆浊而我独清，众人皆醉而我独醒，是以见放。"

释义 指众人都昏醉，唯独自己保持清醒。比喻超凡脱俗，不随波逐流。

近义词 愤世嫉俗

反义词 随俗浮沉

造句 在这一片荒芜中，唯有一株花树，众醉独醒般开得热闹。

　　战国时代，有一次，左徒屈原替楚怀王制定法令，还没有修改好时，刚巧给靳（jìn）尚看见了，他想请屈原说这是他拟定的，但被屈原拒绝。因此靳尚怀恨在心，经常到楚怀王面前去挑拨是非，说了屈原许多坏话。楚怀王竟听信了他，罢免了屈原的左徒之官，任三闾大夫之职。

　　这件事使屈原很痛心。于是，屈原写下了《离骚》，想借此感动楚怀王，使他回心转意，却没有收到效果。后来，楚怀王中了秦国的离间计，和齐国断绝了邦交，并和秦国打起仗来，楚国被打得大败。

　　屈原虽不在朝中，但还心挂着国事，几次想回来，靳尚又在楚怀王的儿子顷襄王面前说他的坏话，屈原又被放逐到沅（yuán）湘流域。

　　有一日，屈原到了湖南汨（mì）罗江边，他披散着头发，面色憔悴，在江边走来走去地吟诗。当时有个渔夫看见

他，便问他怎么沦落到如此地步，屈原便说："举世皆浊而我
独清，众人皆醉而我独醒。"

闲关却扫

出处 南朝梁·江淹《恨赋》："至乃敬通见抵，罢归田里，闭关却扫，塞门不仕。"

释义 关上大门，扫除车迹。指闭门谢客，不和外界往来。却：停止。却扫：不再清扫车迹，意指谢客。

近义词 闭门谢客

反义词 迎来送往

造句 他归隐山林，闭关却扫，落得个安静自在。

东汉时，有个读书人名叫赵壹，品行高洁。当时，郡太守袁逢虽然表面上很清高，但暗中却和奸臣勾结。赵壹起先没有看清袁逢的真面目，便给他当幕僚。

袁逢为了装出喜交名士的样子，经常屈尊前往赵壹家中拜访。每次袁逢前来，赵壹都大开正门，并让人把庭院中的通道打扫干净，以表示自己对袁逢的敬意。

但是，一次偶然的机会，赵壹发现了袁逢和奸臣勾结，心中十分恼怒，他也不向袁逢说明理由，便毅然辞去了幕僚的职务。

袁逢不知道赵壹已看清自己的真面目，仍去拜访赵壹。他来到赵壹家门口，只见大门紧闭，门前通道上也一片狼藉，无人打扫。袁逢对守门的庄客说："请你通报，说袁逢前来拜访！"

庄客前去禀告，之后出来说："主人说他不和缺德的小人交往，所以不想见你！"

袁逢听了，悻悻而去。

返老还童

出处 宋·张君房《云笈七签·诸家气法》:"日服千咽,不足为多,返老还童,渐从此矣。"

释义 原为道家语,指却老术。后用以形容老年人恢复青春,充满活力。

近义词 老当益壮 鹤发童颜

反义词 未老先衰 老态龙钟

造句 爷爷近来坚持晨练,身体和精神都越来越好,像返老还童一般。

刘安，汉文帝之弟淮南王刘长的长子，在汉文帝十六年（公元前 164 年）袭父封为淮南王。他好文学，曾奉汉武帝之命作《离骚传》。"返老还童"是晋朝人葛洪撰写的《神仙传》一书中一则有关淮南王刘安的传说。

相传，刘安自年轻时代起，就喜好求仙之道。封淮南王以后，更是潜心钻研，四处派人打听却老之术，访寻长生不老之药。

有一天，忽然有八位白发银须的老汉求见，说是他们有却老之法术，并愿把长生不老之药献给淮南王。刘安一听，知是仙人求见，真是大喜过望，急忙开门迎见，但一见那八个老翁，却不禁哑然失笑。原来八个老汉一个个白发银须，虽然精神矍（jué）铄（shuò），但毕竟是老了呀，哪会有什么却老之术呢？

"你们自己都那样老了，我又怎么能相信你们有却老之法术呢？这分明是骗人！"刘安说完，叫守门人把他们撵走。

八个老汉互相望了一眼，哈哈笑道："淮南王嫌我们年老吗？好吧！那么，再让他仔细地看看我们吧！"说着，八个老翁一眨眼工夫，忽然全变成儿童了。

已经年老的人，一下子变成了儿童，这是全然不可能的，仅仅是传说故事而已。《云笈（jí）七签》这部道教书籍中提到的"返老还童"，也仅仅是有关炼丹、法术的传说罢了。

衣不解带

出处 南朝宋·刘义庆《世说新语·排调》："仲堪父尝疾患经时，仲堪衣不解带数年。"

释义 形容日夜辛劳，不能安稳休息。

近义词 衣不解结

造句 他最近工作忙，一连几天都是衣不解带。

　　殷仲堪是晋代陈郡人，出身于官宦人家。殷仲堪自幼聪颖好学，对《道德经》一书倒背如流，经常说只要三天不读《道德经》，便会觉得口舌僵硬，不能自如。此事作为奇闻流传各地。

　　镇守京口的大将军谢玄十分器重殷仲堪，请他做官，被他拒绝了。在给谢玄的信中，殷仲堪情真意切地诉说了战争给百姓带来的骨肉离散之痛，希冀上面能以仁义来对待百姓。谢玄阅后十分感动，越发敬重他，并采纳了他的谏言。

　　殷仲堪担任晋陵太守时，严令整饬（chì）当地风气，因此，晋陵尊老爱幼蔚然成风，并以"礼义之乡"著称。

　　后来，殷仲堪的父亲得了一种怪病：一点点细微的声音都被他听成巨响，身体因此渐渐衰弱，以致一病不起，四处求医无效。殷仲堪万分焦急，于是决定亲自攻习医学，日以继夜地研究其精妙。有一次，因手上沾有药物去擦眼泪，他的一只眼睛失明了。殷仲堪的孝名也因此传扬天下。殷仲堪的父亲死后，孝武帝召他为太子中庶子。

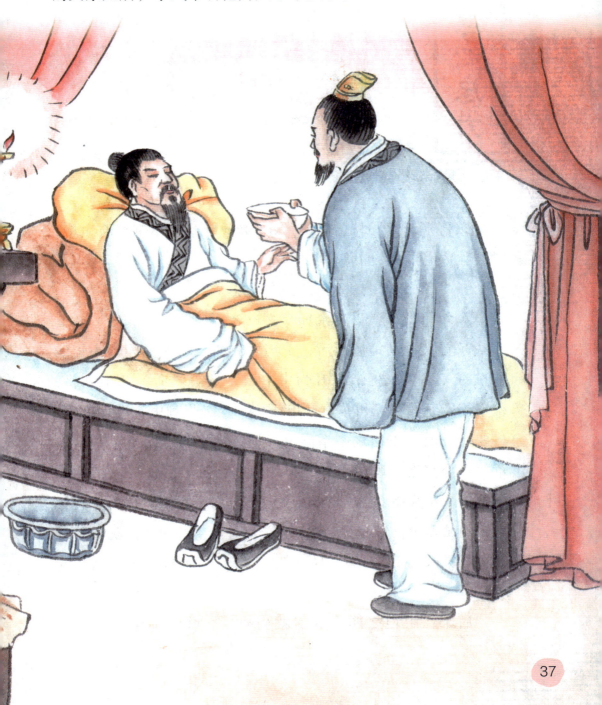

尽心尽力

出处 唐·房玄龄等《晋书·王坦之传》："且受遇先帝，绸缪缱绻，并志竭忠贞，尽心尽力，归诚陛下，以报先帝。"

释义 投入全部心思，使出全部力量。形容做事费尽心力。

近义词 全力以赴　不遗余力　殚精竭力

反义词 玩忽职守

造句 他在工作中凡事都尽心尽力，受到领导和同事的一致好评。

东晋王坦之，与名臣郗（xī）超（字嘉宾）都极有名望，时人称赞道：

盛德绝伦郗嘉宾，

江东独步王坦之。

东晋大司马桓温死后，王坦之和谢安二人共同辅佐年幼的皇帝。不久，王坦之升为中书令，又被任命为北中郎将，统率徐、兖、青三州军事，担任徐、兖二州刺史，镇守广陵。将要赴任时，王坦之心系国事，担心幼主，专门上了一道表章，劝导皇帝，朝中事情，无论大小，都要和谢安、桓冲商量，这二位大臣受到先帝的信任和厚遇，"志竭忠贞，尽心尽力，归诚陛下，以报先帝"。这二人对于皇帝而言，犹如周时的姬旦，汉时的霍光，显宗时的王导。皇帝接受了王坦之的表章。

后来，王坦之四十六岁就病故了。临终前仍写信给谢

安、桓冲，内容全是国家大事，一句也不提私人之事。对于
他的早逝，朝廷内外很多人都非常痛惜。

好善嫉恶

出处 东汉·王符《潜夫论·实贡》:"好善嫉恶,赏罚严明,治之材也。"

释义 崇尚美善,憎恨丑恶。

近义词 好善恶恶　嫉恶如仇

反义词 善恶不分

造句 如果社会上每个人都好善嫉恶,犯罪分子就没有立身之地了。

唐代中期,安史之乱爆发,连都城长安也陷于叛军手中。唐军大将李晟(shèng)率军经过几日的浴血奋战,终于收复了长安。进长安城时,他下命令说:"我与大家都有家室在长安,离别数年,都想知道家人的情况,但为了安定社会秩序,五日之内不得和家人通消息,也不得扰乱百姓,否则当斩!"

后来,西域的吐蕃民族很想侵犯中原,但因为李晟的顽强抵抗,总是不能得逞。吐蕃的宰相尚结赞知道要想进攻中原,必先除掉李晟。于是,他就使了个计谋,亲自率领大兵侵入陇州和凤翔,只是示威似的转了一圈,并到处放风说:"李晟召我们来,怎么不用酒肉犒劳我们呀?"李晟知道后,恨得咬牙切齿,就派兵伏击吐蕃军,吐蕃军大败。尚结赞忙派人向唐德宗求和。

李晟听说吐蕃使者已赴京求和,急忙赶回京城,向德宗上奏道:"戎狄之人不讲信用,不能和他们讲和。"可是德宗因连年征战，已厌恶打仗。他还怀疑李晟是为了邀功而与吐蕃打仗、制造事端的，就不听李晟的建议，而且还削了李晟的兵权。

有人对李晟说："您劳苦功高，却被罢了兵权。自古以来，功高者都没有好下场，您何不早为自己留条退路呢？"李晟一听，那人分明是叫自己结党谋反，就严加斥责。当时人们称赞李晟"天性好善嫉恶，尤其厌恶结党营私者"。

克己奉公

出处 南朝宋·范晔《后汉书·祭遵传》："遵为人廉约小心，克己奉公，赏赐辄尽与士卒。"

释义 克制、约束和严格要求自己，为集体的利益而努力。

近义词 廉政无私 大公无私 廉洁奉公 奉公克己

反义词 监守自盗 见利忘义 利欲熏心 假公济私

造句 我们要学习他克己奉公、助人为乐的高尚品质。

祭遵，字弟孙，东汉初年颍阳（今河南襄城县颍阳镇）人。祭遵从小喜欢读书，虽然出身豪门，但生活非常俭朴。

24年，刘秀攻打颍阳一带，祭遵去投奔他，被刘秀收为门下吏。后随军转战河北，成为军中的执法官，负责军营的法令。任职期间，他执法严明，不徇私情，为大家所称道。

有一次，刘秀身边的一个小侍从犯了罪，祭遵查明真相后，依法把这小侍从处以死刑。刘秀知道后，十分生气，想祭遵竟敢处罚自己身边的人，欲降罪于祭遵。但马上有人来劝谏刘秀说："严明军令，本来就是大王的要求。如今祭遵坚守法令，上下一致做得很对。只有像他这样言行一致，号令三军才有威信啊。"

刘秀听了觉得有道理，非但没有治罪于祭遵，还封他为刺奸将军。

祭遵为人廉洁，为官清正，处事谨慎，克己奉公，常受到刘秀的赏赐，但他将这些赏赐都拿出来分给手下的人。他生活十分俭朴，家中也没有多余的私人财产，即使在安排后事时，他仍嘱咐手下的人，不许铺张浪费，只要用牛车装载自己的尸体和棺木，拉到洛阳简单下葬就可以了。

祭遵死后多年，汉光武帝刘秀仍对他克己奉公的精神赞赏有加。

别无长物

出处 南朝宋·刘义庆《世说新语·德行》："丈人不悉恭，恭作人无长物。"

释义 除一身之外再没有多余的东西，原指生活俭朴，现形容贫穷。

近义词 空空如也　阮囊羞涩　家徒四壁

反义词 一应俱全　应有尽有　腰缠万贯

造句 这个屋子里除了床和桌子，别无长物。

　　王恭是东晋时期人，他一生为官廉正清明，生活节俭朴素。有一次，王恭到会稽（今浙江绍兴）去出差，几个月后才回到建康（今江苏南京）。他的族叔王忱前去探望，见他坐在一张六尺长的竹席上。王忱很喜欢这张做工精细的竹席，就很随便地对王恭说："你刚从盛产竹子的会稽回来，一定带了不少这样的东西，可以送一张给我吗？"

　　王恭愣了一下，随即爽快地答应了。

　　王忱回去后，王恭派人把自己坐的那张席子送给王忱。他自己再没有多余的竹席了，就只好铺草垫子，读书、吃饭都是坐在草垫子上。

　　后来，王忱知道了这个情况，非常惊奇。赶忙去见王恭，抱歉地对他说："我原来以为你一定有好几张这样的席子，所以才开口向你要一张，怎么也没有想到你只有这么一张席子啊！"

王恭回答说："您老人家不了解我，我从来没有多余的东西。"王忱听罢，更加敬佩王恭廉洁俭朴的美德。

身先士卒

出处 西汉·司马迁《史记·淮南衡山列传》:"当敌勇敢,常为士卒先。"

释义 作战时将帅亲自带头,冲在士兵前面,现多用来比喻领导带头走在群众前面。

近义词 以身作则 一马当先

反义词 瞠乎其后

造句 在这次抢险中,班长身先士卒,第一个跳入湍急的洪水中。

　　东汉末年,孙策削平江东的割据势力,占领了吴、会稽等五郡。孙策善于用人,也能虚心听取不同的意见,所以他的将士愿效命,谋士肯尽力。孙策在创立东吴政权的过程中,特别倚重士族中的杰出人物,如周瑜、鲁肃等人。孙策据有江东五郡之后,下一个目标就是庐江郡。

　　那时,庐江太守刘勋屯兵皖城,收留了前来投靠的袁术的部下,可是又没有粮食来养活他们,只好率兵偷袭海昏县,企图夺取粮食。这个消息被孙策知道了,孙策就派孙贲(bēn)、孙辅兄弟率八千人马在刘勋归途必经之地彭泽等候,自己则与周瑜带两万步兵袭击刘勋的老窝皖城,最终俘虏了三万余人,包括刘勋、袁术的家眷。

　　再说刘勋,偷袭海昏县毫无所获,在返回皖城的路上,与孙辅进行了一场恶战。孙辅年轻气盛,等刘勋的军队一到,就带领一支人马冲出拦住刘勋的兵将,他身先士卒,奋不顾身，短兵相接，士兵们受到激励，个个争先。这一场伏击战，直杀得刘勋丢盔弃甲，几乎全军覆没。最后，他仅带领十几名亲随，从楚江逃到寻阳。听说皖城已被孙策攻下，家眷也被掳去，回去不得，只好投奔曹操。于是，孙策又得了庐江郡，自此江东就有了六郡。

肝脑涂地

出处 西汉·司马迁《史记·刘敬叔孙通列传》:"大战七十,小战四十,使天下之民肝脑涂地,父子暴骨中野。"

释义 原指惨死,后指做事不惜一切代价,乃至牺牲生命。

近义词 奋不顾身　粉身碎骨　马革裹尸　出生入死

反义词 贪生怕死

造句 军人守土有责,即使肝脑涂地,也要击退来犯之敌。

汉武帝时，汉朝接连讨伐匈奴，同时双方频繁地派遣使者互探虚实。汉朝和匈奴都扣留了对方的使臣作为人质。后来，且（jū）鞮（dī）侯单于即位，害怕受到汉朝攻击，于是送还了之前扣押的汉使。汉武帝为了赞许他，派苏武以中郎将的身份出使匈奴，护送扣留在汉的匈奴使者。

苏武到了匈奴，匈奴却借故扣留他。匈奴单于曾多次威胁诱降，但苏武坚贞不屈，就被秘密流放到北海（今贝加尔湖）边去牧羊。匈奴人给了他一群公羊说："等到公羊生小羊的时候，你就可以回汉朝去了。"意思是说永远也不放他回去了。

为了迫使苏武投降，匈奴经常派一些苏武的故知旧交前去劝降。有一次，降将李陵前去劝降，苏武对他说："我们父子两代虽没有功劳和成就，可是我们全家都受过皇上的恩典和栽培，职位做到将军。我们兄弟三人都在皇上身边效力。"苏武接着又说："我总想肝脑涂地、粉身碎骨来报答陛下。只要有机会，就应豁出命去效忠尽力，即使受到刀砍锅煮，也心甘情愿。"

李陵听了苏武的这番大义凛然的话，十分感慨地说："苏武真不愧是大忠臣呀！"

苏武在极端艰苦的环境下，始终不屈服，在外坚持了十九年，后来因匈奴提出与汉和好，才被遣送回汉朝。

纷至沓来

出处 南宋·朱熹《答何叔京》："夫其心俨然肃然，常若有所事，则虽事物纷至而沓来，岂足以乱吾之知思。"

释义 形容接连不断地到来。纷：众多，杂乱。沓：多，重复。

近义词 川流不息　接踵而至　接踵而来　络绎不绝

反义词 路断人稀　门庭冷落　门可罗雀

造句 好消息纷至沓来，如春风扑面。

50

王刚中是南宋时的官员。当时，金兵经常南侵，骚扰边境。南宋朝廷中分成和、战两派，王刚中是主战派成员之一。

有一阵，王刚中以龙图阁待制的身份镇守四川一带。由于战事频繁，各种需要紧急处理的文件纷至沓来，但他从容不迫，将文件分轻重缓急，一件件妥善地加以处理。

有一次，金兵入侵大散关，来势十分凶猛，大家都慌了手脚，他却单人独骑，一夜跑了二百里路，闯到部将吴璘（lín）营地，恰逢吴璘在帐中睡觉。他把吴璘叫起来，责备他说："敌兵压境，你竟还高枕而卧，快起来！"接着，他又立即派人通知另一部将张正彦，命他和吴璘配合作战，夹击金兵，终于把敌兵打得大败。

而当部属商议如何向朝廷报功时，他说："这次打胜仗都是将士们的功劳，我有什么呢？"

部将们都感动地说："您亲自督战，打了胜仗，却毫不居功，实在是比另一些人强多了。"

沐猴而冠

出处 西汉·司马迁《史记·项羽本纪》："人言楚人沐猴而冠耳，果然。"

释义 猕猴戴帽子，装成人的样子。比喻外表虽装扮得很像样，但本质却掩盖不了。后来引申为讽刺依附权势、窃据名位的人。

近义词 衣冠禽兽　道貌岸然

反义词 正人君子　仁人志士

造句 到底谁是沐猴而冠，其实大家心里都清楚。

一只猴子连蹦带跳地来到了大路上，正碰着一个老农挑着担子慢慢走来，猴子赶紧跳进路旁的草丛中躲藏起来。等老农走过，它又跳上马路，装出挑担的样子，跟在老农后面摇来晃去。

到了集市上，老农停下担子，要了一碗面吃起来。猴子钻到桌子底下，见椅子上放着一顶帽子，稀奇得很，就抓起帽子跑到大街上东张西望。这时一位书生头戴帽子，手摇折扇，腋下夹着书，大模大样地踱来。猴子见了，也把帽子戴上，迈着方步扭扭捏捏，来回走动。看见它的人，无不被逗得哈哈大笑。

突然，一个小贩挑着桃子，吆喝着，沿街而来。猴子见了，偷偷靠近担子，抓起桃子就吃，吃完，随地乱吐核，到后来咬一口扔一个。周围的人笑得更欢。猴子看看，也觉得有趣，干脆咬都不咬，抓起一个桃子就朝行人脸上砸去。众人一下子变了脸，操起棍子，围了过来。猴子慌忙攀上路边的樟树，有意伸出戴着帽子的猴头，"唧唧"地叫了几声，逃之夭夭。

披荆斩棘

出处 南朝宋·范晔《后汉书·冯异传》:"为吾披荆棘,定关中。"

释义 比喻在前进道路上清除障碍,克服重重困难。披:拨开。荆、棘:泛指山野丛生的多刺小灌木。

近义词 劈波斩浪　一往无前　乘风破浪

反义词 畏首畏尾　养尊处优　瞻前顾后

造句 他白手起家,在商场上奋斗多年,披荆斩棘,终于有了今日的成就。

　　冯异有勇有谋,投靠刘秀后随军征战,立下了许多功劳。可是每当人们自述战功时,冯异总是不声不响地独自坐到树下,从不去和别人争功。时间一长,大家便送了他"大树将军"的雅号。

　　23年,冯异随刘秀带领数百骑兵自蓟城疾驰南下,一路十分艰苦。有一天,人困马乏走不动了,刘秀便让大家在路旁一个叫无蒌(lóu)亭的地方歇脚。一进亭子,刘秀就坐在地上昏昏睡去。冯异又累又饿,但他支撑着到附近的百姓家讨了一些豆粥,然后恭恭敬敬地端到刘秀面前。刘秀端起粥,几口便喝了下去,顿时消除了饥寒。

　　等刘秀一行人来到南宫的时候,又遇上了狂风大雨,大家在风雨中瑟瑟发抖。好不容易找了一所空房子,大家忙进屋避雨。冯异这时先设法弄来一些干柴,拢火给刘秀取暖、烤衣服。随后,又把墙角堆着的一些麦子煮成麦粒饭,先送

到刘秀面前。待刘秀吃饱后，冯异才和大家胡乱吃了几口，继续赶路。

25 年，刘秀在洛阳建立了东汉王朝，史称光武帝。他不忘"先主后己"的冯异，封冯异为阳夏侯。后又委以征西大将军的重任，令他率军平定关中。后来，冯异长期镇守关中，位高权重，百姓都称他为咸阳王。这时，有人向刘秀上奏说，冯异的权势太大了，应该提防他谋反。刘秀派人把奏章给冯异看。冯异知道自己被人参了一本，非常恐慌，忙给刘秀上书说："过去在处境十分困难的时候，我做事都不敢有半点差错，如今天下太平又被赐予爵位，我为什么要与陛下二心呢？"刘秀当即给他回信说："我和将军从公的方面来说，是君与臣的关系；从私人感情来说，就好像父子一样。我对将军从无疑心，你何必惧怕呢？"

后来，冯异从长安专程来洛阳，朝拜光武帝刘秀。刘秀十分隆重地接待了他，并拉着冯异的手向文武百官介绍说："这位威风凛凛的冯将军是我当年起兵时的主簿官，为我打天下劈开丛丛荆棘，平定关中地区，是开创当朝的有功之臣啊！"当下，刘秀重赏了冯异，并留他在洛阳住了十多天。

唾面自干

出处 北宋·欧阳修等《新唐书·娄师德传》："其弟守代州，辞之官，教之耐事。弟曰：'人有唾面，絜之乃已。'师德曰：'未也，洁之，是违其怒，正使自干耳。'"

释义 别人往自己脸上吐唾沫，不擦掉而让它自干。形容受了污辱，极度容忍，不加反抗。

近义词 委曲求全　逆来顺受

反义词 针锋相对　以眼还眼　以牙还牙

造句 为了息事宁人，这次我们姑且唾面自干。

娄师德是唐朝高宗年间的进士，六十三岁时，被武则天任命为同凤阁鸾台平章事（相当于宰相），管理朝政。

有一次，娄师德的弟弟被武则天提拔到代州去做刺史。临行时，弟弟来向他辞行。娄师德说："我和你都蒙受皇上恩宠，待遇十分优厚，这是很容易招惹别人嫉妒的，他们一定很想找到我们的错处来攻击我们。如果你遇到有人故意找你的错处，你将怎么去应对他呢？"

弟弟回答说："假如有人把口水吐到我的脸上，我绝不和他计较，自己擦干唾液就算了。"

娄师德却说："人家既然把口水吐在你脸上，便表示心中在怨恨你，若是你又将口水擦干，一定会加重他的怨意。所以，你应该让口水自己干掉，含笑地承受。这样，他的怒气才会消失。"

奋不顾身

出处 西汉·司马迁《报任安书》:"分别有让,恭俭下人,常思奋不顾身,以徇国家之急。"
释义 奋勇直前,不考虑自己的安危。
近义词 舍生忘死 粉身碎骨 赴汤蹈火
反义词 贪生怕死 视为畏途 畏缩不前
造句 他奋不顾身地跳入河中,救起了落水的小女孩。

李陵,字少卿,汉武帝时的名将。汉武帝任命他为骑都尉,率军抵御匈奴的入侵。不料,李陵在和匈奴的战斗中,由于寡不敌众,无奈投降了匈奴。

听说李陵投降了匈奴,汉武帝很是生气,认为李陵辜负了自己对他的信任。朝中大臣也纷纷指责李陵没有骨气。

只有太史令司马迁不这样认为,他说:"我和李陵一向没什么交情,但我见他为人很讲义气,孝顺父母,友爱兵士,常奋不顾身地解救国家的灾难。所以,我认为李陵这次率领不到五千人马与数万名敌兵对阵,最后由于伤亡惨重,粮草已尽,归路被切断,才被迫投降,是情有可原的。而且我认为,他这次投降,并非贪生,而是想等待有利的时机再来报答国家。"

司马迁说得在情在理,但汉武帝却认为他是想替李陵辩护,于是将他关进了监狱,施加腐刑。

此后，汉武帝还杀了李陵全家。李陵知道后很是痛心，于是在匈奴娶妻成家，至死不回故土。

视死如归

出处 《管子·小匡》："平原广牧，车不结辙，士不旋踵，鼓之而三军之士视死如归。"

释义 把死看得好像回家一样。形容为了正义的事业不怕死。

近义词 万死不辞　宁死不屈

反义词 贪生怕死　临阵脱逃　苟且偷生

造句 革命先烈视死如归的精神值得我们学习。

春秋初期，一天，齐桓公召见了管仲，询问他治理朝政、建立霸业的方针大略。

管仲答复齐桓公说："开垦大量的土地，扩大城镇的规模，发展生产，利用土地尽可能多地创造财富，这方面我不如宁越，请派他去做管理经济的官。隰（xí）朋能审时度势，说话有分寸，举止得体，礼仪娴熟，这方面我不如他，请派他去管理外交。东郭牙能不辞辛劳，不惜个人生命，不计较个人富贵名利，直言进谏，这方面我不如他，请派他做主管监察的大臣。王子城父可以整肃军队，打仗英勇，战鼓一鸣，全军将士毫不畏惧，英勇作战，视死如归，这方面我不如他，请派他去做军队的统帅。弦章断案英明，不杀无辜的人，这方面我不如他，请派他去管理司法。大王如果想富国强兵，有这五个人足够了；但大王若想称霸天下的话，那么，还有我管仲在这里。"

齐桓公连连称赞管仲，当即任命他为宰相，并依照管仲的意见，分派了这五个人的官职，让他们统一接受管仲的领导。这五个人果然在自己的职位上干得很好。

　　在管仲的辅佐下，齐国强大起来，终于成了各诸侯国的霸主。

挺身而出

出处 北宋·薛居正等《旧五代史·周书·唐景思传》："后数日，城陷，景思挺身而出，使人告于邻郡，得援军数百，逐其草寇，复有其城。"

释义 形容面对艰难或危险的事情，勇敢地站出来。

近义词 自告奋勇 无所畏惧

反义词 退避三舍 踌躇不前 袖手旁观 望而却步

造句 英雄就是在危难时挺身而出的人。

唐朝开国皇帝李渊的三个儿子李建成、李世民、李元吉争权夺利，互相残杀。李建成居长，被立为皇太子，可是他的威望不如李世民。李建成生怕皇位的继承权被李世民夺去，便同李元吉联合起来，密谋杀死李世民。

李世民得到了这个消息，立刻同心腹房玄龄等人商量对策，决定先下手为强，便悄悄伏兵于玄武门，等到李建成一入朝，便出其不意，把他射死，同时把李元吉也杀了。

当天，李建成和李元吉的部下冯立、谢叔方等，纠集精兵两千人来攻李世民。这时，云麾将军敬君弘带兵驻守玄武门，双方战斗十分激烈，箭矢直飞到里面的宫殿上。在这场激烈的战斗中，敬君弘表现得非常英勇。他的亲信曾劝阻他道："事情还不知究竟怎样发展，应当先看看情况再说，等待援兵到来摆好阵势再打，也还不晚呢！"

可是敬君弘不听，奋勇地指挥反击，最终为冯立所害。他这种临难不惧、挺身而出的精神，得到了后来继位为皇帝的李世民的极大赏识，被追赠兵部尚书、绛国公等高爵显职。

素不相识

出处 西晋·陈寿《三国志·吴书·陆瑁传》："及同郡
徐原，爱居会稽，素不相识，临死遗书，托以孤弱。"

释义 向来不认识。素：平素，向来。

近义词 素昧平生　素未谋面

反义词 刎颈之交　一见如故

造句 我俩素不相识，本是萍水相逢，可谈起话来却很
投机。

　　陆瑁（mào）是三国时期吴郡（今江苏苏州）人，叔父
陆绩三十二岁就去世了，留下二子一女，都只有几岁，陆瑁
便把他们接到自己家里来抚养，直到他们长大成人，才让他
们独立生活。后来，陆绩的大儿子做过会稽南部都尉，二儿
子担任长水校尉，都很有出息。

　　陆瑁性情豪爽，心地善良。同郡的徐原，官至侍御史，
和陆瑁一样为人耿直，喜欢直言不讳。他与陆瑁素不相识，
但早就听说过陆瑁的为人。临终时，他放心不下自己的儿女，
觉得陆瑁是个可以托付的人，便写下遗书，把儿女托付给他。

　　徐原死后，陆瑁修建了坟墓将他安葬，又把他的儿女接
到家里来，让他们与自己的儿子一起吃一起睡，当作亲生儿
女一样看待，孩子们在他家一点儿也不受拘束。陆瑁还请来
先生给他们授课，有时也亲自教导他们。为了他们，陆瑁放
弃了许多做官的机会，州、郡多次征召，他都不去就职。

在他的影响下，孩子们个个知书识礼，胸有大志，这被当地人传为美谈。

举案齐眉

出处 南朝宋·范晔《后汉书·梁鸿传》："为人赁舂，每归，妻为具食，不敢于鸿前仰视，举案齐眉。"

释义 形容夫妻互敬互爱。

近义词 相敬如宾 夫唱妇随 琴瑟和鸣

反义词 琴瑟不调

造句 这对夫妻可以说是举案齐眉、相敬如宾的典范。

东汉时，有个名叫梁鸿的穷书生，他依靠勤奋进入当时的最高学府——太学。

梁鸿完成学业后，回到了家乡。他一点儿也没有太学学生的架子，还是像农民一样下地干农活。

县里有个孟大爷非常有钱，女儿一直不肯出嫁。有一次，孟大爷生气地问道："你已经三十岁了，难道一辈子不嫁人？"

女儿回答说："除非像梁鸿那样的人，我才会嫁给他！"

孟大爷听了，赶紧托人去向梁鸿传达女儿的心意。梁鸿觉得孟小姐很合适，就央人去求婚，孟家自然马上答应。

不久，梁鸿便和孟小姐成了亲，可是一连七天，梁鸿却不与新娘子说一句话。孟小姐觉得十分奇怪，便问他这是为什么。

梁鸿这次不得不开诚布公地说："我想娶的是生活俭朴的妻子，这样才能跟我一块儿种庄稼。现在你穿的是绫罗绸缎，戴的是金银珠宝，这哪里是我理想中的妻子呢？"

孟小姐说："我知道你的心思，所以，早就准备了粗布衣服和麻布鞋。"说完，她摘去首饰，换上粗布衣服。

梁鸿见了，高兴地给妻子起了个名字：孟光。

后来，他们搬到了吴中，投奔到世族大家皋（gāo）伯通那里，向他借了一间房子住了下来。梁鸿天天出去给人家春（chōng）米或者种地，孟光在家里纺纱织布。

每天当梁鸿回家的时候，孟光就托着放有饭菜的盘子，恭恭敬敬地送到梁鸿的面前。为了表示对丈夫的尊敬，她不仰视他，并且每次总是把盘子托得跟眉头平齐。梁鸿也总是很有礼貌地双手接过盘子。

一次，皋伯通看到了他俩互敬互爱的情景，知道梁鸿不是平常的庄稼人，就把他一家接到自家院里，并且供给他们吃穿，让梁鸿安心读书做文章。不久，梁鸿病死了，孟光带着儿子回到了老家。

捐躯报国

出处 明·宋濂等《元史·王檝传》："臣以布衣受恩，誓捐躯报国，今既偾军，得死为幸！"

释义 牺牲生命，报效国家。

近义词 为国捐躯　精忠报国

反义词 卖国求荣

造句 他从小就立下了捐躯报国之志。

　　凤翔人王檝（jí），曾在终南山中读书做学问。金章宗泰和年间，他由元帅高琪推荐，皇帝特赐进士出身，任副统军，镇守涿鹿关。

　　不久，大蒙古国成吉思汗率领大军南下，王檝坚守涿鹿，终因寡不敌众，被元兵抓住。成吉思汗对涿鹿拒不投降大为恼火，下令杀死抓获的将士。有些人当场吓得脸色发白，腿发软，而王檝却昂首挺胸，神情镇定，毫不畏惧。

　　成吉思汗就问他："你怎么敢抵抗我的大军？难道不怕死吗？"

　　王檝昂然回答说："我以平民

的身份受金主的厚恩，发誓要捐躯报国。现在既然失败，为主殉难也是我的幸运！"

成吉思汗认为他忠义可嘉，就把他放了。

宁为鸡口，不为牛后

出处 西汉·刘向《战国策·韩策一》："臣闻鄙语曰：'宁为鸡口，无为牛后。'今大王西面交臂而臣事秦，何以异于牛后乎？"

释义 宁愿做小而洁的鸡嘴，而不愿做大而臭的牛肛门。比喻宁愿在局面小的地方自主行事，不愿在局面大的地方听人支配。

近义词 鸡口牛后

造句 宁为鸡口，不为牛后，这是他在择业时对自己的要求。

战国时期的著名政治家苏秦，极力主张六国联合起来一致抗秦。当时韩国弱小，准备向秦国屈服。

苏秦便对韩国国君说："韩国具备许多优势。比如拿地理条件来说：北边有巩洛成皋，西边有宜阳常阪，这些都是坚固的屏障、险要的边塞；东边的宛穰（ráng）洧（wěi）水，南边的陉（xíng）山，这些也都是易守难攻的好地形。你们有几十万军队，还有天下第一的强弓劲弩；你们的士卒能把箭射出六百步之外，百发百中；你们的剑戟锋利异常，既能砍断牛马，又能刺透敌人的甲盾。以韩国士卒的英勇来看，可以以一当百。韩国具备这些优势，又有像大王这样的贤明圣主，完全可以立于不败之地。然而，您却要投靠秦国，这不仅是韩国的奇耻大辱，还会被天下人所笑话。有一句俗话说得好，'宁可做鸡的嘴巴，也不做牛的屁股。'今天您想投靠秦国，这与做"牛屁股"有何区别呢？大王这样圣明，又拥有这么强大的兵力，却招来"牛屁股"的恶名声，我苏秦也替大王感到羞耻啊！"

韩国国君被苏秦的一席话说得心悦诚服，他拔出佩剑，对天发誓："寡人宁死，决不屈服于秦国！"

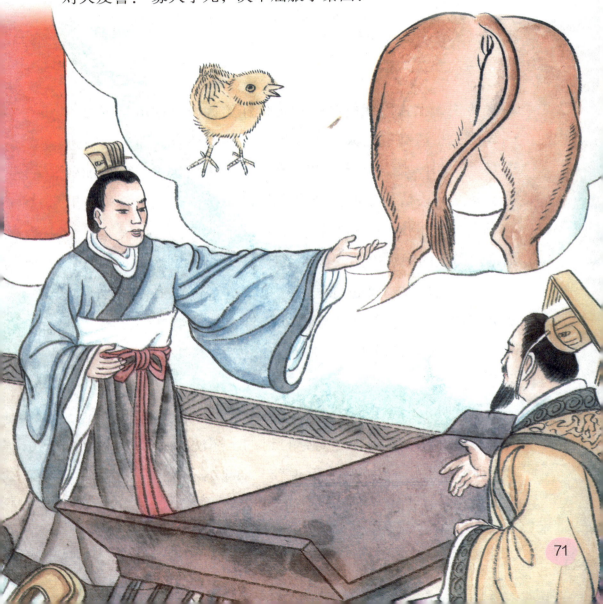

洗耳恭听

出处 西晋·皇甫谧《高士传·许由》："尧欲召我为九州长，恶闻其声，是故洗耳。"

释义 原意是洗掉听到的不喜欢的话，后形容专心、恭敬地听别人讲话。

近义词 侧耳倾听

反义词 充耳不闻

造句 大家对我们公司有什么意见请尽管提，我们洗耳恭听，虚心接受。

传说，上古时代的尧想把帝位让给许由。许由是个以不问政治为"清高"的人，不仅拒绝了尧的请求，而且连夜逃进箕（jī）山，隐居不出。当时尧还以为许由谦虚，便更加敬重，又派人去请他，说："如果你坚决不接受帝位，希望能出来当个'九州长'。"不料许由听了这个消息，更加厌恶，立刻跑到山下的颍水边去，掬水洗耳。

许由的朋友巢父也隐居在这里，这时正巧牵着一头小牛来给它饮水，便问许由在干什么。许由就把消息告诉他，并说："我听入了这样不干不净的话，怎能不赶快洗洗我的耳朵呢！"

巢父听了，冷笑道："哼，谁叫你在外面招摇，造成名声，现在惹出麻烦来了，完全是你自讨的，还洗什么耳朵！算了吧，别玷污了我小牛的嘴！"说着，牵起小牛，径自走向水流的上游去饮水了。

率马以骥

出处 西晋·陈寿《三国志·杜畿传》："昔仲尼之于颜子，每言不能不叹，既情爱发中，又宜率马以骥。今吾亦冀众人仰高山，慕景行也。"

释义 用好马带领马群。比喻以能者为众人表率。

近义词 为人师表

造句 在本次评选中脱颖而出的企业，正率马以骥，带领着其他品牌，走向世界。

三国时期，魏国有个州官，名叫杜畿（jī）。他从小失去生母，尽管继母对他很苛刻，但他仍然很孝顺继母。

20岁那年，他在县里做县令。当时监狱里囚禁着几百人，杜畿亲自去狱中审案，根据罪行的轻重，该判的判了，该放的都放了。郡中的人们都对杜畿办事的果断而感到惊奇。

杜畿的继母死后，他为继母送葬，走在半路遇到强盗拦路抢劫，同行的人全吓跑了，他却一动不动。他对那伙强盗说："你们为的是财，我现在是给亡母送葬，什么东西也没有。"强盗听了他的话，都走了。

后来，杜畿由荀彧（yù）推荐，被曹操任命为司空、司直，后提拔为河东太守。当时曹操有个宠臣，名叫刘勋，他听说河东特产大枣，就向杜畿索要。杜畿写信婉言拒绝。后来刘勋犯法被处死。

曹操见到杜畿的那封信，对他不献媚宠臣、不结私好的品格甚为赞赏，于是，发了一篇文告《下州郡》，通报表扬杜畿。

曹操说："从前，孔夫子每次谈到颜回都要加以赞美。这不仅是他对颜回发自内心的喜爱，也是在马群之中找出千里马作为领头马一样的欣慰。现在我也希望大家仰慕高山，效法杜畿的好品德。"

鞠躬尽瘁，死而后已

出处 三国蜀·诸葛亮《后出师表》："臣鞠躬尽力，死而后已。"

释义 指勤勤恳恳，竭尽心力，到死为止。鞠躬：弯着身子，表示恭敬、谨慎。尽瘁：竭尽劳苦。已：停止。

造句 他一生对国家忠心耿耿，鞠躬尽瘁，死而后已。

三国时，诸葛亮受刘备的三顾之恩，便一直帮助刘备打天下。但是，刘备在当时的群雄中是比较弱小的。因此诸葛亮一生，谨慎地立功创业，一步也不敢走错。然而，他辛辛苦苦制定的联孙抗曹政策，被刘备亲手发动的讨吴战争破坏，结果全军覆没，刘备也在不久后死去。

刘备死后的蜀国非常不稳定，内忧外患，交相煎迫。诸葛亮一一地稳定住了局势：五月渡泸，深入不毛；六出祁山，抵拒司马。他上了一篇《后出师表》，开头就说："先帝虑汉、贼不两立，王业不偏安，故托臣以讨贼也。以先帝之明，量臣之才，固知臣伐贼，才弱敌强也。然不伐贼，王业亦亡。惟坐而待亡，孰与伐之？"

在这篇文章中，诸葛亮提出六不解，坚持请后主刘禅批准出兵，北伐中原，最后忠心耿耿地说："臣鞠躬尽力，死而后已。至于成败利钝，非臣之明所能逆睹也。"

鞠躬尽力
死而後已

克復中原

箪食瓢饮

出处 《论语·雍也》：“一箪食，一瓢饮，在陋巷，人不堪其忧，回也不改其乐。”

释义 一箪食物，一瓢汤水。形容读书人安于贫穷的清高生活。

近义词 粗茶淡饭　节衣缩食

反义词 大快朵颐　灯红酒绿　大吃大喝　穷奢极侈

造句 为了保持清廉，必要时过一过箪食瓢饮的生活很有好处。

　　颜回家中很穷，但他勤奋好学，每天清晨起身读书，经常要读到夜深人静时才入睡。他的生活起居十分简单，住在一条简陋的小巷子中，每天吃的是一竹筐饭，喝的是一瓢水（箪食瓢饮），但他一直很乐观，从来没有为此担忧过。

　　有一次，孔子带着一些学生周游列国，在路过匡邑的时候，突然遭到匡人的围困。事后，颜回赶到孔子身边，孔子说：“颜回，我以为你已经死了呢！”

　　“先生在，我怎么敢死呢！”颜回说。

　　孔子听了，非常感动。在周游列国回到曲阜后的一天，孔子对颜回说：“颜回，你家里穷，房子也小，为什么不去求个一官半职呢？”

　　颜回回答说：“学生有些薄田，虽然收入不多，但吃穿已经够了，而且还有琴瑟可以娱乐，只要能学到老师的道德学问，何必出去做什么官呢？"

　　孔子感叹地对学生们说："颜回真是有贤德啊！吃的是一竹筐饭，喝的是一瓢水，住在那么简陋的小巷子里，别人忍受不了，他却十分乐观，真是一个贤德的人呀！"

危如累卵

出处 《韩非子·十过》："故曹小国也,而迫于晋、楚之间。其君之危犹累卵也。"

释义 如同堆起来的蛋,随时都有倒下来打碎的可能。比喻形势非常危险。

近义词 千钧一发 危在旦夕

反义词 安如磐石 稳如泰山

造句 公司目前危如累卵,发展前景令人堪忧。

春秋时期,晋国的国君准备建造一座九层的高台供自己享乐,并声称谁若来劝阻,就要他的脑袋!

在建造高台的过程中,一天,有个名叫荀息的官员求见晋公。晋公以为他是来劝说自己的,就把箭搭在弓上,准备射死他。荀息却说:"我不是来劝阻您建造高台的,而是想请您看看我的本领:我能够把十二个棋子堆起来,并且在上面再加九个鸡蛋。"

晋公听了,很感兴趣,忙说:"快做给我瞧瞧!"

荀息就把棋子摆在桌子上,又把九个鸡蛋慢慢搁上去。鸡蛋在棋子上面颤颤悠悠,摇摇欲坠。晋公情不自禁地喊道:"危险啊,危险啊!"

荀息这时候才慢条斯理地说:"这个不算危险,还有比这个更加危险的呢!"

晋公以为他还要表演什么才艺,忙不迭地说:"快做起来给我看看！”

荀息却说：“你建造九层的高台，花三年的时间也造不完，而且弄得男子不能种地，女子不能织布，国家必然要穷困。如果别国乘机再来攻打我们，那国家不是要灭亡了吗？”

晋公听了他的话，觉得有道理，于是下令停建九层高台。

名正言顺

出处 《论语·子路》："名不正，则言不顺；言不顺，则事不成。"

释义 原意是指名义正当，说话合理。后多指做某事名义正当，道理也说得通。

近义词 理直气壮　堂堂正正

反义词 师出无名　理屈词穷

造句 作为班长，协助班主任管理班级是名正言顺的事情。

鲁定公十三年（公元前497年），齐国国君挑了八十个美貌的女子，让她们穿上华丽的衣服，教她们学会舞蹈，加上一百二十匹骏马，一起送给鲁国君王，以腐蚀他的意志。这一计果然奏效，当时鲁国执政者季桓子沉湎于歌舞淫乐之中，不再过问政事了。鲁国大臣孔子与季氏产生不和。于是，孔子和弟子们离开鲁国，来到了卫国。

一天，子路问孔子道："卫国的君主等待您去治国理政，您首先干些什么？"

孔子说："我以为要纠正名分上的不当。名分不正，道理也就讲不通；道理不通，事情也就办不成；事情办不成，国家的礼乐教化也就兴办不起来；礼乐教化兴办不起来，刑罚就不会得当；刑罚不得当，老百姓就会不知如何是好。所以君子用的名分，一定要有道理可以说得出来，讲出来的道理也一定要行得通。"

名不正, 斯言不順; 言不順, 斯事不成。

安如泰山

出处 西汉·枚乘《上书谏吴王》："变所欲为，易于反掌，安于泰山。"

释义 形容像泰山一样稳固，不可动摇。

近义词 固若金汤 坚如磐石 岿然不动

反义词 不堪一击 风雨飘摇 岌岌可危 摇摇欲坠

造句 虽然遇到了百年不遇的特大洪水，新建的大坝却仍然安如泰山。

枚乘是淮阴人。汉景帝时，他曾担任吴王的郎中。吴王刘濞（bì）对汉景帝刘启心怀不满，暗中联络楚王、赵王等阴谋反叛。枚乘不同意刘濞的谋反，便上书劝谏，谏书中有这样的一段：

……能听忠臣之言，百举必脱。必若所欲为，危于累卵，难于上天；变所欲为，易于反掌，安于泰山。今欲极天命之寿，敝无穷之乐，究万乘之势，不出反掌之易，以居泰山之安，而欲乘累卵之危，走上天之难，此愚臣之所以为大王惑也。

这一段的大意是说：要是能听取忠言，一切祸害都可以避免。若一定要照您所想的那样去做，就"危于累卵，难于上天"；不过如能立即改变原来的主意，那就仍将"易于反掌，安于泰山"。现在您想要享尽天赐的寿数，享尽无穷的乐趣，终保王侯的权势，不从做易如反掌这样的事情出发，深处泰山那样的安稳之地，却要冒险，自找困难，这是我想不通的！

　　但是刘濞不听他的劝告。于是，他就离开刘濞，投到梁孝王刘武那里去了。

言犹在耳

出处 春秋·左丘明《左传·文公七年》:"今君虽终,言犹在耳。"

释义 说的话还在耳边。形容别人说的话还记得清清楚楚。

近义词 记忆犹新 余音绕梁 念念不忘

反义词 置之脑后

造句 他虽然已经离开很久了,但我总感到他的话言犹在耳。

春秋时期,赵盾担任晋国的执政,权倾朝野。公元前621年,晋襄公去世,因太子夷皋年少,赵盾便说:"襄公弟弟公子雍年长有经验,而且为人和善,晋文公重耳在世时,对他十分喜爱。公子雍的母亲是秦伯的女儿,与秦国关系友好,如果立他为国君,国内稳定,外邻友好,再恰当不过了。"

赵盾力排众议,坚持立公子雍,而公子雍此时正在秦国,于是赵盾便派人往秦迎接。

太子夷皋的母亲穆嬴得知公子雍将回国,十分失望,日夜抱着夷皋在朝廷上痛哭。她诉说着:"襄公有什么地方对不起大家?太子又有何罪?国内的太子不立,反而去国外迎接公子,你们将怎样处置太子呢?"下朝后,她又抱着夷皋到赵盾家哭诉:"襄公生前把太子托付给你,说如果孩子成才,他便感激你;如果不成才,他便怨恨你。现在襄公死了,言犹在耳,你就抛弃太子,这是为什么呢?"

赵盾与诸大夫一向惧怕穆嬴，在她的再三逼迫下，只好答应立夷皋为国君，并派人阻止公子雍入境。

远水不救近火

出处 《韩非子·说林上》："失火而取水于海，海水虽多，火必不灭矣，远水不救近火也。"

释义 远处的水救不了近处的火。比喻费时的方法解决不了当前急迫的问题。

造句 这笔巨款必须立刻缴纳，向海外亲友筹措已是远水不救近火，真急死人了。

战国时期，鲁穆公当政时，并不冀求与邻邦齐国修好，一心只想结交晋国、楚国，因此他派诸位公子纷纷前往晋国和楚国任职。

鲁国大臣犁钼（chú）为此事劝谏鲁穆公："假如我们这里有人掉进了河里，派人到遥远的南方去请越国人来救人，虽然越国人善于游泳，但等越人赶来，落水者肯定救不活了；假如一个地方失火，跑到远处的海边去取水灭火，虽然海水取之不尽，但等到取来海水，大火肯定早已把房子都烧光了。因为远水救不了近火呀！今天晋国与楚国虽然强大，但离我们鲁国远。如果我国遇到了什么危难，他们也来不及赶来救援。而齐国是我们的近邻，鲁国如果有难，难道它就不救吗？"

鲁穆公听了，这才开始同齐国交好。

画龙点睛

出处 唐·张彦远《历代名画记·梁》："金陵安乐寺，四白龙不点眼睛。每云'点睛即飞去'。人以为妄诞，固请点之，须臾雷电破壁，两龙乘云腾去上天，二龙未点眼者见在。"

释义 原形容梁代画家张僧繇作画神妙。后多比喻写文章或讲话时，在关键处用几句精辟的话点明实质，使内容更加生动有力。

近义词 锦上添花　点石成金

反义词 画蛇添足　弄巧成拙

造句 创作时恰到好处的妙语金句，常常对整部作品有画龙点睛之妙。

　　南朝梁代，有一位名画家叫张僧繇（yóu），擅长画山水佛像，刻画勾勒，十分传神。某一次，他给金陵安乐寺作壁画，画了四条龙。这四条龙活灵活现，但都没有画眼睛。观画的人不知这是什么用意，便去询问究竟。他认真地说："如果添上眼睛，它们都会飞走，这样，我岂不是白画了？"

　　许多人都以为张僧繇是空口说大话，听了他的解释，露出一脸的不相信。没法，他只得重研彩墨，挥笔点睛。刚点完第二条，忽然天上电光闪闪，雷声大作，观画的人吓得四散躲避，待围拢来再看时，只见墙上仅留下两条未及点睛的龙，另外两条，已在雷电交加中腾空而去了。

　　这当然是个传说，是用一种夸张的手法，来赞美张僧繇杰出的绘画才能。

惜墨如金

出处 宋·费枢《钓矶立谈》："李营丘（成）惜墨如金。"
释义 指写字、绘画、做文章下笔非常慎重，力求精练。
近义词 字斟句酌　言简意赅　惜字如金
反义词 连篇累牍　拖泥带水　洋洋洒洒
造句 张先生写文章向来态度严谨，惜墨如金。

　　五代末期、宋朝初年的李成，是一位著名的画家，他最拿手的是画山水，尤其是寒林雪景，让人叫绝。

　　在艺术表达方面，李成有一整套富有个性的绘画技巧。他作画，勾勒不多，最大的特色是用墨十分简练，且好用淡墨，少用浓墨、枯墨。这种绘画风格，对元、明、清三代的山水画家产生了巨大的影响。

　　由于李成作画不用重墨，且善于墨色处理，后人便称他作画"惜墨如金"。

写给儿童的

陈晓艳 编

彩绘版

中华成语故事

读成语 知历史
通古今 长见识

8

时代文艺出版社

前言

　　成语是中国汉语言文化中的一朵奇葩。在浩如烟海的典籍中，成语作为语言的精华、文明的积淀、历史的浓缩、智慧的结晶，成为传承中华文明的重要纽带。大到治国安邦，小到为人处世，中华五千年的历史文化，无不在一个个简短的成语中得到了充分体现。时至今日，仍有大量的成语在被广泛使用，散发着永恒的魅力。

　　同时，学习成语也是小学生语文的必修课。在作文写作中，恰当地运用成语，可以使文章熠熠生辉；在口头表达中，恰当地运用成语，则可以使你的语言更富有感染力。因此，熟练掌握和运用成语，不仅能达到言简意赅的效果，同时也是衡量一个人文字功底、文化素养以及语言表述能力的重要标尺。

　　学习成语，若从生动有趣的故事入手，则能达到寓教于乐、事半功倍之效。阅读成语故事，了解成语的来龙去脉，不仅可以从中感受故事的精彩，还能加深对成语含义和历史文化的理解，增强学习的趣味性。成语背后的故事或险象环生，或快乐活泼；或腥风血雨，或诙谐幽默；或振聋发聩，或润物无

声……成语将古代中国的政治军事、日常生活、文学艺术、文化习俗、道德传统和理想志趣等浓缩成一个个深刻隽永的片段，集中展现了古人的人生智慧和思想光芒。

本书收录了近五百则成语故事，既注重知识性，又兼顾趣味性和实用性；除了讲述故事，更点明了每条成语的出处、释义、近义词、反义词、造句示例等，让小读者既明其义、会使用，又知其源，了解其中所蕴含的丰富文化内涵。同时，本书配有深具历史韵味和艺术感染力的精美插图，使故事生动活泼，引人入胜。

全书所有故事虽系摘选，但皆独立成篇，可以使小读者对成语的由来一目了然；可读性强，使小读者能于兴致盎然中轻松获益。可谓一册在手，中华成语故事全掌握。

现在，就让我们翻开本书，一起走进成语故事的世界，去品味中华语言文化的博大精深和妙趣横生吧！

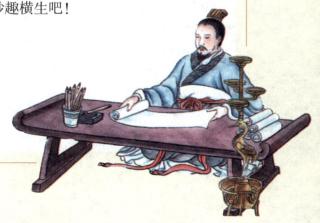

目录

饮鸩止渴

出处 南朝宋·范晔《后汉书·霍谞传》："譬犹疗饥于附子，止渴于鸩毒，未入肠胃，已绝咽喉。"

释义 喝毒酒解渴。比喻用错误的办法来解决眼前的困难而不顾严重后果。鸩：传说中的毒鸟，用它的羽毛浸的酒喝了能毒死人。

近义词 剜肉医疮 漏脯充饥

反义词 从长计议 高瞻远瞩

造句 你总不能为了尽快解决问题就饮鸩止渴吧！

东汉时候，大将军梁商在朝廷上的权力很大。一次，有人向他告密，说地方官宋光擅自修改朝廷的章法。梁商不问青红皂白，将宋光关进了洛阳的监狱，把他打得死去活来。

宋光的外甥霍谞（xū），听到舅舅被冤屈的消息，十分焦急。他决心上书梁商，为舅舅申冤。当时他才十五岁，但在大人物面前毫不畏惧。他在申诉书中说："我是宋光的外甥，我来替舅舅申冤辩解。宋光出身高贵，一向循规蹈矩，按章办事，即使对朝廷章法有什么不同看法，也会按正常途径向朝廷汇报，怎么可能冒着生命危险私自修改呢？这就好比一个人肚子饿了吃附子（一种有毒的植物）充饥，口渴了用鸩的羽毛泡制的毒酒来解渴一样，不等东西进入

肠胃，人就已经断气了。这样的蠢事，宋光怎么会做呢？

请求大将军查清原委，千万不要冤枉好人……"

　　梁商看了霍谞的申诉书，十分感动，便释放了宋光。

尾大不掉

出处 春秋·左丘明《左传·昭公十一年》："末大必折，尾大不掉，君所知也。"

释义 指尾巴太大，掉转不灵。旧时比喻部下的势力很大，无法指挥调度；现比喻机构庞大，指挥不灵。掉：摆动。

近义词 尾大难掉　强枝弱本　末大不掉

反义词 精兵简政

造句 很多问题积重难返，已成尾大不掉之势。

公元前531年，楚国灭掉了蔡国，楚王任命公子弃疾为蔡公。

有一天，楚王向大臣申无宇打听道："公子弃疾在蔡国干得怎么样呀？"

申无宇回答说："我听说将官的势力如果太大，就不宜派他们长期在外镇守一方；如果官员的势力太薄弱了，就不宜任京官的职务。俗话说得好：自己的亲属最好别安排外地的职务，别国来的客人也最好别担任宫廷的大臣。如今，我们公子弃疾远在蔡国任职，而郑国的公子丹却在我们楚国担任要职，大王您可要当点心呀。"

楚王又问："现在国内出现了一些规模很大的封邑城市，这到底好不好呢？"

申无宇说："过去周天子分封诸侯，他的用意原本是希望靠诸侯的封地和城池形成藩篱和屏障，如众星拱月那样，拱卫朝廷。可是后来诸侯的邑城发展得越来越大，天子渐渐地指挥不动诸侯了，不仅指挥不动，诸侯的邑城反而对天子的都城造成了威胁。这好比树梢长得太茂盛以后，大风一来就会把整棵树拦腰吹断；动物的尾巴长得太肥大以后，摇晃起来就十分困难。历史上，郑国的京邑、栎邑势力强大以后，杀了曼伯；宋国的萧邑、亳邑势力壮大了以后，杀了子游；齐国的雍廪在渠丘杀了无知，卫国的蒲邑、戚邑驱逐了卫献公……从这些事情的后果来看，都是当初被扶持的人害了自己。所以，扶持宗室的政策，对国家实在是一种隐患呀！"

楚王点头称是。

抱薪救火

出处 西汉·司马迁《史记·魏世家》："且夫以地事秦，譬犹抱薪救火，薪不尽，火不灭。"

释义 抱着柴草去救火。比喻用错误的方法去消除灾祸，结果反而使灾祸扩大。

近义词 火上浇油　饮鸩止渴　雪上加霜

反义词 根除祸患　釜底抽薪

造句 我们做事要讲究方法，不能抱薪救火，那样只会适得其反。

战国时，魏国接连遭到秦国的侵略，几次割地求和，失去了许多城池，先后牺牲了二十多万士兵。

有一个名叫段干子的魏将，被秦军强大的攻势吓破了胆，建议魏安釐（xī）王把南阳割让给秦国，以换取和平。安釐王眼见都城大梁难保，只得听从他的建议，准备向入侵者再一次屈膝求和。

这事被苏代知道了，他主张魏国应与其他五国联合起来，共同抵抗强秦，坚决不赞成割地求和的投降政策。他对魏安釐王说："秦王贪得无厌，你越是让他，他就越来欺负你。现在，大王想用土地来换取和平，依我看求得的只能是片刻之安。只要你的土地还没割让光，他就会不断提出新的领土要求。这就好比抱着柴草去救火，火遇柴草，会越烧越旺，只要柴草还有，火就熄灭不了。"

英雄无用武之地

出处 西晋·陈寿《三国志·诸葛亮传》："今操芟夷大难，略已平矣，遂破荆州，威震四海。英雄无所用武，故豫州遁逃至此。"

释义 比喻有才能却没地方或机会施展。

近义词 怀才不遇

反义词 大显身手

造句 在这个严肃紧张的工作环境中，他的娱乐天分算是英雄无用武之地了。

208 年秋天，曹操在平定北方以后，率领大军南征荆州。当时刘备正驻守在襄阳附近的樊城。襄阳军民中，有不少人不愿投降曹操，便纷纷投奔刘备。因此，刘备的队伍很快增加到十万多人。由于人员众多，行动缓慢，有人建议刘备快马先行，免得被曹军追上。但是刘备认为，要成大事必须依靠人，现在荆州父老兄弟已来投奔他，就不能抛开大家先走。

曹军一到襄阳，曹操了解到刘备已率众南下，便派五千名骑兵追击。不几日，终于在当阳（今属湖北）的长坂坡追上了刘备的队伍。这支混杂的队伍，当然不是曹军骑兵的对手，最后只有刘备、诸葛亮等少数人突围而出，退到了夏口。

这时候，曹操的大军已经从江陵顺江东下。诸葛亮对刘备说："现在情势危急，还是让我去向孙权求援吧。"刘备同意。

这时，孙权正率军驻屯在柴桑（今江西九江）观望形势。诸葛亮见到他后劝说道："当今天下大乱，将军占据了江东，刘豫州（刘备）也在汉水之南招募队伍，和曹操争夺天下。现在，曹操平定北方后，又攻下荆州，威镇四海。而刘豫州这样的英雄也无所用武，所以退到了这里。"

最后，诸葛亮终于说服了孙权，共同抗曹，取得了赤壁之战的胜利。

狐假虎威

出处 西汉·刘向《战国策·楚策一》："虎求百兽而食之，得狐。狐曰：'子无敢食我也。天帝使我长百兽……子随我后，观百兽之见我而敢不走乎？'虎以为然，故遂与之行。兽见之皆走。虎不知兽畏己而走也，以为畏狐也。"

释义 狐狸借老虎之威吓退百兽。后用来比喻仰仗或倚仗别人的权势来欺压、恐吓人。假：凭借。

近义词 仗势欺人　狐虎之威

反义词 独步天下

造句 他狐假虎威，仗着他哥哥的势力，横行乡里，无恶不作。

战国时期，楚国有一位很能干的大臣名叫昭奚恤。楚宣王有一次召集大臣们开会议事，他问大臣们说："我听说北边的邻国都很惧怕昭奚恤，果真有这样的事情吗？"

这时，有位叫江一的大臣向楚宣王说："大王，哪有这种事情呢？邻国并不惧怕昭奚恤，而是惧怕您呀！"接着他讲了一则故事：

有只老虎在森林中遇到一只狐狸，狐狸见逃跑已经来不及了，便故作镇静地对老虎说："我是天帝派到森林里来做兽王的，你怎么敢吃我！"老虎看到狐狸又瘦又小，有些不相信。狐狸害怕老虎不相信自己的话，就急忙说："你如果不相信，那么，你就跟我到林子里去走一趟，看看那些野兽见了我害怕不害怕！"老虎同意了。狐狸大模大样地走在前面，老虎紧跟在后。森林中的野兽看见老虎来了，都吓得拼命逃跑。老虎不知道野兽们害怕的是自己，还以为它们真是害怕狐狸呢！

江一讲完故事后又说："大王，您现在占有五千多里的地盘，有百万雄兵，而这些又交给昭奚恤管辖，所以北边邻国都怕他，其实是害怕您的兵马，就像林中百兽害怕老虎一样呀！"

"哦，原来是这样！"楚宣王同意了江一的看法。

金城汤池

出处 东汉·班固《汉书·蒯通传》："边地之城……必将婴城固守，皆为金城汤池；不可攻也。"

释义 如钢铁铸造的城墙，像沸水流淌的护城河。比喻城池坚固，难于攻破。

近义词 铜墙铁壁　固若金汤

反义词 一触即溃　不堪一击

造句 辩论会上，正反双方论点论据都十分严密，有如金城汤池，难以找出破绽。

　　蒯（kuǎi）通是秦末范阳（今属河北）人。他是个很有口才的辩士。当时，起义反秦的农民领袖陈胜有个部将名叫武臣，他攻克了原来赵国大部分地区，已经逼近范阳。蒯通就去见范阳令徐公，对他说："我是本县的老百姓蒯通，因为怜悯你快要死了，所以特来吊你的丧；不过，你遇到了我，就可以免死了，所以我又应该贺你的喜。"

　　徐公认为这人说话有些蹊跷，便向他作揖请教："你为什么说我就要死了呢？"

　　蒯通说："你当县官有十多年了，杀了多少父亲的儿子，害了多少儿子的父亲……其实，人们要还报你一刀并不难，他们只是害怕秦朝的刑法罢了。现在，天下大乱，什么刑法都已经失去作用了，你的肚子上还不马上要挨刀吗？"

　　"那么，你为什么又说我可以免死了呢？"

　　蒯通接着说："武臣听说我有点小名气，派人来找我，说要听听我的意见。现在我正想去见他，并且准备对他说：'范阳这座城池本来可以坚守，但是那位县令怕死，早已准备向你投降了。他首先投降，你将怎样处置他呢？要是杀了他，那时，其他各城镇的官吏，将要互相传告说：范阳令投降仍然不免一死，还不如坚守！于是，各处都成了金城汤池，很难攻下了。我为你打算，最好趁早用优厚的待遇把范阳令迎接过来，然后叫他带着文告，到燕、赵各地去走一遭，这样，各城镇必然纷纷投降。我的这一番话，估计武臣一定会同意，所以我说你可以免死了。"

徐公听了，非常高兴，当即备了车马，让蒯通立刻去见武臣。武臣果然采纳了蒯通的建议。这样，不但徐公免死，而且燕、赵各地就有三十多个城镇主动宣告响应起义。

变生肘腋

出处 西晋·陈寿《三国志·蜀志·法正传》："主公之在公安也，北畏曹公之强，东惮孙权之逼，近则惧孙夫人生变于肘腋之下，当斯之时，进退狼跋。"

释义 比喻事变发生在极近的地方。

近义词 祸起萧墙　祸生肘腋

造句 变生肘腋之时，他仍然平静地称呼对方，不悲不喜，不卑不亢，喜怒不形于色。

东汉末年，群雄割据。当时的益州牧刘璋是个无能之辈，很难保住益州。

不久，曹操想出兵攻打汉中张鲁。刘璋知道汉中一失，益州便保不住。于是派法正去荆州请刘备入蜀，攻取汉中。

法正到了荆州，拜见了刘备。刘备开始虽有取蜀之心，但顾虑刘璋和自己同是汉朝宗室，只答应入蜀帮刘璋御敌，不愿同室操戈。后经法正陈说蜀地为建功立业基地等语后，刘备才采纳法正的意见，攻取了益州，建立了政权。

鉴于法正有功，刘备任命他做了蜀郡太守。法正做了太守后，利用权势解决个人恩怨。有人去向丞相诸葛亮禀报，说法正做事太横了。

诸葛亮听后，摇摇头说："主公住在公安的时候，北面畏惧曹操的强大，东面受到孙权的威胁，就连近在他肘腋之下的孙夫人，他也惧怕她一朝会发生什么变故。那时多亏法正前来劝他进兵益州，才有了今天。主公信赖他，才任命他做了蜀郡太守。只要他大节无亏，主公是不会去抑制他的权力的。"

居安思危

出处 春秋·左丘明《左传·襄公十一年》："居安思危，思则有备，有备无患。"

释义 在平安稳定的时候要想到可能会出现的危险灾难。指时时要提高警觉，预防祸患。

近义词 未雨绸缪 防患未然 居安虑危

反义词 及时行乐 高枕无忧 麻痹大意 刀枪入库

造句 身处在瞬息万变的社会中，你应该学会居安思危。

春秋时期，郑国挑起事端，激起晋、齐、卫等十二个诸侯国的不满。当时晋国势力大，其他国君就同晋国商议，要联合各国兵马，共同围攻郑国。晋悼公同魏绛商议，魏绛认为可以就此教训一下郑国。于是十二个诸侯国以晋国为首，联合出兵围攻郑国。郑国十分惊慌，就派使者向晋悼公求和。晋悼公听取了魏绛的建议，认为郑国已经向晋国低头，不必再逼迫过甚，于是撤回了军队，其他十一国也停止了进攻。

郑国解了围，非常感谢晋国，为了表示谢意和友好，便准备了大批礼物给晋国送去。这些礼物中有作战用的兵车，有精致的乐器，还有三名郑国有名的乐师和十六名能歌善舞的美女。

晋悼公接受了郑国这么贵重的礼物，非常高兴，对魏绛说："你为我出谋划策，使事情办得一切如意，好像音乐一样和谐协调，我非常满意。这八名美女赏赐给你，让我们一同享受吧！"

魏绛向晋悼公行礼，说道："我们晋国的事情一切如意，首先归功于您的领导有方，其次是大臣们同心协力，我有什么功劳可言？我只希望您在享受安乐的时候，也能想一想国家其他要办的事情。《诗》上有句话叫'居安思危'。我把它献给您作为戒鉴。"晋悼公听了，沉思半晌。

相敬如宾

出处 春秋·左丘明《左传·僖公三十三年》："臼季使过冀，见冀缺耨，其妻馌之。敬，相待如宾。"

释义 形容夫妻间相处融洽，互相敬爱，像对待宾客一样。

近义词 相亲相爱　互敬互爱

反义词 敬而远之

造句 夫妻之间要相敬如宾，这样才能达到两者关系的最佳境界。

　　春秋时期，晋文公派大夫臼（jiù）季出使别国。臼季路过冀邑（今山西河津东北）这个地方时，在大路边看见前朝国君晋惠公旧臣郤（xì）芮的儿子郤缺在地里锄禾，臼季便下车同郤缺应酬谈话。正说着，一个女子给郤缺送饭来了，她先恭恭敬敬地向郤缺拜了一拜，然后蹲下身从篮子里取出饭菜，摆好碗筷，又恭恭敬敬地朝郤缺拜了一拜，请他用餐。郤缺彬彬有礼地回拜了那女子，向臼季介绍说，这是他的妻子。郤缺夫妻之间相敬如宾的美德，给臼季留下了深刻的印象。

　　回国后，臼季对晋文公说："郤缺和妻子之间能够相敬如宾，这说明他们是很有教养、很有德行的人。一个有德行的人，必定能治理好百姓，请陛下放心大胆地用他。"

　　晋文公对臼季的举荐却不大乐意，对臼季说："你忘啦，他父亲有罪，我怎么能够用他？"原来，郤缺的父亲在晋文公和晋惠公兄弟俩争夺君位的斗争中，站在了晋惠公一边。

臼季却不这样看，他开导晋文公说："郤缺父亲的罪责，不能让郤缺来承担，如果您不计前嫌，让郤缺也得到机会施展自己的才干，那天下的贤士能人，必定更愿意为晋国效劳了。"

　　晋文公豁然开朗，欣然接受臼季的建议，拜郤缺为大夫。

背道而驰

出处 唐·柳宗元《杨评事文集后序》："其余各探一隅，相与背驰于道者，其去弥远。"

释义 朝着相反的方向跑。比喻行动方向和所要达到的目标完全相反。

近义词 适得其反　南辕北辙　东趋西步

反义词 并驾齐驱

造句 他说一套做一套，言行背道而驰。

战国时，魏国有一个臣子名叫季梁，他奉命出使到外国，在中途听到魏安釐王要出兵进攻赵国的消息，立刻折回来，匆忙进宫拜见魏王。

魏王问："你是奉命出使的，中途折返，难道有什么重要的事情？"

季梁说："臣在途中遇到了一位驾车的人，他挥着鞭子，叱着马，向北驰去。"

魏王笑道："这么一件小事，值得你中途折回来报告给我？"

季梁说："啊，大王，问题在于他是要到楚国去呀！"

魏王说："到楚国自然是向南走，他为什么向北驰去呢？"

季梁说："我当时就问乘车的主人：'你到楚国，为什么要向北方而去？'他对我说：'因为我驾车的这匹马是一匹名驹，脚程飞快，转眼就可行十几里。'我对他说：'你的马脚程虽快，可是越快越糟，因走的方向不对，到楚国是要向南

走的，你怎么可以往北走呢？'他说：'我带有足够的旅费，你不用担心。'我说：'尽管你带的旅费充足，可是你方向走得不对，永远也到不了楚国的。'他说：'不要紧，我的车夫有多年驾车经验，什么马都能驾，何况这是一匹良驹，有日行千里的本领，我何必担心呢？'"

魏王不禁大笑起来："这人简直是个疯子。他虽然有这么多优越的条件，但他是背道而驰，楚国在南，他要向北，他的马越快、御者技艺越精，就使他离楚国更遥远了。"

季梁免冠顿首说："大王说得一点不错，这人是背道而驰，愈向北则离楚地愈远。大王平时都以称王称霸自许和称雄天下自命，今天大王倚仗国势强、国土广、兵卒精，进攻邯郸取赵地以自益。依臣愚见，大王对邻国用兵愈多，则离称王称霸的基业愈远，亦正如臣在途中所见的那位去楚国而向北行的驾车者，是背道而驰啊！"

发愤图强

出处 《论语·述而篇》："女奚不曰：其为人也，发愤忘食，乐以忘忧，不知老之将至云尔。"

释义 形容下定决心，努力谋求强盛。发愤：下定决心去努力。图：谋求的意思。

近义词 奋发图强　力争上游

反义词 胸无大志　无所作为

造句 我们只有发愤图强，努力学习，才能取得好成绩。

　　春秋时，楚国大夫沈诸梁的封地在叶（今河南叶县南），所以人们又称他为叶公。孔子周游列国，来到楚国的叶邑时，叶公接待了他。

　　因叶公对孔子的为人不了解，便向子路悄悄探问。子路一时不知怎么回答，没有作声。

　　事后，孔子知道了，便对子路说："你怎么不说'他努力学习，以至于废寝忘食；津津乐道于授业传道，而从不担忧受贫受苦；自强不息，甚至忘记了自己的年纪'如此这般的话呢？"

　　可见，古人所谓"发愤"多指刻苦学习。至于把"发愤"一词同"图强"合为成语来使用，则是在近代才出现的。清末的改良主义维新派康有为上书光绪皇帝，劝他同意进行资产阶级政治改革时，就曾用过"发愤图强"这一说法。

感恩图报

出处 宋·曾巩《上欧阳舍人书》："其感与报，宜若何而图之？"

释义 感激他人对自己所施的恩惠而设法报答。

近义词 感恩戴德　知恩报德　结草衔环

反义词 恩将仇报　背恩忘义　过河拆桥　忘恩负义

造句 做人要饮水思源，感恩图报。

　　春秋吴国大将伍子胥，决定要攻灭郑国。郑国的许多大臣主张发动全国老百姓，跟吴军拼个你死我活。郑定公说："谁能使伍子胥退兵，寡人必定重重地奖赏他。"可是大家知道伍子胥文武双全，有勇有谋，所以命令发出了三天，竟没有人来应征。

　　到了第四天的早上，有个打鱼的小伙子来见郑定公，说他有方法使伍子胥退兵。郑定公问他要多少兵车。他说："不用兵车，也不用粮草，光凭我这根划船的桨，就能够把好几万的吴国兵马打退。"

　　郑定公也只得"死马当活马医"，让他去试试。那个打鱼的人胳肢窝里夹着一根桨，到吴国兵营里去见伍子胥。他一边唱歌，一边敲着那根桨打着拍子：

　　芦中人，芦中人；渡过江，谁的恩？

　　宝剑上，七星文；还给你，还在身。

你今天，得意了；可记得，渔丈人。

伍子胥吓了一跳问他："你是谁呀？"

打鱼的人说："你没瞧见我手里拿着的玩意儿吗？我父亲全靠这根桨过日子，他当初也是靠这根桨救了你的命。"

伍子胥这时才想起当年自己芦花渡口逃难的情形，十分感激那个打鱼老大爷的救命之恩，不由得掉下眼泪来。

捕鱼人又说："我们国君下了命令说：'谁能够请将军退兵，就有重赏。'不知将军肯不肯看在我已故父亲的情面上，饶了郑国，也让我能得些奖赏。"

伍子胥带着感激的口吻说："我能够有这么一天，完全是你父亲的恩德。我哪能把他忘了呢？"说完就下令退兵了，此举真是感恩图报啊！

望梅止渴

出处 南朝宋·刘义庆《世说新语·假谲》："魏武行役，失汲道，军皆渴，乃令曰：'前有大梅林，饶子，甘酸可以解渴。'士卒闻之，口皆出水。乘此得及前源。"

释义 梅子酸，人想吃梅子就会流涎，因而止渴。后比喻愿望无法实现，用空想安慰自己。

近义词 画饼充饥

反义词 名副其实 实事求是

造句 你说的这种办法如望梅止渴，只不过是自欺欺人罢了。

曹操带兵攻打张绣时，行军中路过一个地方，曹操派人四下找水。可是当地是一片荒原，没有河，也没有井，根本找不到水喝。曹操又命令士兵就地挖井，挖了半天，也见不到一滴水。

曹操心想：要想个办法让大家走出荒原才行！他灵机一动，想出了一个办法。于是他站在高处，大声对将士们说："前边不远处有一大片梅林，梅子又多又大，咱们到那儿去吃梅子吧！"

听曹操这么一说，将士们马上想到了梅子的酸味，人人嘴里都流出不少口水，这样就不那么渴了。曹操趁此机会赶紧整顿队伍，继续前进，终于带领大军走出了这片大荒原，找到了水源。

宾至如归

出处 春秋·左丘明《左传·襄公三十一年》:"宾至如归,无宁灾患,不畏寇盗,而亦不患燥湿。"

释义 客人到此,有在家之感。形容接待客人热情周到。

近义词 亲如一家 无微不至 满腔热忱

反义词 漠不关心 冷若冰霜

造句 这个旅馆服务周到,让人有宾至如归的感觉。

公元前 542 年,子产奉郑简公之命出访晋国,带去许多礼物。晋平公借口为鲁国国丧致哀,没有迎接郑国使者。子产就命令随行的人员把晋国宾馆的围墙拆掉,然后赶进车马,安放物品。

晋平公得知这一消息,派大夫士文伯到宾馆责问子产。士文伯说:"我国是诸侯的盟主,来朝见的诸侯官员很多。为了保障来宾安全,特意修建了这所宾馆,筑起厚厚的围墙,现在你们把围墙拆了,不知是为了什么?"

子产回答说:"这一次我们带了从本国搜罗来的财宝前来朝会,偏偏遇上你们的国君没有空,也不知道何时有空。我听说过去晋文公做盟主的时候,自己住的宫室是矮小的,接待诸侯的宾馆却造得又高又大,使人感到宾至如归。可是,现在晋国的宫室占地好几里,而让诸侯宾客住的却是奴隶住的屋子。门口进不去车子,我们不能翻墙进去,如果不拆掉围墙，让这些礼物日晒夜露，就是我们的罪过了。如果让我们交了礼物，我们愿意修好围墙再回去。"

　　士文伯把情况报告了晋平公。晋平公感到惭愧，马上接见子产，隆重宴请他，并给予了他丰厚的回赠，还下令重新建造宾馆。

谈何容易

出处 西汉·东方朔《非有先生论》:"吴王曰:'可以谈矣,寡人将竦意而览焉。'先生曰:'于戏!可乎哉!可乎哉?谈何容易!'"

释义 原指臣下向君主进言很不容易。后指事情做起来并不像说的那样简单。

近义词 来之不易 难于登天

反义词 唾手可得 轻而易举 易如反掌

造句 一个人想要事业成功,谈何容易?

汉武帝即位不久,下令全国推荐人才。年轻的东方朔经过长途跋涉,来到京都长安。他向武帝自荐,后被任命为常侍郎。汉武帝曾下令要把长安附近一大块土地划为上林苑作为皇家游猎区,东方朔竭力反对,他认为这样做是"上乏国家之用,下夺农桑之业,弃成功,就败事,损耗五谷"。武帝没有听取他的正确意见。又有一次,东方朔上书提出耕战强国的建议,又未被采纳。为了讽谏汉武帝,东方朔写了一篇《非有先生之论》,虚构了下面的故事:

非有先生在吴国当了三年官,默默无言,从不发表什么政见。国君吴王很奇怪,就对他说:"先生如果有高明的见解而不谈出来,就是不忠;如果谈出来我不采纳,就是我不明。先生什么看法也不谈,难道是我不明吗?"非有先生只是连连作揖,仍不开口。吴王说:"谈谈吧,我一定诚心听取。"非有先生叹了一口气说:"臣下向君主进言谈何容易啊!"接着，他举例说："夏朝的贤臣关龙逢再三向夏桀直言进谏，却被杀害；商朝忠臣比干屡次劝谏纣王，却被剖腹挖心而死。这样看来，臣下向君主进言真是不容易啊！"非有先生又举出一些奸臣靠阿谀逢迎而飞黄腾达和一些贤臣因主上昏庸而避世的例子，然后重复地说："臣下向君主进言谈何容易啊！"后来，非有先生又讲了商汤和周文王采纳贤臣的主张，国家兴盛强大的事例。吴王听了这些话，深受感动，从此改革政治，励精图治，吴国终于兴旺发达起来。

　　在这里，东方朔借用非有先生的议论，说出自己的看法，希望汉武帝能听取正确的意见。

流血千里

出处 西汉·刘向《战国策·魏策四》："天子之怒，伏尸百万，流血千里。"

释义 形容战乱中死伤极多的景象。

近义词 伏尸百万

造句 天子一怒，伏尸百万，流血千里，绝非虚言。

战国末期，秦国灭了魏国以后，派人对魏国的附庸国国君安陵君说："我们秦王想用五百里土地换你们只有五十里土地的安陵，请不要推辞！"

安陵君知道这是阴谋，但不敢得罪秦国，就婉言对来使说："秦王以大换小，他的好意我心领了，但是安陵是我祖先的江山，我不敢随便拿它更换。"安陵君知道秦国不会就此罢休，就派唐雎（jū）到秦国去，表示他愿意与秦国搞好团结。

秦王见了唐雎，就给他一个下马威，拍着桌子说："你听说过天子发怒吗？"

"没有。"唐雎镇静地说。

"天子发怒，会伏尸百万，流血千里。"

唐雎仰天大笑："你听说过平民发怒吗？"

"平民发怒，只不过是脱掉帽子，赤着脚，用头撞地而已！"秦王轻蔑地说。

"你说的是庸人发怒。从前专诸刺杀吴王僚时，彗星袭月；聂政刺杀魏国的相国侠累时，长虹贯日；要离刺杀卫国的公子庆忌时，苍鹰冲击到殿上。"唐雎拔出剑，疾步上前，紧紧抓住秦王的手，满脸杀气地说："今天我发怒，就要跟你同归于尽了！"

秦王吓得向唐雎道歉，答应今后再也不提换地之事了。

松筠之节

出处 唐·魏徵等《隋书·柳庄传》："梁主奕叶重光，委诚朝廷，而今已后，方见松筠之节。"

释义 指具有松和竹那样的坚贞节操。筠：竹子。节：节操。

近义词 坚贞不屈 高风亮节

反义词 摇摆不定 唯唯诺诺

造句 已经退休的王教授德高望重，有松筠之节。

579年，北周宣帝宇文赟（yūn）病死，即位的静帝宇文阐还是个不懂事的孩子，不能亲理政事。内史大夫郑译和御正大夫刘昉（fǎng）伪造诏书召杨坚入宫辅佐幼主，杨坚得以总揽朝廷军政大权。

杨坚刚刚掌握大权，政局不稳，人心难服。相州总管尉迟迥起兵反对杨坚，各州郡也纷纷响应。与此同时，雍州牧毕王宇文贤和赵王宇文招等六王也先后到达长安，密谋对付杨坚，杨坚处于内外交困之中。然而他深谋远虑，先是杀鸡给猴看，除掉毕王宇文贤，对其他五王则不再追究，反而让他们享受"剑履上殿，入朝不趋"的特殊礼遇，以避免矛盾激化。对各州郡，也以礼相待，稳定人心。

这时，后梁大臣柳庄奉明帝萧岿之意入关。杨坚为了搞好边界关系，特意召见柳庄，并对他表明心迹："我过去深蒙

梁主的照顾，至今铭记在心。当今皇上年
幼，我受托辅主，诚惶诚恐。梁
主英明无比，从今以后，更显
出松筠之节。你回去后，请
向梁主转达我的意思。"

柳庄从长安回
到后梁，向皇上禀
明杨坚友好结交的
意思，并劝说萧岿
不可妄动，以休养
生息，静观天下变
化。萧岿认为柳庄
讲得在理，便没有
轻举妄动。边境关
系得以缓和、安稳。

巧夺天工

出处 元·伊世珍《琅嬛记》卷上引《采兰杂志》："每日后梳妆，（蛇）则盘结一髻形于后前，后异之，因效而为髻，巧夺天工。"

释义 精巧的人工胜过天然形成的。形容技巧高超（多指工艺美术）。

近义词 鬼斧神工　玲珑剔透　独具匠心

反义词 粗制滥造

造句 这些蜡像栩栩如生，真可以说是巧夺天工。

三国时，魏国第一代皇帝曹丕的皇后甄氏原是袁绍之子袁熙的妻子，因生得美貌，在曹丕当皇帝之前被其掳来为妻。后来，她被封皇后时，已经三十岁了，为了使曹丕长久地宠幸自己，每天早晨都要花许多时间打扮。

　　据说在她宫室前的庭院中，有一条非常漂亮的绿色的蛇，它嘴里时常含一颗红珠。每当甄皇后梳妆打扮的时候，它就在她面前盘成奇巧的形状。甄皇后后来注意到，这蛇每天盘出的形状从来不重复。于是，她就模仿它的形状梳头。

　　时间久了，甄皇后的头发虽然是用人工梳成的，但它的精致可谓巧夺天工。当然，她每天的头发式样也是不同的，后宫的人都称之为"灵蛇髻"。曹丕见了后，仍然觉得她非常年轻漂亮，还是对她十分宠爱。

　　但是，随着年华的消逝，即使再精致巧妙的梳妆，也无法改变甄皇后失宠的命运。年轻的郭皇后终于替代了她的地位。而由于她对此不满，惹怒了曹丕，最后被他下诏赐死。

甜言蜜语

出处 《敦煌变文集·捉季布传文》:"季布得之心中怕,甜言蜜语却安存。"

释义 言语像蜜糖一样甜。比喻为了讨人喜欢或哄骗人而说好听的话。

近义词 花言巧语　巧言令色　口蜜腹剑

反义词 由衷之言　推心置腹　肺腑之言

造句 他想用甜言蜜语来哄骗我们。

有一次，魏国人张仪去韩国劝韩王归顺秦国。

他说："韩国地势险恶，土地贫瘠，民不聊生，士卒只有三十万都不到，而秦国军队有百万之多，兵车千辆，战马万匹，士卒勇猛无比。以这样的勇士来攻打不服从的弱国，简直和将三万斤的重量加在鸟卵上没有两样。

"那些君臣诸侯，不衡量自己土地的狭小，却听从别人的甜言蜜语，他们结党营私而互相掩饰，都振振有词地说：'听从我的计策，可以称霸天下。'

"不顾长远的利益，而听从短浅的意见，再没有比这种做法更贻误国君的了。假如大王不臣事秦国，那么大王的国家便被分割了，宫殿、御林苑就不再被大王所拥有了。若臣事秦国，便得以安定；不臣事秦国，便遭受危险。逆秦国，而归顺楚国，要想国家不灭亡，那是不可能的。

"所以为大王着想，最好就是帮助秦国。秦国最希望的就是削弱楚国，而最能削弱楚国的国家就是韩国。这并不是因为韩国强过楚国，而是因为地势的关系。如今假如大王能臣事秦国，而攻打楚国，秦王必定高兴。攻打楚国而从它的领土上得到利益，转移了自己的灾祸而使秦国愉快，实在没有比这更好的计策了。"

韩王听从了张仪的策略。后来，秦惠王封赏了张仪五个都邑，并封他为武信君。

水中捞月

出处 北宋·黄庭坚《沁园春》:"镜里拈花,水中捉月,觑着无由得近伊。"

释义 到水中去捞月亮。比喻去做根本做不到的事情,只能白费力气。

近义词 缘木求鱼 大海捞针 竹篮打水

反义词 囊中取物 瓮中捉鳖 立竿见影

造句 你把钱借给他,想要讨还,只能是水中捞月。

相传,道教祖师王重阳得道成仙后,奉法旨云游四方,点化他人成道。

一天夜晚,王重阳来到西安府城外的北邙(máng)山下,在山间的松树下闭目养神。蒙眬间听到歌声,王重阳一看,原来是个女鬼。

这女鬼看见王重阳,知道遇上了真人,求他超度自己的鬼魂。王重阳要她先下到人间,托生为女子,还五世宿债,二十年后,会有一个扎三角发髻的马真人超度她。说完,王重阳命人领着女鬼托生到汴梁刘家,名叫刘倩娇。

二十年后,刘倩娇出落得亭亭玉立,吹弹歌舞,吟诗作对,样样通晓,是汴梁有名的歌伎。一年重阳节,官府饮酒作乐,派人请刘倩娇去助兴。

刘倩娇打扮一番,便往官府去,不料走到小巷子里迷了路,正好见一个身穿百衲袍、头上扎三角发髻的道士走来,

41

便上去问路。道士看着她，笑着说："正好撞上二十年前还魂的故交了。"

刘倩娇好生奇怪："我二十一岁，怎么是你二十年前的故交？"

原来，道士就是王重阳的弟子马丹阳，他奉师父之命来到人间寻那二十年前的女鬼。他要刘倩娇脱离凡尘，跟他回头归于正道。谁知刘倩娇已根本不记得前世的事，她对马丹阳说："我正值青春妙龄，生活得好不舒服。跟你出家，有什么好处？"于是，央求马丹阳放她走，不要误了官府的事。

马丹阳见她执迷不悟，急得直跺脚："这个不回头的刘大姐，我要度你啊，就像沙里面淘金，金石中取火，水中捞月，难啊！"

那时，刘倩娇正要嫁给林员外做外室。马丹阳知道刘倩娇迷恋红尘，凡心太重，便索性追到她家里去点化她。但她不理睬马丹阳的纠缠，在一边打起瞌睡来。

马丹阳见她在瞌睡，心生一计，将二十年前托生的前前后后托梦给刘倩娇，劝刘倩娇跟马祖师回头。刘倩娇终于有所醒悟，答应跟马丹阳出家修道。

后来，刘倩娇摆脱林员外的阻拦，脱下红裙，穿上布衣，不再依恋凡尘，跟着马丹阳取了长生诀，见众神仙去了。

拨云见日

出处 唐·房玄龄等《晋书·乐广传》："此人之水镜，见之莹然，若披云雾而睹青天也。"

释义 拨开云雾，看见太阳。比喻冲破黑暗，重见光明。也比喻疑团消除，心里顿时明白。

近义词 水落石出

反义词 乌云密布

造句 老师的一席话，拨云见日，让我重新找到了努力学习的目标。

　　晋代的乐广为太尉贾充所赏识，被征召为掾（yuàn）属（佐治的官吏），又调任太子舍人。后来，乐广不愿意出任外官，就请大文学家潘岳替自己写一份辞呈。潘岳根据乐广简短的一两百字意思，写成名扬当时的《呈太尉辞河南尹表》。

　　太子洗（xiǎn）马（辅佐太子，教太子政事、文理的官职）卫玠（jiè）幼年时，曾问乐广什么是梦，后日思夜想，得了心疾。乐广去探病，跟卫玠说："眼未见怪，怪从心生，心中无怪，病何由生？"

　　卫玠顿时醒悟，病就好了。

　　当时，卫玠的祖父卫瓘评价乐广："乐广是人中的水镜，见到他，感到一片清明光洁，如同拨云见天。"

　　后人将"拨云见天"改为"拨云见日"。

骑虎难下

出处 南朝宋·何法盛《晋中兴书》:"苏峻反,温峤推陶侃为盟主。侃欲西归,峤说侃曰:'……今日之势,义无旋踵,骑虎之势,可得不乎?'"

释义 比喻事情中途遇到困难,但又不能停止,进退两难。

近义词 进退两难 进退维谷 欲罢不能 左右为难

反义词 势如破竹 无往不利 一帆风顺 一往无前

造句 因为当初没人爱干,我才勉强承担这个活,到现在已是骑虎难下了。

328 年，苏峻和祖约两个镇将以"除君侧，杀权奸"为名，率领军队进入都城建康，掌管了东晋朝政大权。

在这紧急关头，江州刺史温峤挺身而出，拥戴征西大将军陶侃为盟主，起兵讨伐叛军。由于叛军人多势众，陶侃接连打了几个败仗。不久，军粮也发生了困难。

这时，陶侃产生了畏难心理，他责备温峤说："起兵的时候，您说要将有将，要粮有粮，只要我出来当盟主就行了。可现在将在哪里？粮在何方？如果粮米再接济不上，我只能带领本部人马回老家去了。"

温峤不以为然，反驳他说："战胜叛军，最重要的是靠队伍自身的团结。现在皇上蒙难，国家正处在危急关头，我们仗义讨伐叛贼，决不能掉转方向，改弦易辙。就好比骑在猛虎身上，不把它打死，怎么能半途下来呢！"

陶侃听了温峤这席话，觉得很有道理，于是仔细地同他商量了作战计划，之后从水陆两路进攻叛军。温峤又亲自率领一支精壮的骑兵，突然袭击叛军。最后，讨伐取得了胜利。

筚路蓝缕

出处 春秋·左丘明《左传·宣公十二年》："筚路蓝缕，以启山林。"

释义 形容创业的艰辛。筚路：柴车。蓝缕：破衣服。

近义词 风餐露宿　栉风沐雨

反义词 轻而易举　养尊处优

造句 无数的建设者们筚路蓝缕，开创了我国工业的新时代。

　　春秋时期，有一年，楚庄王领兵攻打郑国，郑国派大夫皇戌到晋国求援。皇戌对晋国将领们说："现在，楚军轻而易举地获得胜利，因此很骄傲，他们现在人困马乏，没有戒备。如果你们出兵攻打，郑国的军队作为后应，一定能够大败楚军。"晋军中军副将先縠（hú）非常同意这种主张。

　　可是下军副将栾书却极力反对。他说："楚国自从灭掉庸国以来，经常教育百姓不要忘记建设国家的艰难，要经常警惕祸患的到来。楚王还经常告诫百姓不要忘记，楚国先君若敖、蚡（fén）冒坐着柴车、穿着破烂衣服开辟山林荒地的艰难。这样看来，楚军怎么会骄傲呢？师出无名就要打败仗，我军攻打楚

军，我军无理，楚军有理。楚国国君亲自统率大军，昼夜警戒，严防意外，怎么能说他们人困马乏、没有戒备呢？"

由于主战派的意见占了上风，晋国没有采纳栾书的正确意见，最终，晋国的军队被楚军打得大败。

锐不可当

出处 南朝宋·范晔《后汉书·吴汉传》："其锋不可当。"

释义 锋利无比，无法阻挡。形容来势凶猛，不可阻挡。

近义词 势如破竹 势不可当 攻无不克 所向无敌

反义词 铩羽而归 损兵折将

造句 我军以锐不可当的气势，消灭了敌人。

五代时期，周太祖郭威即位不久，原来后汉的河东节度使刘旻（mǐn）为扩大地盘，命其子刘承钧率兵攻打晋州，周太祖便派王峻去征讨。王峻率军到达陕州以后，下令让部队停驻休整，这一停就是十几天。周太祖心里着急，就派了使者翟守素快马加鞭赶到陕州，对王峻说："你再按兵不动，太祖就要亲自出征了。"

王峻悄悄对翟守素说："急什么？晋州城防守坚固，刘旻是攻不进的；而且刘旻的军队来势汹汹，锐不可当，我若正面迎击，难免损兵折将。我之所以留在这里，不是我怕他，而是避开锋芒，观察形势，伺机反击。再说，太祖刚刚即位，立足未稳，应该先对各方藩镇施以威德。你回去告诉太祖，据我观察，兖州节度使慕容彦超已有谋反的迹象，太祖如果出征离京，万一慕容彦超攻入京师，那多危险！"

周太祖接到使者的报告，恍然明白王峻的智谋确实不凡，又忠于自己，于是对他更是优待有加。

王峻在送走使者翟守素之后，就命令军队向晋州推进，在距离晋州三十里的地方扎营。刘旻听说后周派了常胜将军王峻前来，心里畏惧，就悄悄撤退了。

强弩之末

出处 西汉·司马迁《史记·韩长孺列传》："强弩之极，矢不能穿鲁缟。"

释义 强弩所发的弓箭已达射程的最远处。比喻强大的力量已经衰竭。

近义词 大势已去　强弩末矢

反义词 势不可当　所向披靡　势如破竹

造句 敌人到了强弩之末的地步，已经不堪一击了。

　　西汉初年，匈奴经常兴兵南下，骚扰汉朝的边境地区。为此，汉高祖刘邦曾亲率数十万大军，北上征讨匈奴，但最后以失败而告终。用武不成，汉武帝决定对匈奴实行"和亲"政策。

　　匈奴首领单于表面上答应与汉朝讲和，但没隔多久，就撕毁和约，接二连三地发兵南侵，汉军被迫应战，双方一直处于时战时和的局面。

　　公元前135年，匈奴派出使臣到汉朝请求和亲，汉武帝就召集大臣商议此事。大臣王恢曾长期担任边郡的官吏，对匈奴的情况非常熟悉，他不同意与匈奴和亲，主张起兵攻打匈奴。

　　御史大夫韩安国极力反对王恢的主张，说："派大军到千里之外去作战，一定不会有好的结果。匈奴兵力强大，如果我们派兵出征，汉军需要行军几千里才能打到匈奴，人马必

定疲惫不堪，这就好像用强弩射出去的箭，飞到射程的末梢，力量就会减弱到连薄薄的绸子也穿不透（强弩之末）；这并不是因为它们开始时力量不强，而是因为到了最后，力量衰竭，起不了什么作用了。因此，派兵远征匈奴是不明智的举动，不如与匈奴和亲。"

于是，汉武帝采纳了这一建议，同意与匈奴和亲。

缘木求鱼

出处 《孟子·梁惠王上》："以若所为，求若有欲；犹缘木而求鱼也。"

释义 本意为爬到树上去找鱼。比喻方向或办法不对，不可能达到目的。

近义词 竹篮打水　海底捞针　水中捞月

反义词 瓮中捉鳖　顺藤摸瓜　探囊取物

造句 做事要尊重实际，缘木求鱼是做不好事情的。

战国时期，齐宣王想称霸天下。

孟子对齐宣王说："难道动员全国军队，使将士冒着危险去和别的国家结成仇怨，您心里就痛快吗？"

齐宣王说不是这样的，而是为了满足自己最大的欲望。

孟子问："您最大的欲望是什么呢？"

齐宣王笑了笑，但却不做回答。

孟子说："您现在吃的穿的用的住的，都好到极点，还感到不能满足，那么您是想要扩张国土，使秦楚那样的大国都来朝贡您，四方外族也都服从于您，从而做天下的霸主。然而，用您这样的做法满足您这样的欲望，就好像爬到树上去捉鱼一样。"

齐宣王说："会有这样严重吗？"

孟子说："恐怕比这更严重。爬上树去捉鱼，虽然捉不到，却没有祸害。以您这样的做法来满足您的欲望，如果费尽力气去干，不但达不到目的，而且一定会带来祸患。"

倾国倾城

出处 东汉·班固《汉书·外戚传下·孝武李夫人》："北方有佳人，绝世而独立，一顾倾人城，再顾倾人国。"

释义 原指因女色而亡国。后多形容妇女容貌极美。倾：倾覆。城：国。

近义词 倾城倾国　国色天香　出水芙蓉

反义词 奇丑无比

造句 古代四大美人，都有倾国倾城的美貌，真是惊为天人。

汉代音乐家李延年既善于唱歌，又能创作歌曲。汉武帝时，他是宫中的乐师，很受武帝喜爱。

有一天，李延年在汉武帝面前一边唱歌，一边跳舞。他唱道："北方有佳人，绝世而独立，一顾倾人城，再顾倾人国。宁不知倾城与倾国，佳人难再得！"

汉武帝对这首歌很感兴趣，他问道："世界上真能有这样的绝代佳人吗？"

汉武帝的姐姐平阳公主说道："李延年的妹妹就是这样的佳人。"

汉武帝命人把李延年的妹妹带进宫中，一看，果然是个绝代佳人。汉武帝把她留在身边，封她为李夫人，对她非常宠爱。

李夫人原来是个歌伎，进宫不久便得病而死。汉武帝非常怀念她，让人为她画像，又让术士为她招魂，想和她再见一面。因为想念李夫人，汉武帝写了不少诗歌，以抒发对李夫人的感情，如《李夫人赋》《李夫人歌》等。

"倾国倾城"的成语就是从李延年的歌中概括出来的。

螳螂捕蝉，黄雀在后

出处 西汉·刘向《说苑》："园中有树，其上有蝉，蝉高居悲鸣饮露，不知螳螂在其后也。螳螂委身曲附，欲取蝉，而不知黄雀在其傍也。黄雀延颈欲啄螳螂，而不知弹丸在其下也。此三者皆务欲得其前利而不顾其后之有患也。"

释义 螳螂只顾捉蝉，却不知身后潜在着黄雀的危险。比喻目光短浅，没有远见。也比喻有后顾之忧。蝉：知了。

近义词 鹬蚌相争，渔翁得利

反义词 深谋远虑

造句 一条小鱼刚在水面吃到一条小虫，却没有想到螳螂捕蝉，黄雀在后，一只翠鸟正向它扑过来。

春秋时期，吴王想派兵攻打楚国，他为了表示已下定了决心，就对身边的大臣们说："谁要是来劝阻我，我就把他处死！"

有一个年轻的侍卫官却不管吴王的命令，还是想劝吴王不要派兵进攻楚国，但是又不敢直说，于是，他拿着弹弓在王宫的后花园中转来转去。他衣服都被露水浸湿了，还是连续在花园里转了三天。

吴王奇怪地问他："你早晨跑到花园里干什么？何苦把衣服浸湿成这个样子！"

侍卫官回答说："您看，花园里有一棵树，树上有一只蝉。这蝉在高高的树枝上得意地鸣叫，可是它不知道有一只螳螂正在它的身后，弯着身子，举起前爪，正打算捕捉它。

而螳螂不知道有只黄雀正在它的身旁，伸长了脖子想去捕食它。黄雀也不知道我正拿着弹弓已经瞄准了它。它们三个都是只想到要取得眼前的利益，而没考虑到隐藏在身后的危险呀！"

吴王听了这话，顿时恍然大悟，于是就打消了攻打楚国的念头。

鹬蚌相争

出处 西汉·刘向《战国策·燕策》："鹬曰：'今日不雨，明日不雨，即有死蚌！'蚌亦谓鹬曰：'今日不出，明日不出，即有死鹬！'两者不肯相舍，渔者得而并禽之。"

释义 比喻双方相持不下，而使第三者从中得利。

近义词 鹬蚌相危

反义词 同舟共济

造句 由于兄弟鹬蚌相争，互不相让，家族企业最终被人并购。

战国时期，赵国打算进攻燕国，著名的说客苏代就去赵国劝阻。

苏代对赵惠文王讲了一个故事：

有一天，一只河蚌张开蚌壳，在河滩上晒太阳。这时有只鹬（yù）鸟，正从河蚌身边走过，就伸嘴去啄蚌肉。河蚌急忙将两片蚌壳闭合，把鹬嘴紧紧夹住。

鹬鸟与蚌争斗起来，形成相持不下的局面。鹬鸟威胁河蚌说："如果你不张开壳子，今天不下雨，明天不下雨，就会晒死你！"

河蚌也不示弱，对鹬鸟说："我把你狠狠钳住，今天不放你，明天不放你，就会憋死你！"

这时，恰巧有一个渔翁走过来，没费一点力气，就把它们两个一起捉住，拿回家去。

苏代讲完故事，就对赵惠文王说："现在赵国准备进攻燕国，如果真的打起来，燕、赵两国谁也消灭不了谁，将会长期相持不下，弄得疲惫不堪。我担心强大的秦国会像渔翁那样，乘机把赵、燕两国一起吞并掉，希望大王慎重考虑。"

赵惠文王于是就取消了进攻燕国的计划。

家徒四壁

出处 西汉·司马迁《史记·司马相如列传》："文君夜亡奔相如，相如乃与驰归成都，家居徒四壁立。"

释义 家里只有四面的墙壁。形容十分贫困，一无所有。徒：只，仅仅。

近义词 一贫如洗

反义词 丰衣足食

造句 表哥上学时家徒四壁，他只好半工半读了。

汉代时的一天，临邛（qióng，今四川邛崃）富户卓王孙家大摆酒宴，高朋满座，喜气洋洋。

中午时分，仆人报告说临邛县令和司马相如来了。司马相如是当地有名的才子，人虽穷，但名气不小。司马相如身骑白马，紧随县令的马车后，丰姿俊逸，器宇清秀，踞鞍凝眸，举止文雅，所有的宾客无不倾慕他的风采。

在酒宴中，县令递给相如一张琴，说："我听说您爱好琴艺，请拿着消遣吧。"

相如躬身辞谢。他听说主人美貌的女儿卓文君新近守寡在家，他早就仰慕文君的才貌，心想：何不趁此机会借琴传情呢？他便脸朝县令，抚琴轻弹，乐声四起，缠绵的曲调倾诉的是对文君的思慕。弹完了两首曲子，众人无不拍手称好。爱好音乐的卓文君此时正在隔壁偷看司马相如，不由得脸上泛起红晕。灵犀一点，琴心相通，一种来自女孩心底的喜悦涌起。

卓文君是个颇有见识、敢作敢为的女子，当晚便私奔相如住处，相如与她一同赶着车子回到成都。打开家门，屋内空空如也，只有四面灰墙立在那儿，别无他物。但是，他们的精神世界却是世上最富有的。

一蟹不如一蟹

出处 北宋·苏轼《艾子杂说》："艾子行于海上，初见蟛蚏，继见螃蟹及彭越，形皆相似而体愈小，因叹曰：'何一蟹不如一蟹也？'"

释义 比喻一个不如一个，越来越差。

近义词 一代不如一代

反义词 青出于蓝而胜于蓝

造句 袁术和袁绍可称为一对难兄难弟，而袁术比起袁绍，可谓是一蟹不如一蟹。

从前，中原有一个名叫艾子的人。一天，他来到海边，因为从没见过海，所以一切都感到那么新鲜。他兴致勃勃地央告捕鱼人带他出海。捕鱼人正在收网，网里除了鱼之外，还有几只近一斤重的蟹。"那是什么？"艾子指着蟹问道。

捕鱼人笑道："你连梭子蟹都没有见过，真是个呆子！"

"能吃吗？"

"当然能吃，味道还挺不错的呢。尤其是雄蟹的油、雌蟹的黄，简直是好吃极了！"捕鱼人津津乐道地介绍说。

不久，艾子又看到一种类似梭子蟹的怪物，只不过比梭子蟹要小一点，大的至多半斤重。

"这是不是叫梭子蟹？"艾子问。

当地人善意地嘲笑他一番，然后说："梭子蟹生长在海洋的咸水里。这种也是蟹，但生长在淡水里，大家叫它螃蟹。"

后来，艾子居然发现一种长相像螃蟹，可是比螃蟹要小得多的"蟹"。它的壳最大的也不超过铜板那么大。

"这是否还叫蟹？"艾子问当地人。

有人说："这是蟹的一种，叫螃蜞（qí）。"

艾子仰天长叹道："老天爷呀，您竟然造出如此相像却又不同的东西！可是，为什么一蟹不如一蟹呢！"大家都笑了。

亡羊补牢

出处 西汉·刘向《战国策·楚策四》："见兔而顾犬，未为晚也；亡羊而补牢，未为迟也。"

释义 丢了羊再去修补羊圈，还不算迟。比喻出了问题以后想办法补救，免得再受损失。

近义词 知错就改

反义词 未雨绸缪　防患未然

造句 小区昨天发生盗窃案件后，物业立即亡羊补牢，采取安全防范措施。

战国时代，有一天楚国大臣庄辛，对楚襄王说："您在宫里面的时候，左边是州侯，右边是夏侯；出去的时候，鄢陵君和寿陵君又总是随着您，您只知享乐，不管国家大事，这样下去楚国恐怕就要灭亡了。"

　　楚襄王骂道："明明国家太平无事，可你故意说这些险恶的话，是来惑乱人心吗？"

　　庄辛回答说："臣不是有意要冒犯大王，只是觉得如果您一直宠信这些人，楚国是一定要灭亡的。您既然不信我的话，请允许我避居到赵国，看事情究竟会怎样。"

　　楚襄王答应了。庄辛到赵国才住了五个月，秦国果然派兵侵犯楚国。楚襄王被迫流亡到阳城（今河南息县西北），这才觉得庄辛的话不错，赶紧派人把庄辛找回来，问他有什么办法。

　　庄辛说："我听说过：'看见兔子才想起猎犬，这还不晚；羊跑掉了才补羊圈，也还不迟。'只要我们能及时改正错误，不论任何失败都还有挽回的机会。"

五十步笑百步

出处 《孟子·梁惠王上》："填然鼓之，兵刃既接，弃甲曳兵而走。或百步而后止，或五十步而后止。以五十步笑百步，则何如？"

释义 比喻自己跟别人有同样的缺点或错误，只是程度上轻一些，可是却讥笑别人。

近义词 龟笑鳖无尾

造句 你和他都犯了错，非但不知悔改，还在那里五十步笑百步！

一次，梁惠王对孟子说："我对国家真是尽心尽力了，如果河内地方遇到饥荒，我把那儿的居民迁到河东去，又把河东的粮食调到河内；河东出现同样的灾情，我也照样这样做。你说有哪个国家的君主能像我这样替百姓办事呀？可我们魏国的百姓还是不能增多，邻国百姓也不见减少，这是什么道理呀？"

孟子说："我先说个故事您听听：一次两国交战，一方的将士刚听到鼓点一响，就抛下盔甲、拖着兵器向后逃跑。有的士卒一口气跑了一百步远；有的士卒跑了五十步就停住了。这时候那些只跑了五十步的士卒嘲笑跑了一百步的人说：'你们真是胆小鬼，跑得那么快！'您说他们骂得有理吗？"

梁惠王说："跑五十步也是逃跑，凭什么耻笑跑一百步的呢！"

孟子说："您明白这个道理，就知道魏国也不比别国强多少了。如果您在农忙季节时不去征兵、征工，那魏国的粮食就多得吃不完；如果禁止用网眼过小的渔网去湖里捕鱼，那鱼就总会生生不绝；假若对树木砍伐加以限制，木材也会使用不尽。有了这些条件，老百姓能不拥护您吗？您再下令多植桑树，多养猪狗鸡，让大家能穿上丝绵、吃上鸡肉，那天下的百姓能不归附于您吗？然而现在却不是这样。大王如果认真改革朝政，那魏国一定会强盛起来的……"梁惠王点头称是。

秦镜高悬

出处 东晋·葛洪《西京杂记》："有方镜广四尺，高五尺九寸，表里有明，人直来照之，影则倒见。以手扪心而来，则见肠胃五脏，历然无碍……秦始皇常以照宫人，胆张心动者则杀之。"

释义 比喻官员判案公正廉明。

近义词 明镜高悬

反义词 徇私枉法

造句 他是位清廉自持、秦镜高悬的法官，毕生致力于建立公正严明的司法制度。

　　传说在秦朝的咸阳宫中，收藏着无数的珍品宝物，其中有一面方镜，它宽四尺，高五尺九寸，正反两面都十分明亮。人直立对镜，镜内的人影却是倒立的；如果抚摩着胸口来照，可以清楚地照见五脏，对于体内有病的人，还可以照出病在什么地方。如果谁有坏心歹意，也能在一照之下看得清清楚楚。据说秦始皇就常常利用这面镜子，来考察宫中嫔妃、侍卫等人是否忠贞，倘若发现心胆慌张乱跳的人，就立即逮捕审讯，加罪惩处。

　　这个传说载于《西京杂记》。当然，这绝不会是事实。《西京杂记》的编著者似乎预料到读者要追问他：这面神奇的镜子现在在哪里？所以他说：可惜后来这宝贝遗失了。当刘邦和项羽先后攻入咸阳的时候，刘邦倒还好，把咸阳宫的珍宝全部封存了起来。可是项羽领兵来到，把珍宝从刘邦手中夺走了不少。这面神奇的镜子，就在那时候不知弄到哪里去了。

由于这一传说，就产生了"秦镜"这个词语。对善于明察是非、判案公正无私的法官，人们就赞誉其为"秦镜"，如"秦镜高悬"。以前的衙门里的大堂上，总要挂着"秦镜高悬"的匾额，以表明判案公正。

分道扬镳

出处 唐·李延寿《北史·魏诸宗室·河间公齐传》："洛阳，我之丰沛，自应分路扬镳。自今以后，可分路而行。"

释义 分路而行。比喻目标不同，各走各的路或各干各的事。

近义词 各奔前程 风流云散

反义词 志同道合 并驾齐驱

造句 这次争吵是造成他们俩分道扬镳的主要原因。

南北朝时期，北魏孝文帝的时候，有一天，洛阳县令元志乘车出门，在路上碰巧遇上了朝廷的御史中尉李彪。双方都不愿让路，为此争持不下，最后只好一起去见孝文帝，让皇帝裁决。

　　见了孝文帝，李彪说："我是朝廷的近臣，哪有洛阳县令与我抗衡的道理？"

　　元志说："我是洛阳县令，凡是居住在洛阳的人统统编在我的户籍里，我岂有趋避中尉的道理？"

　　孝文帝看看他们二人，都是自己的亲近臣僚，不好评判是非，只好说："洛阳是我们的国都，自然应该分路而行，从今以后，你们分开走吧！"

火树银花

出处 唐·苏味道《正月十五夜》:"火树银花合,星桥铁锁开。"

释义 形容灯光和烟火灿烂绚丽。多用于节日夜晚。

近义词 张灯结彩 灯火辉煌

反义词 黑灯瞎火 漆黑一团 昏天黑地

造句 国庆节那天,天安门广场张灯结彩,火树银花,绚丽灿烂。

　　唐睿宗很懂享乐,虽然只当了三年的皇帝,但不管什么佳节,他总要用大量的物力人力大肆铺张一番,供自己游玩。据记载,他每逢元宵节的夜晚,一定要扎起二十丈高的树,在树上点起五万盏灯,号为火树。

　　后来诗人苏味道就写了一首《正月十五夜》的诗,描绘这一情景:

> 火树银花合,
>
> 星桥铁锁开。
>
> 暗尘随马去,
>
> 明月逐人来。
>
> 游妓皆秾李,
>
> 行歌尽落梅。
>
> 金吾不禁夜,
>
> 玉漏莫相催。

引而不发

出处 《孟子·尽心上》:"君子引而不发,跃如也。中道而立,能者从之。"

释义 比喻善于启发引导。也比喻做好准备暂不行动,以待时机。

近义词 枕戈待旦

反义词 一触即发

造句 教育学生采用引而不发的方法比直言直语要好得多。

有一天，公孙丑向先生孟子提出了一个问题："先生，您给我们讲的道的确是极好的，可就是太难了，有点像登天一样攀不上去。为什么它不能变得浅显一些，让大家都可以学到手，从而让大家也好每天去接近它呀？"

孟子神秘地说："一个高明的工匠所使用的规矩，别人是很难掌握的。但他绝不会因为别人掌握不了而废弃自己的规矩；古代的神射手后羿，他的弓别人是很难拉开的，但他不会因为别人技艺拙劣而改变自己开弓的标准。圣贤君子教导别人也如同射手一样，张满了弓，却不发箭，做出跃跃欲试的姿势，让你从中受到启发，领会其中的技法。传授道的人也是这样，他站在正确的道路上，有能力的人便随从他去。"

公孙丑猛然醒悟："原来先生是让我随时随地细细领悟呀！"

白驹过隙

出处 《庄子·知北游》:"人生天地之间,若白驹之过隙,忽然而已。"

释义 如同白色的马在缝隙前飞驰而过,转眼就不见了。形容时间过得极快。

近义词 日月如梭　光阴似箭

反义词 度日如年

造句 人的一生十分短暂,犹如白驹过隙,所以大家应珍惜宝贵的时间。

有一次，孔子专程去向老子请教。他说："先生学问高深，请给我讲讲道学吧！"

老子说："你想问道的学问，必须先去掉杂念，清净精神，心志专诚，洗涤身心，然后才能听讲道学。不过今天我先粗略地给你说一说吧！我先说人吧。人活在天地之间，时间是十分短促的，好像白马过狭窄的空隙，一闪而过。世上的事情，总在不停变化，生的生，死的死，生了死，死了生。生死往来皆是变化，本来是不足为奇的。可是对于死，人们却感到悲伤，这是人还被生死的观念所束缚，如果将死看成骨肉埋在地下，精散天空，变成无形的东西，这便是从有形归之无形，也就没什么可以感到悲哀的了。道这个东西，不可以多求问，关键在于领会它的妙处，真正弄懂了，就能深得其奥秘……"

孔子谢过老子，回去细细地琢磨其中的道理。

半途而废

出处 《礼记·中庸》:"君子遵道而行,半途而废,吾弗能已矣。"

释义 半路上就停下来了,比喻做事不能坚持到底,有始无终。

近义词 功亏一篑 有始无终 虎头蛇尾

反义词 坚持不懈 锲而不舍 知难而进 有始有终

造句 我们在学习的过程中,要坚持不懈地刻苦钻研,不能半途而废。

一天,一个叫乐羊子的读书人在路上拾到一块金子,于是他带回家来,交给妻子。

妻子摇摇头说:"我听说有志向的人不喝盗泉的水,不吃嗟来之食,把拾到的东西带回家里是很不好的行为。"

乐羊子听了妻子的话,十分惭愧,急忙把那块金子送回原处,然后自己去很远的地方拜师求学去了。

一年之后,乐羊子跑回家来。妻子问他:"你不是求师读书去了吗?怎么回来了?"

乐羊子笑着说:"时间长了,我挺想你,所以回来了。"

妻子听罢,拿出一把剪刀走到织布机旁,轻声地说:"你瞧,我日积月累才能织出一寸、一尺、一丈、一匹的绸子。如果我一剪子将它剪断,就会前功尽弃。你读书也是这个样子呀,如果半途而废,不就像剪断了丝线一样,白费了心思吗?"

妻子的话深深地感动了乐羊子，他第二天便离开家，外出继续求学，一连七年没有回家。

老生常谈

出处 西晋·陈寿《三国志·魏书·管辂传》："此老生之常谭。"

释义 老书生经常说的话。比喻人们听惯了的、没有新鲜意思的话。

近义词 陈词滥调　老调重弹

反义词 标新立异　真知灼见　奇谋高论

造句 他的发言总是老生常谈，少了点新鲜味儿。

　　三国时代，魏国有个人名叫管辂（lù），八九岁时就很喜欢抬头看星星，遇到不认识的星星就问，经常为了看星星而不睡觉。长大后，他对周易了解得很透彻，常替人占卜，且每次都很灵验。

　　有一次，吏部尚书何晏将管辂请了去，另一个尚书邓飏（yáng）也在座。何晏对管辂说："听说你能未卜先知，请你替我卜一卦，看我有没有做三公（最高的官职，即司徒、司寇、司空）的希望。还有，我最近连续梦见十几只苍蝇扑到我鼻子上，赶也赶不走，不知是什么缘故？"

　　管辂说："请原谅我直说，从前周公辅佐成王，经常是坐着等待天亮，由于他的尽忠职守，才使成王国运兴隆，各国诸侯都拥护他，这完全是遵循天道的结果，不是卜筮可以说明的。现在你权高势赫，但感怀你德行的人少，惧怕你威势的人多，这不是好现象。相书说，鼻的位置在天中，苍蝇贴面，主危。我希望你上追文王，下思尼父（孔子），则三公可望，苍蝇可驱了。"

邓飏在旁听了说："此乃老生常谈，我都听厌了。"

杀鸡焉用牛刀

出处 《论语·阳货》："子之武城，闻弦歌之声。夫子莞尔而笑曰：'割鸡焉用牛刀？'"

释义 杀只鸡何必用宰牛的刀。比喻办小事情用不着花大气力。

近义词 物尽其用

反义词 大材小用　大题小做

造句 这点小事我去办就行了，何劳您的大驾，杀鸡焉用牛刀？

　　孔子的弟子言偃（即子游）到武城（在今山东费县西南）做官。他并没有因为这是一座小城而掉以轻心，照样遵照老师的教导，向百姓倡导礼乐，要求他们经常弹琴唱歌。

　　一次，孔子带着几个弟子外出，经过武城，听到那里到处是弹琴唱歌的声音，便微笑着说："杀鸡焉用牛刀？"他认为武城是个小地方，而礼乐属于大道，治理这样一个小地方，施用礼乐大道，就好比用宰牛的刀去杀鸡，没有什么必要。

　　言偃向孔子问道："从前我听老师教导说，统治百姓的人学了礼乐的大道，就会懂得爱护百姓；百姓学了礼乐的大道，就会变得容易驱使。难道老师的这个教导对武城是不适用的吗？"

孔子顿时醒悟过来，转身对随行的弟子们说："言偃说的话是对的。我刚才说的'杀鸡焉用牛刀'，不过是跟他开玩笑罢了！"

别开生面

出处 唐·杜甫《丹青引赠曹将军霸》："凌烟功臣少颜色，将军下笔开生面。"

释义 原指画像经过重新绘制，面目一新。后比喻另外开辟一种新局面或创造出一种新的风格式样。

近义词 别出心裁　匠心独运　独具匠心　独树一帜

反义词 循规蹈矩　亦步亦趋　照本宣科　千篇一律

造句 学生们都被这节别开生面的语文课深深吸引了。

　　曹霸是唐代著名的画家，特别擅长画人物和马匹。他的名声很大，就连居住在深宫里的玄宗皇帝也知道他的名字，经常召他进宫，让他当面挥笔作画。

　　长安城里的太极宫中，有一座著名的凌烟阁。凌烟阁四壁画着二十四幅唐朝开国功臣的肖像。这些肖像是唐初大画家阎立本的作品，一幅幅惟妙惟肖、栩栩如生。七十多年过去了，凌烟阁中的功臣像大部分已经剥落，色泽暗淡模糊，失去了原有的光彩。

　　有一天，玄宗想起了曹霸，就派人召他进宫，让他把全部功臣的肖像重新画过。曹霸来到凌烟阁上，全神贯注地开始创作。几天后，二十四幅功臣肖像就全部画好了，其中画得最生动逼真的是褒国公段志玄、鄂国公尉迟敬德。曹霸把他们画得神采飞扬、英姿飒爽。唐玄宗非常满意，给了曹霸很多赏赐，并且封他当左武卫将军。后来，曹霸因为一件小事没有办好，被削职为民，离开了长安。

安史之乱爆发后，为了躲避战乱，曹霸流落到成都，靠给过路的行人画像勉强维持生活。这时，著名的大诗人杜甫也避乱来到成都，住在城郊浣花溪畔的草堂里。

有一天，杜甫在朋友家中看到曹霸的《九马图》，就进城去四处寻访他，终于在街头见到了曹霸。杜甫十分同情他的不幸遭遇，就写了一首《丹青引赠曹将军霸》送给他。杜甫在诗中高度评价了曹霸的艺术成就，称颂他："凌烟功臣少颜色，将军下笔开生面。"

后来，"笔开生面"演化为成语"别开生面"。

空穴来风

出处 战国·宋玉《风赋》："臣闻于师，枳句来巢，空穴来风。"

释义 有了空穴才有风进来。比喻流言、消息的传播不是完全没有原因的。现多用来指消息和传闻毫无根据。

近义词 捕风捉影　流言蜚语　无中生有

反义词 证据确凿

造句 网络上散播的一些消息，纯属空穴来风。

楚国人宋玉，是屈原的学生，也是当时著名的文学家。

有一次，他陪着楚顷襄王到兰台去游玩。到了台上，正好有一阵风徐徐地吹来，楚顷襄王披着衣襟，迎着凉风觉得很舒服，口里不觉说道："这阵风真凉快！这是我和老百姓们共有的呀！"

宋玉因为楚顷襄王淫乐无道，又听信了他弟弟令尹子兰和上官大夫的话，把老师屈原放逐到南方的荒僻地区，所以有意乘机加以讽刺，说："这风是大王您独有的，老百姓哪里可和您共有呢？"

楚顷襄王觉得风的吹拂应是不分贵贱贫富的，现在听宋玉说是他独有的，觉得很是纳闷，就叫宋玉把道理说清楚。

　　宋玉说："我老师屈原曾说过，枳（zhǐ）树弯曲了，就有鸟在上面做巢；空的洞穴中，会生出风来。"

　　接着，宋玉用讽刺的口吻，把风划分开来，他说："在高台上、皇宫里那些清静的地方，风当然是清凉的，所以是属于贵族的；老百姓所居住的是低洼的陋巷，即使有风吹来，都是夹杂着许多泥沙和秽臭，所以是属于老百姓的。"

卷土重来

出处 唐·杜牧《题乌江亭》："胜败兵家事不期，包羞忍耻是男儿。江东子弟多才俊，卷土重来未可知。"

释义 比喻遭受挫折或失败后，重新恢复势力。

近义词 死灰复燃　东山再起　重整旗鼓

反义词 销声匿迹　一蹶不振　灰飞烟灭　偃旗息鼓

造句 今年的球赛虽然失利，明年我队势必卷土重来，再创佳绩。

　　唐朝著名诗人杜牧曾经写过一首题为《题乌江亭》的诗，诗中写道：

　　　　胜败兵家事不期，包羞忍耻是男儿。

　　　　江东子弟多才俊，卷土重来未可知。

诗中说的是楚霸王项羽的故事。

　　秦朝灭亡以后，楚汉相争，项羽被刘邦打败了，退到乌江。乌江的亭长早已为他准备好了渡船，劝他赶紧过江。可是项羽不肯上船，将自己的千里马送给亭长，转身与汉军决战，独自杀死汉军几百人，自己身上也负伤十几处，最后自刎而死。

　　杜牧游历到乌江，看到江边的亭子，想到项羽的死，很为他惋惜："如果你当时跑到江东，也许会卷土重来呢！"

始作俑者

出处 《孟子·梁惠王上》:"仲尼曰:'始作俑者,其无后乎!'"

释义 开始用俑殉葬的人。比喻恶劣先例的开创者。

近义词 罪魁祸首

反义词 中流砥柱　肱骨之臣

造句 他是这事的始作俑者,害得大家都受了牵连。

俑，是古时用于殉葬的木偶或土偶，面貌体态很像人。孔子反对用太像人的俑来殉葬，因为那样会令人心中不忍。因此，他非常痛恨发明俑的人，他骂道："首先开始用俑的人，他是断子绝孙、没有后代的吧！"孔子的这句话，孟子有一次同梁惠王谈话时曾引用过。

孟子问梁惠王："用木棍打死人和用刀子杀死人，有什么不同吗？"

梁惠王说："没有什么不同。"

"用刀子杀死人和用政治害死人，有什么不同吗？"

"也没有什么不同。"

然后，孟子说："现在您的厨房里有的是肥肉，您的马厩（jiù）里有的是壮马，可是老百姓面有饥色，郊外躺着饿死的人，这等于是国家的掌权者在率兽食人（即带领着野兽来吃人）。您想，野兽吃野兽，人们见了尚且要感到厌恶，身为老百姓的父母官而率兽食人，那怎么能做老百姓的父母官呢？孔子说过：'始作俑者，其无后乎！'用人形的木偶、土偶来殉葬，尚且不可，又怎么可以让老百姓活活饿死呢？"

拾人牙慧

出处 南朝宋·刘义庆《世说新语·文学》:"殷中军云:'康伯未得我牙后慧。'"

释义 拾取别人的一言半语当作自己的话。比喻窃取别人的语言和文字。拾:捡取。牙慧:别人说过的话。

近义词 人云亦云　鹦鹉学舌　步入后尘

反义词 标新立异　独辟蹊径　独树一帜

造句 写文章要有自己的见解,切不可拾人牙慧。

东晋的殷浩学问很好,又能说会道。他有一个外甥叫韩康伯,十分聪明,口齿伶俐,很像舅舅,因此很讨殷浩的欢心。

也许是得到的夸奖太多了些,或是自以为聪明,韩康伯对事物不肯深入钻研,渐渐养成了夸夸其谈的习惯。他虽然什么也不会做,但装作什么都懂的样子。对此,殷浩很不满。

有一次,殷浩看到韩康伯在和别人闲谈,他仔细一听,发现韩康伯所讲的大部分内容全是照搬他的话语,而没有韩康伯自己的见解。韩康伯在言语之间流露出那种自鸣得意的神情,着实让殷浩感到不快。事后,他对朋友说:"康伯自以为得到我的真传,其实,连我牙后那么一点智慧都未拾得。"

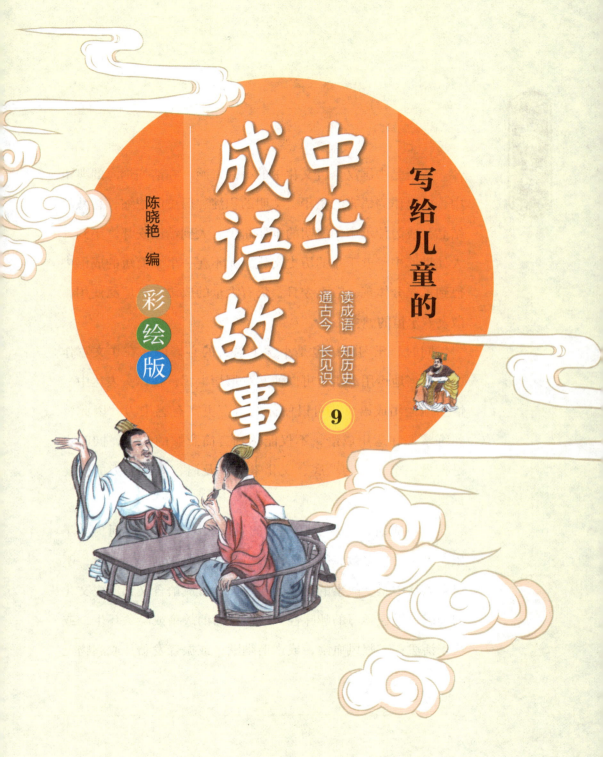

写给儿童的

中华成语故事

陈晓艳 编

彩绘版

读成语 知历史
通古今 长见识
9

时代文艺出版社

前言

　　成语是中国汉语言文化中的一朵奇葩。在浩如烟海的典籍中，成语作为语言的精华、文明的积淀、历史的浓缩、智慧的结晶，成为传承中华文明的重要纽带。大到治国安邦，小到为人处世，中华五千年的历史文化，无不在一个个简短的成语中得到了充分体现。时至今日，仍有大量的成语在被广泛使用，散发着永恒的魅力。

　　同时，学习成语也是小学生语文的必修课。在作文写作中，恰当地运用成语，可以使文章熠熠生辉；在口头表达中，恰当地运用成语，则可以使你的语言更富有感染力。因此，熟练掌握和运用成语，不仅能达到言简意赅的效果，同时也是衡量一个人文字功底、文化素养以及语言表述能力的重要标尺。

　　学习成语，若从生动有趣的故事入手，则能达到寓教于乐、事半功倍之效。阅读成语故事，了解成语的来龙去脉，不仅可以从中感受故事的精彩，还能加深对成语含义和历史文化的理解，增强学习的趣味性。成语背后的故事或险象环生，或快乐活泼；或腥风血雨，或诙谐幽默；或振聋发聩，或润物无

声……成语将古代中国的政治军事、日常生活、文学艺术、文化习俗、道德传统和理想志趣等浓缩成一个个深刻隽永的片段，集中展现了古人的人生智慧和思想光芒。

本书收录了近五百则成语故事，既注重知识性，又兼顾趣味性和实用性；除了讲述故事，更点明了每条成语的出处、释义、近义词、反义词、造句示例等，让小读者既明其义、会使用，又知其源，了解其中所蕴含的丰富文化内涵。同时，本书配有深具历史韵味和艺术感染力的精美插图，使故事生动活泼，引人入胜。

全书所有故事虽系摘选，但皆独立成篇，可以使小读者对成语的由来一目了然；可读性强，使小读者能于兴致盎然中轻松获益。可谓一册在手，中华成语故事全掌握。

现在，就让我们翻开本书，一起走进成语故事的世界，去品味中华语言文化的博大精深和妙趣横生吧！

目录

待价而沽

出处 《论语·子罕》："子贡曰：'有美玉于斯，韫椟而藏诸，求善贾而沽诸？'子曰：'沽之哉！沽之哉！我待贾者也！'"

释义 等有了好价钱就出卖。比喻谁给予好的待遇就为谁效劳。

近义词 奇货可居

反义词 坐失良机

造句 每个有特殊才华的人都待价而沽，期望能找到一份好工作。

孔子在一生当中，曾多次游说许多国家，但都没有得到重用，所以有时大发牢骚。但他并不灰心，总希望有机会施展他的才能，实现他的理想。

一天，他的弟子子贡以一块美玉为例，问孔子："是把它藏在柜子里，还是找一个识货的商人把它卖掉呢？"孔子毫不迟疑地回答说："卖掉它！卖掉它！我正在等待识货的人出现呢！"

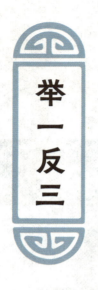

举一反三

出处《论语·述而》："举一隅不以三隅反，则不复也。"

释义 从一件事物的情况、道理类推其他事物的情况、道理。形容善于类推，能由此及彼。

近义词 抛砖引玉　融会贯通　以微知著　触类旁通

反义词 囫囵吞枣　食古不化　不求甚解　浅尝辄止

造句 现代汉语的句型是有限的，掌握了句型，我们就能举一反三，造出各种各样的句子来。

　　有一天孔子对弟子们说："举一隅（yú）不以三隅反，则不复也。"意思是说：先生指出一个墙角，学生就应该独立思考，融会贯通，联想类推到其余的三个墙角，并用其他三个墙角来反证先生指出的一个墙角。如果学生这样用心学习和思考，使推理灵活化，那么老师就用不着再教学生了。

　　"举一反三"的成语便是由此而来。

兼听则明，偏信则暗

出处 东汉·王符《潜夫论·明暗》："君之所以明者，兼听也；其所以暗者，偏信也。"

释义 指要同时听取各方面的意见，才能正确认识事物；只相信单方面的话，必然会犯片面性的错误。

造句 作为领导者，应当时刻牢记"兼听则明、偏信则暗"这句话。

唐太宗时的谏议大夫魏徵有很高的学识，并且敢于向皇帝直言谏劝和提出各种建议，因此他在朝廷中有很高的威信，唐太宗对他也相当敬重。

　　有一次，唐太宗问魏徵："为君何道而明？何失而暗？"意思是做皇帝的是由于什么样的优点而成为贤明的？又是由于什么样的过失而使他糊涂的？

　　魏徵答道："君所以明，兼听也；所以暗，偏信也。"

　　就是说贤明的皇帝之所以贤明，是因为能广泛听取各方面的意见；而有些皇帝之所以糊涂，是因为片面地只爱听少数人的话。

　　魏徵举了两个贤明的古帝尧、舜的例子，说他们因为善于吸取四面八方，特别是下层人民的意见，所以能够战胜敌人，保住天下；又列举了秦二世、梁武帝和隋炀帝的例子，说他们因为偏听偏信，结果都不免惨败。

　　"兼听则明，偏信则暗"这句成语，就是从魏徵的话中提炼出来的。

欲罢不能

出处 《论语·子罕》:"夫子循循然善诱人,博我以文,约我以礼,欲罢不能。"

释义 主观上想停止却不可能。

近义词 不能自拔

反义词 甘之如饴

造句 现在事情已经开了头,大家正在劲头上,恐怕一时欲罢不能。

　　颜回对老师孔子崇拜得五体投地。他曾感叹地赞美孔子说:"我的老师孔夫子,越是抬头看他,就越觉得他高大;越是用力钻研他的学问,就越觉得深奥……虽然他的学问这样高深和不可捉摸,可是老师善于有步骤地诱导我们,用各种学问来丰富我们多方面的知识,又用一定的规章制度和礼节来约束我们的行为,使我们想停止学习都不可能。我已经用尽我的才力,似乎有所体会而能够独立行事了,可是,要想再前进一步,又不知怎么办了。"

欲速则不达

出处 《论语·子路》："无欲速，无见小利。欲速则不达，见小利则大事不成。"

释义 指过于性急图快，反而不能达到目的。

近义词 急功近利

反义词 循序渐进

造句 做任何事都要循序渐进，否则难免欲速则不达。

10

子夏，卜氏，名商，春秋时期卫国人，是孔子很得意的学生。子夏当上了莒（jǔ）父（fǔ）县令，他向老师孔子请教如何处理好县政事务。

孔子回答说："不要图快，不要只顾小利。图快，反而不能达到目的；只顾小利，就办不成大事。"

楚弓楚得

出处 西汉·刘向《说苑·至公》:"楚共王出猎而遗其弓,左右请求之,共王曰:'止!楚人遗弓,楚人得之,又何求焉?'"

释义 楚国人丢失弓,拾到的仍是楚国人。比喻自己的东西虽然丢了,但拾到它的人也并不是外人。

近义词 得失相当 一失一得

反义词 楚材晋用

造句 楚弓楚得,我们两厂可以竞争,但不能让外人得渔人之利。

春秋时期,楚国国君楚共王喜爱打猎。有一次,他骑着马拼命追逐几头野兽,跑了很多路,眼看快要追上了,便想拿出弓箭向野兽射去。哪知道他往腰间一摸,弓已不知去向。原来他跑得太快,在马上颠来颠去,那张弓早就丢失了。

这是一张制作得非常精美的好弓,随从人员都觉得丢了十分可惜,于是向楚共王请求说:"让我们回头沿路寻找吧。"

楚共王阻止说:"不要去寻找了。我是一个楚国人,这弓让楚国人拾去了,还是在楚国人手里。楚国人丢失了弓,仍旧由楚国人得到,有什么必要去寻找呢?"

孔子知道此事后,说:"楚共王所讲表现了胸怀广大的品德,但他还不够广大。他应该这样说,一个人丢失了弓,另一个人得到了弓,为什么一定要是楚国人呢?"

人们都称赞说:"孔子的话,才真正达到了大公的地步。"

醉翁之意不在酒

北宋·欧阳修《醉翁亭记》："醉翁之意不在酒，在乎山水之间也。"

释义 原指欧阳修自说在亭子里的情趣不在喝酒，而在于欣赏山里的风景；后用来表示本意不在此而在别的方面，或别有用心。

近义词 别有用心

造句 你那一番话，应该是醉翁之意不在酒吧，只不过想出出气而已。

欧阳修是北宋文学家、史学家，谥（shì）号文忠。

欧阳修为官正直，得罪过一些人，因此被贬为滁州太守。当时，他常与友人到"醉翁亭"游玩宴饮，并留有著名的文章《醉翁亭记》。

"醉翁亭"在安徽省滁州市西南琅琊山麓，由宋朝山僧智仙修建，由欧阳修以自己的号"醉翁"命名。

《醉翁亭记》中有这样一段文字：

　　太守与客来饮于此，饮少辄醉，而年又最高，故自号曰醉翁也。醉翁之意不在酒，在乎山水之间也。山水之乐，得之心而寓之酒也。"

这段文字的大意是说：太守我常同客人来这里饮酒，我喝的酒不多却有醉意，我的年纪又最高，所以自称为"醉翁"。"醉翁"的意趣不在酒上，而是这里的山水美景使人陶醉。欣赏山水的乐趣，领会在心里，寄托在酒上。

一家之言

出处 西汉·司马迁《报任少卿书》:"亦欲以究天人之际,通古今之变,成一家之言。"

释义 指有独特见解、自成体系的学术论述,也泛指一个学派或个人的理论、说法。

近义词 一家之辞

反义词 百家争鸣

造句 这篇论述只是我的一家之言。

西汉著名的历史学家和文学家司马迁在二十岁时，便走遍了当时大汉的东南地区，对历史和人物进行了非常周密的调查研究。后来，他到朝廷做官，有机会接触大量的史料，并利用出使之便对历史进行深入考察。

公元前104年，司马迁四十二岁，他开始撰写《史记》。在十几年的时间里，他撰写了一百三十篇，计五十二万余字，记述了从传说中的黄帝到汉武帝后期三千多年的历史，为后人留下了宝贵的文化遗产。

在《史记》的撰写过程中，司马迁始终保持严谨的态度：努力按事实撰写历史，对好的和坏的，尽量不虚夸、不隐讳；对历史事件和人物的评论，不以"圣人"之是非为标准，而是以自己的独特见解予以评价。

公元前91年，司马迁写了一篇自传式的长信给他的好友任安（字少卿），记述了自己的思想和遭遇。他在其中谈到《史记》的创作意图时说："写这部书，亦欲以究天人之际，通古今之变，成一家之言。"

不入虎穴，焉得虎子

出处 南朝宋·范晔《后汉书·班超传》："超曰：'不入虎穴，不得虎子。当今之计，独有因夜以火攻虏，使彼不知我多少，必大震怖，可殄尽也。'"

释义 不进老虎窝，怎能捉到小老虎。比喻不亲历险境就不能获得成功。焉：怎么。

近义词 亲临其境

造句 "不入虎穴，焉得虎子？"要了解事件的真相，就必须深入其中。

班超是东汉名将。73年，他带领三十六人出使鄯（shàn）善国（治所在今新疆维吾尔自治区若羌县）。开始，鄯善国国王对他十分敬重，不久却突然变得冷淡了。原来，在谈判过程中，匈奴派来使者，挑拨鄯善国与汉朝的关系，因此鄯善国国王对与汉朝交好犹豫不决。于是，班超召集部下说："现在匈奴进行破坏、捣乱，鄯善国国王对我们的态度有了反复。如果他把我们抓起来送给匈奴，那我们不但完不成使命，也会死无葬身之地！"

大家一致表示："事情已经到了这般危险地步，一切都听从你的指挥！"

班超说："不入虎穴，焉得虎子！现在只有乘夜攻入匈奴使者的营垒，把他们消灭，才能很好地完成我们的使命！"

当晚，班超带领三十六个壮士，悄悄摸进匈奴使者的营驿。经过一番激烈的厮杀、搏斗，班超和他带领的三十六个壮士把一百多个匈奴人全部消灭。

第二天，班超会见鄯善国国王，说明了事情经过，揭露了匈奴使者的阴谋。鄯善国国王见班超如此厉害，有勇有谋，心中既敬佩，又害怕，马上表示愿意和汉朝永久友好。于是，班超得胜而归。

万人之敌

出处 西汉·司马迁《史记·项羽本纪》："籍曰：'书足以记名姓而已。剑一人敌，不足学，学万人敌。'于是项梁乃教籍兵法。"

释义 指武艺高强可敌强敌。也指善于统帅军队以抵御强敌。敌：对抗。

近义词 战无不胜

反义词 不堪一击

造句 关羽、张飞皆被称为万人之敌、为世虎臣。

项羽家族世代都是楚国的名将，因封地在项城而姓项。项羽年少时，学习断文识字没有什么长进，又改学剑术，但也没有获得什么成就。叔父项梁责备他说："你学什么都学不好，真没出息。"

项羽理直气壮地说："识字只不过记记姓名而已，剑术只能对付一个人，都没有什么意思。我要学，就学可以敌万人的学问。"

项梁听了很惊奇，于是教他兵法。项羽对学兵法非常喜欢，可也只从大的方面学，并不深究那些烦琐的细节。

有一次，秦始皇出巡到会稽，渡钱塘江，项羽和项梁在旁边观看。项羽看到秦始皇的车驾浩浩荡荡，威严盛大，便暗暗指着秦始皇说："此人我可以取而代之。"项梁吓得赶紧捂住项羽的嘴巴。从此，项梁认为项羽以后必定能成就大事。于是，叔侄暗暗积蓄力量，以报秦杀祖之仇。

不久，陈胜在大泽乡拉起反秦的大旗。项羽跟随项梁在会稽举兵响应，虽力量微薄，但项羽勇猛善战，短短三年内，就成为各路诸侯的统帅。当时项羽威服诸侯，分割天下，分封王侯，一切政事全由他一人出令。项羽自称西楚霸王，终于成就了霸王之业。

小心翼翼

出处 《诗经·大雅·大明》："维此文王，小心翼翼。"

释义 原形容严肃虔敬的样子，现用来形容言行举动十分谨慎，丝毫不敢疏忽大意。

近义词 谨小慎微 如履薄冰 谨言慎行

反义词 掉以轻心 漫不经心 粗心大意

造句 我小心翼翼地关上了门，生怕吵醒正在睡觉的爸爸。

陕西渭河以北、岐山脚下，是一片黄土高原。三四千年以前，这里是周国的发祥地。周国人热爱这片国土，在这里划土田，设官吏，筑城邑，营宗室，建立起了一个初具规模的国家。姬昌在周国的历史上，是一位承前启后的国君，很有作为。《诗经》上说他做事兢兢业业、小心翼翼，完全按照上天的旨意去治理国家，因而上天也格外保佑他。他改革周国的内政，努力发展生产，励精图治，几十年过去了，周国终于繁荣兴盛起来。邻国老百姓见到周国富庶，纷纷携儿带女来到周国。

周国的富强使姬昌理所当然地成为西方各诸侯国的盟主，商朝只好封他为西伯，统一北方。后来商纣王对周国势力的扩大感到非常不安，把姬昌抓起来，囚禁在羑（yǒu）里（今河南汤阴县）。但是，由于其他诸侯和商朝一些大臣的说情和搭救，商纣王又不得不释放了他。

由于商纣王荒淫无道，杀戮功臣元老，欺压百姓，引起朝野一致反对。姬昌积极争取奴隶主贵族的广泛支持，积蓄力量，准备讨伐纣王，可惜尚未发兵，就去世了。周国尊称他为周文王。

他的儿子姬发继位，称周武王，率领军队灭掉了商朝。

单刀赴会

出处 西晋·陈寿《三国志·吴书·鲁肃传》："肃邀羽相见，各驻兵马百步上，但请将军单刀赴会。"

释义 原指关羽只带一口刀和少数随从赴鲁肃的宴会。后泛指一个人冒险赴约。有赞扬赴会者的智略和胆识之意。

近义词 大智大勇　孤军深入

反义词 群策群力

造句 他打算单刀赴会，一个人打入传销组织内部。

　　210年，刘备到京口（今江苏镇江）向孙权借荆州作为临时立足之地。周瑜竭力主张扣留刘备一行；鲁肃却力主把荆州借给刘备，给曹操多树一个敌人。孙权采纳了鲁肃的建议。

　　孙权借荆州给刘备，是双方在强大的共同敌人曹操面前互相利用的结果。孙权既不想长期"借"下去，刘备也不愿轻易还给他。赤壁之战以后，曹操的势力暂时退缩到北方。荆州在刘备手里，北进河南，可以追击曹操；顺流东下，则可直抵东吴，这是孙权所不愿意的。

　　215年，孙权派使者见刘备，要求归还荆州。刘备以夺取凉州后再归还为由拒绝。这时，刘备因为要去占据益州，就留关羽带兵镇守荆州；孙权则拜鲁肃为奋武校尉，引兵屯守陆口，然后移师益阳，与镇守荆州的关羽隔江相对峙，双方都虎视眈眈。鲁肃派人过江送信给关羽，邀请他来营中赴

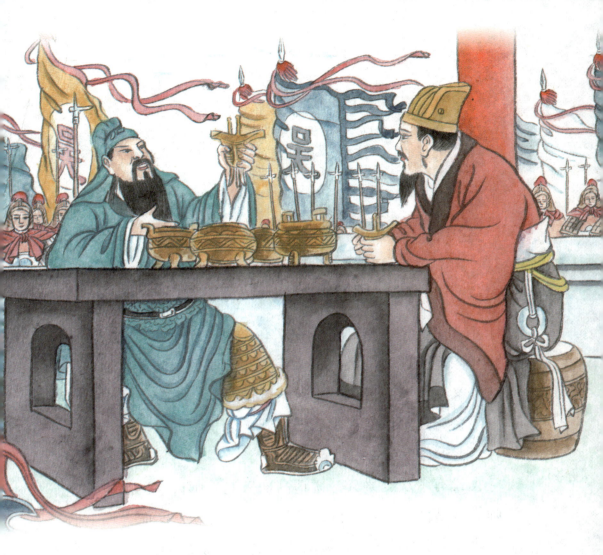

宴，打算在宴席中要关羽让出荆州。如果软的不奏效，就来硬的。

关羽明知是计，但为了不让鲁肃抓到把柄，不顾众将的反对，带领随身卫兵，单刀赴宴。但是，令鲁肃没想到的是，关羽最终仍安全脱了身。

天花乱坠

出处 西晋·鸠摩罗什《法华经·序品》："尔时世尊，四众围绕，供养恭敬尊重赞叹，为诸菩萨说大乘经……是时天雨曼陀罗华、摩诃曼陀罗华、曼殊沙华、摩诃曼殊沙华，而散佛上及诸大众。"

释义 形容人说话巧妙动听。多为贬义，指语言华而不实。

近义词 花言巧语

反义词 平铺直叙

造句 虽然他说得天花乱坠，但大家并不为所动。

南朝梁武帝萧衍，在位执政48年，南梁曾一度出现文化盛世现象，连北方的敌国也佩服他。当时的南朝梁以清谈哲理、经义、佛典为风气。梁武帝崇尚经学，不仅经常出席一些讲经会，还曾亲自在重云殿讲解《老子》的经义，声如洪钟，令上千名听众如痴如醉。

据说有一次，梁武帝邀请高僧云光法师讲经，由于云光法师佛理精湛，听众虔诚，佛祖也为之感动，便向会场上撒下一地五彩缤纷的香花，轰动了京城，一时传为佳话。

梁武帝自此后更加笃信佛教，每天只吃一顿饭，也不饮酒，穿的全是棉织品，而非丝绸，因为他认为取丝织绸要杀死众多蚕蛹的生命，与佛家的经义是相违背的；而且每当朝廷必须处死一些罪犯时，他会一连几天精神不振。后来他动了出家为僧的念头，四次来到建康城（今江苏南京）中最大的寺院同泰寺修身，还因此得了个雅号——皇菩萨。

然而，佛学的兴盛并没有给南朝梁带来安定与昌盛。548年，梁武帝被部将侯景推翻，活活饿死。

食言而肥

出处 春秋·左丘明《左传·哀公二十五年》："是食言多矣，能无肥乎？"

释义 指不守信用，只图自己占便宜。

近义词 自食其言　言而无信　出尔反尔

反义词 言而有信　一诺千金

造句 这个人说话不算话，我们不能相信这种食言而肥的人。

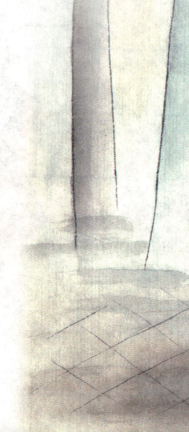

　　春秋时，鲁国有个叫孟武伯的大夫，为人不讲信用，说话从来不算数，鲁哀公对他很不满意。

　　一次，鲁哀公请客，满朝文武都来赴宴。前来赴宴的有一个叫郭重的大臣，是个胖子，真像他的名字一样，体重着实不轻。他平时深得鲁哀公宠信，因此孟武伯向来妒忌他。孟武伯瞅准当天的机会，想出出他的洋相，让他难堪，于是离席趋前，走到他的座位前，问道："郭大夫是吃了什么东西才这么肥的？"

　　鲁哀公知道孟武伯不安好心，便接过话头，代郭重答道："他空话吃得太多，能不肥吗？"

满堂文武都知道鲁哀公所指何人，顿时哄笑起来。孟武伯不但没讨到别人的便宜，反而当众出丑，直羞得面红耳赤，无地自容。

以卵击石

出处 《墨子·贵义》："以其言非吾言者，是犹以卵投石也，尽天下之卵，其石犹是也，不可毁也。"

释义 拿蛋去碰石头。比喻不估计自己的力量，自取灭亡。

近义词 螳臂当车 不自量力

反义词 以长攻短 泰山压卵

造句 他们的做法无异于以卵击石，自取灭亡。

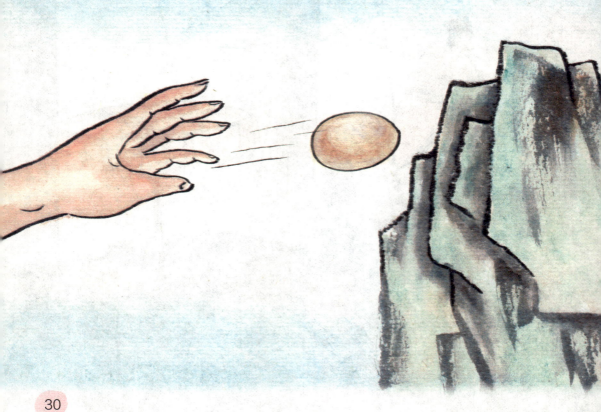

春秋战国之际的思想家墨子的名声很大。有一年他去往北方的齐国，途中遇见一个算卦的人。他对墨子说："今天天帝在北边杀黑龙，你的皮肤很黑，去北方是不吉利的呀！"

墨子不相信他的话，继续朝北走去，但不久他又回来了，因为北边河水泛滥，无法渡河。

算卦的人这下子可得意了，他说："怎么样啊？我说你不能往北走嘛！"

墨子道："淄水泛滥，南北两方的行人全都受阻隔，行人之中有皮肤黑的，也有皮肤白的，谁都过不去呀！"

墨子又说："假如天帝在东方杀了青龙，在南方杀了赤龙，在西方杀了白龙，再在中央杀了黄龙，岂不是让天下的人谁也动弹不得吗？所以你的谎言是抵挡不过我的道理的，就像拿鸡蛋往石头上撞，把普天之下的鸡蛋全用光了，也不能毁坏石头呀！"

那位算卦的人无话可说。

凤毛麟角

出处 南朝宋·刘义庆《世说新语·容止》："大奴固自有凤毛。"

释义 凤凰的羽毛，麒麟的角。比喻珍贵而稀少的人或物。

近义词 寥若晨星　屈指可数　百里挑一　寥寥无几

反义词 俯拾即是　多如牛毛　车载斗量　汗牛充栋

造句 以前山村能上大学的孩子凤毛麟角，现在可大不一样了。

谢灵运是南朝宋的著名诗人，他的诗歌名噪一时，流传很广。其孙谢超宗也极有文才，颇有名声。

谢超宗曾担任新安王刘子鸾的常侍，王府中的文告函件都出自他的手笔。新安王的母亲殷淑仪去世后，谢超宗把悼念死者的悼词写得非常精彩，孝武帝读过以后大加赞扬，对左右说："谢超宗真是有凤毛呀，天下又出了一个谢灵运！"

当时右卫将军刘道隆也在座。他是行伍出身，听孝武帝夸谢超宗有凤毛，不懂得凤毛是什么意思，误以为谢超宗真有凤凰的羽毛，就跑到谢家，央求说："听说你有稀奇物件，快让我看看！"

谢超宗不明来意，反问道："我这个贫寒之家，你说有什么稀罕之物呢？"

刘道隆还认为他们故意藏珍，就找寻起来，但是找了半天，直到天黑也没有找到凤毛。他自言自语地说："早上陛下说你有凤毛啊，怎么找不到呢！"

后来，人们把这件事当作笑话广泛流传，"凤毛"一词也就慢慢演化成"凤毛麟角"这一成语。

悬梁刺股

出处 《太平御览》卷三六三引《汉书》："孙敬字文宝，好学，晨夕不休。及至眠睡疲寝，以绳系头悬屋梁。" 又西汉·刘向《战国策·秦策一》："（苏秦）读书欲睡，引锥自刺其股，血流至足。"

释义 将头发悬在梁上，又用锥子刺大腿，使自己不瞌睡。比喻发愤读书、刻苦学习的精神。

近义词 囊萤映雪 凿壁偷光

反义词 不思进取 不求上进

造句 我们要有古人悬梁刺股的学习精神。

东汉时候，有一个人名叫孙敬，他非常勤奋好学，喜欢读书，从早读到晚，很少休息，经常读到深更半夜。夜间读书时间太久，就会打起盹来。于是，他想出了一个很特别的办法，找到一根绳子，一头拴在屋梁上，另一头拴住自己的头发。一旦他读得疲劳打盹的时候，头一低，绳子就会牵住头发，拉疼头皮，使他顿时清醒过来。后来，孙敬成为著名的政治家。

战国时期，有一个人名叫苏秦，年轻时虽有雄心壮志，但由于学识浅薄，去了很多地方都得不到重用，就连家人都瞧不起他。后来，他下决心发愤读书，有时读到深夜，实在疲倦，快要打盹的时候，他就咬紧牙关，用锥子往大腿上刺去，刺得鲜血直流。他用这种特殊的办法，振作精神，驱除睡意，坚持学习。后来苏秦终于成为著名的政治家。

后人把以上两个故事结合起来，就形成了成语"悬梁刺股"。

百闻不如一见

出处 东汉·班固《汉书·赵充国传》："百闻不如一见。兵难隃度，臣愿驰至金城，图上方略。"

释义 听到一百次，不如亲眼看到一次，指亲眼看见的比听别人说的更加可靠。

近义词 眼见为实

反义词 道听途说

造句 我生平第一次过三峡，那瑰奇的景象令我激动不已，真是百闻不如一见。

汉宣帝时期，羌人入侵。七十六岁的老将赵充国，自告奋勇请求前往迎敌。汉宣帝问他如何抵敌。他说："百闻不如一见，我想亲自到边境看看，确定攻守计划，画好作战地图，然后上奏。"汉宣帝同意了。

赵充国带领一支兵马渡过黄河，遇上羌人的小股军队，便一阵厮杀，捉到不少俘虏。兵士们准备乘胜追击，赵充国阻拦说："我军长途到此，不可远追，如果遭到敌兵伏击，就要吃大亏！"

赵充国观察了地形，了解到敌军的兵力部署，又从俘虏口中得知了敌人内部情况，这才制定出屯兵把守、整治边境、分化瓦解羌人的策略，并上奏汉宣帝。不久，朝廷就派兵平定了羌人的入侵，安定了西北边疆。

励精图治

出处 东汉·班固《汉书·魏相传》："宣帝始亲万机，厉精为治。"

释义 振奋精神，想办法治理好国家。

近义词 励精求治　厉精为治

反义词 丧权辱国　祸国殃民

造句 古代帝王要想治理好国家，必须励精图治，勤于政务才行。

西汉时期，大将军霍光大权在握，把年幼的刘询立为皇帝。霍光趁此机会把自己的亲朋好友都调到朝廷，一一委任重要官职；对那些反对他的大臣，则一律加以排挤。

霍光的亲朋好友都在朝廷担任了要职，形成了霍氏家族集团，只有他的小女儿没有进入朝廷。霍光的妻子为了使小女儿进入后宫，竟买通了女医官淳于衍，毒死了许皇后。霍光知道后，隐瞒事情真相，利用职权庇护淳于衍，使汉宣帝蒙在鼓中。霍光死后，汉宣帝采纳了御史大夫魏相的建议，收回了朝政大权。后来，霍光的妻子指使淳于衍毒死许皇后的罪行被查明，汉宣帝大怒，采用魏相的意见，把霍氏家庭成员的官职全部罢免。

霍光的小女儿、皇后霍氏十分恐惧，满腹怨恨，对魏相恨之入骨，多次在皇太后面前哭诉。后来霍氏集团企图假借皇太后的旨意，杀掉魏相，废掉汉宣帝。汉宣帝知道后，勃然大怒，下令将霍氏满门抄斩，彻底清除了隐患。

　　从此以后，汉宣帝开始亲自处理国家大小事情，大展宏图，励精图治。他严格考核各级官员的政绩，核查实情，任用贤才。丞相魏相辅佐他，领着大小官员认真履行各自的职责，因此汉宣帝对他非常信任。这样一来，国家很快就呈现出欣欣向荣的景象。

投笔从戎

出处 南朝宋·范晔《后汉书·班超传》："永平五年，兄固被召诣校书郎，超与母随至洛阳。家贫，常为官佣书以供养。久劳苦，尝辍业投笔叹曰：'大丈夫无它志略，犹当效傅介子、张骞立功异域，以取封侯，安能久事笔研间乎？'"

释义 扔掉笔去参军。指文人从军。

近义词 弃文就武 弃笔从戎

反义词 解甲归田

造句 为了抵抗外侮，许多青年纷纷投笔从戎。

　　班固是东汉的历史学家，他用二十余年的时间编写了《汉书》。他的弟弟班超是一员武将，奉皇帝的命令，带兵镇守西域三十一年，多次平定匈奴贵族的叛乱。然而，班超并不是一开始就习武的。他靠替官家抄写文书供养母亲生活，日子过得很清苦。

　　有一天，班超叹着气说："唉，男子汉大丈夫应当效法傅介子、张骞，到边远地方去建立功业，取得高官厚禄，怎么可以长久地在笔墨纸砚中讨生活呢？"

　　于是，他投笔从戎，终于成为东汉的名将。

呕心沥血

出处 唐·韩愈《归彭城》："刳肝以为纸，沥血以书辞。"
释义 比喻费尽心血。多用来形容在工作、事业、文艺创作等方面费尽心思和精力。
近义词 鞠躬尽瘁　殚精竭虑
反义词 粗制滥造　敷衍了事　无所用心
造句 李老师呕心沥血地培育出一代又一代的国家栋梁。

　　唐朝中期的青年诗人李贺一直不被朝廷重用，在精神上感到苦闷抑郁，便把全部精力放在诗歌的创作上。李贺作诗，通常不是先定题目，而是注重实地考察，积累资料。他经常带着一名书童，骑着一匹弱马，一面在郊外慢慢地闲走，一面即景吟咏；遇到好的题材，随即写成诗句，放进书囊，回家以后，再将锦绣书囊中的诗句整理成篇。

　　李贺作诗非常刻苦认真，每夜都睡得很晚。他曾说："为了写一首长诗，衣襟都磨破了；为了写一首短诗，白发都弄断了许多根。"

　　李贺身体很弱，母亲很心疼他，所以每天李贺回家，母亲便让婢女查看他的书囊，如果发现里面写的诗句太多，就生气地说："你这孩子，要把心呕出来才罢休吗？"李贺由于写诗过于劳累，再加上怀才不遇，心境不好，只活到二十七岁就去世了。他留下了二百四十首诗歌，可谓佳作迭出。

枕戈待旦

出处 唐·房玄龄等《晋书·刘琨传》："吾枕戈待旦，志枭逆虏。"

释义 枕着兵器等待天明。形容时刻警惕，准备作战。

近义词 荷枪实弹　严阵以待　常备不懈

反义词 高枕无忧

造句 这支英雄舰队，枕戈待旦，日夜守卫在东海前哨。

　　西晋时期，有个叫刘琨（kūn）的人很有才干，不仅精通武艺，而且能诗善赋。

　　有一次，他听说自己的朋友祖逖（tì）被朝廷选拔做了官，心里非常着急，就给亲属写信说："我每天都是枕着兵器躺在床上，一直等到天亮，满心想要报效朝廷，杀退敌兵。可是祖逖比我先去建立功业了！"

　　后来，刘琨在二十六岁时，也被委任为官，从司隶从事一直做到著作郎、太学博士、尚书郎。他做官几十年，确实为人民、为国家做了不少好事。

卧薪尝胆

出处 西汉·司马迁《史记·越王勾践世家》："吴既赦越，越王勾践反国，乃苦身焦思，置胆于坐，坐卧即仰胆，饮食亦尝胆也。"

释义 形容一个人忍辱负重，发愤图强。

近义词 励精图治 发愤图强

反义词 胸无大志 自甘堕落

造句 要想打破目前困局，取得成绩，就必须卧薪尝胆，刻苦训练。

公元前 494 年，吴王夫差为报越国杀父之仇，亲率大军进攻越国。越王勾践率军迎战，与吴国在夫椒（今江苏苏州）对阵。结果吴军得胜，顺势攻破了越国国都会稽，俘虏了越王勾践。

吴王夫差为了实现霸业，显示自己的宽宏大量，决定不杀勾践，只派他在吴国的宫里养马。勾践带着夫人和相国范蠡，天天小心谨慎地为吴王夫差当马夫。有一次，吴王夫差生了一场大病，勾践殷勤服侍。夫差见他如此"忠诚"，就放勾践回越国了。

回到越国后，勾践一心想要报仇雪耻。他重新定都会稽，委派文种管理内政，任命范蠡训练军队，加强战备。为了磨炼自己的意志，好日后复仇，勾践过着十分艰苦的生活。每晚他都睡在柴草上，还在屋梁上吊着一只苦胆，每次吃饭之前，都要先去尝一尝胆的苦味。

勾践还同夫人一起亲自参加生产劳动，夫人勤奋纺织，勾践从事耕作，与全国人民同甘共苦。而此时吴王夫差却自以为快成了霸主，骄傲起来，一味贪图享乐。

　　公元前482年，夫差带着精兵去黄池会盟，一心想要早日成为霸主。这时，越国已十分强盛了。勾践见时机已成熟，便乘机出兵打败了吴国，成为春秋末期的霸主。

金石为开

出处 西汉·刘歆《西京杂记》："至诚则金石为开。"

释义 形容真挚的感情足以打动人心。也比喻意志坚强能克服一切困难。金石：金属和石头，比喻最坚硬的东西。

近义词 精血诚聚　金石可开

反义词 虚情假意　虚以委蛇

造句 精诚所至，金石为开，只要你坚持下去，一定会成功的。

周朝时，有个楚国人名叫熊渠子，自小喜爱射箭。刚开始练射箭的时候，他的力气很小，稍微费力些的弓就拉不动。熊渠子坚持每天练习臂力，渐渐地练出了力气，再拉弓射箭时，箭飞出去不再是轻飘飘的了，但是仍然不能准确地射中目标。于是，他又坚持不懈地练眼力。经过刻苦的训练，他的箭法已经十分熟稔，每射十箭总有七八箭射中目标，可是他觉得自己的功夫还不高明，又无法提高，十分烦恼。

有人对他说："你现在是靠技巧射箭，还不算高明，而靠心去射每一支箭，那才是真功夫。"

熊渠子听了，反复揣摩这句话，更刻苦地练习起来。

一天夜里，熊渠子独自一人在山路上行走，猛然看见前面不远处伏着一只老虎。熊渠子大吃一惊，随即镇静下来，心想这正好是我试箭法的好机会。于是他迅速取弓搭箭，对准老虎，拉满弓一箭射去。"嗖"的一声之后，老虎全无一点动静。熊渠子心想，我这一箭射去不但一定射中了它，而且必然把它射死。谁知老虎竟然一动也不动，并没有倒下，他不免怀疑起来。他放大胆子大步走过去一看，不由哑然失笑，原来是一块大石头卧在路上。再仔细看去，那支箭竟然射进坚硬的石头里去了，连箭翎（líng）都深深插在石头里。

这件事很快传扬开去，人人都夸他箭术高明。以前勉励过他的那个人说，这不仅是因为熊渠子力气大、箭法好，更是因为他集中精力，以必胜的信心去迎战对方，所以金石也被打开了。

夜以继日

出处 《孟子·离娄下》："其有不合者，仰而思之，夜以继日；幸而得之，坐以待旦。"

释义 形容日夜不停，多指工作或学习等。

近义词 不舍昼夜　日以继夜　废寝忘餐　披星戴月

反义词 无所事事　饱食终日　游手好闲

造句 为了按时完成任务，工人们都在夜以继日地工作着。

　　周公是西周初杰出的政治家。他在哥哥周武王领导的攻伐殷商的事业中，起了很大的作用。担起辅佐朝政的重任后，他忠于职守，为巩固周王朝的统治呕心沥血。

　　周武王死后，由周公辅助成王执政。有些贵族猜忌他，在周成王面前造谣，说他有篡位的野心。有的人还和商纣王的儿子武庚勾结起来，发动武装叛乱。此外，东方的夷族也乘机作乱。但周公坚韧不拔，遵照周武王的遗志办事，消除了成王的误解，击败了武庚的叛乱和夷族的反抗，制定了礼法和刑律，继续分封诸侯，并建都洛邑（今河南洛阳）。

　　由于为国操劳过度，周公在建都后不久就去世了。临死前，他还谆谆告诫大臣们：一定要帮助天子管好中原的事；自己死后要葬在都城，以表示虽死不忘王命。

　　孟子赞扬他说："周公想兼学夏、商、周三代开国君主的贤德，来把周朝治理好。如果有不符合他们的言行，他就抬起头来想，夜以继日地想，等想出了好的办法，便坐着等待天明，马上去施行。"

废寝忘食

出处 《论语·述而》："其为人也，发愤忘食，乐以忘忧，不知老之将至。"

释义 顾不得睡觉，忘记了吃饭。形容专心努力。

近义词 兢兢业业　夜以继日

反义词 饱食终日

造句 他废寝忘食，把全部心智都用在了解决这道难题上。

孔子年老时，开始周游列国。鲁哀公六年（公元前489年），他来到了楚国的叶邑（今河南叶县）。

叶县大夫沈诸梁热情接待了孔子。沈诸梁人称"叶公"，他只听说过孔子很有学识，教出了许多优秀的学生，对孔子本人并不十分了解，于是向孔子的学生子路打听孔子的为人。

子路虽然跟随孔子多年，但一时却不知怎么回答，就没有作声。

之后，孔子知道了这事，

就对子路说："你为什么不这样回答他：'孔子努力学习，以至于废寝忘食；津津乐道于授业传道，而从不担忧受贫受苦；自强不息，甚至忘记了自己的年纪。'"

此话显示出，孔子有远大的理想而又不懈地努力实践，所以生活得非常充实。

闻鸡起舞

出处 唐·房玄龄等《晋书·祖逖传》："中夜闻荒鸡鸣，蹴琨觉曰：'此非恶声也。'因起舞。"

释义 听到鸡叫就起来舞剑。形容奋发向上、坚持不懈的精神。

近义词 锲而不舍　发愤图强

反义词 自暴自弃　苟且偷安

造句 岳飞从小立下报国志向，闻鸡起舞，苦练武艺，终于成为一代精忠报国的民族英雄。

　　东晋的名将祖逖（tì），年轻时与好友刘琨一起到司州（今河南洛阳东北）任主簿。两人志同道合，意气相投，晚上合盖一床被子睡觉。

　　一天半夜，祖逖被远处传来的鸡啼声惊醒，便把刘琨踢醒，说："你听到鸡啼声了吗？"

　　刘琨侧耳一听，说："是啊，是鸡在啼叫，不过半夜的鸡啼声是恶声啊！"

　　祖逖说："不是恶声，而是催促我们早点起床锻炼的声音！"两人立即起床，到院子里舞剑，一直练到天亮（闻鸡起舞）。

　　西晋末年，北方广大地区被各少数民族军队占领，祖逖和族人渡过黄河避难，南迁到淮河流域，后在将军司马睿手下当差。311年，匈奴贵族攻陷西晋京都洛阳，晋怀帝也被俘虏了。消息传到南方，祖逖义愤填膺，请求司马睿说："让我率军北伐，恢复中原。"司马睿便任命祖逖为豫州刺史，并给他一千人的粮食和三千匹布，但没有给他铠甲和兵器。祖逖不怕困难，不畏艰险，率领一万多人马，渡过长江，向北方进军了。

东施效颦

出处 《庄子·天运》："故西施病心而膑其里，其里之丑人见而美之，归亦捧心而膑其里。其里之富人见之，坚闭门而不出；贫人见之，挈妻子而去之走。彼知膑美，而不知膑之所以美。"

释义 原指丑人模仿美女皱眉。比喻不知道人家的好处何在，胡乱模仿，效果适得其反。膑：同"颦"。后人把这个效颦的丑女称作东施。

近义词 照猫画虎　生搬硬套　画虎类犬　邯郸学步

反义词 标新立异　独辟蹊径

造句 不从客观实际出发，像东施效颦那样，胡乱模仿，其结果必然适得其反。

　　传说春秋时越国有个绝色美女名叫西施，她不光人长得美，品行也很好，既勤劳又善良，识大体顾大局。据说，当年越国被吴国打败后，越王勾践被抓到吴王宫里当差。为了复兴自己的国家，西施自愿来到吴王身边，以自己的美貌迷住了吴王，使他整天沉湎于饮酒作乐之中，不再过问国家大事。后来越国终于打败了吴国，雪了耻，报了仇。

　　在西施还没有到吴王宫里之前，家乡的父老乡亲们就很喜欢她。每当她在街上走，人们都要放下手里正在干的活儿欣赏她。有一次，西施心口疼的毛病犯了，她用手按住胸口，紧皱着眉头，慢慢往家走。人们见了，都说西施皱眉的样子也很好看。

　　离西施家不远，有个长得很丑的姑娘名叫东施。她一天到晚涂脂抹粉、扭扭捏捏，人又懒，嘴又馋，乡亲们都很讨厌她。东施见大家总夸西施长得美，便很羡慕西施，想学西施的样子。看见西施捂着胸口皱着眉头从街上走过，她也做出眉头紧皱、一副痛苦的表情，以为这样就美了。谁知，大家看到她那矫揉造作的丑态，更加厌恶她。

乘风破浪

出处 南朝梁·沈约《宋书·宗悫传》："悫年少时，炳问其志，悫曰：'愿乘长风破万里浪。'"

释义 指船只乘着风势破浪前进。形容发展迅猛，也比喻志向远大，勇往直前。

近义词 披荆斩棘　勇往直前

反义词 裹足不前　垂头丧气

造句 无论处在何种艰苦的困境下，她总是以乘风破浪般的勇气面对。

宗悫（què）是南北朝时期宋国的名将。他年纪很小时就有远大志向。一天，他的叔父宗炳问道："你长大了准备干什么？"

宗悫豪迈地回答说："我长大了愿乘长风破万里浪！"

当时，南朝宋处于太平时期，没有战事，所以人们都要求子弟以读书为正业，希望有朝一日被推举为官。但宗悫偏偏爱武，因此乡邻们并不认为他志向远大。

446 年，南朝宋以交州刺史檀和之为主帅，南伐林邑国。宗悫自请参战，被刘义维推荐给朝廷。宋文帝封他为振武将军，随檀和之围攻粟城。林邑王指挥所有的军队抵抗，还驱赶几头大象助战。大象身上披着铠甲，士兵靠它掩护跟在后面，气势凶猛异常，宋军无法抵挡。

在这紧急关头，宗悫心想：狮子是百兽之王，只有它才能吓退大象，于是他让士兵制作了一头头假狮子，让它们摇头摆尾，蹦蹦跳跳。果然，大象见到假狮子后非常惊骇，拼命后退，结果压死、压伤许多敌兵。宋军趁势发动进攻，终于攻下林邑。宗悫也因此得以高升。

宗悫小时候说"愿乘长风破万里浪"，长大后果然实现了这一远大志向。后人把他说的这句话简化为"乘风破浪"。

脚踏实地

出处 宋·邵伯温《邵氏闻见前录》卷十八："公尝问康节曰：'某何如人？'曰：'君实脚踏实地人也。'"

释义 形容做事踏实认真。

近义词 踏踏实实　兢兢业业

反义词 蜻蜓点水　纸上谈兵　好高骛远

造句 我们做事应该脚踏实地，而不应该好高骛远。

　　司马光是宋代著名的历史学家，主编了我国第一部编年体通史《资治通鉴》。

　　司马光在青年时代就爱好研究历史，读了不少书。宋英宗时，他受命主编《资治通鉴》，前后十九年中，无时无刻不在努力钻研，专心写作。他恐怕睡得过久，耽误工作，特制了一个圆木"警枕"，不让自己睡稳。他先广泛收集材料，经过仔细研究和筛选，再把它们串联起来，然后加以修饰润色而成定稿。许多篇章，他都做了反复的修改，如唐代部分，原有六百卷之多，最后定稿精简为八十一卷。全书编成时，共二百九十四卷，另有目录三十卷，《考异》三十卷，包括上起战国下至五代共一千三百六十二年的历史。完成的原稿，都用工整的字体抄写；剩下的废稿残稿堆放在洛阳，占了满满的两间屋子。

　　司马光在这项艰巨的工作中所表现出的辛勤认真的态度，

受到了很多人的赞扬。邵伯温称赞他"脚踏实地"。

握发吐哺

出处 西汉·司马迁《史记·鲁周公世家》:"我一沐三捉发,一饭三吐哺,起以待士,犹恐失天下之贤人。"

释义 洗头时多次把头发握在手中,吃饭时多次吐出口中的食物。比喻为了招揽人才而操心忙碌。

近义词 礼贤下士 吐哺捉发

造句 历史上,求贤若渴,常常为人才握发吐哺的事例举不胜举。

　　周公的名字叫姬旦。他是周文王姬昌的儿子、周武王姬发的弟弟。文王在时,周公旦就很孝顺,性情仁厚。武王即位后,周公旦辅佐武王,攻伐商纣。殷商灭亡后,周公旦被封为鲁公,但他不去封地,留下来辅佐武王。

　　武王死后,成王年纪尚幼,周公代成王执掌政权。他说:"我是担心天下叛周,无以告慰先王,才不避闲言碎语执掌政权的。"于是周公辅佐成王,让儿子伯禽去鲁国就封。

　　周公告诫伯禽说:"我的地位在天下也不算低了。但我洗一次头三次握头发,吃一顿饭三次放下饭碗,去接待来客,是怕怠慢天下的贤士。你到了鲁国,千万不要骄横啊!"

　　管叔、蔡叔和纣王的儿子武康勾结起来发动叛乱。周公旦兴师东伐,杀了管叔、武康,流放了蔡叔。诸侯都臣服于周。成王长大后,周公又把政权归还给他,让他亲理国政。

63

勤能补拙

出处 唐·白居易《偷闲走笔题二十四韵》："救烦无若静，补拙莫如勤。"

释义 指后天的勤奋能够弥补先天的不足和缺陷。

近义词 熟能生巧 笨鸟先飞

反义词 锲而舍之

造句 勤能补拙是良训，一分耕耘一分收获。

825 年，唐朝廷诏封白居易为苏州刺史。

这年阳春三月，白居易乘船离开洛阳，经过千山万水之后，来到苏州。当地居民齐心整理市容，迎接新的地方官吏来临，这使得白居易感动不已。他对苏州早已神往，知道不少名山胜水很值得游玩，但因到任后事情繁多，无暇抽空散心，他日以继夜埋首于政务公文中，甚至通宵不眠，也不以为意。

白居易勤于政事，在寄给朋友的书信中，曾有一句是"补拙莫如勤"，意思是再愚钝的人，只要勤勉就能弥补不足。忙碌的公务使得他积劳成疾，染患眼病。

826 年秋天，白居易辞官离开苏州返回洛阳。

凿壁偷光

出处 东晋·葛洪《西京杂记》："匡衡，字稚圭，勤学而无烛，邻舍有烛而不逮，衡乃穿壁引其光，以书映光而读之。"

释义 原指西汉匡衡凿穿墙壁引邻舍之烛光读书。后用来形容家贫而刻苦学习的事情。

近义词 囊萤映雪　焚膏继晷　凿壁借光

反义词 不学无术

造句 学习是很艰苦的事，没有凿壁偷光、锲而不舍的精神是不行的。

　　西汉末年，东海郡（今江苏、山东两省交界处）出了一位很有学问的人，名叫匡衡。他家祖祖辈辈务农，生活贫苦。这个农家的儿子十分爱读书，但是，由于没有钱读书，他十分苦恼。后来，他听说附近有户人家家里藏有许多书，便上这户人家去干活，并对主人说："我干活是为了能读到书，只要主人家愿意把收藏的书借给我读，就算是给我工钱了。"

　　主人答应了他的要求。匡衡高兴极了，他干活之余，就一心读书。但只有晚上才有充裕的时间，可是晚上看书要点灯，而他没有钱买灯油，因此很是焦虑。有一天晚上，匡衡躺在床上背书，忽然看见墙缝里透过一线亮光来，于是他把墙壁凿开一个小洞，让更多的亮光射进自己的屋子。

　　从此，他每天夜里就蹲在这小洞边，借用透过来的烛光读书，直到人家熄灭了烛光，他才去睡觉。经过苦读，匡衡终于成为一位著名的学者。

锲而不舍

出处 《荀子·劝学》:"锲而舍之,朽木不折;锲而不舍,金石可镂。"

释义 不停地雕刻。比喻有恒心,有毅力。

近义词 滴水穿石 愚公移山 坚韧不拔 持之以恒

反义词 知难而退 一曝十寒 半途而废 浅尝辄止

造句 能否做成学问,除必要的天赋外,很大程度上取决于有无锲而不舍的精神。

　　荀况是战国时期著名的思想家、哲学家、教育家,他写过一篇名叫《劝学》的文章,以此劝导和鼓励人们坚持不懈地认真学习。

　　文章一开始写道:学无止境,所以学习不可以停止。青这种颜色,是从蓝草中提取出来的,但它却比蓝草的颜色更青;冰,是由水结成的,却比水要寒冷。这是他用来说明经过学习之后,比未学习时有所进步。

　　荀子又写道:不一步一步地走,不会到千里之远;不是一条一条小河的水汇合起来,不会成为江海。这是他用来说明学习是一个由少到多、日积月累的过程,高深的学问和渊博的知识,是一点一滴积累起来的。

　　荀子又用镂刻金石来说明学习要持之以恒,坚持不懈。他写道:刻一下就停下手来,烂木头也刻不断;不断地刻下去,即使是坚硬的金属和石头,也可以把它们雕刻成形。所以，人们要以镂刻的精神来不断地学习，这样就一定能取得成功。

对牛弹琴

出处 南朝梁·僧祐《弘明集·理惑论》："公明仪为牛弹清角之操，伏食如故，非牛不闻，不合其耳矣。"

释义 比喻对不能理解的人白费口舌、力气，有看不起对方的意思。现在也用来讥笑说话不看对象。

近义词 对牛鼓簧　白费口舌

反义词 志同道合

造句 同目不识丁的人谈文艺创作，无异于对牛弹琴。

古代音乐家公明仪，琴弹得非常出色。每当他坐在自家窗口弹奏时，行人常常驻足聆听，听得如醉如痴。

一次，公明仪携琴到郊外游玩，只见满目青山绿水，蓝天中飘着悠悠白云，远处传来牧童悠扬的笛声，身旁的大树上小鸟在尽情地欢唱。公明仪情不自禁地打开琴弹了起来。弹着弹着，他突然觉得没意思了，因为没人欣赏。他四下一看，见不远处有头牛正在吃草，很高兴，心想："我就弹给牛听吧！"

于是，他就坐在牛的旁边，轻舒十指，缓缓地弹了起来。弹了一会儿，他抬头看看牛，见它只管低头吃草，仿佛没听见似的。公明仪不甘心，弹了一首又一首，直弹得手软筋麻。看着那头只对鲜嫩的草感兴趣的牛，他叹了口气，终于明白了：对蠢牛弹琴，不过是白费劲罢了！

他懊丧地站了起来，打算回去。谁知收拾琴的时候，无意间碰到了一根琴弦，发出了一声响，有点像小牛的叫声。那牛听到响声，停止了吃草，抬起头四面看看，见并没有什么，就摇了摇尾巴，又埋头吃草去了。

公明仪见了，自嘲道："不是牛蠢，是我自己蠢，弹琴不看对象。对于牛来说，同类的叫声就是最好的音乐，高雅的乐曲它又怎么能听懂呢？"

有志竟成

出处 南朝宋·范晔《后汉书·耿弇传》："将军前在南阳，建此大策，常以为落落难合，有志者事竟成也。"

释义 竟：终于。只要有决心、有毅力，事情终究会成功。

近义词 有志者事竟成

造句 《愚公移山》这个寓言故事说的就是有志竟成的道理。

东汉刘秀起兵反抗王莽政权的时候，耿弇（yǎn）加入了刘秀的部队。在历次战斗中，他非常勇敢，而且很有智谋，因此深得刘秀的信任。

王莽被推翻后，刘秀建立东汉政权，登上帝位。耿弇建议镇压各地农民起义军，消灭地方势力，以扩大统治，统一全国，并且自请带领大军首先平定河北全境。当时，河北一带的农民军大都被镇压下去了，赤眉军也被迫西撤，向河南、陕西一带流动，只有占据山东的张步，兵力还很强大。耿弇调配兵力，以声东击西之计攻下临淄，后诱使张步来攻，结果大破张步军队，但中箭受伤。当时，刘秀听说耿弇被张步攻打，亲自带兵赶去支援。耿弇听了这个消息，为了表示对刘秀尽忠，下令继续战斗。部下劝他等援军到了之后再商议，他不同意，说："皇上

驾到，我们只能宰牛备酒欢迎，怎能把困难留给他来解决！"
于是拼尽全力出击，攻下临淄。

刘秀在临淄夸奖他说："将军前在南阳建此大策，常以为
落落难合，有志者事竟成也。"

后来人们把"有志者事竟成"简化为"有志竟成"这一
成语。

断齑画粥

出处 宋·释文莹《湘山野录》："范仲淹少贫，读书长白山僧舍，作粥一器，经宿遂凝，以刀画为四块，早晚取两块，断齑数十茎啖之，如此者三年。"

释义 指食物粗简微薄。形容贫苦力学。比喻不怕生活艰苦，仍坚持学习。断：切断。齑：酱菜或腌菜之类。

近义词 节衣缩食

反义词 挥金如土

造句 即使过着断齑画粥的日子，我们也不能放弃学习。

范仲淹是宋代著名的政治家。范仲淹一生仕途坎坷，几起几落。西夏反叛时，范仲淹重新被起用，他主动请求到战乱频发的延州任职。到任后，他大阅州兵，加紧操练，积极防御，形成了羌汉两族人民安居乐业的局面。此后相当长一段时间，对陕西方面的战略，朝廷大都采纳范仲淹的主张。

范仲淹一生的功绩是与他从小勤奋学习密切相关的。小时候，他家境清贫，可他住在庙里读书，昼夜不息。在严冬季节，有时读书实在读得疲乏了，便以冷水浇面，以便头脑清醒后再读下去。他日常生活十分艰苦，每日总是以两升小米煮粥，隔夜后粥凝固了，便用刀将粥一切为四，早晚各吃两块，再切一些腌菜佐食。

范仲淹的名言是：先天下之忧而忧，后天下之乐而乐。他为京官时，许多人向他求教《六经》，特别是《易》学方面的问题。他时常把俸禄拿出来周济四方游士，而自己的家属有时则不能温饱。

燃糠自照

出处 南朝梁·萧子显《南齐书·顾欢传》:"及长,笃志好学,母年老。躬耕读书,夜则燃糠自照。"

释义 比喻勤奋好学。

造句 我们应该学习古人那种燃糠自照、刻苦学习的精神。

　　顾欢是南朝时齐人,从小就很聪明,六七岁时就能够推算四时节气和六十甲子。一年秋天,稻谷熟了,父亲叫他去看田,嘱咐他别让麻雀把稻谷吃了。

　　顾欢到了田里,看到成群的麻雀叽叽喳喳,飞来飞去,觉得很好玩,就坐在田头写了篇《黄雀赋》。晌午,父亲来叫他回去吃饭,见田里的稻谷被麻雀吃掉了一大半,气得破口大骂道:"你是怎么看田的,稻谷快让麻雀吃完了都不知道?"

　　顾欢战战兢兢地说:"我在写文章。"

　　父亲看了他的文章,难过地说:"唉,只怪为父没钱让你去读书。"

　　顾家的附近有一所私塾,顾欢白天站在教室外偷偷听课,晚上用点燃的松枝和稻糠照明进行温习(燃糠自照)。他好学不倦,直到年纪大了也不停止。后来,朝廷要他做官,他不去,一直隐居在天台山。他在那里精研学问,写有文集多卷。

囊萤映雪

出处 南朝宋·檀道鸾《续晋阳秋》："车胤字武子，学而不倦，家贫，不常得油，夏日用练囊，盛数十萤火，以夜继日焉。"又《南史·范云传》："父（孙）康，起部郎，贫，常映雪读书。"

释义 形容学习勤奋刻苦。

近义词 凿壁偷光　悬梁刺股

反义词 不思进取　不学无术

造句 古人囊萤映雪、坚持刻苦学习的精神，值得我们学习。

　　晋代有个名叫车胤的读书人，他从小就非常刻苦好学，但因家中贫穷，无钱买灯油点灯，所以入夜无法读书。在一个夏天的夜晚，车胤看见闪着光亮的萤火虫在空中飞来飞去，受到很大启发。于是，他捉了许多萤火虫，把它们装进一个纱囊里，这样，纱囊就像一盏小灯笼似的能够发出亮光。车胤借助纱囊中萤火虫放出的亮光，专心致志地读起书来。

　　晋朝还有个名叫孙康的读书人，家境也十分清贫。他白天需要干活谋生，只有在夜晚才能读书，但他也无钱买灯油。为了读书，他经常在雪夜里坐在门口，冒着凛冽的寒风，借助晶莹的白雪反射出来的亮光，坚持看书学习。

　　后来，人们把这两个故事联系起来，组成了"囊萤映雪"这个成语。

髀肉复生

出处 西晋·陈寿《三国志·蜀书·先主传》："备曰：'吾常身不离鞍，髀肉皆消。今不复骑，髀里肉生。'"

释义 意为因为长久不骑马，大腿上的肉又长起来了。形容长久过着安逸舒适的生活，无所作为。

近义词 光阴虚度 无所事事

反义词 髀肉皆消

造句 他退休之后就过着清闲的日子，不禁感叹自己髀肉复生。

东汉末年，群雄割据。有一次刘备领兵与曹操作战，结果大败，一时走投无路，部将孙乾建议暂时投奔刘表。刘表是刘备的同宗，当时任荆州刺史。于是刘备率兵投奔刘表。

刘备在荆州闲住了很长一段时间，生活得很舒适。有一天，刘表和刘备在一起饮酒谈天，忽然刘备暗自伤心落泪。刘表非常吃惊，急忙问他因何如此忧伤。

刘备长叹一声说道："我以前天天骑马作战，大腿的肉都消掉了，但却觉得这样的生活很有意义。现在悠闲无事，大腿的肉重新长起来。我想到如果像这样长久混下去，虚度光阴，很快就要老了，而事业却毫无成就，因此感到非常伤心难过。"

一见如故

出处 春秋·左丘明《左传·襄公二十九年》:"聘于郑,见子产,如旧相识。"

释义 形容初次相见就像老朋友一样亲密无间。

近义词 一见倾心　一拍即合　似曾相识

反义词 形同陌路　素不相识

造句 张明第一次见到田强就觉得十分亲切,有一见如故之感。

　　唐朝的开国功臣房玄龄从小机警聪慧,他曾悄悄地对父亲说:"别看隋朝一统江山,太平无事,殊不知皇上无德无功,滥杀无辜,又重用奉承拍马之辈,还随心所欲地废了皇太子,百姓早已怨声载道。隋朝的灭亡,指日可待了!"

　　其父吓得连连喝住他不要乱说。

　　房玄龄十八岁中进士,授羽骑尉。后来,汉王陈友谅反叛隋朝,房玄龄受牵连,被贬上郡。

　　房玄龄听说举义旗反隋朝、名声显赫的秦王李世民巡行渭北,便策马赶来投奔,匆忙间竟拿着马鞭子上军门求见。

　　李世民对房玄龄早有耳闻,两人一见,也真投缘,大有一见如故、相见恨晚之感。李世民当即授房玄龄渭北道行军记室参军之职。

　　从此,房玄龄跟随李世民走南闯北,九死一生。每次打了胜仗,将领们搜寻的是金银财宝,而房玄龄却是为李世民收罗效力的人才。难怪李世民曾说："汉代光武帝有了邓禹，使幕僚们相亲相爱；今我有了房玄龄，就如同得到邓禹一样。"

627年，唐太宗李世民即位，宣布房玄龄与杜如晦、长孙无忌、尉迟敬德、侯君集等功居第一，任命房玄龄为中书令（宰相）。

万死不辞

出处 明·罗贯中《三国演义》："貂蝉曰：'适间贱妾曾言：但有使令，万死不辞。'"

释义 死一万次也不推辞。表示愿意拼死效劳。

近义词 舍生忘死 奋不顾身 视死如归

反义词 贪生怕死

造句 不管在前进的征途中有多少困苦，我都万死不辞。

东汉末年，董卓手握大权，把汉献帝视作傀儡。司徒王允下决心要为汉王室除掉董卓，但一时又想不出什么办法。

一天晚上，他在后花园散心，忽见府中美貌的歌伎貂蝉在牡丹亭畔长吁短叹，就问她为什么。貂蝉说："承蒙大人恩惠抚养，我感激万分。但我近来见大人愁眉不展，知道大人一定为国事所担忧，所以也不禁长吁短叹起来。如果大人有用我之处，我一定万死不辞。"

王允听了，忽生一计，说："董卓迟早要篡位，眼看汉室将要倾覆，我怎能坐视不管？要杀死董卓才行啊！但董卓有个义子吕布，十分骁勇，无人能敌，而吕布又不离董卓左右，因此无计可施。"

貂蝉问："难道真的就没有办法了吗？"

王允说："我想了一条连环计，但须得到你的协助。我将你收为义女，先把你许配给吕布，再暗中献给董卓。你要设法离间他们父子，让他们为你而互相仇恨，最后挑唆吕布去杀掉董卓。"

貂蝉依计策而行，最后董卓被吕布所杀。

少见多怪

出处 东汉·牟融《理惑论》："谚云：'少所见，多所怪，睹驼驼，言马肿背。'"

释义 见闻少的人遇到不常见的事物就觉得奇怪。后常用来嘲笑见识浅陋的人。

近义词 管见所及

反义词 见多识广

造句 你真是少见多怪，这项技术已经普及了，并不是什么新玩意儿。

　　某人从来没有见过骆驼，所以他也不知道有骆驼这种动物。有一天，他外出时偶然看见一头牲口背上长着两个好大的肉疙瘩，觉得非常奇怪，不禁大声叫道："啊哟，大家都来看哪！瞧这匹马，它的背肿得多高呀！"其实，他看到的是一头骆驼。骆驼本身并没有什么可奇怪的，只不过这人没有见过，才觉得奇怪罢了。因为他只看到过马，所以还以为那是匹"怪马"呢。

　　因为少见，所以多怪，这就叫作"少见多怪"。

不拘一格

出处 清·龚自珍《己亥杂诗》："我劝天公重抖擞，不拘一格降人才。"

释义 指不局限于一种规格或一个格局。

近义词 五花八门　不落俗套

反义词 如出一辙　千篇一律

造句 他的书法博采众长而又不拘一格，别有一番韵味。

　　晚清思想家、文学家龚自珍曾在道光年间中贡士，任内阁中书。当林则徐赴广东查禁鸦片时，龚自珍就预见到英国可能发动侵略战争，建议林则徐加强战备。后来，龚自珍被迫辞官归隐，离京返乡。途经镇江时，恰好赶上庙会，看到参加这次庙会的有好几万人，十分热闹。有位道士便请求龚自珍代自己写一篇"青词"（青词是人对神的祈求，写在青色的纸上，供奉在神像面前）。

　　忧国忧民的龚自珍很希望有英雄人物降世，打破这万马齐喑的可悲景象。于是，他挥笔在青纸上写道：

　　　　九州生气恃风雷，

　　　　万马齐喑究可哀。

　　　　我劝天公重抖擞，

　　　　不拘一格降人才。

井底之蛙

出处 《庄子·秋水》："井蛙不可以语于海者，拘于虚也。"

释义 指井底的青蛙认为天只有井口那么大。比喻那些见识短浅的人。

近义词 一孔之见　坐井观天

反义词 见多识广　学富五车

造句 一个没有经历风雨、见过世面的人，就像井底之蛙一样。

在一口废井里，住着一只青蛙。一天，青蛙在井边碰见一只从东海来的大鳖。

青蛙对海鳖夸口说："你看，我住在这里多么快乐呀！高兴的时候，就在井栏边上跳跃，累了，就到井壁石洞里休息，有时把身子舒服地泡在水里，有时愉快地在稀泥中散步。先生为什么不到井中观赏游玩呢！"

海鳖听了青蛙的一番话，就想进入井中去看看。可是，它的左脚还没有完全伸进去，右脚就被井栏绊住了。它只好后退几步，把大海的情景告诉青蛙："你见过大海吗？海的广大，岂止千里；海的深度，何止千丈。古时候，十年里就有九年闹水灾，海水并不因此而增多；八年里就有七年闹旱灾，海水并不因此而减少。大海是不受旱涝影响的。住在广阔的大海里才真正快乐呀！"

井底之蛙听完海鳖的话，非常惊讶、惭愧。

与虎谋皮

出处 东晋·苻朗《苻子》："欲为千金之裘，而与狐谋其皮；欲具少牢之珍，而与羊谋其羞。言未卒，狐相率逃于重丘之下，羊相呼藏于深林之中。"

释义 同老虎商量，要剥下它的皮。比喻跟恶人商量要他放弃自己的利益，是绝对办不到的。

近义词 水中捞月

反义词 行之有效　立竿见影

造句 他视钱如命，抠门客啬，让他出来捐款，无异于与虎谋皮。

　　周朝时候，有一个人喜欢穿皮衣，爱吃精美的食物。他想要制作一件价值千金的狐皮袍子，便去同狐狸商量，请它们选送几张狐皮；他还准备办一次丰盛的羊肉宴，便去同羊商量，请它们供应一批羊肉。不料他的话还没说完，狐狸就立刻互传警报，一起逃到深山里去了；羊也马上大呼小叫地通知同类，一起藏到茂密的森林里去了。这个人因此十年也没制成一件狐皮袍子，五年也没办成一次羊肉宴。

　　同狐狸商量，要它的皮；同羊商量，要它的肉。这叫作"与狐谋皮，与羊谋羞（羞：同"馐"，精美的食物）"。

　　"与羊谋羞"这句成语现在一般不常用，"与狐谋皮"后来演化成"与虎谋皮"。

写给儿童的

中华成语故事

陈晓艳 编

彩绘版

读成语　知历史

通古今　长见识

10

时代文艺出版社

　　成语是中国汉语言文化中的一朵奇葩。在浩如烟海的典籍中，成语作为语言的精华、文明的积淀、历史的浓缩、智慧的结晶，成为传承中华文明的重要纽带。大到治国安邦，小到为人处世，中华五千年的历史文化，无不在一个个简短的成语中得到了充分体现。时至今日，仍有大量的成语在被广泛使用，散发着永恒的魅力。

　　同时，学习成语也是小学生语文的必修课。在作文写作中，恰当地运用成语，可以使文章熠熠生辉；在口头表达中，恰当地运用成语，则可以使你的语言更富有感染力。因此，熟练掌握和运用成语，不仅能达到言简意赅的效果，同时也是衡量一个人文字功底、文化素养以及语言表述能力的重要标尺。

　　学习成语，若从生动有趣的故事入手，则能达到寓教于乐、事半功倍之效。阅读成语故事，了解成语的来龙去脉，不仅可以从中感受故事的精彩，还能加深对成语含义和历史文化的理解，增强学习的趣味性。成语背后的故事或险象环生，或快乐活泼；或腥风血雨，或诙谐幽默；或振聋发聩，或润物无

声……成语将古代中国的政治军事、日常生活、文学艺术、文化习俗、道德传统和理想志趣等浓缩成一个个深刻隽永的片段，集中展现了古人的人生智慧和思想光芒。

本书收录了近五百则成语故事，既注重知识性，又兼顾趣味性和实用性；除了讲述故事，更点明了每条成语的出处、释义、近义词、反义词、造句示例等，让小读者既明其义、会使用，又知其源，了解其中所蕴含的丰富文化内涵。同时，本书配有深具历史韵味和艺术感染力的精美插图，使故事生动活泼，引人入胜。

全书所有故事虽系摘选，但皆独立成篇，可以使小读者对成语的由来一目了然；可读性强，使小读者能于兴致盎然中轻松获益。可谓一册在手，中华成语故事全掌握。

现在，就让我们翻开本书，一起走进成语故事的世界，去品味中华语言文化的博大精深和妙趣横生吧！

目录

心旷神怡

出处 北宋·范仲淹《岳阳楼记》："登斯楼也，则有心旷神怡，宠辱皆忘，把酒临风，其喜洋洋者矣。"

释义 比喻心境开阔，精神愉快。

近义词 赏心悦目　悠然自得　神清气爽

反义词 心乱如麻　心烦意乱　神不守舍

造句 雨后初晴，我登上峰顶，遥望黄河，美景令人心旷神怡。

　　岳阳楼位于现在湖南省的岳阳市，此楼初建于唐朝初年，到北宋时，滕子京又加以重修。

　　滕子京和范仲淹是好朋友，他们两人都在 1015 年考取进士。1044 年滕子京担任岳州（今湖南岳阳）知州，次年就重修岳阳楼，并请好友范仲淹为他写篇文章，来记叙这件事。范仲淹欣然接受了好友的请求，写成了《岳阳楼记》这篇传诵千古的文章。其中有一段是："至若春和景明……登斯楼也，则有心旷神怡，宠辱皆忘，把酒临风，其喜洋洋者矣。"

　　这一段的大意是：在春风和暖、阳光明媚的时候登上岳阳楼观赏景色，你会觉得心胸开阔，心情舒畅，精神十分愉快，所有的一切荣辱得失都会忘得一干二净。这时，你再端起酒杯，在阳光的沐浴下，在清风的吹拂下，举杯畅饮，这乐趣真是无穷无尽啊！

岳陽樓

百感交集

出处 南朝宋·刘义庆《世说新语·言语》："见此茫茫，不觉百端交集，苟未免有情，亦复谁能遣此。"

释义 形容各种感想交织在一起，感慨万分。感：感想。交：一齐。

近义词 悲喜交集 感慨万千

反义词 无动于衷 心如止水

造句 站在领奖台上，小兵的心中百感交集。

晋惠帝年间，诸王间混战，纠集地方武装，甚至勾结外族以扩充实力，以致发展为地方军阀之间、华夷各族之间的大混战。楚王司马玮（wěi）嫉妒太尉卫瓘（guàn），令清河王矫诏杀害卫瓘子孙九人，只有其孙卫璪（zǎo）、卫玠因生病在家治疗，幸免一死。后楚王阴谋败露被杀，卫璪、卫玠就职于朝廷。

晋惠帝被东海王司马越毒死，继位的是没有实权的晋怀帝司马炽。占据山西的刘渊和占据河北的石勒都野心勃勃，想取而代之。卫玠预感到天下即将大乱，劝说哥哥卫璪举家南迁。卫璪说："我身为常侍，内侍皇帝，不能因保全自已，一走了事。弟弟官任太子洗（xiǎn）马，职任闲散，还是你带着母亲过江去吧。"

卫玠说："在朝应忠于君，在家应孝敬父母，在外应取信朋友，但是朝政国事已经到这种地步，不是个人单薄的力量所能挽救，哥哥尽忠大晋，我来奉养母亲，让她享尽天年吧。"卫玠用车护送母亲，从晋都洛阳辗转来到江夏，江对岸是他要投奔的豫章郡。卫玠再次北望洛阳，知道故国不久将落入异族之手，遂仰天长叹："面对茫茫江水，不觉百感交集，除非人没有感情，不然的话，谁能够排遣心中的郁积呢？"卫玠到豫章后，不久就劳疾而亡，年仅二十七岁。

宁为玉碎，不为瓦全

出处 唐·李百药《北齐书·元景安传》："大丈夫宁可玉碎，不能瓦全。"

释义 宁做玉器被打碎，不做瓦器而保全。比喻宁愿为正义事业牺牲，不愿丧失气节，苟且偷生。

近义词 宁死不屈

反义词 忍气吞声　苟且偷生

造句 他在这场正邪的较量中，宁为玉碎，不为瓦全，这种精神值得我们学习。

　　南北朝时期，东魏权臣高洋废掉了东魏孝静帝元善见，建立了北齐朝廷，史称文宣帝。高洋为了培植自己的势力，杀了大量的孝静帝近亲。对此，大臣元景安感到十分惶恐，为了保全性命，他集合了几个人向高洋请求将自己的姓氏改成高姓，以讨他的喜欢。

　　元景安有位堂弟，名叫元景皓，听说了这件事非常气愤，他说："怎么能抛弃本姓随人家的姓呢？大丈夫宁为玉碎，不为瓦全呀！"

　　第二天，元景安把堂弟的这番话告诉了高洋，后者立即将元景皓斩首了。

行将就木

出处 春秋·左丘明《左传·僖公二十三年》："我二十五年矣，又如是而嫁，则就木焉。"

释义 形容快要进棺材了，比喻将近死亡。木：棺材。

近义词 气息奄奄　病入膏肓　风烛残年　日薄西山

反义词 春秋鼎盛　蒸蒸日上　欣欣向荣

造句 他本年纪轻轻，却一天到晚垂头丧气，就像个行将就木的老人。

　　春秋时期，因被骊姬陷害，晋公子重耳逃难到了蒲城。晋国派军队去讨伐蒲城。蒲城的百姓打算坚决抵抗，与晋军决一死战，来保卫公子重耳。重耳为了不使蒲城人民受难，就带领狐偃、赵衰、颠颉（jié）、魏武子等谋士逃到狄国。狄国人很尊敬重耳，把美女叔隗、季隗献给重耳。重耳看中了季隗，便娶她为妾，将叔隗赏给了赵衰。几年后，季隗为重耳生了两个儿子，取名伯鯈和叔刘。叔隗也给赵衰生了一个儿子，取名为赵盾。

　　多年之后，在手下谋士们的敦促下，重耳决定离开狄国，以便寻找回晋国执政的机会。临别时，重耳依依不舍地对季隗叮嘱道："我一旦处境好转，一定来接你。请你等我二十五年，如果我不来接你，你再嫁别人。"

　　季隗听完此话，泪如雨下，回答说："我今年已经二十五岁了，等上二十五年再嫁人，我怕是行将就木了，你还是早点来接我吧！"

如鱼得水

出处 西晋·陈寿《三国志·蜀书·诸葛亮传》："孤之有孔明，犹鱼之有水也。"

释义 像鱼得到水一样。比喻得到跟自己很投合的人或对自己很合适的环境。

近义词 如虎添翼 蛟龙得水

反义词 寸步难行 釜底游鱼

造句 这是他最擅长的项目，所以在比赛场上可真是如鱼得水。

三国时期初，曹操的实力很强大。刘备在还没有自立门户之前，被迫依附于亲戚刘表的军队，并驻守新野。可是，刘备是个胸怀大志的人，他并不想长久地寄人篱下，只做别人的军师。正好这个时候徐庶向他推荐诸葛亮，称其是个难得的好人才，劝刘备一定要网罗诸葛亮。

为了请诸葛亮协助自己获得天下，刘备曾经三次到诸葛亮住的茅庐中拜访他。诸葛亮看到刘备非常诚恳，最后才同意与刘备见面。刘备向他请教了许多治理国家的方法。诸葛亮仔细分析了当时的情势，建议刘备先占据荆州，这样才能有机会和曹操、孙权鼎足而立，互相抗衡。

刘备很欣赏诸葛亮的见解，与诸葛亮的感情在交谈中逐渐加深。刘备高兴地对结拜兄弟关羽和张飞两人说："我得到诸葛亮的辅助，就好像鱼得了水一样。"

如释重负

出处 《穀梁传·昭公二十九年》："昭公出奔，民如释重负。"

释义 好像放下了一副重担子。形容心情紧张后的轻松愉快。释：放下。重负：重担。

近义词 轻装上阵　轻松自如

反义词 如牛负重　泰山压顶

造句 听到医生说父亲已无大碍，他如释重负。

公元前 542 年，鲁襄公病死，公子裯（chóu）继位，史称鲁昭公。当时，鲁国的实际权力掌握在季孙宿、叔孙豹和孟孙三卿手里，其中又以季孙宿的权力最大。昭公自己也不争气，只知游乐，不理国政，更使他在国内失去民心。

大夫子家羁非常担心，几次当面向昭公进谏，希望他巩固王室的力量，免得被外人夺了政权。

日子久了，昭公终于觉察到季孙宿等三卿在不断壮大势力，已经对王室构成严重的威胁。于是，他在大臣中暗暗物色反对三卿的人选，寻找机会打击三卿。

不久，季孙宿死去，他的孙子季孙意如继续执政。大夫公若、郈（hòu）孙、藏孙与季孙意如有矛盾，打算除掉季孙氏，便约昭公的长子公为密谈这件事。公为回宫和两个弟弟商量后，认为父亲昭公肯定怨恨季孙氏专权，因此劝说昭公除掉季孙氏。

这年秋天，三卿之一的叔孙豹因故离开都城，把府里的事情托给家臣鬷（zōng）戾掌管。昭公觉得这是个好机会，没有人会去支援季孙氏，便命郈孙、藏孙率军包围了季孙氏的府第。

　　季孙意如来不及调集军队反击，又不能得到叔孙豹的救援，只好固守府第。叔孙豹的家臣鬷戾得知季孙氏被围的消息后，马上调集军队救援季孙氏。昭公的军队没有什么战斗力，马上四散逃走。

　　三卿中还有一家是孟孙，他见叔孙氏家已经出兵救援季孙氏，也马上派兵前往。昭公见三卿的军队已经联合起来，知道大势已去，只好和藏孙一起出奔齐国避难。由于昭公早就失去了民众，所以百姓对他的出奔并不表示同情，反倒觉得减轻了他们身上的重担。

　　成语"如释重负"就是史学家对这次事件所做的评价。

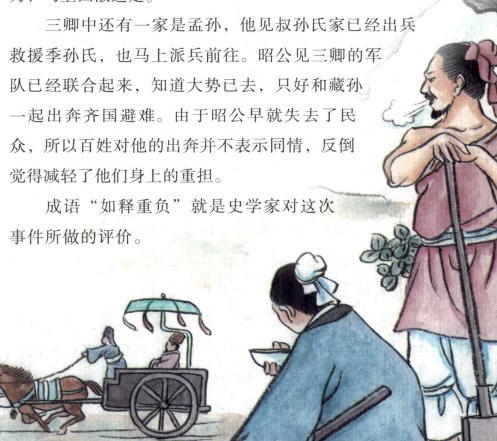

走马观花

出处 唐·孟郊《登科后》："昔日龌龊不足夸，今朝放荡思无涯。春风得意马蹄疾，一日看尽长安花。"

释义 骑在奔跑的马上看花。原意为得意愉快的心情，后比喻粗略地观察事物。

近义词 蜻蜓点水　浮光掠影

反义词 追根究底　追本溯源

造句 他希望能够走得快一点，纵使有点走马观花也没关系。

　　唐朝中期，著名诗人孟郊好几次参加进士考试都落了第。他决心刻苦读书，用自己的真才实学，叩开仕途的大门。可是，孟郊五十岁才进士及第。及第后，孟郊高兴极了，穿上崭新的衣服，意气风发地骑着高头大马，在长安城里尽情地游览。京城美丽的景色使他赞叹不已，高中进士的喜悦又使他万分得意，于是，写下了著名的《登科后》一诗：

　　　　昔日龌（wò）龊（chuò）不足夸，今朝放荡思无涯。

　　　　春风得意马蹄疾，一日看尽长安花。

　　诗的意思是：过去那种穷困窘迫的生活是没有什么值得夸耀的，今天我高中了进士，神采飞扬，兴致高涨；我愉快地骑着马儿奔驰在春风里，一天的时间就把长安城的美景全看完了。这首诗把诗人中了进士后的喜悦心情表现得淋漓尽致。其中"春风得意马蹄疾，一日看尽长安花"成为千古名句。后来，人们从此诗中引申出"走马观花"和"春风得意"两个成语。

更上一层楼

出处 唐·王之涣《登鹳雀楼》："白日依山尽，黄河入海流。欲穷千里目，更上一层楼。"

释义 指再登上更高的一层楼。比喻再提高一步。更：再。

近义词 更进一步

反义词 江河日下

造句 希望你继续努力，成绩能够更上一层楼。

　　王之涣是唐朝时期著名的诗人，曾担任文安县尉官职。他经常与高适、王昌龄等人在一起互相唱和。他的诗歌以描写边疆风光著称。

　　唐朝有个著名的观光胜地，名叫鹳雀楼。这座楼的旧址在今山西永济以西，共有三层，南望高耸的中条山，俯瞰波浪滔滔的黄河，气势异常雄伟壮观。

　　一天，王之涣登上鹳雀楼，极目远眺，祖国雄伟壮丽的大好河山尽收眼帘。他心潮澎湃，无比激动，于是写成一首著名的五言绝句，题为《登鹳雀楼》：

　　　　白日依山尽，黄河入海流。

　　　　欲穷千里目，更上一层楼。

　　诗的大意是：登上鹳雀楼，只见夕阳挨着远山徐徐沉落，奔腾的黄河流向大海。要想远看千里之阔，必须再高登一层楼。这首诗写出了诗人广阔的胸怀和远大的抱负。

身在曹营心在汉

出处 明·罗贯中《三国演义》："关羽和刘备走散后，被曹操留在营中……恩礼非常；但关羽却系念刘备，后来得知刘备在袁绍处，遂挂印封金，过五关斩六将，终于回到刘备身边。"

释义 比喻身处对立的一方，但心里想着自己原来所在的一方。

近义词 心不在焉

反义词 同心协力

造句 我们还是让他回原来的岗位吧，他身在曹营心在汉，工作反而做不好。

东汉末年，曹操把持朝政，为了铲除异己，决定先消灭兵力薄弱的刘备。当时，刘备刚到徐州，立足未稳，兵力又少。曹操大军来到，很快就打败了刘备。慌乱之中，刘备与结义兄弟关羽、张飞失散，单骑投奔袁绍去了。关羽保护着刘备的两位夫人，据守在下邳（pī）。

曹操早就赏识关羽的武艺和人品，有意把他收在帐下。于是，曹操定下计策，先派人混进下邳城中做内应，第二天，又兵临城下挑战。关羽出城迎战，曹操的几员大将轮番与关羽交手缠住他不放。城中内应打开城门，下邳就被曹军占领。关羽想到两位嫂嫂已落曹操手中，不能不顾，无可奈何之下，只得暂时投降。

关羽带了两位嫂嫂随曹操来到许昌曹营。曹操为了收买

关羽，又赠送许多绫罗绸缎、金银器皿，还有美女十名。关羽看也不看，全都交给嫂嫂处置。

一天，曹操见关羽的战袍已旧，就赠送一副新袍，但关羽却把它穿在里面，外面仍用旧袍罩上。曹操问他："关将军为何如此节俭？"

关羽说："我不是节俭，只是旧袍是兄长所赐，我穿着它如见兄长。怎能因丞相的新袍而忘了兄长的旧赐？"

又一次，曹操宴请关羽。宴会散后，他送关羽到门外，看到关羽的马很瘦弱，就说："良将怎能没有好马呢？"

曹操当即送给关羽一匹赤兔马。关羽大喜，下拜称谢。曹操奇怪地问："我送给将军金银、美女，你从不谢我，一匹马何至于下拜？"

关羽说："我知道这匹马能日行千里，有了它，若知道兄长下落，不管他在多远，我一天就能赶到兄长身边了。"

曹操听了，知道关羽身在曹营心在汉，心里念念不忘汉朝皇叔刘备，但他仍尽力拉拢关羽，甚至表奏朝廷，封关羽为汉寿亭侯，并赠其金印。

后来，当关羽得知刘备在河北袁绍处，连夜就给曹操写了一封辞别信，感谢他的款待，将"汉寿亭侯"金印悬在房梁上，又把所赐金银分毫不动，封存一室。然后，他带着随从，护送两位嫂嫂的车仗，出许昌北门，向河北进发。关羽一路过五关，斩六将，终于回到刘备身边。

人中之龙

出处 唐·房玄龄等《晋书·宋纤传》:"吾而今而后,知先生人中之龙也。"
释义 形容杰出的、非凡的人才。
近义词 人中龙凤
反义词 凡夫俗子
造句 这些大儒学富五车,智冠天下,都是人中之龙。

晋代宋纤是一位品学俱佳的文士。他年轻时就胸怀大志,后来看到统治集团内部的种种黑暗,便开始厌恶官场生活,立志不参与政事,以隐居终老。

当地太守马岌(jí)很仰慕他的人品,特地寻访到他的住处,想请他出来做官。宋纤猜到马岌的来意,赶紧吩咐随从关门,拒不相见。

马岌吃了个闭门羹,有点儿不高兴,但转而一想,一个人能不为高官厚禄所动,洁身自好,清贫自守,不禁生出敬佩之心。他颇有感慨地对随从说:"宋纤的大名常能听到,他的德行总让人想着去效仿,但他的身形却不是随处可见,特别是在许多人想跻身其间的官场,绝对见不着。宋先生可真称得上是人中之龙啊!"

忧心如焚

出处《诗经·小雅·节南山》："节彼南山，维石岩岩。赫赫师尹，民具尔瞻。忧心如惔，不敢戏谈。国既卒斩，何用不监？"

释义 忧愁的心情像火烧一样。形容非常忧虑焦急。

近义词 忧心忡忡　郁郁寡欢　愁眉苦脸

反义词 欣喜若狂　欢天喜地　心花怒放　无忧无虑

造句 欠款收不上来，林老板忧心如焚，睡不着觉，吃不下饭。

　　周幽王是有名的昏君。他重用太师尹氏，致使政治日趋混乱，国势日趋衰败，人心离散。当时，有一个名叫家父的大臣，对国家的政治情况非常忧虑。他写了一首诗，题为《节南山》。在这首诗中，他揭露了太师尹氏的罪恶，表达了老百姓的忧愤。这首诗一共有十章，在第一章中写道：

　　　　节彼南山，维石岩岩。

　　　　赫赫师尹，民具尔瞻。

　　　　忧心如惔（tán），不敢戏谈。

　　　　国既卒斩，何用不监！

　　这首诗的大意是：高峻的南山啊，上面有层层岩石。威名显赫的尹太师啊，人民的眼睛都在盯着你。人民忧愁得心中好像火烧一般，可是谁也不敢笑谈。周朝眼看就要完蛋，天公为何不睁眼看看！

周幽王不听大夫们的忠告，最终被杀死在骊山脚下，导致西周灭亡。

斩草除根

出处 春秋·左丘明《左传·隐公六年》："为国家者，见恶如农夫之务去草焉，芟夷蕴崇之，绝其本根，勿使能殖，则善者信矣。"

释义 除草时要连根除掉，使草不能再长。比喻除去祸根，以免留下后患。

近义词 一网打尽 寸草不留 赶尽杀绝

反义词 手下留情 放虎归山 养虎遗患

造句 消灭蚊蝇就要彻底打扫干净蚊蝇孳生地，做到斩草除根。

春秋时期，有一次卫国与陈国联合去讨伐郑国。郑国希望讲和，陈桓公不答应。他的弟弟陈五父劝他说："与邻国和睦相处，是最宝贵的东西，我看还是与郑国讲和吧！"

陈桓公很生气，说："卫国是强大的国家，我害怕他们难为我。可郑国只是一个小国，我去攻打它，难道还怕它不成？"于是，陈国继续攻打郑国。

两年以后，郑国强大起来，派兵侵袭陈国，把陈国打得大败。卫国眼看着陈国吃了败仗，却坐视不救。人们议论说：这是陈国自找苦吃，长期做恶事不知悔改。古书有言，做恶事容易，就犹如燎原烈火一样，无法扑灭，最后必然将大祸引到自己头上。

周朝的大夫周任讲过这样的道理："作为国家的国君，对待恶事应像农夫对待杂草一样，将它们铲除，连根挖掉，不让它们再生长出来。这样做善事才能伸张起来。"

唯利是图

出处 春秋·左丘明《左传·成公十三年》："余虽与晋出入，余唯利是视。"
释义 指只贪图利益，不顾及其他。
近义词 见利忘义　自私自利　利欲熏心
反义词 急公好义　见义勇为　大公无私
造句 我们要教育孩子不能做损人利己、唯利是图的事。

580年，秦桓公与晋厉公订立了友好盟约，约定两国和平相处，不做伤害对方利益的事情。可是，盟约墨迹未干，秦桓公就派人游说狄国和楚国，怂恿它们攻打晋国。晋厉公派特使吕相到秦国去抗议。吕相对秦桓公说："你们秦国是一个大国，可是为什么不讲信义？你一方面与晋国签订了友好条约，另一方面却对楚国说，支持它侵犯晋国的行动。世人应该怎么理解你们的政策？"

秦桓公傲慢无礼地回答道："这很好理解，我们所做的一切，就是只要对秦国有好处，其他后果概不考虑。"

吕相吃惊地指出："你们这样做，不是唯利是图吗？"

秦桓公说："你概括得很准确，我们所需要的正是唯利是图的政策。"

吕相质问道："你们就不怕别国跟你们断交吗？"

秦桓公说："那就听便吧。"

不久，晋、秦两国绝交，后又爆发了战争。

青梅竹马

出处 唐·李白《长干行》："郎骑竹马来，绕床弄青梅。同居长干里，两小无嫌猜。"

释义 形容男女小的时候天真无邪，在一起玩耍。

近义词 两小无猜　总角之交　两情相悦

反义词 背信弃义　劳燕分飞

造句 他俩从小青梅竹马，两小无猜。

　　唐朝时的大诗人李白，所作的诗俊逸高妙，并且很富情感。有人曾说他的诗，像天上的神仙谪（zhé）居人世间一般。他的作品《长干行》中，描述了男孩女孩彼此玩得很投契的情状，其中有两句是：

　　　　郎骑竹马来，绕床弄青梅。

　　　　同居长干里，两小无嫌猜。

　　"青梅竹马"这一成语，就是从这首诗中得来的。它的意思是说：小孩子们聚在一起，感情很好，很少发生过打架、争吵等事情。

祸从天降

释义 形容灾祸突然降临，非常意外。

近义词 晴天霹雳　飞来横祸

反义词 咎由自取　喜从天降

造句 一场狂风暴雨冲走了他全家辛辛苦苦种的庄稼，真是祸从天降啊！

同昌公主是唐懿宗宠爱的女儿，但年纪轻轻就生了重病，尽管请了不少名医，用了不少良药，没多久仍病逝了。

唐懿宗痛惜公主早逝，迁怒到医官身上，以"用药无效"的罪名，将医官韩宗召、康仲殷及两家族人三百余口全部抓入监牢。

集贤殿大学士、宰相兼刑部侍郎刘瞻深为医官的蒙冤不平，他上奏章劝告皇帝说："人的寿命是命中注定的，不管贤愚，都没有不同。颜渊早亡，不因为他贤德而增加寿命。同昌公主久患重病，医药无效，因而薨（hōng）逝。韩宗召等人诊治之时竭尽全力，也希望病如雪消、药能通神。可是陛下雷霆一怒，囚系老小三百余口，朝野震惊，都说这是祸从天降，惩罚没有犯罪的人。希望陛下宽仁厚德，释放全部关押的囚犯。"

唐懿宗看了奏章，勃然大怒，立即罢免了刘瞻的官职，而且一贬再贬，直贬为康州刺史。许多亲近刘瞻的官吏也受到牵连，被贬出京城，京兆尹温璋甚至为此服毒自尽。

相见恨晚

出处 西汉·司马迁《史记·平津侯主父列传》："天子召见三人，谓曰：'公等皆安在？何相见之晚也。'"

释义 为认识得太晚而感到遗憾。形容一见如故，意气极其相投。恨：遗憾。

近义词 相知恨晚　相识恨晚

反义词 白头如新

造句 李白和汪伦一见如故，相见恨晚。

　　汉武帝时期，汉朝建国已有六十多年了，国力比较强盛，府库充实，百姓安居乐业，但四周的少数民族还没有臣服，制度有许多不完备，因此急需能文能武的人才。汉武帝更是求贤若渴。

　　主父偃是齐国人，学习过纵横之术，晚年才学习《易经》和《春秋》等。他到齐国的诸侯王子间去游说，由于受到儒生们的排挤，他在齐国过不下去，于是他游历到燕、赵、中山等国，但仍是没有人赏识他，这使得他一直穷困潦倒。他认为诸侯中没有值得他去游说的人，便去拜见卫青将军。卫青多次向汉武帝推荐主父偃，但汉武帝因为不了解他的才能，所以一点儿也未放在心上。

　　主父偃已到了身无分文的地步，那些诸侯宾客都很讨厌他。于是他直接上书朝廷。没想到早晨奏疏送上去，傍晚便被汉武帝召入宫中接见。

33

主父偃上书谈了九件事，其中八件是关于律令方面的，一件是关于讨伐匈奴的。

这时，徐乐、严安也都上书谈论政务。奏疏呈上后，汉武帝一齐召见三人，对他们说："你们以前都在哪里呀？为什么相见这么晚啊！"于是拜他们三人为郎中。主父偃多次上书谈论政事，汉武帝认为他很有才能，一年之中升了他四次官。

后来，汉武帝又听取主父偃的建议，颁布推恩令，准许诸侯将土地分给他们的子女，这样地越分越小，就削弱了诸侯国的势力，而诸侯也都非常高兴。主父偃又建议将天下的豪杰、大族一起迁移到茂陵，这样既可以充实京城，又可以削弱奸猾之人，可谓一举两得。汉武帝又听从了他的计策。

最终，主父偃凭借自己的才能赢得了汉武帝的信任，成为汉武帝的重要谋臣，被封为平津侯。

上行下效

出处 东汉·班固《白虎通·三教》："教者，效也，上为之，下效之。"

释义 上面的人怎么做，下面的人就学着怎么干。行：做。效：仿效。

近义词 如法炮制 鹦鹉学舌

反义词 阳奉阴违 两面三刀

造句 家长要严于律己，否则上行下效，孩子会养成坏习惯的。

春秋时期，自从宰相晏婴死了之后，再也没有臣子当面指责齐景公的过失。

有一天，齐景公宴请文武百官，散席以后，大家到广场上射箭取乐。每当齐景公射出一支箭，即使没有射中靶子的中心，文武百官也高声喝彩："真是箭法如神，举世无双。"

齐景公把这件事情对臣子弦章说了一番。弦章说："这件事情不能全怪那些臣子，古人有话说：'上行而后下效。'国王喜欢吃什么，群臣也就喜欢吃什么；国王喜欢穿什么，群臣也就喜欢穿什么；国王喜欢人家奉承，群臣自然也就常向大王奉承了。"

齐景公认为弦章的话有理，便派侍从赏给弦章许多珍贵的东西。弦章摇摇头说："那些奉承大王的人，正是为了要多得一点赏赐，如果我受了这些赏赐，岂不是也成了卑鄙的小人了！"

食不甘味

出处 西汉·刘向《战国策·秦策三》:"今也,寡人一城围,食不甘味,卧不便席,今应侯亡地而言不忧,此其情也?"

释义 指吃东西没有滋味,常用来形容心中忧虑或身体不好。

近义词 忐忑不安 如坐针毡

反义词 泰然处之 心安理得

造句 这道题我怎么也做不出来,搞得我寝不安席,食不甘味。

战国时期,在秦惠文王当政时,著名纵横家苏秦游说秦惠文王实行"连横"政策,诱骗挟持部分国家去进攻其他诸侯国,进而各个击破,实现统一天下的野心。可是,秦惠文王拒绝了苏秦的建议,苏秦碰壁而返。第二年,他又到各国游说。这次,他一反过去的策略,提出了"合纵"的主张,企图说服秦国以外的六国联合起来,共同抗秦。

"合纵"之策首先得到赵国国君赵肃侯的赏识,他拜苏秦为相国,资助他去游说列国诸侯。一天,苏秦驱车来到楚国,对楚威王陈说利害:秦国是天下各诸侯不共戴天的仇敌,时时有吞灭六国的野心。如果楚与秦国"连横",那么就无法抑制秦国的扩张野心,最后只能向秦国割地求和;如果楚国与其他六国"合纵"抗秦,那么其他六国都会来侍奉楚国,服从楚国的安排。

楚威王赞赏道:"我对秦国的野心早就有所戒备了。但是,苦于韩、魏等国受到秦国把持,不能与它们共谋;国内又缺少可靠的大臣,向我献策献计。所以,长期以来我一直睡不安席,食不甘味。今天听了您的这番高见,才下定了决心,誓死与秦国抗争!"

　　从此,楚、赵等六国南北联合,缔结"合纵"盟约,共同抗秦,使秦国一度不敢对六国轻举妄动。

趋炎附势

出处 宋·萧注《与李泰伯书》："心铭足下之道，故发此书以闻；非今之趋炎附势辈，闻足下有大名而沾相知之幸。"

释义 比喻迎合、奉承、依附有权势的人。趋：迎合。炎：热，比喻权势。

近义词 曲意逢迎　攀龙附凤　阿谀奉承

反义词 一视同仁　洁身自好　刚正不阿

造句 趋炎附势的人，是不值得交往的。

宋真宗时期的宰相丁谓，玩弄权术，独揽朝政。许多想升官的人都吹捧他。

当时有个名叫李垂的人，他对官场中逢迎拍马的庸俗作风非常反感，所以一直得不到重用。有人问他为何从未去拜谒丁谓，李垂说："丁谓身为宰相，不公正处理事务，有负朝廷对他的重托和百姓对他的期望。我怎么能去拜谒这样的人呢？"

这话传到了丁谓那里，丁谓怀恨报复，借故把李垂贬到外地去。

宋仁宗即位后，丁谓倒台，被贬到遥远的地方去任职，而李垂却被召回京都。一些关心他的朋友对他说："朝廷里有些大臣知道你才学过人，想推举你当知制诰（为皇帝起草诏书的官员）。不过，当今宰相还不认识你，你何不去拜谒一下他呢？"

李垂回答说："如果我三十年前就去拜谒当时的宰相丁谓，可能早就当上翰林学士了。我现在年纪大了，怎么能趋炎附势，看别人的眼色行事，借以换取他们的荐引和提携呢？"

他的这番话不久传到了宰相耳里。结果，他再次被排挤出京都，到外地去当州官。

口蜜腹剑

出处 北宋·司马光《资治通鉴·唐玄宗天宝无年》："世谓李林甫口有蜜，腹有剑。"

释义 比喻嘴甜心毒，狡猾阴险。

近义词 口是心非　笑里藏刀

反义词 心直口快　心口如一

造句 这种口蜜腹剑的朋友，你可得提防点儿。

　　唐玄宗时期，宰相李林甫善于谄媚逢迎，看皇帝眼色行事，对玄宗喜爱的心腹宦官和宠妃也想方设法讨好卖乖，并取得他们的欢心。他依靠这种本领，竟高居宰相之位达十九年。

　　平时李林甫和同僚们接触，总是装出一副态度恭谦、平易近人的模样，实际上非常阴险狡猾，手段毒辣。他专门同有权有势的人结交，结成帮派，以壮大自己的势力。凡是有才学有见识的人，他都非常妒忌。如果哪位官员功业超过他，被皇帝重用，地位威胁到他，他一定要想方设法把这个人除掉。

　　为了掌握唐玄宗的一言一行，李林甫用金钱玉帛买通了宦官和皇帝的嫔妃。因此，唐玄宗那儿有什么消息，他马上就能知道。有一次，他听说唐玄宗要重用兵部侍郎卢绚，便立即把卢绚调到外地，不久又把卢绚降职，却对唐玄宗说卢

绚有病，不能重用。还有一次，他打听到唐玄宗想重用严挺
之，就把严挺之请到京城来看病，然后告诉唐玄宗，说严挺
之年老体衰，正在治病。就这样，李林甫玩弄两面三刀的手
腕，妒贤嫉能，陷害了很多才能比他高的人。因此，大家都
说他口蜜腹剑，对他十分痛恨。

飞扬跋扈

出处 唐·李百药《北齐书·神武下》："景专制河南十四年矣，常有飞扬跋扈志。"

释义 原指举止放荡高傲，现用来形容放纵骄横，目中无人。

近义词 盛气凌人 横行霸道

反义词 平易近人 循规蹈矩

造句 他如此飞扬跋扈，迟早会栽跟头的。

侯景是个极其残暴的人，原是北魏时的定州刺史。北魏权臣高欢控制东魏朝政后，他又依附高欢，任吏部尚书，仍兼定州刺史。他依仗手下有十万精兵，统治河南十三州达十四年之久。

高欢死后，高澄执政，要剥夺侯景的兵权。侯景便又率兵归降南朝梁武帝萧衍。萧衍任命他为南豫州牧，坐镇寿阳。

但不久侯景又发动叛乱，攻陷了梁都建康。551年，侯景命南梁皇帝萧栋禅让，自己登基为帝，改国号为汉。

每逢出兵作战，侯景总嘱咐领兵的将领攻破城池后，把城里的无辜百姓杀光，让天下人都知道他的厉害。他又禁止两人以上交谈，如有人违犯，株连九族。他建立了一个大舂（chōng）碓，把对他不满的人都投入碓内捣死。后来梁朝的老百姓支持萧衍的第七个儿子湘东王萧绎，使他击败了侯景。侯景在逃跑途中被杀，结束了他飞扬跋扈的一生。

飞鹰走狗

出处 南朝宋·范晔《后汉书·袁术传》："少以侠气闻，数与诸公子飞鹰走狗，后颇折节。"

释义 放出鹰和狗去追捕野兽。指打猎游荡的生活。

近义词 飞鹰走犬　飞鹰走马

造句 凭着祖宗的荫庇，他继承了爵位和城里的几处产业，整日里飞鹰走狗，倒也活得滋润。

东汉末年有个权臣名叫袁术，他和袁绍都是北方的实权人物。袁术年轻时，恣意享乐，常和一帮公子哥们"飞鹰走狗"，到城外打猎。后来他行为有所收敛，被举荐为孝廉，当上了官。

但袁术骄纵的本性并未改变。他当官不立法令制度，也不体恤部下和百姓，自己却贪得无厌，生活极端奢侈。他当南阳太守时，甚至到民间抢掠财物，作为自己和军队的开销。建安二年（197 年），他不顾部下的反对在寿春称帝，光后宫妃嫔就有几百人。宫里人个个绫罗绸缎，餐餐山珍海味，而对下属饥饿困苦的情形置若罔闻，当地的百姓饿死了许多。袁术最终落到了百姓痛恨、部下离心、无处立足的地步，但他还不知反省，反而十分愤慨，气得呕血而死。

不寒而栗

出处 西汉·司马迁《史记·酷吏列传》："是日皆报杀四百余人，其后郡中不寒而栗。"

释义 不冷而发抖。形容非常恐惧。栗：发抖。

近义词 毛骨悚然　提心吊胆　战战兢兢　心惊胆跳

反义词 临危不惧　无所畏惧

造句 他一想到不久后将被捕判刑，就会不寒而栗，冷汗淋漓。

汉武帝时，有个叫义纵的人，曾经做过拦路抢劫的盗贼。义纵有个姐姐名叫义姁（xǔ），是皇太后的医生，很受皇太后宠爱。凭借这个人情关系，义纵竟然在朝廷当了官，动不动就滥施刑罚，老百姓背地里都称他为狼心狗肺的"酷吏"。

后来，义纵又当上定襄郡（在今内蒙古呼和浩特附近）太守。为了平定那里的骚乱，他一上任就大开杀戒，把监狱里的重犯、轻犯二百多人严加看管起来，又把去探望犯人的亲属、朋友、邻居二百多人不分青红皂白全部逮捕，给这些探监人加上莫须有的罪名，然后将他们跟犯人一起定成死罪，统统斩首示众。

这件事震惊了整个定襄地区。街头巷尾到处都有人在奔走相告："不得了啦，太守一天内杀死四百多人！"弄得满城老百姓个个胆战心惊，不寒而栗，生怕灾祸会落到自己和家人的头上。

不可胜数

出处 《墨子·非攻中》："与其牛马，肥而往，瘠而反，往死亡而不反者，不可胜数。"

释义 数不尽，形容很多。胜：尽。

近义词 浩如烟海　不一而足　车载斗量　数不胜数

反义词 寥寥无几　寥若晨星　屈指可数

造句 夜空中繁星点点，不可胜数。

　　田蚡（fén），是汉景帝皇后的弟弟。当时，汉武帝初继位，很年轻，田蚡以亲戚、心腹的身份为相，皇帝对他的话常常言听计从，诸侯百官纷纷投靠田蚡。于是田蚡一天比一天变得骄横奢侈起来。

　　有一次，田蚡召集许多宾客饮酒，他的哥哥盖侯朝南坐，他却坐了朝东的上座。他认为自己是地位尊贵的宰相，不能因为弟兄关系乱了尊卑位次。

　　他造的住宅比任何诸侯的宅第都要豪华；他购买的器物络绎不绝地从全国各地运来；他家堂前排列着钟和鼓，还竖着曲柄的旌旗，这是帝王家才能有的摆设；后宅妻妾婢仆数以百计；而各地诸侯奉送的金玉珠宝、宝马良驹及赏玩之物不可胜数……

49

无以复加

出处 《汉书·王莽传下》:"德盛者文缛,宜崇其制度,宣视海内,且令万世之后无以复加也。"

释义 不可能再增加,指某事在程度上已达到了极点。

近义词 登峰造极 叹为观止

反义词 人外有人

造句 我现在已悲愤欲绝到无以复加的地步。

9年,西汉权臣王莽篡权,自立为帝,改国号为"新"。在他的一系列倒行逆施下,全国各地群起反抗。

王莽看到天下将乱,十分焦急。为了显示自己能够建立万世帝业,下令给自己修宗庙。他在长安城郊划出了数百顷土地,搭起了工棚。奠基这天,王莽特地驱车来到工地,亲自挖了三锹土。

王莽手下的大臣崔发、张邯(hán)讨好他说:"您的宗庙应该造得气势恢宏才行,即使千秋万代以后,这座宗庙展现在后人眼里的宏伟与崇高,也仍然是无以复加、举世无双的。"

王莽于是又征集了大量工匠,精心

绘图设计，还强迫全国的百姓为建宗庙捐钱捐粮，又拆除了长安城内外的许多古建筑，用拆下来的砖木去修建他的宗庙。整个工程耗资数百万，累死的民夫和工匠就不下一万人。

　　不久，这一切终于激起了赤眉、绿林农民大起义。起义军在昆阳消灭了新朝的四十二万兵力，很快攻进了长安城。王莽被起义军杀死。

为虎作伥

出处 北宋·李昉等《太平广记》："此是伥鬼，被虎所食之人也，为虎前呵道耳。"

释义 比喻充当恶人的爪牙，帮助干坏事。

近义词 率兽食人　助纣为虐

反义词 劫富济贫　除暴安良　为民除害

造句 做人要正直，不能为虎作伥，帮助坏人。

　　传说从前有一只饿虎，在深山老林里遇到一个人，就把那个人咬死吃掉。但是老虎还不满足，它抓住那个人的鬼魂不放，非让它再找一个人供老虎享用不可，不然就不放鬼魂。

　　那个被老虎捉住的鬼魂，就给老虎当向导，帮助老虎找人。老虎见到鬼魂找的人，就把人咬死了。鬼魂找到了替身，为了使自己早点离开老虎，就上前去把那个人的衣带解开，将其衣服脱掉，好让老虎吃起来更加方便。这个帮助老虎干吃人勾当的鬼魂，叫作"伥（chāng）鬼"。

　　后来人们根据这个故事，概括出"为虎作伥"这一成语。

乐不思蜀

出处 西晋·陈寿《三国志·蜀书·后主传》裴松之注引《汉晋春秋》："问禅曰：'颇思蜀否？'禅曰：'此间乐，不思蜀。'"

释义 很快乐，不思念蜀国。比喻在新环境中得到乐趣，不再想回到原来的环境中去。

近义词 流连忘返 乐而忘返

反义词 狐死首丘 归心似箭 落叶归根

造句 同学们在科技馆里玩得乐不思蜀。

魏兵攻破蜀国后，后主刘禅投降。司马昭把他带回魏都洛阳。一天，司马昭邀请刘禅参加宴会，有意安排艺人为刘禅表演过去蜀国的杂耍技艺。旁边观看的人都为他难过，可是刘禅却嬉笑自如，拍手欢呼，看得津津有味。司马昭问亲信贾充："这个人怎么会无情无义到如此地步？"

贾充笑笑，说："要不是这样，殿下怎么能轻而易举吞并他的国家呢？"

过几天，司马昭问刘禅说："你很想念蜀国吗？"

刘禅脱口而出说："这里快乐，不想蜀国（乐不思蜀）。"

这话立即被当作笑料内外传开了。

随后主同来的原蜀国掌管图书的秘书郎郤（xì）正听到后，求见刘禅说："假如有人再问你，你应该流利地回答：'先人的坟墓，远在陇蜀，我的心朝西悲伤，没有一天不思念。'然后就闭着眼睛。"

后来司马昭又问这个问题，刘禅就照郤正教的回答了，说完闭上眼睛。司马昭感到很可笑，就说："你的话怎么和郤正说的一样啊？"

刘禅慌忙睁开眼睛，说："的确是这样。"

此话一出，立刻哄堂大笑。

包藏祸心

出处 春秋·左丘明《左传·昭公元年》："将恃大国之安靖己，而无乃包藏祸心以图之？"

释义 比喻心中怀有不良企图。祸心：指害人之心。

近义词 居心叵测　心怀鬼胎　别有用心　图谋不轨

反义词 胸怀坦荡　菩萨心肠

造句 我看这个人阴险狡猾，恐其包藏祸心，最好小心提防。

　　春秋时，楚国是南方的大国，郑国是它北邻的一个小国。郑国想同楚国交好，郑国大夫公孙段就将女儿许给楚国公子围（即后来的楚灵王）为妻。不料楚国却趁机派兵入郑，名义上是为公子围迎亲，实际上是阴谋吞并郑国。

　　郑国的子产，见楚国派兵迎亲，知道他们别有用心，便派子羽去婉言辞谢，说："我们郑国的都城很小，你们来迎亲的人太多，最好不要进城，就在城外举行婚礼吧。"

　　公子围拒绝了郑国提出的建议，并派太宰伯州犁前去回话："婚礼大事，怎能在野外举行！你们不让我们进城，岂不是要叫天下人都笑话我国的地位低于你国吗？不仅如此，而且将使我犯下欺骗祖先之罪，因为我离国时，曾经恭敬地到祖庙去祭告过祖先呢！"

　　这时，子羽不得不改用强硬的口气说道："国家小，不算错误；因为国家小而希图仰赖大国，自己不加防备，那才是大大的错误。我们郑国和你们楚国联姻，本想依靠你们大国来保护我们，可是你们包藏祸心，竟打算暗攻我国，这是我们绝不能容忍的！"

楚国人见阴谋已经败露，只得放弃原定偷袭的计划，矢口否认侵略的意图。但是为了面子，仍旧坚持要求入城，不过答应：楚兵一律不带武器入城。子羽和子产这才允许了。

鸟尽弓藏

出处 西汉·司马迁《史记·越王勾践世家》："蜚（飞）鸟尽，良弓藏；狡兔死，走狗烹。"

释义 鸟没有了，弓也就藏起来不用了。比喻事情成功之后，把曾经出过力的人一脚踢开。

近义词 兔死狗烹　过河拆桥

反义词 知恩图报　崇功报德

造句 为了避免"鸟尽弓藏，兔死狗烹"的命运，他功成身退，弃官务农。

　　公元前 475 年，经过卧薪尝胆的越王勾践终于恢复了国力，开始大举伐吴。公元前 473 年，吴王派公孙雄向勾践告饶求和。勾践想起过去的事，有点动心，但范蠡却不同意。他劝越王不要留下后患。于是，勾践拒绝了吴王的求和，继续攻打吴都姑苏。夫差被逼得走投无路，用衣服遮住了自己的脸，自杀了。

　　勾践做了霸主，开了个庆功会，大赏功臣。可是满朝文武，恰恰少了个功劳最大的范蠡。原来，范蠡已经与西施在一天深夜，悄悄地乘着一只小船，离开越国，远走他乡了。

　　范蠡在临走前，给他共患难的老友文种留下了一封信，信中说："飞鸟打完，再好的弓箭也要藏起来；兔子打完了，就轮到将猎狗煮来吃了。越王这个人，只可以同别人一起共患难，不可以同别人共享富贵，你还是赶快走吧。"文种看完笑笑，觉得范蠡太小心多疑了。

但是过了不久，越王听信谗言，疑心文种要谋反，就派人送给文种一把剑。文种一看，原来正是当年夫差叫伍子胥自杀的那把宝剑。他顿时明白了越王的意思，感叹道："我后悔不该不听范蠡的劝告啊！"于是，便拿起剑自杀了。

市无二价

汉元帝时，颇有政治手腕的王莽得到了"安汉公"的封号。后来，汉平帝病死，王莽自称假皇帝，立年仅两岁的刘婴为太子。于是，王莽以"安汉公"摄政，代行皇帝的权力。王莽想做真皇帝，不过，他又不能不顾天下人的态度。为此，他派出了八个风俗使，分头到全国各地考察民情，以便了解自己在民众心目中的形象。

半年以后，风俗使回京复命说："现在八方民风已经比前些年大大改善，社会秩序非常好，跟'文景之治'那时候差不多了。百姓们丰衣足食，看不到饥民饿殍（piǎo）。盗贼绝迹，真是道不拾遗，夜不闭户。民风淳厚向善，几乎没有民事纠纷，所以官府也没有案件要办。市场上买卖公平，同一种商品没有两种价钱，也没有以次充好、擅自提价的欺诈现象……"

王莽听到"市无二价"时点点头。市场繁荣、物价稳定，是社会安定的标志，也证明王莽辅政所采取的一系列措施行之有效。所以他觉得很满意，认为可以放心地做真皇帝了。于是，他制造了一个天命的神话，假借一块浚（jùn）井挖到的白石，上刻"安汉公为皇帝"六字宣示上天的旨意，终于"名正言顺"地坐上了皇帝的宝座。

奴颜婢膝

出处 东晋·葛洪《抱朴子·交际》："以奴颜婢睐者为晓解当世。"

释义 形容向敌人卑躬屈膝，无耻地献媚求宠，阿谀逢迎的样子。

近义词 崇洋媚外 俯首帖耳 低三下四

反义词 坚贞不屈 刚正不阿

造句 他那奴颜婢膝的样子，让人十分憎恶。

陈仲微是南宋度宗时的著名谏官。当时，宋度宗偏安一隅，整天饮酒作乐，把朝政全部交给太师贾似道处理。

贾似道见度宗十分昏庸，就专横跋扈，排斥异己。而这时北方的蒙古迅速崛起。元世祖忽必烈建立元朝后，吞金灭辽，又迅速占领了北方，使南宋濒临灭亡的境地。

陈仲微看到这种情况，心中非常焦急，他大胆上书，严厉指责贾似道误国，并认为宋度宗对此也有不可推卸的责任。他在谏书中又从宋朝的历史上进行分析，认为北宋徽宗时代、南宋高宗时代和现在情况差不多，这些奸相都对敌人奴颜婢膝，以致误国误民。

他还在谏书中希望宋度宗和贾似道以历史为镜子，能够彻底悔悟，不要害了国家，最后也害了自己。

但是，宋度宗不听陈仲微的劝谏，继续任用贾似道。直到度宗死后，谢太后当政，才将贾似道放逐。但不久之后，元军攻破临安，南宋王朝便灭亡了。

信口雌黄

出处 东晋·孙盛《晋阳秋》："王衍，字夷甫，能言。于意有不安者，辄更易之，时号'口中雌黄'。"

释义 比喻不顾事实，随口乱说或妄加评论。

近义词 胡说八道　胡言乱语　信口开河

反义词 信而有征　言之凿凿

造句 这件事情关系到当事人的名誉，不可以信口雌黄，随意乱说。

王衍，字夷甫，琅琊临沂（今山东临沂）人。他出身名门望族，父亲曾任平北将军，"竹林七贤"中的王戎为其堂兄。

王衍从小博览群书，才华出众，长大后步入仕途，频频提升，年纪轻轻就担任了黄门侍郎这种皇帝侍从官的官职。由于受到当时社会风气的影响，他渐渐地迷上了玄学。他精通玄理，出口成章，为世人所倾慕。

当时，人们清谈时必定要手执一种用木条和兽毛做成的工具，名叫尘尾，它本用于驱虫、掸尘，但相沿成习就成为一种名流雅器。王衍常拿持的尘尾很特别，柄为白玉做成。每当清谈的时候，人们一边听着他的高谈阔论，一边看着他那和尘尾玉柄一样白皙的手，无不目瞪口呆。

与友人谈玄论道，王衍有一个习惯：感觉别人讲的经义玄理中有什么不妥当的地方，就要立刻进行批驳更改，有时甚至搞得连自己的话也前后矛盾。当时，人们用黄纸写字，发现写错了，就拿黄色的雌黄来涂抹，然后再予更正。大家见王衍这样喜欢更改别人的言论，于是给他起了一个绰号——"口中雌黄"。

亭亭玉立

出处 唐·李百药《北齐书·徐之才传》："自云初见空中有五色物，稍近，变成一美妇人，去地数丈，亭亭而立。"

释义 形容女子身材修长，也形容花木等形体挺拔。

近义词 窈窕淑女 袅袅婷婷

反义词 其貌不扬

造句 舞台上这位姑娘亭亭玉立。

　　北齐的武成帝高湛，是神武帝高欢的第九个儿子，孝昭帝高演的同母弟弟。此人性情残忍，荒淫无度。

　　高演在世时杀了许多人，他在弥留之际，回顾一生，似有悔悟之意，留下遗诏传位给高湛，并嘱咐高湛要善待自己的儿子高百年，希望他不要学自己的所作所为。

　　高湛即位后封高百年为乐陵郡王，但不久，就忘了哥哥临终前的嘱托，诬陷高百年企图篡权当皇帝，命人将他杀死，扔到水池里。

　　对哥哥文宣帝高洋的妻子李氏，高湛同样不放过。他逼迫李氏与自己淫乱，不久生下一个女婴，李氏羞愧难忍，便没让女婴活下来。高湛知道后当着李氏的面将她的儿子用刀环活活砸死。李氏见亲生儿子惨遭杀害，大声痛哭。高湛又将李氏打得遍体鳞伤，然后将她送到寺院里当尼姑。

　　高湛这样惨无人道，加上沉溺于酒色享乐，年纪轻轻就染上了病，身体日渐消瘦，极度虚弱。一次疾病发作，他昏昏沉沉地睡了过去，仿佛看见空中有一个五色物体，稍近一些看，又变成一个美丽的妇人，离地数丈高，亭亭而立。一顿饭的工夫，又变成了观世音。

高湛急忙召来徐之才为他看病。徐之才善于拍马逗乐，很得高湛宠幸。徐之才为高湛号过脉，听他叙述症状，便说："这是色欲过多，大虚所致。"当即开了汤药方，高湛服下一剂后，眼前那亭亭玉立的美人已稍稍远去；又服一剂后，美人还原成了五色物体；服下数剂汤药后，病果然好了。但后来，高湛旧病复发而亡。

同流合污

出处 《孟子·尽心下》:"同乎流俗,合乎污世。"

释义 原指言行与不良的习俗、世道相合,后指跟坏人一起干坏事。

近义词 朋比为奸　狼狈为奸　沆瀣一气

反义词 泾渭分明　择善而从　洁身自好

造句 我们要明辨是非,不要与坏人同流合污。

万章有一天问孟子:"老师,为什么孔子那么讨厌'好好先生',骂他们是败坏圣德的人呢?"

孟子说:"这种'好好先生',八面玲珑,四方讨好,你要批评他吧,他又没犯什么大错。他装成方正清廉、忠诚老实的样子,实际上是言行不一、伪善欺世的伪君子。这同尧舜的圣德是背道而驰的。所以孔子骂他们是败坏道德的小人。他们同流合污,没有一点儿值得称赞的地方!"

孟子还说:"孔子厌恶'好好先生',就是怕他们把圣德搞歪了,那样会助长邪恶的。作为一个君子,要尽量将一切事物都扭回到正道上来,这样才能禁绝伪善和邪恶!"

众叛亲离

出处 春秋·左丘明《左传·隐公四年》："阻兵无众，安忍无亲，众叛亲离，难以济矣。"

释义 形容不得人心，完全陷入孤立。

近义词 孤家寡人 分崩离析

反义词 团结一致 同舟共济 和衷共济

造句 你再这样我行我素，迟早会众叛亲离。

春秋时，卫桓公有两个兄弟，一个是公子晋，一个是公子州吁。州吁见哥哥桓公是个老实人，便阴谋篡位。

公元前719年，卫桓公动身去洛阳参加周天子平王的丧礼，州吁在西门外摆下酒席，给他送行。他端着一杯酒，对桓公说："今天哥哥出门，兄弟敬你一杯。"

州吁趁桓公不备，突然拔出匕首，把卫桓公杀了，自立为国君。他害怕国内人民反对，便借对外打仗的办法转移国内人民的视线。他拉拢陈国、宋国、蔡国，一起去攻打郑国。但由于郑国严密防守，进攻以失败告终。

鲁国的国君隐公听到这些情况后，问大夫众仲说："州吁这样干，能长久得了吗？"

众仲回答说："州吁只知道依仗武力，到处兴风作乱，老百姓是不会拥护他的。他为人十分残忍，杀戮无辜，谁还敢去亲近他呢？这样众叛亲离，他的政权怎么会长久呢？"

果然，不到一年，卫国的老臣石碏（què）借助陈国的力量，把州吁杀了。

恶贯满盈

出处 《尚书·泰誓上》："商罪贯盈，天命诛之。"

释义 罪恶极多，像用绳子穿钱一样，已穿满了一根绳子。后用以指罪大恶极，已到末日。

近义词 十恶不赦　罪恶滔天

反义词 丰功伟绩　功德无量

造句 这个恶贯满盈的家伙终于被正法了。

　　商朝末年，商纣王暴虐无道，激起老百姓极大的愤慨，就连诸侯们也看不过去，认为他不像一个治国之君。当时有一个诸侯叫姬昌，他主张实施仁政，反对纣王的暴政，纣王便把他抓了起来。后来姬昌的儿子姬发继位，便联合诸侯起兵讨伐商纣，大军渡过黄河，向商都进发，在牧野这个地方与纣王的军队交战。

　　这时，周武王发出誓言，名曰《泰誓》。《泰誓》中说道："商纣王作恶多端，其罪恶已串到头了。老天爷命令我杀死他。"

　　由于姬发所率的是仁义之师，深得老百姓的欢迎，百姓因而给予了很大的支持；而老百姓对纣王的军队却是深恶痛绝的，结果纣王打了败仗，最后自焚而死，商朝也灭亡了。

暗箭伤人

出处 春秋·左丘明《左传·隐公十一年》："……颍考叔取郑伯之旗蝥弧以先登。子都自下射之，颠。"

释义 指暗中射箭杀伤别人，即放冷箭伤害人。比喻暗中进行伤人的行为或施行诡计。

近义词 含沙射影　笑里藏刀

反义词 光明正大　襟怀坦荡　直截了当

造句 你可以找他理论，但不能暗箭伤人。

春秋时期，郑国的郑庄公得到鲁国和齐国的支持，准备讨伐许国。

一年夏天，郑庄公在宫前检阅部队，发派兵车。老年将军颍考叔和青年将军公孙子都，为了争夺兵车，吵了起来。颍考叔是一员勇将，他不服老，拉起兵车，转身就跑。公孙子都于是怀恨在心。

七月间，郑军逼近许国都城。攻城的时候，颍考叔奋勇当先，高举大旗，爬上了城头。公孙子都眼看颍考叔就要立下大功，心里更加嫉妒，便抽出箭来，对准颍考叔射了出去，这位勇敢的老将顿时一个跟斗摔了下来。另一位将军瑕叔盈还以为颍考叔是被许国兵杀死的，连忙拾起大旗，指挥士兵，继续战斗，终于把城攻破，郑军全部入城。许国的国君许庄公逃到了卫国，许国的土地于是并入了郑国的版图。

像公孙子都那样，趁人不备，暗放冷箭，就叫作"暗箭伤人"。

幸灾乐祸

出处 春秋·左丘明《左传·僖公十四年》："背施无亲，幸灾不仁。"

释义 对别人的灾祸不但不同情，反而感到高兴。

近义词 落井下石　坐视不救

反义词 兔死狐悲　同病相怜　悲天悯人

造句 当别人遭遇灾祸时，我们应尽量施以援手，切不可幸灾乐祸、袖手旁观。

　　春秋时期，晋国一度内乱，公子夷吾逃到秦国避难，得到了秦国的照顾和帮助。夷吾发誓说，有朝一日他登上王位，一定割地重酬秦国之大恩。后来，夷吾在秦国的帮助下回到了晋国，如愿登上王位，即晋惠公。但是他自食其言，从此不再提割地酬谢秦国救助他的事了。

　　晋惠公四年（公元前647年），晋国国内发生饥荒。秦国不计前嫌，给晋国运去了大量粟米。不料第二年的冬天，秦国也发生了大灾荒，而这一年，晋国的收成不错。于是，秦国派人到晋国请求购买粮食，想不到遭到拒绝。

　　晋国的大夫庆郑竭力劝说晋惠公："辜负别人的恩惠就会失去亲人；幸灾乐祸是不仁的表现；贪心不足，舍不得用财物去救济别人是一种不祥之兆；使邻国产生怨恨就是不义的行为。这四种是立国的基本道德，如果都丧失的话，用什么来维护自己国家的生存呢？"

而晋国的另一位大夫虢（guó）射却持反对意见，他说："我们既已背弃了割让土地的诺言，给不给粮食还有什么关系呢？"

　　庆郑反驳说："背弃了信义，得罪了邻国，一旦我们发生什么灾祸，还有哪个国家来帮助我们呢？"

　　虢射却说："我们既然无法消除秦国对我们的怨恨，那么卖粮食给他们，反而使我们的敌人实力增强，不如不给。"

　　庆郑再一次劝告说："背弃恩惠、幸灾乐祸的行为，就连一般百姓都是唾弃的。亲近的人会因此而结仇，何况本是冤家敌人呢？"

　　可是，晋惠公始终不肯采纳庆郑的意见。晋国的行为激怒了秦国。晋惠公六年（公元前 645 年），秦穆公就出兵攻打晋国，并活捉了晋惠公。

贪生怕死

出处 东汉·班固《汉书·文三王传》："今立自知贼杀中郎曹将，冬月迫促，贪生畏死，即诈僵仆阳病，徼幸得逾于须史。"

释义 贪恋生存，惧怕死亡。多指面临危及生命的关头时，只求能够活命而不顾道义。

近义词 贪图享受　临阵脱逃

反义词 奋不顾身　舍生忘死　视死如归　宁死不屈

造句 人们最看不起战场上那些贪生怕死的逃兵。

　　汉哀帝在位时有一个皇亲名叫刘立，性格残暴，动不动就殴打别人，轻则致残，重则致死。当朝丞相和御史多次向皇帝奏请，要求对刘立严加管束，以息民愤。经汉哀帝批准，朝廷对刘立采取了特殊的限制措施：收缴了他的坐骑和兵器；没有重大的公务活动时，不许他随意出宫。可是没过多久，刘立就恶习复发，私自出宫，接连打伤数人。汉哀帝接报后，下令将刘立的爵位降为千户，后又降为五百户，作为对他的惩戒。

　　刘立依然劣性不改，几年后，因为一件公事与睢阳县丞结下私怨，竟然唆使家奴刺杀县丞，然后又亲手杀了家奴灭口。事情败露后，刘立被判死刑，汉哀帝觉得于心不忍，犹豫再三，最后只将他的封地削去了五个县，便了结了此案。

　　由于得到皇帝的一再袒护，刘立更加有恃无恐。仅仅一年后，他又无端杀害了中郎曹将。由于他屡赦屡犯，民愤太大，汉哀帝只得下令逮捕他。大臣们以为哀帝这次一定会痛下决心杀掉刘立，便对他严加审讯。刘立害怕了，在狱中佯装有病，企图拖过冬季，等到来年大赦。他对审讯他的官员说："我罪当该死，但又贪生怕死，希望等待来年春天给我减罪，从轻发落。"后来，汉哀帝果然又赦免了他，连爵位都未削去。

后来刘立与人合谋篡位，阴谋败露后被迫自杀。

狗尾续貂

出处 唐·房玄龄等《晋书·赵王伦传》："奴卒厮役亦加以爵位。每朝会，貂蝉盈坐，时人为之谚曰：'貂不足，狗尾续。'"

释义 指封官太滥。亦比喻拿不好的东西补接在好的东西后面，前后两部分非常不相称。

近义词 鱼目混珠

反义词 凤头豹尾

造句 这部小说你已经写了大半，我若接着去写，岂不狗尾续貂？

晋武帝司马炎建立晋朝政权后，曾把家族子弟分封到各地为王。他原指望通过这种分封制，能有效地巩固一家一姓的专制统治。可是这些分封在各地的王族，一旦羽翼丰满，便不服中央的约束，开始谋起反来。

赵王司马伦曾在晋惠帝当政时，率兵入宫逼晋惠帝退位，自称皇帝，并号令天下改用新的纪年"建始"。司马伦还好滥封官爵，只要参与谋反的人，都有封赏，包括一些供劳役听使唤的下人，也给爵位。故每次朝会，殿阶下的百官总挤得满满的。

当时，大官的官帽上有蝉形图案的金珰（dāng）饰物，上面插有貂尾，人称"貂蝉冠"。由于司马伦封官太滥，珍贵的貂尾已不够百官用，只好委屈一部分人戴狗尾巴上朝了。所以老百姓有句歌谣讽刺这件事——"貂不足，狗尾续"。

指鹿为马

出处 西汉·司马迁《史记·秦始皇本纪》："二世笑曰：'丞相误邪？谓鹿为马。'"

释义 指着鹿，说是马。比喻故意颠倒黑白，混淆是非。

近义词 混淆黑白　张冠李戴　颠倒黑白

反义词 循名责实　是非分明

造句 在正义与真理面前，指鹿为马、颠倒黑白的人终究是要受到惩罚的。

秦始皇去世后，根据遗言，应由他的长子扶苏继位。但是，中车府令（掌管皇帝车马的宦官）赵高和秦始皇的小儿子胡亥，胁迫丞相李斯伪造秦始皇的诏书，命扶苏自杀。于是胡亥继位，为秦二世。

秦二世当皇帝后，赵高升任郎中令，成为皇帝左右亲近的高级官员。他还想往上爬，登上丞相宝座，于是用计将李斯害死，如愿以偿地当上了丞相。

后来赵高还想自己当皇帝，为了试探一下大臣们是否会服从自己，他特地耍了一个花招。

一天，赵高让手下牵着一只梅花鹿来到大殿。他指着这只鹿，一本正经地对秦二世说："陛下，这是微臣最近觅得的一匹好马，特地送来献给陛下。"

秦二世一看，不由哈哈大笑说："丞相说错了，这明明是鹿，怎么说它是马呢？"

赵高还是一本正经地说:"陛下,这是马呀。您要是不信,可以问问大臣们,这究竟是马还是鹿?"

一些跟随赵高的大臣为了向他讨好,不顾事实地附和着说:"啊,这是马呀,是马呀!"

一些平时就看不惯赵高的大臣们则说:"啊,这是鹿!这是鹿!"

一场闹剧就这样结束。赵高通过"指鹿为马"这件事,试探到了大臣们对自己的态度。不久,他暗中将那些说实话的大臣们都送进了大牢里。这样,大臣们更害怕他,他也更加为所欲为了。后来,赵高被秦王子婴杀掉。

笑里藏刀

出处 后晋·刘昫《旧唐书·李义府传》："义府貌状温恭，与人语必嬉怡微笑，而褊忌阴贼。既处要权，欲人附己，微忤意者，辄加倾陷。故时人言义府笑中有刀。"

释义 对人外表和气，内里却阴险毒辣。

近义词 佛口蛇心　口是心非　心口不一

反义词 推心置腹　胸无城府　心口如一

造句 对那些笑里藏刀的伪善人，我们要格外警惕。

　　唐朝时，李义府出身寒族，但勤奋读书，很会写文章。经过科举考试，他当了一个小官。

　　李义府最擅长的是奉承拍马，由此不断地升官。从此，他总是面带三分笑，几年后，竟升任到右丞相的高位。

　　李义府脸上总是微笑着，但大臣们都知道，他笑里藏刀，心底里其实褊（biǎn）狭阴险，谁要是冒犯了他或者不顺从他的心意，谁就会遭到他的迫害。为此，大家背地里给他起了一个"李猫"的外号。

　　一次，他得知监狱里关着一个犯了死罪的女犯人，长得非常漂亮，便暗中指使一个狱吏免了她的罪。那女犯一出狱，就被他霸占了。

　　主管监狱的官员发现了这件事后，便向高宗奏告，那狱吏得知后，吓得上吊自杀。李义府原来很担心事发后自己会获重罪，后来听说那狱吏已经自杀，认为死无对证，也就不把这件事放在心上。

这件事过后，李义府作奸枉法的胆子越来越大了。他笼络心腹，培植亲信，让自己的亲属向别人勒索钱财，包打官司，以致许多人上他家送钱财，求他办各种非法的事。李义府总是一边微笑，一边不顾国法，接受贿赂。

一天，他在宫内看到一份尚未公布的任职名单，马上想到这是索取钱财的好机会，便把上面的人名默记下来。回家后，他叫儿子把名单上的人一个个叫来，私下通报消息，从而索取了一大笔钱。

不久，这件事被一个反对李义府的大臣探听到了，便向高宗密奏，高宗听后大怒，下诏将李义府父子俩流放。

长期笑里藏刀、作恶多端的李义府，这次终于难逃法网，朝中文武官员无不拍手称快。

成语索引

91

图书在版编目 (CIP) 数据

写给儿童的中华成语故事：彩绘版 / 陈晓艳编. --
长春：时代文艺出版社，2021.7（2022.1 重印）
ISBN 978-7-5387-6868-8

Ⅰ. ①写… Ⅱ. ①陈… Ⅲ. ①汉语－成语－故事－儿
童读物 Ⅳ. ①H136.31-49

中国版本图书馆CIP数据核字（2021）第117075号

写给儿童的中华成语故事：彩绘版
XIEGEI ERTONG DE ZHONGHUA CHENGYU GUSHI: CAIHUIBAN
陈晓艳　编

出 品 人：陈　琛
责任编辑：刘瑀婷
装帧设计：闫冠美
排版制作：王秋成

出版发行：时代文艺出版社
地　　址：长春市福祉大路5788号　龙腾国际大厦A座15层（130118）
电　　话：0431-81629751（总编办）　　0431-81629755（发行部）
网　　址：weibo.com/tlapress（官方微博）　　sdwycbsgf.tmall.com（天猫旗舰店）
开　　本：720mm×960mm　1/16
字　　数：447千字
印　　张：60
印　　刷：三河市双升印务有限公司
版　　次：2021年8月第1版
印　　次：2022年1月第2次印刷
定　　价：268.00元（全10册）

图书如有印装错误　请寄回印厂调换